Herdzina/Seiter
Einführung in die Mikroökonomik

Einführung in die Mikroökonomik

von

Prof. Dr. Klaus Herdzina
Universität Hohenheim

und

Prof. Dr. Stephan Seiter
ESB Business School
Hochschule Reutlingen

11., überarbeitete und erweiterte Auflage

Verlag Franz Vahlen München

VERLAG
VAHLEN
MÜNCHEN
www.vahlen.de

ISBN 978-3-8006-3630-3

Druck: Nomos Verlagsgesellschaft
In den Lissen 12, 76547 Sinzheim

Satz: jürgen ullrich typosatz
Deininger Straße 8, 86720 Nördlingen

Gedruckt auf säurefreiem, alterungsbeständigem Papier
(hergestellt aus chlorfrei gebleichtem Zellstoff)

Vorwort zur 11. Auflage

Verglichen mit den vorherigen Auflagen dieses Lehrbuches ist die 11. Auflage durch zwei entscheidende Neuigkeiten gekennzeichnet. Die erste Neuigkeit bezieht sich auf den (die) Verfasser. Statt des bisherigen Alleinautors K. H. gibt es nunmehr ein Team. Mitautor ist Stephan Seiter, der dieses Lehrbuch schon immer schätzte, dessen Rat dem bisherigen Alleinautor über viele Jahre hinweg hilfreich war und der nun entscheidend zum Erscheinen dieser 11. Auflage beigetragen hat.

Die zweite Neuigkeit ist inhaltlicher Art. Im 5. Teil wird bei der Darstellung des Marktgleichgewichtes neben der bisher schon ausführlichen Analyse der Preisbildung auf Konsumgütermärkten nun auch auf weitere Märkte eingegangen und es werden zusätzliche Marktformen diskutiert. Die weiteren Märkte sind die Sachkapitalmärkte, die Arbeitsmärkte, die Finanzkapitalmärkte und die Devisenmärkte, also weitere wichtige Themengebiete der Mikroökonomik. Es ist unser Anliegen, die zahlreichen Gemeinsamkeiten mit den Konsumgütermärkten, aber auch die beachtenswerten Besonderheiten dieser Märkte herauszuarbeiten. Als weitere Marktformen werden das Monopson und das bilaterale Monopol behandelt. Mit diesen Erweiterungen können zahlreiche aktuelle wirtschaftspolitische Themenfelder wie beispielsweise die Mindestlohnproblematik oder aber Fragen der Währungsordnung angesprochen und eingeordnet werden. Damit kann noch deutlicher als bisher gezeigt werden, dass die Mikroökonomik nicht etwa „realitätsferne Theorie“ (so eine beliebte, aber falsche Unterstellung) ist, sondern dass sie einen beachtenswerten Erklärungswert für vielfältiges reales Marktgeschehen besitzt, und vor allem, dass manches doch differenzierter zu sehen ist, als einige gängige Schnellurteile vermuten lassen.

Selbstverständlich wurde das Erscheinen dieser Auflage auch zum Anlass genommen, einige Druck- und Schönheitsfehler zu beseitigen. Dabei hat uns Stephanie Fleischmann geholfen, der wir dafür herzlich danken. Technische Hilfe haben wir auch von Anita Bott und von Ursula Geiler erhalten, auch dafür herzlichen Dank. Ein besonderer Dank gilt Herrn Hermann Schenk im Verlag Franz Vahlen für die sehr angenehme und erfolgreiche Zusammenarbeit.

Hohenheim und Reutlingen, im Mai 2009

Klaus Herdzina
Stephan Seiter

Vorwort zur 10. Auflage

Gegenüber der ersten Auflage von 1989 ist dieses Lehrbuch mehrfach in moderater Form erweitert worden. Dabei habe ich stets darauf geachtet, dass sich an der Grundkonzeption nichts ändert. Es war und es bleibt mir wichtig, dass die Studierenden die zentralen Fragestellungen der Mikroökonomik als der Allokationstheorie der Marktwirtschaft erfassen und dass sie in der Lage sind, die beachtenswerten Aussagemöglichkeiten dieser Theorie für die Praxis, aber auch ihre Grenzen zu erkennen. Dazu sind begriffliche Klarheit und Gründlichkeit der Analyse unabdingbar. Demgegenüber ist es m.E. nicht notwendig, aufwändige Rechenoperationen vorzunehmen und mathematische Präzision vorzutäuschen, wo es sie nicht gibt. Die sehr positive Aufnahme des Lehrbuches durch Kollegen und Studierende über viele Jahre hinweg zeigt mir, dass ich mit dieser Sicht der Dinge nicht ganz allein bin. Es ist ferner nicht immer notwendig, allzu komplexe Modelle durchzuspielen. Dazu mögen die in den weiterführenden Literaturhinweisen angegebenen Quellen dienen. Von den Studierenden weiß ich aber, dass viele, die sich an anderer Stelle verloren haben, gern auf diese Einführung zurückgreifen, um den Überblick zu gewinnen oder zurück zu gewinnen.

Ich habe diese 10. Auflage dennoch zum Anlass genommen, einige schon seit längerem angedachte didaktische Modifikationen, die sich in Vorlesungen bewährt haben, vorzunehmen. Dies ist insbesondere im 1. Teil bei der Erörterung der Knappheitsproblematik und im 3. Teil bei der Darstellung der Grenznutzenanalyse geschehen. Hier wurden einige Passagen völlig neu formuliert. Darüber hinaus habe ich mich bemüht, den Lesern das Arbeiten mit dem Buch durch zahlreiche vertiefende Kommentierungen, durch weitere Querverweise und Illustrationen anhand von einfachen Beispielen sowie durch einige einfache Rechenoperationen weiter zu erleichtern. Die Letzteren haben auch den Zweck, zumindest die Verbindungen zu den oben erwähnten vertiefenden Darstellungen, die z.T. durch rigorosen Gebrauch der Algebra gekennzeichnet sind, aufzuzeigen.

Speziell für diese Auflage haben mir Stephanie Fleischmann und Carsten Wander wertvolle konzeptionelle und inhaltliche Hinweise gegeben. Dafür sei ihnen herzlich gedankt. Ihnen sowie auch Andreas Findeis danke ich ferner dafür, dass sie mir beim Erledigen diverser technischer Arbeiten geholfen haben. Ein besonderer Dank gilt Inge Huttenlocher, die alle neuen Textpassagen mit Umsicht und Sorgfalt geschrieben hat. Ein weiterer Dank gilt den Herren im Verlag Franz Vahlen, Herrn Dieter Sobotka, der die ersten acht Auflagen betreut hat, und Herrn Dr. Jürgen Schechler, der nach der neunten nunmehr auch bei dieser Auflage wertvolle Hilfe geleistet hat.

Hohenheim, Juli 2005 *Klaus Herdzina*

Vorwort zur 1. Auflage

Warum ein weiteres Lehrbuch der Mikroökonomik, welches sich zudem nur als Einführung versteht, in welchem diverse Vertiefungen fehlen (etwa bezüglich der Produktionstheorie, der Wohlfahrtsökonomik, komplizierterer Marktformen, der Faktormärkte u.a.) und welches vorwiegend die verbale und die graphische und nur dort, wo dies unumgänglich ist, eine einfache algebraische Darstellungsform verwendet?

Potenziellen Kritikern seien die Gründe für das Entstehen dieser Mikroökonomik genannt. Zunächst haben auch Studierende der **Wirtschaftswissenschaften im Nebenfach**, an **Fachhochschulen**, an **Verwaltungs- und Wirtschaftsakademien** sowie an **Berufsakademien** einen Anspruch auf eine verständliche Darstellung dieses wichtigen Teilgebietes der Ökonomik. Darüber hinaus ist zu beobachten, dass auch Studenten der **Wirtschaftswissenschaften im Hauptfach** ihre Probleme mit der Mikroökonomik haben. Sie beherrschen dieses Gebiet oft auch dann noch nicht, wenn sie sich mehrere Semester lang damit beschäftigt haben. Die Ursachen dafür sind zumeist die Folgenden:

1. Vielen Studierenden wird die zentrale Fragestellung der Mikroökonomik nie richtig klar (gemacht). Sie identifizieren Mikroökonomik mit kleinen ökonomischen Einheiten bzw. mit einzelwirtschaftlicher Analyse. Das ist nicht völlig falsch, aber auch nicht ganz richtig. Im Gegensatz zur Makroökonomik als Niveauanalyse ist die Mikroökonomik eine Strukturanalyse. Sie behandelt die Zusammensetzung der volkswirtschaftlichen Güterproduktion und damit die Lösung des Allokationsproblems mit Hilfe der Preisbildung. Diese zentrale Fragestellung wird nur zu oft wegen der Fülle unverbunden bleibender Details aus den Augen verloren.

2. Bei der Fülle der Modelle sehen die Studierenden auch nicht mehr, wozu die Modelle im Einzelnen gut sind, was sie aussagen können und was sie nicht aussagen können. In der Regel wird den Studierenden zu Beginn ihres Studiums gesagt, dass die Theorie die Realität erklären soll. Anschließend lernen sie dann eine Theorie kennen, welche die Realität nur sehr unzulänglich oder überhaupt nicht erklärt. Der daraus erwachsende Frust wäre zu vermeiden, wenn auch die andere – oft sogar im Vordergrund stehende – Aufgabe der Theorie, nämlich Bedingungskonstellationen für das Eintreten optimaler ökonomischer Folgen zu formulieren, bekannt wäre.

3. Die Unklarheiten über Inhalt und Aussagewert der Mikroökonomik werden noch dadurch verstärkt, dass die Studenten in der Mikroökonomik zu viel rechnen müssen und dabei nicht mehr genügend zum Denken kommen.

In allen drei Punkten bemüht sich dieses Lehrbuch um Abhilfe, wobei vor allem auf die Unterscheidung von explikativer Theorie und Bedingungstheorie Wert gelegt wird. Was die Einordnung der Mikroökonomik in den Kontext ökonomischer Fragestellungen betrifft, so wird davon ausgegangen, dass die Mikroökonomik in der Regel das erste Teilgebiet der Volkswirtschaftslehre bildet, mit dem die Studierenden sich auseinander zu setzen haben. Das vorliegende Lehrbuch enthält daher zunächst in gebotener Kürze die wichtigsten Grundlagen der Ökonomik, das heißt die Grundtatbestände der Wirtschaft, die Darstellung der arbeitsteiligen Volkswirtschaft und der Wirtschaftssysteme sowie schließlich die Hauptfragestellungen der Volkswirtschaftslehre und der Mikroökonomik.

Der folgende Text ist aus Vorlesungen zur Mikroökonomik entstanden. Meinen Studenten danke ich für kritische Kommentare und für jene Fragen, die mich immer wieder zum Nachdenken gebracht haben. Ilka Storck, Bettina Brönnle und Reinhard Scharff danke ich für ihre Hilfe beim Erledigen der technischen Arbeiten.

Hohenheim, Mai 1989 *Klaus Herdzina*

Inhaltsübersicht

Inhaltsverzeichnis

1. Teil
Grundlagen

Die Menschen leben weder im Paradies noch im Schlaraffenland, das heißt der Erfüllung ihrer Wünsche sind Grenzen gesetzt. Diesen hinreichend bekannten Sachverhalt bezeichnet die Ökonomik als *Güterknappheit,* und sie beschäftigt sich mit jenem wichtigen Teilaspekt menschlichen Daseins, welcher der Reduzierung der Knappheit gewidmet ist, dem Wirtschaften. Dieses *Wirtschaften* des Menschen findet überdies nicht isoliert, sondern in Interaktion mit anderen im Rahmen großer, arbeitsteiliger Volkswirtschaften statt. Gegenstand des ersten Teils sind demnach jene Grundlagen des Wirtschaftens, welche zu den später zu behandelnden Interaktionen (Nachfrage, Angebot, Preisbildung) hinführen.

In **Kapitel A** werden jene Grundtatbestände der Wirtschaft erörtert, aus denen sich das Knappheitsphänomen ergibt: die Existenz von Bedürfnissen und der Mangel an Befriedigungsmöglichkeiten, an Gütern. Am Ende wird das Knappheitsphänomen selbst dargestellt.

Kapitel B behandelt das Wirtschaften in der arbeitsteiligen Volkswirtschaft, das dabei auftretende Koordinationsproblem sowie die zur Lösung des Koordinationsproblems verfügbaren Systeme der Wirtschaftsplanung (die Wirtschaftssysteme).

In **Kapitel C** werden schließlich die Aufgaben der Volkswirtschaftslehre sowie die speziellen Fragestellungen der Mikroökonomischen Theorie vorgestellt. Dazu gehören einige methodische Anmerkungen.

A. Grundtatbestände der Wirtschaft

I. Bedürfnisse und Güter

1. Bedürfnisse, Bedarf, Nachfrage und Konsum

Einen Grundtatbestand des Wirtschaftens bildet die Existenz von **Bedürfnissen.** Menschen haben zahlreiche Bedürfnisse, etwa zu essen, sich zu kleiden, sich zu unterhalten, zu reisen. Bedürfnisse stellen demgemäß die *Wünsche* der Menschen dar; sie werden hervorgerufen durch Mangelgefühle, wobei das Streben der Menschen darauf gerichtet ist, den jeweiligen Mangel durch Konsum zu beseitigen.

Auf die *Entstehung*, die *Entwicklung* und den *Umfang der Bedürfnisse* wird im Rahmen der Ökonomik meist nicht näher eingegangen. In zahlreichen Klassifikationsversuchen bezüglich der **Bedürfnisarten** wird unter anderem unterschieden zwischen

- verschiedenen *Bedürfnisebenen,* etwa Grundbedürfnissen (Essen) und höherwertigen Bedürfnissen (z. B. sozialen Bedürfnissen wie Unterhaltung und Entwicklungsbedürfnissen wie Bildung),
- verschiedenen *Bedürfnisbewusstseinslagen,* nämlich offenen und versteckten, sog. latenten (das heißt durch Werbung möglicherweise noch zu weckenden) Bedürfnissen,
- verschiedenen *Bedürfnisdringlichkeiten,* nämlich gegenwärtigen und zukünftigen Bedürfnissen, welche einen temporären Konsumverzicht und damit Sparen auslösen.

Eine exakte Abgrenzung der einzelnen Bedürfnisarten ist allerdings nicht möglich. Unumstritten ist lediglich, dass die Bedürfnisse nicht fest umrissen und endgültig vorgegeben sind, sondern dass sie unter anderem vom Alter und Geschlecht der Person, von der sozialen Stellung, vom Einkommen und vom Vermögen, aber auch von den angebotenen bzw. bekannten Befriedigungsmöglichkeiten, das heißt von den Gütern und ihren Preisen abhängen. Unumstritten ist ferner, dass die *Bedürfnisse praktisch unbegrenzt* sind, zumal die Befriedigung alter Bedürfnisse nur zu oft vom Entstehen neuer Wünsche begleitet wird.

Während Bedürfnisse lediglich abstrakte Wünsche umreißen (etwa Trinken), versteht man unter **Bedarf** ein *konkretisiertes Bedürfnis,* das sich auf eine konkrete Befriedigungsmöglichkeit (z. B. Kaffee) richtet. Wichtig ist weiterhin, dass ein derartiger Bedarf erst dann zur **Nachfrage,** also marktwirksam, werden und anschließend zur Bedürfnisbefriedigung, das heißt zum **Konsum,** führen kann, wenn er *mit Kaufkraft ausgestattet* ist. Daraus wird schon jetzt deutlich, dass die immer geforderte und später noch zu erläuternde Ausrichtung des Güterangebots auf die Güternachfrage nicht unbedingt sicherstellt, dass auch der dringendste Bedarf bzw. die dringlichsten Bedürfnisse befriedigt werden.

2. Güter, Güterarten und Güterbeziehungen

Ziel des Wirtschaftens ist die Befriedigung der Bedürfnisse. Alle Objekte, welche geeignet sind, Bedürfnisse zu befriedigen, nennt man **Güter.** Güter sind also *Mittel der Bedürfnisbefriedigung.* Sie stiften den Personen, die sie zur Befriedigung ihrer Bedürfnisse einsetzen, einen *Nutzen,* sie haben für sie einen *subjektiven Wert.* Diese positive Eigenschaft wird bereits vom Wortsinn her deutlich: Objekte, welche einen Nutzen stiften, sind nicht *schlecht*, sie sind *gut.*

Aus der soeben dargestellten Festlegung ergibt sich, dass der ökonomische Gutsbegriff außerordentlich weit ist. Ein Gut ist nicht nur etwa das Brot, welches Hunger beseitigt, sondern auch die Luft, die zum Atmen benötigt wird, die Kontoführung durch eine Bank oder die öffentliche Sicherheit, für welche Polizei und Justiz sorgen.

Um sich die Weite des ökonomischen Gutsbegriffes zu verdeutlichen, ist es zweckmäßig, verschiedene **Güterarten** zu unterscheiden und jeweils darüber nachzudenken, in welche der folgenden Kategorien ein Gut einzuordnen ist. Man unterscheidet unter anderem:

- *Materielle Güter* (*Sachgüter* oder *Waren*) und *immaterielle Güter (Dienstleistungen);* Beispiele für Sachgüter sind Brot, Wurst und Automobile. Dienstleistungen sind z. B. Transportleistungen, Leistungen von Banken, Versicherungen,

Ärzten, Reparaturwerkstätten und Hochschullehrern. In hochentwickelten Volkswirtschaften werden in der Regel mehr Dienstleistungen als Sachgüter produziert. Neben Sachgüter und Dienstleistungen wird zuweilen noch eine dritte Kategorie, die *Rechte* (z.B. Eigentums- und Forderungsrechte), gesetzt.
Die von A.G.B. Fisher (1933), C. Clark (1940) und J. Fourastié (1954) vertretene Dreisektorenhypothese besagt, dass der Anteil der Sachgüterproduktion des primären (Landwirtschaft) und des sekundären (Industrie, sog. produzierendes Gewerbe) Sektors im volkswirtschaftlichen Entwicklungsprozess rückläufig ist und der Anteil des tertiären Sektors (Dienstleistungen) ansteigt. Dementsprechend lag der Anteil der Dienstleistungen an der Gesamtgüterproduktion in Deutschland 1950 bei ca. 40%, im Jahr 2005 liegt er schon bei über 70%. Angesichts dieser Dimension gibt es zahlreiche Überlegungen, den Dienstleistungssektor zu untergliedern, etwa in die Bereiche Handel, Verkehr und Nachrichtenübermittlung, Kreditinstitute und Versicherungsgewerbe u.a. (amtliche Statistik) oder allgemeiner in unternehmensnahe und haushaltsnahe Dienstleistungen, oder aber einen neuen quartären Sektor (insb. Freizeit, Unterhaltung) besonders herauszuheben.

- *Private* und *öffentliche Güter;* während private Güter von privaten Haushalten und Unternehmungen nachgefragt werden (z.B. Brot, Benzin, Maschinen), werden öffentliche Güter von öffentlichen Haushalten nachgefragt (z.B. Rüstungsgüter) und z.T. auch angeboten (z.B. Polizei, Militär, Justiz). Die öffentliche Nachfrage ist notwendig, da es sich um Güter handelt, die vom Bürger zwar gewünscht werden, für die aber freiwillig niemand Mittel bereitstellt, da bei ihnen eine Nichtrivalität im Konsum vorliegt und Andere von ihrer Nutzung nicht ausgeschlossen werden können. Während beim Konsum eines privaten Gutes (z.B. Brot, Hemd, Hose) durch eine Person Anderen der Konsum desselben Gutes verwehrt ist, gilt dies nicht für öffentliche Güter wie etwa die Landesverteidigung. Wird diese bereitgestellt, so nützt sie allen Bürgern. Niemand hat einen Nachteil dadurch, dass das Gut auch Anderen nützt (Nichtrivalität), und niemand kann von dem gewährten Schutz ausgeschlossen werden (Nichtausschlussprinzip), auch diejenigen nicht, die nicht dafür bezahlt haben (sog. Trittbrettfahrer bzw. free rider). Auf Grund dieser Zusammenhänge rechtfertigt sich das Erheben von Steuern und die entsprechende Nachfrage und Bereitstellung durch den Staat. Man denke in diesem Zusammenhang über den Anteil der öffentlichen Haushalte (Bund, Länder, Gemeinden) an der gesamten Güternachfrage bzw. am gesamten Güterangebot und seine historische Entwicklung nach. Der Anteil der Staatsnachfrage an der Gesamtnachfrage (Konsumausgaben des Staates) beträgt in Deutschland zur Zeit ca. 19%.
  Neben den privaten Gütern (Ausschluss möglich und Rivalität gegeben) und den öffentlichen Gütern (beides nicht gegeben) werden als Zwischenformen noch Clubgüter (Ausschluss möglich, Rivalität erst bei Überfüllung: etwa Badestrand, Straßen, öffentlicher Personenverkehr) und Allmendegüter (Rivalität gegeben, Ausschluss nur durch Kollektiventscheidung möglich: z.B. Fischfang im Meer) unterschieden.
- *Konsum-* und *Investitionsgüter;* während Konsumgüter dem Konsum, d.h. der unmittelbaren Bedürfnisbefriedigung in Haushalten, dienen (z.B. Brot, Stuhl, Tisch, Spülmaschine), werden Investitionsgüter (Produktionsgüter, Kapitalgü-

ter) zur Herstellung anderer Güter verwendet (z.B. Maschinen, Werkzeuge, Halbfabrikate). Investitionsgüter stellen also Produktionsmittel dar. Sie werden auch als Sachkapital bezeichnet und bilden – wie im Folgenden noch zu erläutern ist – neben Arbeit, Boden und technischem Wissen einen der vier volkswirtschaftlichen Produktionsfaktoren. Zu den Investitionsgütern zählen ferner alle Lagerbestände von Unternehmungen. Im volkswirtschaftlichen Rechnungswesen (der sog. volkswirtschaftlichen Gesamtrechnung) wird daher bei den Investitionen zwischen Ausrüstungsinvestitionen, Bauinvestitionen, sonstigen Anlageinvestitionen (z.B. Software) und Vorratsveränderungen unterschieden. Hochentwickelte Volkswirtschaften weisen einen hohen Anteil der Investitionsgüterproduktion auf, denn im Dienste der Produktionssteigerung ist es lohnend, sog. Produktionsumwege einzuschlagen, d.h. (zunächst) Investitionsgüter herzustellen und (anschließend) mit ihrer Hilfe ein Mehr an (Konsum-)gütern zu produzieren. Während also tendenziell aus Investitionsgütern Konsumgüter hergestellt werden, gewinnt das entgegengesetzte Verfahren, das sog. Recycling, zunehmend an Bedeutung.
In der amtlichen Statistik in Deutschland wird in den Bereichen Bergbau, Gewinnung von Steinen und Erden sowie verarbeitendes Gewerbe, also den Hauptbereichen des industriellen Sektors, zwischen
  - Vorleistungsgüterproduzenten (u.a. Bergbau, Stahlerzeugung, Mineralölindustrie, chemische Industrie),
  - Investitionsgüterproduzenten (u.a. Stahlverarbeitung, Maschinenbau, Fahrzeugbau, Büromaschinen),
  - Gebrauchsgüterproduzenten (u.a. Haushaltsgeräte, Rundfunk- und Fernsehgeräte, Uhren, Möbel) und
  - Verbrauchsgüterproduzenten (insb. Nahrungs- und Genussmittel)

  unterschieden. Die beiden ersten Gruppen bilden den Investitionsgüterbereich im volkswirtschaftlichen Sinn, die beiden letzten den Konsumgüterbereich. Trotz einiger problematischer Einordnungen (z.B. Fahrzeugbau im Investitionsgüterbereich) ist es bemerkenswert, dass der Anteil der Investitionsgüterproduktion derzeit bei etwa 77%, der der Konsumgüterproduktion entsprechend nur bei etwa 23% liegt.
- *Verbrauchsgüter* und *Gebrauchsgüter;* Verbrauchsgüter sind kurzlebige Güter, welche relativ rasch (in einem einmaligen Konsum- oder Produktionsakt bzw. in einer Rechnungsperiode) untergehen (z.B. Lebensmittel, Benzin, Kohle, Öl), während Gebrauchsgüter langlebig sind, das heißt längerfristig (über mehrere Rechnungsperioden hinweg) genutzt werden (z.B. Bekleidung, Maschinen). Missverständlich ist in diesem Zusammenhang der Begriff „Verbraucher", denn gemeint sind im Sinne der zuvor beschriebenen Kategorien „Konsumenten", welche sowohl Verbrauchs- als auch Gebrauchsgüter konsumieren. Auch die Zuordnungen der amtlichen Statistik sind nicht immer einsichtig, wenn beispielsweise die Herstellung von Fahrrädern und Möbeln korrekt zur Gebrauchsgüterproduktion, die Herstellung von Sportgeräten, Bekleidung und Büchern aber zur Verbrauchsgüterproduktion gezählt werden.

Auf weitere Unterscheidungen zwischen verschiedenen Güterarten (etwa lebensnotwendige und Luxusgüter, Sättigungs- und Nichtsättigungsgüter, reproduzierbare und nicht reproduzierbare und schließlich freie und knappe Güter) ist später bei der Darstellung des Knappheitsproblems und an anderer Stelle, z.B. im 3. Teil, Kapitel C, noch einzugehen.

Während bislang jeweils ein Gut herausgegriffen und gefragt wurde, in welche Kategorie es fällt, sollen nunmehr noch zwei wichtige **Güterbeziehungen** erörtert werden. Es wird hierbei also nicht nach dem Charakter *eines* Gutes, sondern nach der Beziehung, die zwischen *zwei oder mehreren* Gütern besteht, gefragt. Zu unterscheiden sind:

- *Komplementäre* und *substitutive Güter;* während komplementäre Güter (Komplementärgüter) sich bei der Nutzung ergänzen (z.B. Kaffee, Milch und Zucker bzw. Papier und Bleistift), sind substitutive Güter (Substitutionsgüter) dadurch gekennzeichnet, dass sie sich gegenseitig ersetzen können (z.B. Kaffee und Tee bzw. Bleistift und Kugelschreiber). Die Nachfrage nach Komplementärgütern ist also tendenziell gleichgerichtet, während die Nachfrage nach Substitutionsgütern gegenläufig ist. Substitutionsgüter sind durch eine Konkurrenzbeziehung gekennzeichnet.
- *Homogene* und *heterogene Güter;* nach der Enge der Konkurrenzbeziehung kann zwischen homogenen (völlig gleichen) und heterogenen (verschiedenartigen) Gütern unterschieden werden. Während die Konkurrenzbeziehung zwischen homogenen Gütern am intensivsten ist, nimmt sie mit steigendem Heterogenitätsgrad immer mehr ab. Homogene Güter sind in der Ökonomik präzise definiert. Auf diese Definition und auf die damit zusammenhängenden Probleme wird später näher eingegangen.

II. Produktion, Produktionsfaktoren und Produktionsmöglichkeiten

1. Konsumreife, Produktion und Produktionsfaktoren

Wenn Ziel des Wirtschaftens die Befriedigung von Bedürfnissen ist, wenn die Güter die Mittel der Bedürfnisbefriedigung darstellen und wenn die unmittelbare Bedürfnisbefriedigung als Konsum bezeichnet wird, dann gilt es, die Güter zur Befriedigung der Bedürfnisse, also zum Konsum, bereitzustellen.

Nun ist es eine Erfahrungstatsache, dass die *Güter in der Regel nicht in konsumreifem Zustand vorhanden* sind. Brote, Kühlschränke, Straßen, Versicherungsleistungen sind nicht einfach da, so dass sie nur noch konsumiert werden müssten. Die Güter befinden sich zunächst in natürlichen Urzuständen organischer oder anorganischer Art auf der Erde. Um sie in *konsumnähere und letztlich in konsumreife Zustände zu transformieren,* bedarf es eines Umwandlungsprozesses, der **Produktion.**

Der Transformations- oder Produktionsprozess kann grundsätzlich in der Weise beschrieben werden, dass mit Hilfe von Produktionsfaktoren bzw. Ressourcen (die auch als Güter höherer Ordnung bezeichnet werden können) Güter niederer Ordnung und letztlich Konsumgüter hergestellt werden. Der Produktionsprozess kann wie in Abb. 1.1. modellhaft dargestellt werden.

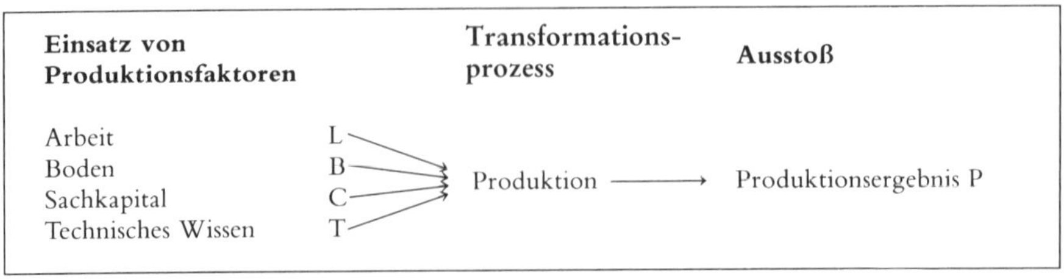

Abb. 1.1.

Noch einmal sei darauf hingewiesen, dass der volkswirtschaftliche Begriff der Produktion sich auf die Herstellung oder Bereitstellung aller Arten von Gütern, also auch von Dienstleistungen, bezieht. Die in der deutschen amtlichen Statistik übliche Einteilung in die Wirtschaftsbereiche

- Land- und Forstwirtschaft, Fischerei,
- Produzierendes Gewerbe (Industrie) sowie
- Dienstleistungen

drückt zwar die zuvor erwähnte Einteilung in drei Sektoren aus, sie erweckt aber fälschlicherweise den Eindruck, als werde nur im industriellen Sektor produziert. In dieser Sprachregelung schlägt sich auch die gelegentlich beobachtbare Geringschätzung von Dienstleistungen nieder, da dort angeblich nichts „produziert" werde. Nicht zuletzt angesichts der großen und wachsenden Bedeutung des Dienstleistungssektors ist diese Sprachregelung unzweckmäßig und diese Einstellung unverständlich.

Bei der Analyse der Produktionsfaktoren ist es üblich, zwischen den quantitativen Faktoren Arbeit, Boden und Sachkapital und dem qualitativen Faktor Technisches Wissen zu unterscheiden. Die Produktionsfaktoren können als Bestandsfaktoren (etwa Zahl der Arbeitskräfte, der Maschinen, Bodenfläche) oder als Verbrauchsfaktoren (menschliche Arbeitsleistung, Nutzung von Maschinen und Boden) interpretiert werden.

- **Arbeit** als der *menschliche* Produktionsfaktor umfasst jede Art von *manueller und geistiger Tätigkeit.* Leitende Tätigkeit wird gelegentlich als eigener Produktionsfaktor, als der sog. *dispositive Faktor,* herausgestellt, Gleiches gilt für unternehmerische Tätigkeit. Dementsprechend wird bei den dem Produktionsfaktor Arbeit zufließenden Einkommen zwischen Einkommen aus unselbstständiger Arbeit und Einkommen aus Unternehmertätigkeit (und Vermögen) unterschieden.
- **Boden** als der *natürliche* Produktionsfaktor ist der Oberbegriff für alle von der Natur bereitgestellten Produktionsmittel. Boden im engeren Sinn ist als bedeutsamer Produktionsfaktor zunächst in der landwirtschaftlichen Produktion hervorgehoben worden. Er ist aber nicht nur als Anbauboden für Agrargüter, sondern zwecks Gewinnung von Bodenschätzen auch als Abbauboden im Bergbau relevant. Darüber hinaus ist er für alle Produktionsrichtungen als Standort notwendig. In moderner Interpretation subsumiert man unter dem Terminus Boden sämtliche von der Natur bereitgestellten Produktionsmittel, die sog. *natürlichen Ressourcen,* und spricht teilweise direkt vom Produktionsfaktor **Natur.** Bei dieser Sprachregelung wird nicht nur der Boden im engeren

Sinn, sondern es werden auch Wasser, Luft, Pflanzen und Tiere, also die **Umwelt,** eingeschlossen. Damit ist die Frage des Boden-, Natur- und Umweltschutzes und einer sog. nachhaltigen Nutzung, d.h. ihrer Erhaltung für künftige Generationen, aufgeworfen und die Frage nach den Zusammenhängen zwischen Ökonomie und Ökologie angesprochen. Soweit Boden nicht mehr im Naturzustand, sondern in bearbeiteter Form (z.B. durch Melioration) eingesetzt wird, kann er auch zum Sachkapital gezählt werden. Soweit der Boden konsumtiv genutzt wird (privater Garten), stellt er keinen Produktionsfaktor, sondern ein Konsumgut dar.

- **Sachkapital** als der *künstliche* Produktionsfaktor umfasst alle bereits *produzierten Produktionsmittel* (s.o. Investitionsgüter, Produktionsgüter), also Maschinen, Werkzeuge, Gebäude, Fahrzeuge u.a., soweit sie nicht unmittelbar dem Konsum, sondern – im Sinne des oben beschriebenen Produktionsumweges – der Herstellung von Gütern dienen. Nicht zu verwechseln mit dem Produktionsfaktor Sachkapital, das durch Investitionstätigkeit gebildet wird, ist das sog. *Finanzkapital,* das der Finanzierung insbesondere der Investitionen dient. Hinsichtlich des Finanzkapitals unterscheidet man einen Geld- und einen sog. Kapitalmarkt für kurz- bzw. langfristige Finanzierungstitel. Demgegenüber handelt es sich beim Produktionsfaktor Sachkapital, oft verkürzt auch nur Kapital genannt, um (Investitions-)güter, die auf entsprechenden Gütermärkten gehandelt werden.
- Das **technische Wissen** (genauer: das technische und organisatorische Wissen) wird neben den quantitativen Produktionsfaktoren als weiterer Produktionsfaktor, der die Qualität der quantitativen Faktoren und damit entscheidend die Höhe der Güterproduktion bestimmt, herausgestellt. Diese Herausstellung ist insoweit berechtigt, als der Steigerung des technischen Wissens auf Grund der begrenzten Möglichkeiten einer Vermehrung der quantitativen Faktoren höchste Bedeutung zukommt. In diversen Modellrechnungen ist ermittelt worden, dass mehr als zwei Drittel der Steigerung der volkswirtschaftlichen Güterproduktion (das Wirtschaftswachstum) nicht auf Erhöhungen des Einsatzes der quantitativen Produktionsfaktoren Arbeit, Boden und Sachkapital zurück zu führen ist, sondern auf den technischen Fortschritt, also auf die Steigerung des technischen und organisatorischen Wissens. Da das technische Wissen als *Know-how* bzw. *Technologie* andererseits in den quantitativen Produktionsfaktoren eingebettet (inkorporiert) ist, wird die Bedeutung sowohl der Sachinvestitionen in den Produktionsfaktor Sachkapital als auch der Bildungsinvestitionen in den Produktionsfaktor Arbeit bzw. Humankapital deutlich. In beiden Fällen wird Know-how erhalten bzw. gesteigert.

Die gängige Auflistung von Produktionsfaktoren kann möglicherweise erweitert werden. Fragt man, welche Faktoren für die Produktion von Gütern unabdingbar sind bzw. von welchen Faktoren die Höhe der Produktion abhängt, so wird man neben den zuvor genannten auch den Faktor **Zeit,** aber auch das *gesellschaftliche und politische Umfeld,* also das **Wirtschafts-, Sozial- und Rechtssystem,** und nicht zuletzt jene volkswirtschaftliche Grundausstattung, welche zur Herstellung von Gütern notwendig ist, also die **Infrastruktur,** zu den Produktionsfaktoren zählen. Im Rahmen der Erörterung gesellschaftlicher Phänomene wird neuerdings verstärkt auf die Netze von wechselseitigen Verpflichtungen und Vertrauensbeziehungen, auf das sog. **Sozialkapital**, hingewiesen. Dementsprechend wird zwischen Sachkapital, Humankapital und Sozialkapital unterschieden.

In diesem Zusammenhang zeigt es sich ferner, dass die traditionelle Erörterung von Produktionsfaktoren in die moderne Darstellung der sog. *Standortfaktoren* für einzelne Länder oder Regionen überführt werden kann. Ortsgebundene, also immobile Produktionsfaktoren sind Standortfaktoren. Entsprechend ihrer divergierenden Faktorausstattungen bzw. Standortbedingungen haben die verschiedenen Volkswirtschaften und Regionen divergierende Produktions- und Entwicklungsmöglichkeiten.

2. Die Produktionsmöglichkeiten

Auf Grund der verfügbaren quantitativen Produktionsfaktoren und des vorhandenen Technischen Wissens ergibt sich in einer gegebenen Zeitperiode ein bestimmtes *Maximum an Produktionsmöglichkeiten.* Die Abhängigkeit der Produktion(smöglichkeit) vom Einsatz der Produktionsfaktoren lässt sich (in der vereinfachten Darstellung mit vier Produktionsfaktoren) in Form einer **Produktionsfunktion**

(1.1) $P = f(L, B, C, T)$

formulieren. Die Funktion (1.1) entspricht der (von rechts nach links gelesenen) Abb. 1.1.

Um die Produktionsmöglichkeiten veranschaulichen zu können, soll nunmehr eine weitere einfache modellhafte Darstellung verwendet werden. Es sei angenommen, dass in einer Volkswirtschaft mit Hilfe eines nicht näher spezifizierten Bestandes an Boden, Sachkapital und technischem Wissen sowie unter Einsatz von $L = 100$ verfügbaren Arbeitskräften zwei Güter X_1 (Wurst) und X_2 (Käse) hergestellt werden. Die produzierten Mengen an Wurst (q_1) und an Käse (q_2) hängen nun in der Weise vom Arbeitseinsatz (L) ab, dass mit steigendem Arbeitseinsatz jeweils ein Mehr an beiden Gütern erzeugt werden kann. Die Graphen der beiden Funktionen

(1.2) $q_1 = f(L)$ und

(1.3) $q_2 = f(L)$

mögen die in Abb. 1.2. gezeigte Gestalt haben. Der degressive Verlauf der beiden Kurven erklärt sich aus der Wirkung des sog. Ertragsgesetzes, auf das später noch einzugehen ist.

Setzt man nun alle verfügbaren 100 Arbeitskräfte in der Wurstproduktion ein, so können 700 Kilogramm Wurst erzeugt werden. Setzt man dagegen alle 100 Arbeitskräfte in der Käseproduktion ein, so können 500 Kilogramm Käse hergestellt werden. Setzt man die verfügbaren Arbeitskräfte nunmehr teilweise in der Wurst- und teilweise in der Käseproduktion ein (z.B. jeweils $L = 50$), so können die produzierbaren Gütermengen ebenfalls in Abb. 1.2. abgelesen werden.

Um die maximal produzierbaren Gütermengen noch anschaulicher darstellen zu können, empfiehlt es sich, Abb. 1.2. in eine neue Abb. 1.3. einzubringen, in der Abb. 1.2.a. (gedreht) im SO-Quadranten und Abb. 1.2.b. (gespiegelt) im

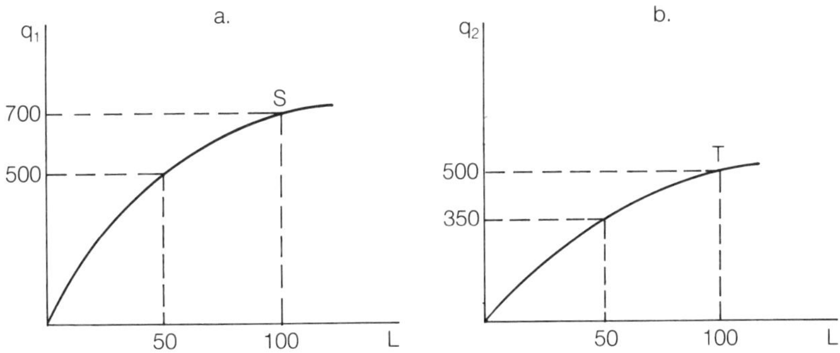

Abb. 1.2.

NW-Quadranten erscheint. Im SW-Quadranten ist dann die maximale Arbeitsmenge L = 100 abzulesen, im NO-Quadranten ergeben sich die maximalen Gütermengen auf einer sog. *Transformationskurve* TVS.

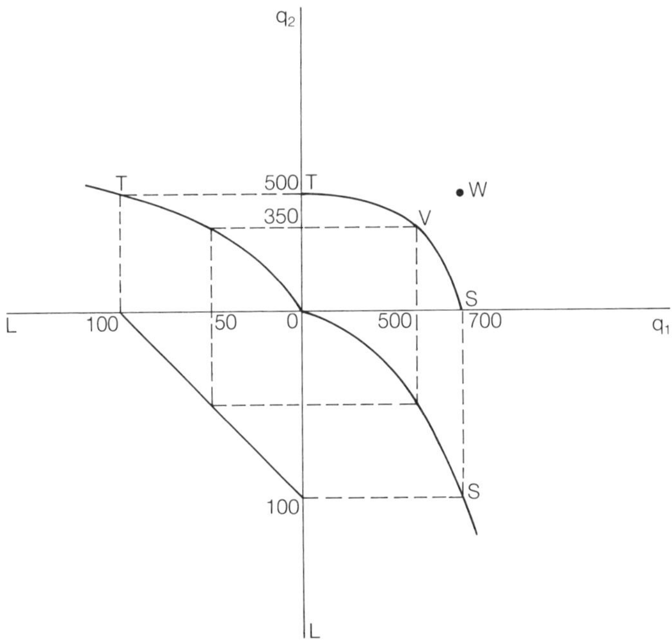

Abb. 1.3.

Mit Hilfe der Transformationskurve und ihrer Herleitung lassen sich mehrere bedeutsame volkswirtschaftliche Zusammenhänge veranschaulichen.

(1) Die Transformationskurve gibt die maximal produzierbaren Gütermengenkombinationen an, welche in einer Volkswirtschaft mit einem gegebenen Bestand an Produktionsfaktoren erzeugt werden können. Ihr Verlauf zeigt, dass die Mehrproduktion eines Gutes (z.B. Wurst) einen (immer größer werdenden) Verzicht auf das andere Gut (Käse) erfordert. Mehr Wurstproduktion geht „auf Kosten" der Käseproduktion, man spricht von den Kosten der verpassten Gelegenheit, von den opportunity costs bzw. von den **Opportunitätskosten.**

(2) Die Abb. 1.3. zeigt ferner, dass jede Änderung in der Zusammensetzung, also in der Struktur der Produktion, es notwendig macht, Arbeitskräfte aus der einen Produktionsrichtung abzuziehen und sie in die andere Produktionsrichtung zu lenken. Produziert man beispielsweise mit jeweils 50 Arbeitskräften 500 Kilogramm Wurst und 350 Kilogramm Käse (Punkt V) und will man mehr Wurst und weniger Käse herstellen, so müssen einige Arbeitskräfte aus der Käseproduktion abgezogen und *an einen neuen Produktionsort,* nämlich in die Wurstproduktion, *transportiert werden* (lateinisch: ad locum transportare, englisch: allocation). Gleichzeitig werden Teilmengen der Faktoren Boden, Sachkapital und technisches Wissen in die andere Verwendung gebracht, man spricht von der **Allokation der Produktionsfaktoren.** Ökonomen sprechen gelegentlich auch von der *Reallokation,* wenn sie die Veränderung der Faktorenverwendung erörtern.

(3) Da die Transformationskurve die maximal produzierbaren Gütermengenkombinationen ausweist, lässt sich mit ihrer Hilfe auch das Phänomen der **Güterknappheit** veranschaulichen. Darauf wird im folgenden Abschnitt III näher eingegangen.

Angesichts dieser üblichen Darstellung der Transformationskurve ist abschließend noch darauf hinzuweisen, dass ihre hier gezeichnete Gestalt sich aus den degressiven Vorläufen der beiden Produktionskurven in Abb. 1.2. herleitet. Wenn die Produktionskurven linear verlaufen, ergibt sich auch eine lineare Transformationskurve. Wenn die Produktionskurven progressiv ansteigen würden, ergäbe sich eine Transformationskurve mit einem konkaven (zum Ursprung konvexen) Verlauf. Auf die produktionstechnischen Hintergründe aller drei Typen von Produktionskurven ist später im 4. Teil einzugehen.

III. Güterknappheit und Wirtschaften

1. Der Begriff der Knappheit

Nachdem von Bedürfnissen und von Produktionsmöglichkeiten gesprochen worden ist, kann nunmehr auf das Knappheitsphänomen näher eingegangen werden: **Knappheit** wird umschrieben als *Differenz zwischen der gewünschten Gütermenge einerseits* und der *vorhandenen bzw. erreichbaren Gütermenge andererseits,* zwischen Bedürfnissen und Befriedigungsmöglichkeiten, zwischen Güternachfrage und Güterangebot.

Aus diesem Definitionsansatz wird zunächst deutlich, dass Knappheit nicht im absoluten Sinne (etwa als objektive Seltenheit von Gütern), sondern *im relativen Sinne* (in Bezug auf die Bedürfnisse) zu verstehen ist. Gerade wegen der Relativität des Knappheitsbegriffes ergeben sich aber gewisse Verständnis- und vor allem Messprobleme, auf die nunmehr einzugehen ist.

Zunächst kann Knappheit sehr anschaulich mit Hilfe von Abb. 1.3. als ein *generell existierendes Phänomen* dargestellt werden. Wenn man annimmt, dass der Punkt W (mit $q_1 = 700$ und $q_2 = 500$) die Bedürfnisse bzw. Wünsche der Mitglieder dieser Volkswirtschaft ausdrückt und die Transformationskurve TVS die Produktionsmöglichkeiten angibt, dann lässt das Bild erkennen, dass *bei diesen Produktionsmöglichkeiten nicht alle Wünsche erfüllt werden können.* Es herrscht demnach generell Güterknappheit: Man kann insgesamt nicht so viel haben, wie man möchte. Andererseits ist das der Abb. 1.3. zu Grunde liegende Zahlenbeispiel aber (realistischerweise) so konstruiert, dass die gewünschten 700 Kilogramm Wurst bzw. die gewünschten 500 Kilogramm Käse durchaus produziert werden könnten, allerdings unter totalem Verzicht auf das jeweils andere Gut. Auf die reale, komplexere Welt übertragen heißt dies, dass es zweifellos möglich wäre, jedem Einwohner in Deutschland beispielsweise vier oder noch mehr Automobile zur Verfügung zu stellen, wenn das gewünscht wäre. Eine derartige Produktion wäre realisierbar, allerdings wohl nur unter weitest gehendem Verzicht auf die Produktion anderer Güter wie Wurst, Käse, Hemden, Hosen, Kühlschränke, Fernsehgeräte, Mobiltelefone usw. Die Opportunitätskosten der zusätzlich produzierten Autos wären extrem hoch. Sie würden wohl kaum akzeptiert werden und insoweit ist es bei Kenntnis dieser Kosten wiederum unwahrscheinlich, dass so viele Autos gewünscht werden.

Damit deutet sich an, dass es angesichts generell bestehender Knappheit (TVS < W) offensichtlich unsinnig wäre und wohl auch unerwünscht sein dürfte, diese Knappheit bei einzelnen Gütern extrem zu reduzieren und dafür die Knappheit bei anderen Gütern in extremer Form aufrecht zu erhalten oder herbeizuführen. Damit ist erneut die Frage nach der *Zusammensetzung der Güterproduktion*, also nach der *Güterstruktur*, aufgeworfen. Sie kann nur beantwortet werden unter Rückgriff auf die Nachfragestruktur bzw. auf die **Bedürfnisstruktur,** d.h. auf die genaue Gestalt der Wünsche der Menschen.

Für diese wurde zuvor ein Wunschpunkt mit $q_1 = 700$ und $q_2 = 500$ angenommen (Punkt W in Abb. 1.3.). Unterstellt man, dass sich dieser Wunschpunkt bei einer Befragung tatsächlich ergeben hätte, so wirft er sofort die Anschlussfrage auf, ob die Menschen diese Kombination, also 700:500 bzw. 7:5 in jedem Falle wünschen. Möglicherweise ist es vorstellbar, dass sie auch die Kombinationen 8:4, 9:3 oder 10:2 als akzeptabel und gegenüber 7:5 als gleichwertig ansehen. Vorstellbar ist es aber auch, dass sie 9:3 und 10:2 als zu ungleich und damit als weniger gut im Vergleich mit 7:5 ansehen und allenfalls 9:4, 12:3 und 16:2 akzeptabel bzw. gleichwertig finden.

Die genaue Gestalt der Bedürfnisstruktur kann im einfachen Zwei-Güter-Modell durch ein System sog. *Indifferenzkurven* abgebildet werden. Indifferenzkurven sind Nutzenniveaukurven, auf denen alle jene Güterkombinationen liegen, welche die Menschen als gleichwertig empfinden, denen gegenüber sie also indifferent sind. Gemäß dem o.a. Zahlenbeispiel mögen die Punkte 700/500, 900/400, 1200/300 und 1600/200 Punkte einer solchen Indifferenzkurve I_2 sein (vgl. Abb. 1.4.). Indifferenzkurven mit höherem Niveau an Bedürfnisbefriedigung (Nutzenniveau) befinden sich oberhalb von I_2, also beispielsweise I_3, Indifferenzkurven mit niedrigerem Nutzenniveau unterhalb von I_2, also beispielsweise I_1. Auf die Herleitung von Indifferenzkurven und auf ihren Verlauf wird später im 3. Teil in Kapitel B näher eingegangen.

Zeichnet man die Produktionsmöglichkeiten (die Transformationskurve) und die Bedürfnisstruktur (die Indifferenzkurven) in ein gemeinsames Schaubild (vgl. Abb. 1.4.), so könnte sich ergeben, dass der Punkt V gleichzeitig ein möglicher Produktionspunkt (er liegt auf der Transformationskurve) und auch ein Punkt

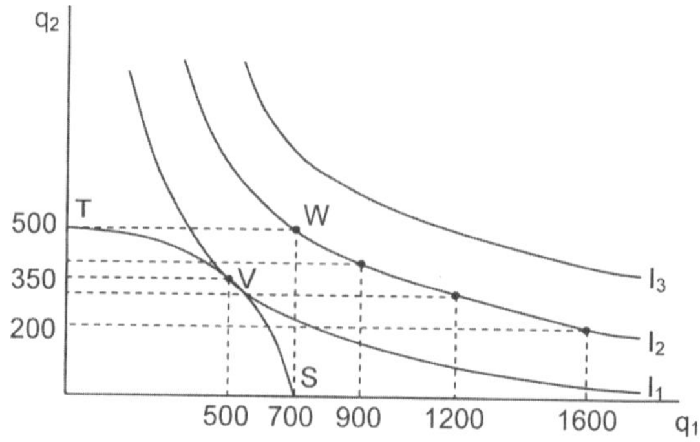

Abb. 1.4.

der dann maximal erreichbaren Indifferenzkurve I_1 ist. Bei diesem Produktionspunkt wäre die Produktionsstruktur perfekt auf die Bedürfnisstruktur ausgerichtet. Jeder andere Punkt auf der Transformationskurve würde eine niedrigere Bedürfnisbefriedigung bedeuten, da dann nur niedriger liegende, also schlechtere (nicht eingezeichnete) Indifferenzkurven erreicht würden. In Punkt V wäre die generell existierende Güterknappheit am deutlichsten reduziert und damit am besten zu ertragen.

So anschaulich es sein mag, sich das Phänomen der Knappheit im Zwei-Güter-Modell vorzuführen, so stieße man doch schnell an seine Grenzen, wenn man sich damit sämtliche Güterkombinationen der realen Welt erschließen wollte. Die grafische und selbst eine algebraische Darstellung wäre von nicht mehr überschaubarer Komplexität. Es fragt sich daher, ob man das Knappheitsphänomen nicht auch auf andere Weise, beispielsweise im Hinblick auf jedes einzelne Gut für sich, darstellen und erörtern kann. Das ist in der Tat möglich und liegt angesichts eines geläufigen Sprachgebrauches, nach welchem von der mehr oder weniger großen *Knappheit einzelner Güter* die Rede ist, auch nahe. So ist es üblich, Getreide speziell nach einer Missernte oder Mineralöl generell in heutiger Zeit als besonders knapp, dagegen Schokolade, Personalcomputer oder Mobiltelefone nach einer vorangegangenen Ausdehnung der Produktion und des Angebotes hingegen als weniger knapp anzusehen.

Den Hintergrund dieser Sprachregelung bildet eine Gegenüberstellung von Nachfrage und Angebot für das jeweilige einzelne Gut. Der Übergang vom Zwei-Güter-Modell zur Betrachtung eines einzelnen Gutes (die dann wieder auf den n-Güter-Fall, also die reale Situation vieler Güter, übertragen werden kann) bietet zudem den Vorteil, dass nicht mehr nur die Produktionsmöglichkeiten und die Wünsche, sondern das tatsächliche **Angebot** und die tatsächliche **Nachfrage**, welche – wie zuvor erläutert – nicht immer voll im Sinne aller Wünsche artikuliert werden kann, gegenüber gestellt werden. Damit wird es auch möglich, die Determinanten von Nachfrage und Angebot, also jene Größen, von denen sie jeweils abhängig sind, einzubeziehen. Es lässt sich nämlich unschwer einsehen, dass eine zuvor im Zwei-Güter-Modell genannte gewünschte Gütermenge nicht unter allen Umständen, also um jeden Preis, tatsächlich auch nachgefragt wird. Ebenso dürfte eine gemäß der Transformationskurve produzierbare Gütermenge nicht unter allen Umständen, also um jeden Preis, auch tatsächlich angeboten werden.

Mit dieser Aussage ist eine zentrale Determinante sowohl des Angebotes als auch der Nachfrage ins Spiel gebracht worden, nämlich der **Preis** eines Gutes. Auch wenn der Preis nicht die einzige Determinante von Angebot und Nachfrage ist (die weiteren werden in den Teilen 2, 3 und 4 erörtert), so ist er doch von so herausragender Bedeutung, dass auf ihn hier schon einzugehen ist.

Wenn die Nachfragemenge und die Angebotsmenge eines Gutes X vom Preis des Gutes abhängen, wenn also

(1.4) $N_x = f(p_x)$ und

(1.5) $A_x = f(p_x)$

gelten und wenn man unterstellt, dass zwischen Preis und Nachfragemenge eine inverse Beziehung und zwischen Preis und Angebotsmenge eine direkte Beziehung besteht, dann lassen sich entsprechende Nachfrage- und Angebotskurven zeichnen und gemeinsam in ein Marktbild zusammenführen (vgl. Abb. 1.5.a.). Auf die Begründung des hier unterstellten Verlaufes der Nachfrage- und der Angebotskurve soll im Moment noch verzichtet werden. Die jeweiligen Begründungen erfolgen detailliert im 2., 3. und 4. Teil.

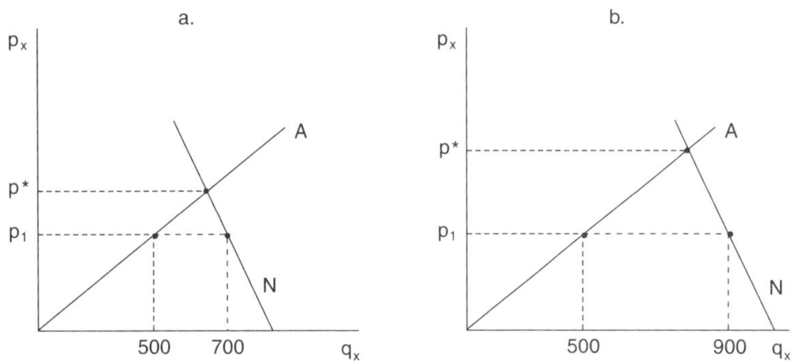

Abb. 1.5.

In Abb. 1.5.a soll die zuvor für das Gut X_1 beschriebene Situation mit einer gewünschten und auch nachgefragten Gütermenge $N_x = 700$ und einer produzierbaren und angebotenen Gütermenge $A_x = 500$ wieder aufgenommen werden. Diese Abbildung zeigt nunmehr, dass der Nachfrageüberhang von 200 lediglich beim Preis p_1 existiert, dass beim Preis p^* nachgefragte und angebotene Gütermenge gleich sind und dass bei Preisen oberhalb von p^* sogar Angebotsüberschüsse vorliegen. Besteht hier etwa keine Knappheit mehr? Ein solcher Definitionsansatz wäre unzweckmäßig, weil die Nachfrager das Gut stets so günstig wie möglich erwerben möchten und weil bei Preisen unterhalb von p^* ein Nachfrageüberhang weiterhin besteht. *Knappheit einzelner Güter* ist also mit Hilfe der Abb. 1.5.a. in der Weise zu umschreiben, *dass beim Preise $p_x = 0$ ein Nachfrageüberhang besteht.* Wäre dieser Nachfrageüberhang größer, zum Beispiel so groß wie in Abb. 1.5.b. dargestellt, dann wäre das Gut entsprechend knapper, was sich in einem höheren Preis p^* niederschlagen würde. Aus Abb. 1.5.a. und 1.5.b. werden damit zwei außerordentlich wichtige Fähigkeiten von Preisen deutlich: Sie können einen Ausgleich von Angebot und Nachfrage herbeiführen *(Ausgleichsfunk-*

tion der Preise) und sie lassen den Grad der Knappheit erkennen *(Informationsfunktion der Preise).*

Preise sind demnach Knappheitsindikatoren; an ihrer Höhe kann man den Grad der Knappheit ablesen. Abb. 1.5. wirft allerdings die Frage auf, ob Knappheit bei Gütern nicht generell gegeben sein muss, zumal es kaum vorstellbar erscheint, dass es bei Preisen von Null schon irgendein Angebot geben könnte. Wenn bei $p_x = 0$ stets das Angebot $A_x = 0$ sein sollte und wenn man unterstellt, dass bei $p_x = 0$ für jedes Gut eine Nachfrage existiert, dann müssten alle Güter knapp sein. In der Tat kann dies auch für fast alle Güter angenommen werden. Lediglich in Fällen, in denen das Güterangebot und die Güternachfrage so gelagert sind, wie es Abb. 1.6. zeigt, bildet sich kein Preis. Dann liegt nicht der Fall eines knappen,

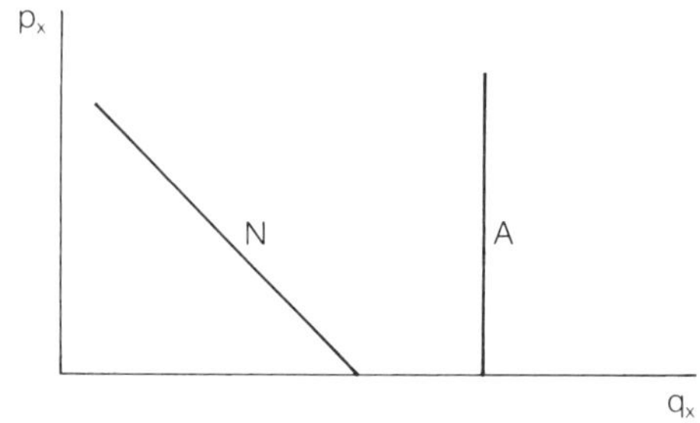

Abb. 1.6.

sondern der äußerst seltene und ökonomisch nicht relevante Fall eines *freien Gutes* vor. Freie Güter haben einen Preis von Null. Etwas gekünstelte Beispiele für freie Güter sind Packeis in Grönland und Sand in der Sahara. In diesen Fällen existiert ein sogar preisunabhängiges, von der Natur bereitgestelltes Angebot, das die Nachfrage übersteigt. In anderen Fällen ist es denkbar, dass Güter, die in der Regel knapp sind, zu bestimmten Zeiten oder unter bestimmten Umständen zum Nulltarif abgegeben werden (Freikarten, Freibier).

2. Nachfrage-, Angebots- und Knappheitsentwicklung

Ohne auf die Herleitung von Nachfrage- und Angebotskurven gemäß Abb. 1.5. bereits an dieser Stelle eingehen zu können (vgl. dazu den 2., 3. und 4. Teil), soll hier aber schon kurz die Frage aufgeworfen werden, wie sich die Knappheit der Güter im Zeitablauf verändern kann.

Aus Abb. 1.5. lässt sich leicht entnehmen, dass die *Knappheit von Gütern* sich

- *durch Nachfrageausweitung* (Rechtsverschiebung der Nachfragekurve) bzw. *durch Angebotsreduzierung* (Linksverschiebung der Angebotskurve) *erhöht,* während sie sich
- *durch Angebotsausweitung* (Rechtsverschiebung der Angebotskurve) bzw. *durch Nachfragedrosselung* (Linksverschiebung der Nachfragekurve) *reduziert.*

Auf Kurvenverschiebungen und die dabei wirksamen Mechanismen wird näher im 2. und im 6. Teil eingegangen.

Damit stellt sich die Frage nach den typischen historischen Trends der Nachfrage- und der Angebotsentwicklung. Bezüglich der **Nachfrageentwicklung** führt das zur Unterscheidung in *Sättigungs-* und *Nichtsättigungsgüter* sowie *inferiore Güter.* Es wird die Frage gestellt, wie sich die Nachfrage angesichts der langfristig beobachtbaren Steigerung der Einkommen verhält. Steigt die Güternachfrage mit steigendem Einkommen, so kann man von Nichtsättigungsgütern sprechen (insbesondere zahlreiche Güter des gehobenen Bedarfs bzw. Luxusgüter, z.B. Mittelklasseautos, Stereoanlagen, Fernreisen usw.). Stagniert die Nachfrage bei steigendem Einkommen, so spricht man von Sättigungsgütern (in der Regel bei den zwar lebensnotwendigen, aber durch Sättigungserscheinungen gekennzeichneten Nahrungsmitteln wie etwa Kartoffeln zu beobachten). Geht die Nachfrage mit steigendem Einkommen sogar absolut zurück, weil die Nachfrager auf höherwertige Güter umsteigen, so spricht man von inferioren Gütern. Bedeutsam ist, dass prinzipiell jedes Gut zum inferioren Gut werden kann, wenn bessere Substitute auftauchen.

Angesichts steigender Nachfrage nach einzelnen Gütern stellt sich die Frage, inwieweit es möglich ist, die dann eintretende besondere Knappheit durch **Angebotsausweitung** wieder zu reduzieren. Bei *nicht reproduzierbaren Gütern* ist das überhaupt nicht möglich, weil die dazu erforderlichen Produktionsfaktoren nicht mehr existieren (z.B. bei Gemälden von Michelangelo). Im Falle steigender Nachfrage ist demnach mit ständig steigender Knappheit und mit ständig steigenden Preisen zu rechnen. Bei räumlich oder zeitlich *beschränkt reproduzierbaren Gütern* (z.B. Bananen in Deutschland, Erdbeeren im Winter) ist eine rasche Anpassung des Angebotes an Nachfrageveränderungen nicht möglich. Erhebliche Preis- und Knappheitsschwankungen sind daher insbesondere auf Märkten landwirtschaftlicher Produkte zu beobachten. Eine relativ rasche Anpassung des Angebotes an Nachfrageschwankungen und -veränderungen ist nur bei den *beliebig reproduzierbaren Gütern* möglich, bei denen die benötigten Produktionsfaktoren prinzipiell vorhanden und auch flexibel sind. Erhebliche Preis- und Knappheitsschwankungen sind hier nicht zu erwarten. Bei diesem Typ von Gütern funktioniert der Marktmechanismus am besten, wie später noch zu zeigen sein wird.

3. Ansatzpunkte zur Reduzierung von Knappheit

Nach der Darstellung des Knappheitsphänomens und nach ersten Erörterungen über die Entwicklung der Knappheit von Gütern ist nunmehr darzulegen, in welcher Weise Knappheit reduziert werden kann. Kurz zuvor ist mit Hilfe des Ein-Gut-Modells der Abb. 1.5. gezeigt worden, dass dies durch Nachfragedrosselung oder durch Angebotsausdehnung geschehen kann.

Der **Nachfragedrosselung** durch *Einschränkung der Bedürfnisse,* d.h. durch *Verzicht* (buddhistische Ökonomie), soll im Folgenden nicht weiter nachgegangen werden. Auch wenn die Strategie der Reduzierung der Bedürfnisse ohne Zweifel beachtenswert ist, kann davon ausgegangen werden, dass durch Verzicht realistischerweise nur ein kleiner Beitrag zur Reduzierung von Knappheit erbracht werden kann, der im Übrigen den folgenden Ansatz nicht überflüssig macht.

Als Hauptansatzpunkt zur Reduzierung von Knappheit wird allgemein die Strategie der **Angebotsausdehnung** durch Mehrproduktion von Gütern angesehen. Die Forderung nach Mehrproduktion wirft jedoch ein Problem auf: Zwar scheint die Mehrproduktion einzelner Güter stets möglich zu sein – vom Ausnahmefall nicht reproduzierbarer Güter sei einmal abgesehen –, aber im Gegensatz zum Ein-Gut-Modell der Abb. 1.5. zeigt das Zwei-Güter-Modell der Abb. 1.3., dass eine Mehrproduktion beider (aller) Güter offenbar nicht möglich ist. Die Transformationskurve lässt erkennen, dass die Mehrproduktion eines Gutes nur auf Kosten einer Reduzierung der Produktion des anderen Gutes zu vollziehen ist (siehe auch die neue Abb. 1.7.).

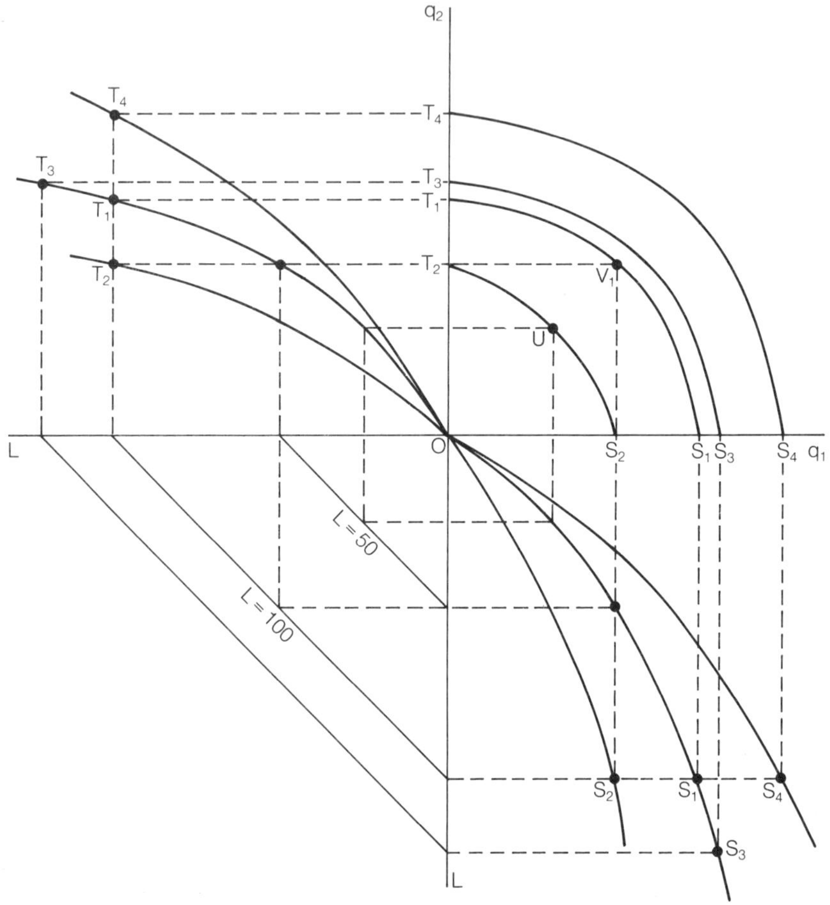

Abb. 1.7.

Der aus der korrekten Interpretation der Transformationskurve gezogene Schluss, dass eine Mehrproduktion beider Güter völlig unmöglich ist, erweist sich bei näherer Betrachtung jedoch als verfrüht.

Mehrproduktion beider Güter ist zunächst möglich, wenn man sich zu einem bestimmten Zeitpunkt noch gar nicht auf der Transformationskurve befindet, sondern z.B. in Punkt U (vgl. Abb. 1.7.). Dies kann der Fall sein, wenn man nicht alle Arbeitskräfte beschäftigt, sondern in einer Situation der *Unterbeschäftigung* z.B. nur L = 50 Arbeitskräfte einsetzt. Das gleiche Ergebnis stellt sich ein, wenn man die verfügbaren quantitativen Produktionsfaktoren Boden und Sachkapital nicht voll ausnutzt (Produktionskurven OS_2 und OT_2 und gedachte Unterbeschäftigungskurve T_2US_2). Schließlich verfehlt man die Transformationskurve auch dann, wenn man das verfügbare technische Wissen nicht voll nutzt, also *nicht mit höchster Effizienz* produziert, d.h. wenn die eingesetzten Faktoren weniger Leistung erbringen als ihnen möglich ist (ebenfalls Produktionskurven OS_2 und OT_2 und gedachte Minderproduktivitätskurve T_2US_2). Ist die Transformationskurve also noch gar nicht erreicht, dann ist eine Mehrproduktion beider Güter möglich durch Verwirklichung von *Vollbeschäftigung* sowie von *effizienter Produktion.*

Mehrproduktion beider Güter ist auch nach Erreichen der Transformationskurve dann weiterhin möglich, wenn es gelingt, die Transformationskurve durch Mehreinsatz der quantitativen Faktoren sowie durch technischen Fortschritt nach außen zu verschieben, wenn es also gelingt, die Produktionsmöglichkeiten zu erweitern, d.h. *Wirtschaftswachstum* auszulösen.

Der Mehreinsatz von Faktoren kann zunächst in Form eines *erhöhten Arbeitseinsatzes* erfolgen, wodurch man auf den bestehenden Produktionskurven weiter nach außen wandert (Punkte S_3 und T_3) und die Transformationskurve nach rechts oben verschiebt (Kurve T_3S_3). Dabei ist aber zu konstatieren, dass der Ausweitung der Arbeitsstunden einer gegebenen Zahl von Arbeitskräften wie auch der Steigerung der Zahl der Arbeitskräfte (Bevölkerungswachstum, Gastarbeiter) enge Grenzen gesetzt sind und dass die resultierenden Produktionssteigerungen wohl nur gering ausfallen.

Ziel muss es daher sein, die Produktionskurven durch den Mehreinsatz von Boden, von Sachkapital bzw. durch Steigerung des technischen Wissens nach oben zu verschieben (etwa auf OS_4 und OT_4) und dadurch die neue Tranformationskurve T_4S_4 zu erreichen.

Enge Grenzen sind dabei aber auch dem *Mehreinsatz von Boden* gesetzt, zumal die Probleme des rapiden Ressourcenverzehrs und der Umweltbelastungen auftreten.

Etwas mehr Spielraum ergibt sich aus dem *Mehreinsatz von Sachkapital.* Dabei ist allerdings zu beachten, dass bereits das Erhalten der bisherigen Transformationskurve den Ersatz der sich laufend verschleißenden Kapitalgüter in Form von *Ersatzinvestitionen* voraussetzt. Der Güterzusammensetzung kommt für die Lage der Transformationskurve demnach eine entscheidende Bedeutung zu. Interpretiert man in Abb. 1.8. das Gut X_1 als Konsumgut und Gut X_2 als Investitionsgut, dann ist z.B. ein Minimum an Investitionsgüterproduktion in Höhe von q_{21} und ein Maximum an Konsumgüterproduktion in Höhe von q_{11} notwendig (Punkt V_1), um die Transformationskurve in der nächsten Periode weiterhin bei $T_1V_1S_1$ halten zu können. Will man die Transformationskurve hingegen nach außen verschieben (etwa nach T_4S_4), so sind über die Ersatzinvestitionen hinaus *Nettoinvestitionen,* also z.B. eine Kapitalgüterproduktion in Höhe von q_{22} erforderlich.

Da auch der Bildung neuen Sachkapitals letztlich Grenzen gesetzt sind, kommt der *Steigerung des technischen Wissens* durch *technischen Fortschritt* erhebliche Bedeutung zu. Durch technische und organisatorische Verbesserungen kann es dauerhaft gelingen, die Produktionskurven nach OS_4 und OT_4 (Abb. 1.7.) und darüber hinaus sowie die Transformationskurve nach T_4S_4 und darüber hinaus zu verschieben. Technischer Fortschritt bedeutet insoweit, dass mit gleichem quantitativen Faktoreinsatz ein Mehr an Produktionsmöglichkeiten, d.h. Wirtschaftswachstum, erreicht wird. Ein bedeutsames Verfahren, um Wirtschaftswachstum durch technischen Fortschritt auszulösen, ist durch die sog. *Arbeitsteilung* gegeben, auf die unten noch näher einzugehen ist.

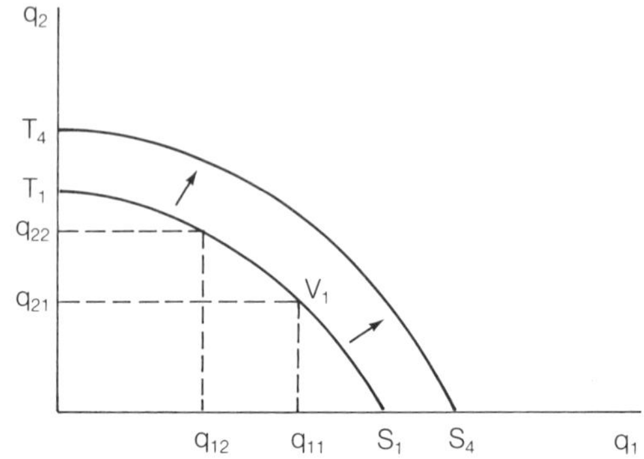

Abb. 1.8.

In der zuvor verwendeten Terminologie wurde zwischen dem *Erreichen der Transformationskurve durch den Abbau von Unterbeschäftigung und Ineffizienten* einerseits und dem *Verschieben der Transformationskurve durch Wirtschaftswachstum* andererseits unterschieden. In diesem Sinne bedeutet Wirtschaftswachstum zunächst nur, dass sich die Produktionsmöglichkeiten erhöhen, dass das Produktionspotenzial also steigt. Diese in der Ökonomik gängige Differenzierung erlaubt es, die Phänomene des eher kurzfristigen Abbaus von Arbeitslosigkeit (etwa im Zuge eines konjunkturellen Aufschwunges) und eines eher langfristigen Entwicklungsprozesses, der Wirtschaftswachstum genannt wird, analytisch sauber zu trennen. In einer alternativen Sprachregelung, wie sie unter anderem in der Wirtschaftspolitik üblich ist, wird hingegen *jede Steigerung der volkswirtschaftlichen Gesamtproduktion als Wirtschaftswachstum* bezeichnet, so dass auch vom Abbau von Arbeitslosigkeit durch Wirtschaftswachstum die Rede ist. Über die hier verwendete Darstellung der Transformationskurve hinausgehend werden die Mengen der produzierten Güter dann noch mit ihren aktuellen Preisen bzw. mit den Preisen eines Basisjahres oder den Preisen des Vorjahres gewichtet. Die jeweils produzierte und derart gewichtete Gesamtmenge an Gütern wird als nominelles bzw. als reales Bruttoinlandsprodukt bezeichnet, die Steigerung der Gesamtproduktion demgemäß als nominelles bzw. als reales Wirtschaftswachstum.

4. Güterstruktur und Einkommensverteilung

Der generellen Mehrproduktion von Gütern durch Erreichen sowie Verschieben der Transformationskurve kommt als Hauptansatzpunkt zur Reduzierung von Knappheit höchste Bedeutung zu. Es klang zuvor aber schon an, dass dabei auch die **Zusammensetzung der Produktion,** also die **Güterstruktur,** wichtig ist, da bestimmte Mindestproduktionen von Investitionsgütern notwendig sind, um Wirtschaftswachstum auszulösen.

Kehrt man nunmehr zum Modell einer Transformationskurve mit zwei Konsumgütern zurück (z.B. Wurst und Käse), so stellt sich die Frage, ob sich auch in diesem Fall Knappheit dadurch reduzieren lässt, dass man die Zusammensetzung der Produktion ändert. Bei der Betrachtung der Abb. 1.3. und der anschließenden Diskussion über die Knappheit einzelner Güter wurde bereits gefragt, welcher Punkt der Transformationskurve gerade realisiert wird und ob dieser Punkt im Einklang mit den Wünschen der Nachfrager, d.h. ihrer Bedürfnisstruktur bzw. relativen Bedürfnisintensität, steht. Dabei wurde gezeigt, dass diese durch ein System von Indifferenzkurven abgebildet werden kann (Abb. 1.4.) und dass sie sich in bestimmten Nachfrageintensitäten für die einzelnen Güter niederschlägt (Abb. 1.5.). Dabei können nun Konstellationen eintreten, bei denen das Güterangebot (noch) nicht perfekt auf die jeweilige Nachfrage abgestimmt ist. Abb. 1.9. beschreibt eine derartige Situation mit zwei Gütern X_1 und X_2.

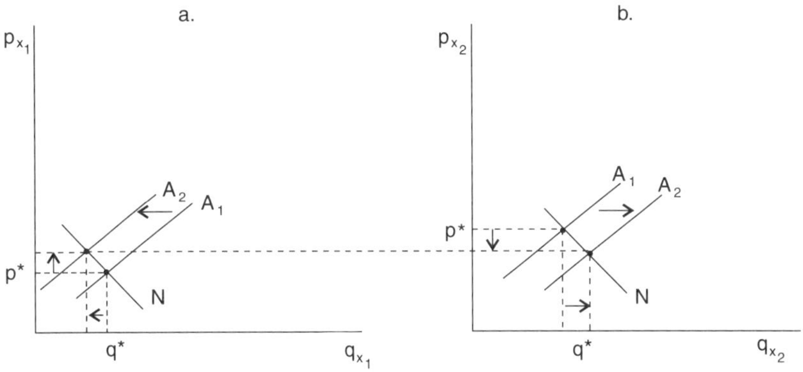

Abb. 1.9.

Wie Abb. 1.9.a. im Vergleich mit Abb. 1.9.b. zeigt, sind die beiden Güter knapp, aber sie sind (gleiche Kosten vorausgesetzt) offenbar nicht gleich knapp, denn die Preise sind verschieden hoch. Es wäre nun aber unsinnig, das weniger knappe Gut X_1 verstärkt zu produzieren und dafür die Produktion von X_2 einzuschränken. Sinnvoll ist es vielmehr, das knappere Gut X_2 verstärkt und das weniger knappe Gut X_1 in vermindertem Umfang herzustellen (Pfeile in Abb. 1.9.). Das bedeutet, dass die Zusammensetzung des Güterangebotes (die Angebotsstruktur) und der **Einsatz von Produktionsfaktoren** (die Allokation der Faktoren) an die jeweilige Nachfragestruktur und deren Änderungen anzupassen sind. Bei einem derartigen Vorgehen geht es einerseits darum, die *generelle Knappheit* in dem Sinne zu *vermindern,* dass man die Produktions- und Angebotsstruktur an die Bedürfnis- und Nachfragestruktur anpasst (Erreichen des Tangentialpunktes V in Abb. 1.4.), es geht andererseits auch darum, den *Ausgleich der Knappheitsgrade* der Güter *herbeizuführen,* denn auch die Verminderung extremer Knappheiten bei einzelnen Gütern und damit die Beseitigung von Knappheitsunterschieden ist aus der Sicht der Nachfrager erwünscht. Dies erfordert die laufende *Anpassung der Angebotsstruktur an die Nachfragestruktur* und deren Änderungen sowie einen entsprechend geänderten Faktoreneinsatz, also die *Reallokation der Faktoren.*

Ein weiterer und letzter Gesichtspunkt bezüglich des Knappheitsproblems ergibt sich daraus, dass die soeben erhobene Forderung nach Anpassung des Angebotes an die Nachfrage noch nicht sicherstellt, dass die dringendsten Bedürfnisse der Menschen befriedigt werden. Die Möglichkeit, Bedarf in Form von Nachfrage zu artikulieren, ist abhängig von der zur Verfügung stehenden Kaufsumme, damit vom Einkommen und damit – gesamtwirtschaftlich gesehen – von der **Einkommensverteilung.** Sofern die Einkommensverteilung sehr ungleich ist, können zahlreiche Bedürfnisse mangels Kaufkraft nicht befriedigt werden, und es können bei zahlreichen Mitgliedern der Gesellschaft extreme Versorgungsmängel vorliegen. Eine Reduzierung derartiger Unterversorgung – möglicherweise bei lebensnotwendigen Gütern – kann dann über eine Umverteilung der Einkommen nach Maßgabe der geltenden Gerechtigkeitsvorstellungen und daraus folgend über eine Änderung der Güternachfrage, des Güterangebots und der Güterproduktion erfolgen.

Mit den zuletzt dargestellten Ansatzpunkten zur Reduzierung von Knappheit und zum Knappheitsausgleich deutet sich an, dass zwischen drei zentralen volkswirtschaftlichen Problemkomplexen unterschieden werden kann. Dabei umfasst der erste Problemkomplex das *Beschäftigungs-, das Effizienz- und das Wachstumsproblem,* also die Frage des Erreichens bzw. Verschiebens der Transformationskurve und damit die Frage nach der *Höhe der Güterproduktion.* Den zweiten Problemkomplex bildet das *Allokationsproblem,* also die Frage der Bewegung auf der jeweiligen Transformationskurve und damit die Frage nach der *Zusammensetzung der Güterproduktion,* d.h. die Frage nach der Realisierung der nachfragegerechten Güterstruktur und des entsprechenden Faktoreneinsatzes. Der dritte Problemkomplex ist das *Verteilungsproblem,* also die Frage nach der *Verteilung der Güter* und der Realisierung von Verteilungsgerechtigkeit.

5. Wirtschaften und ökonomisches Prinzip

Angesichts der beschriebenen Ansatzpunkte zur Reduzierung von Knappheit stellt sich die Frage, ob nicht eine allgemeine Umschreibung wirtschaftlichen Handelns verfügbar ist, welche alle zuvor angesprochenen Aktivitäten einschließt. Tatsächlich wird das **Wirtschaften** zuweilen sehr umfassend und allgemein umschrieben als die *Überbrückung bzw. Minderung des Spannungsverhältnisses zwischen Bedürfnissen und knappen Gütern.* Alle Ansatzpunkte zur Reduzierung von Knappheit können unter diese Definition subsumiert werden. Andererseits ist dieser Definitionsansatz noch recht vage. In einer strengeren Definition wird das Wirtschaften daher auch umschrieben als *planmäßige Disposition über knappe Güter zur Befriedigung von Bedürfnissen.*

Im Rahmen dieses Definitionsansatzes ist das Konzept der „planmäßigen Disposition" noch zu erläutern. Planmäßige Disposition bedeutet, dass

- eine Rangordnung der zu befriedigenden Bedürfnisse, der zu erfüllenden Zwecke, kurz eine Zielhierarchie, aufgestellt wird,
- Rechenschaft über die zur Verfügung stehenden Mittel abgelegt wird,
- ein rationaler Wirtschaftsplan aufgestellt wird, in welchem den jeweiligen Zwecken entsprechende Mittel zugeordnet werden.

Aus der Umschreibung des Begriffes der planmäßigen Disposition geht hervor, dass Wirtschaften stets bedeutet, dass *Wahlentscheidungen* getroffen werden.

Stets geht es darum zu entscheiden, in welcher Weise Mittel (Güter) für verschiedene Verwendungszwecke eingesetzt werden, insbesondere wie das universell verwendbare Gut namens Geld auf verschiedene Kaufvorhaben aufgeteilt wird.

Das planmäßige Disponieren und die dabei angesprochene Rationalität, Effizienz oder Wirtschaftlichkeit dieses Planes dokumentiert sich letztlich darin, dass nach dem sog. **ökonomischen Prinzip** verfahren wird. Das ökonomische Prinzip kann in dreierlei Weise formuliert werden. Es bedeutet, so zu handeln, dass entweder

- mit gegebenen Mitteln (Aufwand) ein Maximum an Erfolg (Ertrag) erzielt wird: *Maximumprinzip,* oder
- ein gewünschter Erfolg mit einem Minimum an Mitteleinsatz erreicht wird: *Minimumprinzip,* oder allgemein
- die Erfolg-Einsatz-Relation maximiert wird: *allgemeines Extremumprinzip.*

Tabelle 1.1.

Ökonomisches Prinzip			
Kriterien	Maximumprinzip	Minimumprinzip	Allgemeines Extremumprinzip
Erfolg	↑	vorgegeben	$\frac{\text{Erfolg}}{\text{Einsatz}}$ ↑
Mitteleinsatz	vorgegeben	↓	

Die drei Ausprägungen des ökonomischen Prinzips werden in Tabelle 1.1. noch einmal verdeutlicht, wobei die Pfeile die jeweilige Aktivitätsrichtung angeben. Dabei ist insbesondere das allgemeine Extremumprinzip in der wirtschaftlichen Wirklichkeit von außerordentlicher Bedeutung, da die Akteure sehr häufig vor der Frage stehen, ob sich ein begrenzter zusätzlicher Mitteleinsatz nicht lohnen könnte, sofern er einen überproportionalen Erfolg nach sich zieht (sog. *Grenz-* oder *Marginalbetrachtung,* auf welche später noch einzugehen ist). Unsinnig bzw. unlogisch ist es hingegen, mit einem minimalen Mitteleinsatz einen maximalen Erfolg erreichen zu wollen.

Der im ökonomischen Prinzip verwendete Terminus *ökonomisch* leitet sich vom griechischen *oikonomia* her. Er bezieht sich dort zunächst auf das Führen eines Haushalts *(oikos)* im Sinne einer sich primär selbst versorgenden Hauswirtschaft. Es geht also darum, die Mittel sparsam einzusetzen, mit ihnen „haushälterisch" umzugehen. Der Begriff wird später inhaltlich erweitert auf rentables, gewinnbringendes Handeln durch den Ankauf und Verkauf von Gütern. Dementsprechend kann das ökonomische Prinzip heute als Handlungsanweisung für (private und öffentliche) Haushalte, aber auch für Unternehmen verstanden werden. Private Haushalte mögen also beispielsweise ihr verfügbares Einkommen so verwenden, dass sie daraus ein Höchstmaß an Nutzen, also an individueller Bedürfnisbefriedigung erzielen (Einzelheiten dazu folgen im 3. Teil). Öffentliche Haushalte mögen die ihnen übertragenen Steuermittel so einsetzen, dass ein Maximum an öffentlichen Gütern bereitgestellt wird. Unternehmungen möge es darum gehen, mit einem gegebenen Bestand an Produktionsfaktoren eine möglichst große Gütermenge zu erzeugen, eine bestimmte absetzbare Gütermenge mit möglichst niedrigen Kosten zu produzieren bzw. allgemein die **Produktivität** oder die **Rentabilität** zu erhöhen (Einzelheiten dazu folgen im 4. Teil). Als Produktivität bezeichnet man das Verhältnis von Ausstoß zu Einsatz (z.B. P/L als Arbeitsproduktivität), unter Rentabilität versteht man das Verhältnis von Gewinn zu Finanzkapitaleinsatz (auch als Rendite oder rate of return bezeichnet).

Ein Wirtschaftssubjekt (vgl. dazu den folgenden Abschnitt), das auf der Grundlage einer eindeutigen, d. h. widerspruchsfreien, sog. transitiven Zielhierarchie und in Kenntnis der verfügbaren Mittel stets rationale Wirtschaftspläne aufstellt und das uneingeschränkt der Handlungsanweisung des ökonomischen Prinzips folgt, wird in der Literatur als **homo oeconomicus** bezeichnet. Das Konzept des ökonomischen Prinzips bzw. des homo oeconomicus ist in der wirtschaftswissenschaftlichen Diskussion vielfacher Kritik ausgesetzt. Dabei bezieht sich diese Kritik weniger auf die Forderung bzw. den Rat, so zu handeln, und auf das Aufzeigen der Kriterien für ein solches Handeln, sondern vielmehr auf die zuweilen explizite Behauptung oder aber die implizite Unterstellung, dass die Akteure in der Realität sich tatsächlich so verhalten. Auf diese Diskussion wird später im 3. und 4. Teil, jeweils in Kapitel C, zurückzukommen sein.

Wenn Wirtschaften als planmäßiges Handeln im Sinne des ökonomischen Prinzips zu verstehen ist, wird deutlich, dass der häufig verwendete Begriff von der Planwirtschaft einen Pleonasmus darstellt, also die überflüssige Anhäufung sinngleicher Worte. Jede Wirtschaft ist eine „Planwirtschaft". Unterschiedliche Arten von Wirtschaften unterscheiden sich aber dadurch, ob zentral geplant wird (Zentralplanwirtschaft) oder ob dezentral geplant wird und die Einzelpläne über Märkte koordiniert werden (Marktwirtschaft als dezentrale „Planwirtschaft"). Zu weiteren Einzelheiten vgl. Kapitel B, Abschnitt III.

B. Arbeitsteilige Volkswirtschaft und Wirtschaftssystem

I. Einzelwirtschaften und Gesamtwirtschaft

1. Die Wirtschaftssubjekte als Akteure

Bei allen bisherigen Überlegungen ist die Frage nach den Akteuren, d.h. den wirtschaftenden Subjekten und ihren Beziehungen zueinander, noch offen geblieben. Wenn das Wirtschaften zuvor als planmäßige Disposition über knappe Güter definiert wurde, so treten die **Wirtschaftssubjekte** nunmehr auf als die *Träger wirtschaftlicher Entscheidungen,* welche auf Grund einer gemeinsamen Willensbildung und der daraus folgenden *Zielsetzung* über die Verwendung eines *gemeinsamen begrenzten Budgets, d.h. über den Erwerb und die Verwendung knapper Güter entscheiden.* Sie sind es, welche die planmäßigen Dispositionen durchführen.

Bedeutsam hierbei ist, dass es sich bei solchen **Einzelwirtschaften** um Einzelpersonen oder um Personengruppen, um isoliert agierende Subjekte oder um solche, die im Zusammenspiel mit anderen agieren, handeln kann. Mit dem Ziel, einfache wirtschaftliche Entscheidungen besonders anschaulich zu machen, arbeitet die

Ökonomik zuweilen mit Modellen, in denen Einzelpersonen ohne Kontakt zu anderen Wirtschaftssubjekten agieren *(Robinson-Modelle)*. Die wirtschaftliche Wirklichkeit ist jedoch dadurch gekennzeichnet,

- dass die *Wirtschaftssubjekte häufig Personengruppen darstellen,* woraus bezüglich der Erfordernisse einer gemeinsamen Willensbildung und einer einheitlichen Zielsetzung besondere Probleme erwachsen, auf die im Rahmen einfacherer Analysen aber noch nicht näher eingegangen wird,
- dass *die Wirtschaftssubjekte nicht isoliert agieren,* sondern im Rahmen einer Gesamtwirtschaft miteinander in wirtschaftlichen (und sozialen) Beziehungen stehen. In einfachen ökonomischen Analysen wird in der Regel von sozialen Beziehungen abstrahiert, während die wirtschaftlichen Tausch- und Handelsbeziehungen naturgemäß im Zentrum der Erörterungen stehen.

Speziell das *Zusammenspiel verschiedener Einzelwirtschaften im Rahmen einer arbeitsteiligen* **Gesamtwirtschaft (Volks-** oder **Weltwirtschaft)** und die dabei auftretenden Abstimmungs- und Koordinierungsprozesse bilden die zentralen Untersuchungsobjekte der Volkswirtschaftslehre.

2. Wirtschaftssubjekte und Wirtschaftskreislauf

Die planmäßigen Dispositionen der Wirtschaftssubjekte können sich auf den *Konsum von Gütern* sowie auf die *Produktion von Gütern* beziehen. In Einpersonenwirtschaften ohne Kontakt zu anderen findet sowohl Konsum als auch Produktion statt. Das Gleiche gilt für sog. geschlossene Hauswirtschaften, z.B. sich selbst versorgende (autarke) Bauernhöfe ohne Wirtschaftsbeziehungen nach außen (Selbstversorgungswirtschaften), wie sie in verschiedenen Phasen der Menschheitsgeschichte anzutreffen sind.

Demgegenüber kann man in modernen, arbeitsteiligen Volkswirtschaften die Wirtschaftssubjekte danach einteilen, ob ihr Hauptaktivitätsbereich der Konsum oder die Produktion von Gütern darstellt. *Produzierende Wirtschaftssubjekte nennt man* **Unternehmungen** oder Betriebe, *konsumierende Wirtschaftssubjekte nennt man* **Haushalte.** Da die Haushalte aber auf die Produktion von Gütern angewiesen sind und die Unternehmen letztlich für den Konsum der Haushalte produzieren, sind *Interaktionen* zwischen Unternehmungen und Haushalten erforderlich, welche in einem einfachen *gesamtwirtschaftlichen* **Kreislaufbild** veranschaulicht werden können (vgl. Abb. 1.10.). Dabei stellen die gestrichelten Linien reale Ströme und die durchgezogenen Linien Geldströme dar.

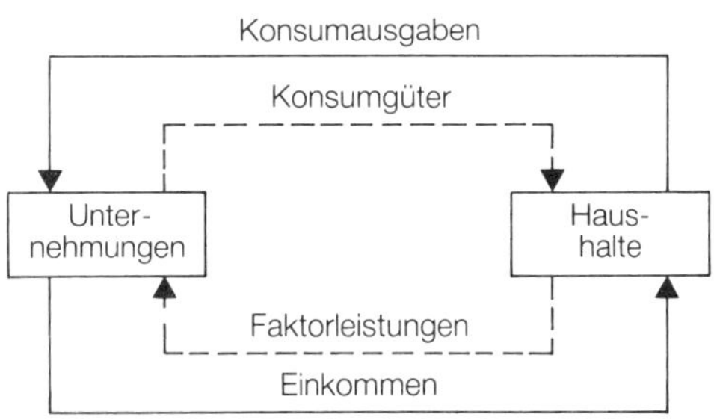

Abb. 1.10.

Die hier verwendete Gleichsetzung von Unternehmung und Betrieb findet sich nicht durchgängig in der ökonomischen Literatur. Vor allem im betriebswirtschaftlichen Schrifttum wird der Terminus „Betrieb“ häufig als Oberbegriff verwendet und dann zwischen Unternehmungen und Haushalten differenziert. Dabei wird der Tatsache Rechnung getragen, dass auch in Haushalten Produktionsakte (Kochen, Saubermachen, Reparieren u. a.) vorgenommen werden. Weitere gängige Sprachregelungen sind die, dass der Betrieb als die Produktionsstätte im ökonomischen Sinn und die Unternehmung als die rechtliche Einheit verstanden werden bzw. dass der Betrieb allgemein als Produktionsstätte und die Unternehmung als die sog. kapitalistische Betriebsform in einer Marktwirtschaft erscheinen. In den meisten volkswirtschaftlichen Darstellungen wird es aus Vereinfachungsgründen als legitim angesehen, Betrieb und Unternehmung gleichzusetzen. Dieser Sprachregelung wird auch hier gefolgt.

Für tiefer gehende ökonomische Erörterungen ist es erforderlich, die Gruppe der Haushalte und der Unternehmungen weiter aufzuspalten: So kann bezüglich der *Haushalte* zumindest zwischen privaten und öffentlichen Haushalten unterschieden werden. Zu den *privaten Haushalten* zählen Einzel- und Familienhaushalte, aber auch Anstaltshaushalte und private Organisationen ohne Erwerbscharakter (z.B. Vereine). Weitere Einteilungen der Einzel- und Familienhaushalte etwa nach Einkommenshöhe, Haupteinkommensart u.a. Kriterien empfehlen sich entsprechend dem jeweiligen Untersuchungsgegenstand (z.B. Frage der Einkommensverteilung). Die *öffentlichen Haushalte* sind in der Bundesrepublik die Gebietskörperschaften (Bund, Länder, Gemeinden) sowie parafiskalische Institutionen (z.B. Rentenversicherung).

Auch bezüglich der *Unternehmungen* kann eine Unterscheidung in private und öffentliche Unternehmungen vorgenommen werden. Darüber hinaus sind je nach Fragestellung Unterscheidungen in Produzenten von Konsum- und Investitionsgütern, in *Unternehmungen des primären* (Landwirtschaft, Urproduktion), *sekundären* (Industrie) *und tertiären Sektors* (Dienstleistungen) sowie weitere, tiefergehende Untergliederungen nach *Branchenzugehörigkeit, Größe und Rechtsform* zweckmäßig.

Zahlreiche weitere Untergliederungen von Haushalten und Unternehmungen, etwa auch nach regionaler Zugehörigkeit, sind anzutreffen. In gesamtwirtschaftlichen Kreislaufmodellen ist es darüber hinaus üblich, öffentliche Haushalte und Unternehmungen zu einem Sektor Staat und ausländische Haushalte und Unternehmungen zu einem Sektor Ausland zusammenzufassen.

Führt man in das zuvor abgebildete zweipolige Kreislaufschema den **Staat** und das **Ausland** ein, so ergibt sich ein vierpoliger Kreislauf. Trägt man anschließend noch der Tatsache Rechnung, dass Haushalte nicht nur Konsumausgaben tätigen, sondern auch sparen, damit Vermögen bilden und gleichzeitig die Finanzierungsmittel für die Investitionstätigkeit der Unternehmungen liefern, so ist ein fünfter Pol namens **„Vermögensänderung“** als gedanklicher Spartopf der Volkswirtschaft einzubauen. Der nunmehr fünfpolige Kreislauf der Abb. 1.11., in welchem *aus Vereinfachungsgründen nur die Geldströme eingezeichnet* sind, verdeutlicht eine zentrale gesamtwirtschaftliche Thematik: Eine gleichgewichtige Kreislaufsituation muss dadurch gekennzeichnet sein, dass in jeden Pol ebenso viele Mittel hineinfließen wie aus ihm herausfließen. In anderer Formulierung heißt das, dass der durch Sparen, Steuerzahlungen an den Staat und Erwerb von ausländischen Gütern (Import) entstehende Nachfrageausfall bei den inländischen Unternehmungen durch Investitionsakte von Unternehmungen, staatliche Nachfrage und Auslandsnachfrage (Export) kompensiert werden muss. Tiefergehende Überlegungen dahingehend, ob *Sparen gleich Investieren, Staatseinnahmen gleich Staatsausgaben* und *Export gleich Import* sein müssen oder ob etwa eine Investitionslücke (I < S) durch öffentliche Haushaltsdefizite (Staatsausgaben > Staatseinnahmen) oder Außenhandelsüberschüsse (Export > Import) kompensiert werden können, sind Gegenstand sog. makroökonomischer Analysen. Sie können hier nur angedeutet, aber nicht weiter verfolgt werden.

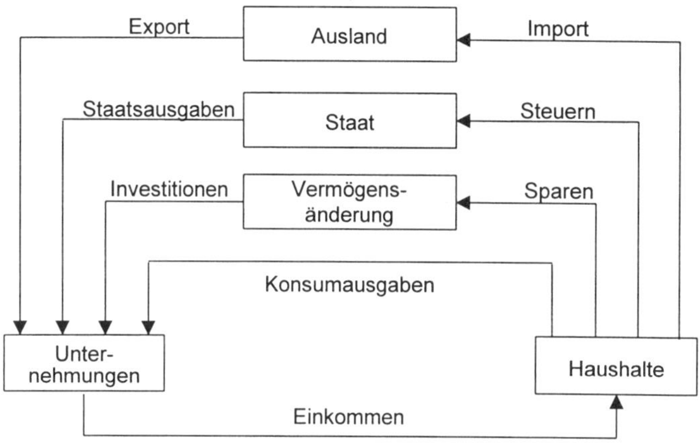

Abb. 1.11.

Die hier kurz vorgestellten Kreislaufdarstellungen sind vereinfachte Abbilder einer komplexen Realität, welche sich auf Deutschland bezogen darin zeigt, dass etwa *40 Millionen Haushalte* und bis zu *4 Millionen Unternehmungen* existieren. Bezeichnet man Unternehmungen mit weniger als 500 Beschäftigten als kleine und mittlere Unternehmungen (KMU), so liegt ihr Anteil bei über 99% aller Unternehmungen. Bezeichnet man alternativ nur die Unternehmen mit weniger als 10 Beschäftigten als KMU, so liegt ihr Anteil immerhin noch bei 75%. Die große Zahl von Wirtschaftssubjekten, insbesondere auch von Unternehmungen, wirft die Frage nach den *Ursachen ihres Entstehens* und die Frage nach den *Koordinationsmechanismen* zwischen ihnen auf. Auf diese Fragen wird im Folgenden eingegangen.

II. Die Arbeitsteilung

1. Begriff und Entwicklung der Arbeitsteilung

Da die zur Herstellung von Gütern erforderlichen Produktionsfaktoren zu einem bestimmten Zeitpunkt gegeben und im Zeitablauf nur begrenzt vermehrbar sind, erfordert das ökonomische Prinzip, dass diese *Produktionsfaktoren so effizient wie möglich eingesetzt werden,* um das jeweilige Maximum an Produktionsmöglichkeiten auszuschöpfen. Da man bezüglich der Produktion von Gütern die Erfolg-Einsatz-Relation als **Produktivität** bezeichnet (z.B. P/L = Arbeitsproduktivität), gilt es also, die Produktivität zu steigern. Als ein Verfahren, die Produktionsmöglichkeiten auszuschöpfen bzw. sie im Zuge von technischen und organisatorischen Verbesserungen (d.h. durch technischen Fortschritt) noch zu erweitern und damit die Produktivität zu steigern, hat sich die **Arbeitsteilung** erwiesen. Unter Arbeitsteilung versteht man die *Zerlegung eines Produktionsprozesses* (z.B. Automobilproduktion) in verschiedene, sowohl nebeneinander gelagerte (z.B. Herstellung von Motoren und von Getrieben) als auch nacheinander gelagerte (z.B. Formen von Blechen und Lackieren der Bleche) *Teilprozesse.*

Arbeitsteilung ist nicht nur ein Kennzeichen neuzeitlicher Volkswirtschaften. Bereits Robinson Crusoe wendet eine Vorstufe der Arbeitsteilung an, indem er seine Arbeit in mehrere nacheinander gelagerte Einzelaktivitäten zerlegt. In frühzeitlichen Selbstversorgungswirtschaften (Nomadenstämme, autarke Bauernhöfe) wird das Prinzip der Aufteilung der Arbeit auf die einzelnen Mitglieder derartiger Einzelwirtschaften genutzt und es führt zu entsprechenden Produktivitätssteigerungen. Für die nachhaltigen Produktivitätssteigerungen unserer Zeit sind jedoch das *Herausbilden von Tauschwirtschaften,* die immer weitergehende Entwicklung der *Integration von Einzelwirtschaften zu großen Volkswirtschaften* (letztlich zur Weltwirtschaft) sowie auch das *Wachstum der Bevölkerung* ursächlich. Die immer weiter vorangetriebene Zerlegung der Arbeit setzt nämlich eine entsprechend große Zahl von Arbeitenden, welche sich auf die jeweiligen Teilverrichtungen spezialisieren können, sowie eine große Zahl von Konsumenten als Abnehmer der Güter voraus.

Unabhängig vom historischen Trend zu immer nachhaltigerer Teilung der Arbeit lassen sich auch zu einem beliebigen Zeitpunkt stets verschiedene *Arten von Arbeitsteilung* unterscheiden: Arbeitsteilung innerhalb der Mitglieder einer Einzelwirtschaft, insbesondere eines Unternehmens (sog. *innerbetriebliche Arbeitsteilung*), Arbeitsteilung zwischen verschiedenen Unternehmen *(zwischenbetriebliche Arbeitsteilung)* und Arbeitsteilung zwischen einzelnen Volkswirtschaften *(internationale Arbeitsteilung).*

Insbesondere die Phänomene der zwischenbetrieblichen und der internationalen Arbeitsteilung werfen die Frage nach dem historischen Entstehen arbeitsteiliger Unternehmungen und ihrer jeweiligen Tausch- und Zahlungsaktivitäten auf. Bereits *Adam Smith* macht 1776 deutlich, dass ein sog. Hausvater Güter dann nicht selbst herstellen wird, wenn es für ihn billiger ist, diese auf dem Markt zu erwerben. Gleiches gilt für Unternehmungen und auch für ganze Volkswirtschaften. Ein Automobilproduzent (ein Land) wird Reifen oder Batterien (Weizen, Apfelsinen) dann nicht selbst herstellen, wenn es günstiger ist, sie von anderen Unternehmen (Volkswirtschaften) zu beziehen (zu importieren), welche die benötigten Güter auf Grund spezifischer Produktionsvorteile kostengünstiger herstellen können. In moderner Sprachregelung kann man formulieren, dass an die Stelle der eigenen Produktion der Erwerb über den Markt tritt, wenn die *marktbedingten Transaktionskosten* niedriger sind als die *innerbetrieblichen Produktionskosten.* 1776 bzw. 1817 erklären *Adam Smith* und *David Ricardo* auf diese Weise das Entstehen von Außenhandelsbeziehungen, also von internationaler Arbeitsteilung,

1937 erklärt *Ronald Coase* in gleicher Weise das Entstehen von Unternehmungen, d.h. die jeweilige Erscheinungsform von zwischenbetrieblicher Arbeitsteilung. Als Übergang von der innerbetrieblichen zur zwischenbetrieblichen Arbeitsteilung ist das in jüngerer Zeit verstärkt zu beobachtende *Outsourcing* zu verstehen, bei dem Ausgliederungen von bislang unternehmensinternen Aktivitäten auf neue selbstständige Unternehmungen stattfinden. Umgekehrt stellen Unternehmenszusammenschlüsse Vorgänge dar, bei denen eine bisherige zwischenbetriebliche Arbeitsteilung durch eine innerbetriebliche Arbeitsteilung ersetzt wird.

Mit der Gegenüberstellung des Gütererwerbs über den Markt und der Eigenherstellung der Güter sind auch schon die beiden Grundformen der Koordination von ökonomischen Aktivitäten angesprochen, nämlich einerseits die Koordination über den Markt (Marktwirtschaft) und andererseits die interne Koordination innerhalb einer Organisation, etwa einer Unternehmung oder sogar einer ganzen Volkswirtschaft (Zentralplanwirtschaft). Hierauf ist im folgenden Kapitel III. genauer einzugehen.

2. Vorteile und Probleme der Arbeitsteilung

Die aus der Arbeitsteilung erwachsenden Vorteile sind bereits angesprochen worden. Nachhaltige Produktionssteigerungen auf Grund von Produktivitätssteigerungen sind möglich. Im berühmten *Stecknadelbeispiel* zeigt *A. Smith* 1776 auf, dass bereits eine Aufteilung der Stecknadelproduktion von einem auf zehn Arbeiter das Produktionsergebnis von einer Nadel pro Arbeitskraft auf 4.800 Nadeln pro Arbeitskraft steigert. Die **Ursachen derartiger Produktivitätssteigerungen** liegen vor allem darin, dass

- die Menschen nach Maßgabe ihrer jeweiligen *natürlichen Begabungen und Fertigkeiten* im Produktionsprozess eingesetzt werden können und nicht mit Arbeiten konfrontiert werden, für die sie weniger befähigt sind,
- die *Ausbildungszeiten* der Menschen sich verkürzen, da das Spektrum der zu erlernenden Fertigkeiten sich verkleinert,
- die Menschen im Zuge der *Spezialisierung* im Arbeitsprozess ihre Fertigkeiten und ihre Schnelligkeit durch ständige Übung und durch permanentes Lernen weiter steigern (Learning by Doing),
- *Umstellungs-* und *Umrüstzeiten* entfallen durch dauerhaftes Verbleiben bei einer Tätigkeit,
- die Möglichkeiten des Einsatzes von *Sachkapital*, insbesondere von Spezialmaschinen mit hohem Ausstoßvolumen, steigen.

Dementsprechend war *A. Smith* daher nicht nur für inner- und zwischenbetriebliche, sondern für weltweite Arbeitsteilung und freien Außenhandel zwischen den Staaten als Grundlage für eine Steigerung des Wohlstands der Nationen eingetreten.

Es kann andererseits aber nicht übersehen werden, dass insbesondere eine sehr weit vorangetriebene Arbeitsteilung auch Probleme aufwirft. **Individuelle Probleme** der Arbeitsteilung liegen vor allem in *physischen und psychischen Schädigungen* von Menschen bei zu einseitigen und engen Tätigkeitsfeldern sowie in der möglicherweise mangelnden Beziehung des Einzelnen zum Gesamtproduktionsprozess und zum Gesamtprodukt. Derartige Schädigungen können die Arbeitsproduktivität auch wieder senken. Darüber hinaus kann es der eng spezialisierte Mensch als problematisch empfinden, dass er vollkommen von anderen *abhängig* ist.

Die Abhängigkeit der Menschen, Wirtschaftseinheiten und Volkswirtschaften untereinander bildet zugleich auch ein bedeutsames **gesamtwirtschaftliches Problem,** welches immer wieder zu *Autarkiebestrebungen* von Wirtschaftssubjekten und Volkswirtschaften führt und geführt hat, um Versorgungsengpässen in Krisenzeiten zu entgehen.

Das zentrale gesamtwirtschaftliche Problem der Arbeitsteilung ist jedoch in der *nicht mehr gegebenen Überschaubarkeit* des volkswirtschaftlichen Produktionsprozesses zu sehen. Wenn in Millionen von Produktionsstätten jeweils sehr eng umrissene, aber voneinander wechselseitig abhängige Produktionsprozesse ablaufen, dann ist angesichts allseitiger Interdependenz die *Frage nach dem Koordinationsmechanismus* aufgeworfen. Ein Koordinationsmechanismus ist gefragt, welcher sicherstellt, dass die Pläne der Unternehmen sowohl untereinander als auch im Bezug auf die Pläne der Haushalte abgestimmt werden. Jede Art von Wirtschaften, aber besonders das Wirtschaften in großen, unübersichtlichen, arbeitsteiligen Volkswirtschaften setzt daher die Existenz eines Koordinationsmechanismus bzw. eines Ordnungsrahmens voraus.

Die Frage nach dem Koordinationsmechanismus, nach dem **Ordnungsrahmen** des Wirtschaftens, ist die Frage nach dem **„System des Wirtschaftens"**, kurz nach dem **„Wirtschaftssystem"**.

III. Das Wirtschaftssystem

1. Das Planungsproblem und die Grundformen von Wirtschaftssystemen

Wirtschaften im Sinne von planmäßiger Disposition über knappe Güter zur Befriedigung von Bedürfnissen setzt die Kenntnis der Rangordnung der Bedürfnisse sowie der verfügbaren Mittel voraus. Auf dieser Grundlage kann ein rationaler Wirtschaftsplan aufgestellt werden. Eine derartige Wirtschaftsplanung ist in kleinen ökonomischen Einheiten (Haushalten, Unternehmungen, frühzeitlichen Selbstversorgungswirtschaften) vergleichsweise einfach, da die erforderlichen Kenntnisse vorhanden bzw. relativ leicht zu erwerben sind. Demgegenüber ist die Wirtschaftsplanung in großen arbeitsteiligen Volkswirtschaften außerordentlich kompliziert, da weder die Rangordnung der Bedürfnisse der Mitglieder der Gesellschaft noch die verfügbaren Mittel direkt überschaubar oder leicht zu identifizieren sind. Für große, arbeitsteilige Volkswirtschaften stellt sich daher – sehr viel komplexer als für kleine ökonomische Einheiten – die Frage nach dem System der Wirtschaftsplanung, nach dem **Wirtschaftssystem.**

Ein Blick auf das reale Wirtschaftsgeschehen in verschiedenen Ländern zeigt, dass es offenbar mehrere Möglichkeiten gibt, das Wirtschaften zu organisieren. Wenn es aber mehrere Wirtschaftssysteme gibt, so stellen sich die beiden folgenden Fragen:

(1) Wie viele Wirtschaftssysteme gibt es und welche konkrete Gestalt haben sie?
(2) Nach welchen Abgrenzungsmerkmalen werden sie unterschieden?

Was die **Zahl der denkbaren Wirtschaftssysteme** anlangt, so ist zunächst die folgende Erkenntnis von Bedeutung. *Real existierende Systeme* (die sog. **Realtypen**) setzen sich aus bestimmten *Grundformen* (den sog. **Idealtypen** bzw. den **reinen Prinzipien**) zusammen. Fragt man zunächst nach diesen reinen Prinzipien, so zeigt es sich, dass bereits die Frage nach der Zahl dieser Grundformen in der Literatur unterschiedlich beantwortet wird. Im Anschluss an *W. Eucken* (1940) ist es üblich, zwischen den beiden Idealtypen der *Zentralplanwirtschaft* (von Eucken zentralgeleitete Wirtschaft genannt) und der *Marktwirtschaft* (von Eucken Verkehrswirtschaft genannt) zu unterscheiden.

Hauptunterscheidungskriterium dieser beiden Grundformen ist die Art der Koordination der Wirtschaftspläne, da

- die *Koordination durch eine Zentralbehörde* (Zentralplanwirtschaft) oder
- die *Koordination durch die Preisbildung auf Märkten* (Marktwirtschaft)

vollzogen werden kann.

Eucken selbst hatte aber bereits weiter differenziert und bezüglich der zentralgeleiteten Wirtschaft zwischen der *einfachen zentralgeleiteten Wirtschaft* in kleineren ökonomischen Einheiten, d.h. der *Eigenwirtschaft* von Familien und Sippen (und eigentlich auch von Unternehmungen) und der *Zentralverwaltungswirtschaft* ganzer Volkswirtschaften unterschieden. Offensichtlich bereits im Hinblick auf reale Ausprägungen hatte er weiter in eine *total zentralgeleitete* Wirtschaft und in solche *mit freiem Konsumguttausch* bzw. *freier Konsumwahl* differenziert. Auch die Verkehrswirtschaft (Marktwirtschaft) kommt in zwei Ausprägungen als *Naturaltauschwirtschaft* bzw. als *Geldwirtschaft* vor.

Die dualistische Einteilung in Zentralplan- und Marktwirtschaft war aber bereits lange vor Eucken geläufig, und es hatte auch Versuche gegeben, sie zu erweitern. Bereits 1873 hatte *A. Schäffle* neben dem öffentlichen kollektivistischen und dem privaten individualistischen System als drittes

- die *Koordination durch Nächstenliebe, Humanität und Solidarität* (karitatives System)

erwähnt. Bedeutsam im Hinblick auf reale Ausprägungen von Wirtschaftssystemen ist dabei die Erkenntnis, dass es sich bei den drei Typen nicht um einander ausschließende, sondern um sich ergänzende (komplementäre) Systeme handelt, die in diversen Mischungen den jeweiligen Realtyp bilden können. Im Jahr 1973 wird der Ansatz von *K. Boulding* aufgegriffen, indem er zwischen den drei Organisationsformen *exchange, threat* und *love* unterscheidet.

In weiteren Vertiefungen der Thematik und zur Überwindung des Dualismuskonzepts wurden als weitere Koordinationsformen

- die *Koordination durch Verhandlungen* (sog. Selbstverwaltungswirtschaft), bzw. *durch Gruppenvereinbarungen* (ständische Ordnungen, Verbändewirtschaft),
- die *Koordination durch Wahlen* (Wirtschaftsdemokratie) und
- die *Koordination durch Netzwerke* (gewachsene traditionelle Beziehungen auf persönlicher oder institutioneller Basis)

erkannt. Dabei ist anzumerken, dass die einzelnen Koordinationsformen sich teilweise überschneiden und möglicherweise nur als partielle Koordinationsformen innerhalb einer Marktwirtschaft oder einer Zentralplanwirtschaft vorkommen können. Dementsprechend liegt es auch nahe, einzelne Koordinationsformen als Unterfälle der beiden Hauptformen darzustellen und Verhandlungen und Gruppenvereinbarungen sowie Netzwerke der Marktwirtschaft und das Wahlsystem der Zentralplanwirtschaft zuzuordnen. Bemerkenswert ist dabei allerdings, dass Wahlen als Abstimmungsmechanismus über Umfang und Zusammensetzung des Angebotes an öffentlichen Gütern im staatlichen Sektor mit zentraler behördlicher Lenkung speziell in jenen realen Wirtschaftssystemen vorkommen, in denen für den Bereich der privaten Güter weitgehend das Marktprinzip gilt.

Im Folgenden kann keine vertiefende Darstellung der einzelnen reinen Koordinationsprinzipien erfolgen, sondern es soll von den beiden zuerst genannten Grundformen der Marktwirtschaft und der Zentralplanwirtschaft ausgegangen werden.

Was die gewählten **Abgrenzungsmerkmale** zur Unterscheidung dieser beiden Grundformen anlangt, so ist festzustellen, dass zwar mehrheitlich am gewählten Koordinationsmechanismus (s.o.) angesetzt wird, dass daneben aber auch andere Unterscheidungskriterien wie etwa die Entscheidungskompetenz, der Informationsmechanismus oder die Eigentumsordnung herangezogen werden. Darüber hinaus wird beispielsweise noch danach gefragt, ob als geistige Grundhaltung das Individualprinzip oder das Sozialprinzip zum Tragen kommt.

Bei der folgenden kurzen Darstellung der beiden Idealtypen Zentralplanwirtschaft und Marktwirtschaft sollen als Abgrenzungskriterien die Entscheidungskompetenz, der Informationsmechanismus, die Eigentumsordnung, der Koordinationsmechanismus und der Lenkungsmechanismus gewählt werden. Dabei beziehen sich die genannten Kriterien auf folgende Fragestellungen und Aufgabenfelder:

(1) Die **Entscheidungskompetenz** bzw. Planungskompetenz regelt die Frage, wer was planen darf, d.h. wer Pläne aufstellen darf und worauf sich diese Pläne beziehen.

(2) Der **Informationsmechanismus** hat die Aufgabe, über die Grundlagen der Planung zu informieren, also über die Rangordnung der Bedürfnisse, über die verfügbaren Produktionsfaktoren und über die daraus resultierenden *Knappheitsgrade bei Gütern und Faktoren.*

(3) Die **Eigentumsordnung** bezieht sich auf die Frage, wem die Produktionsfaktoren, insbesondere die sachlichen Produktionsfaktoren Boden und Kapital, gehören, da die *Durchsetzung von Wirtschaftsplänen die Verfügungsgewalt* über Produktionsfaktoren voraussetzt.

(4) Der **Koordinationsmechanismus** hat die Aufgabe, die einzelnen Pläne bzw. Teilpläne aufeinander abzustimmen, d.h. beispielsweise einen Ausgleich zwischen der Güterproduktion und der Güternachfrage herzustellen *(Ausgleichsmechanismus).*

(5) Der **Lenkungsmechanismus** hat die Aufgabe, die Produktionsfaktoren in ihre jeweils effizientesten Verwendungen zu führen, um ein Maximum an Güterproduktion nach Maßgabe der Rangordnung der Bedürfnisse zu erreichen *(Allokationsmechanismus).*

In der folgenden kurzen Darstellung der beiden Idealtypen wird auf die Lösung der genannten Aufgabenfelder für eine ganze Volkswirtschaft abgestellt, also nicht auf die zuvor erwähnte Zentralplanung innerhalb einer Unternehmung und auch nicht auf den denkbaren Einbau marktwirtschaftlicher Steuerungselemente innerhalb von Unternehmungen, etwa in Form interner Verrechnungspreise oder der Einrichtung sog. profit centers. Diese Thematik gehört in den Untersuchungsbereich der Betriebswirtschaftslehre.

2. Die Idealtypen der Zentralplanwirtschaft und der Marktwirtschaft

In der idealtypischen **Zentralplanwirtschaft** liegt die *Entscheidungs- bzw. Planungskompetenz* bei einer zentralen Planungsbehörde. Sie stellt einen zentralen Volkswirtschaftsplan auf, der sämtliche Teilbereiche des Wirtschaftens (Produktion, Investition, Konsum, Ersparnis u.a.) enthält. Grundlage der Planung bilden *Informationen* über die verfügbaren Produktionsmittel, welche man bei den einzelnen Produktionsstätten einholt, sowie Informationen über die Rangordnung der Bedürfnisse, die man durch Befragung der Bevölkerung erhält. (Eine totale Zentralplanung ist genaugenommen erst gegeben, wenn an die Stelle der Befragung die autoritäre Festlegung der Konsum- und Produktionsziele durch zentrale politische Gremien tritt.) Die *Koordination* der einzelnen Teilpläne des Zentralplanes erfolgt bereits bei der Planaufstellung (sog. ex-ante-Koordination). Der Ausgleich von Güterproduktion und Güternachfrage wird durch Ausgabe von Bezugsscheinen nach Maßgabe des Produktionsplanes herbeigeführt, wobei im Falle von Verfehlungen der Produktionsziele Rationierungen erfolgen. Die zentrale Planungsbehörde übernimmt auch die *Lenkung der Produktionsfaktoren,* das heißt sie macht den Haushalten Auflagen bezüglich ihres Angebots an Arbeitsleistungen, sie teilt den Produktionsstätten die Arbeitskräfte, den Boden und das Sachkapital zu und sie macht ihnen Auflagen bezüglich ihres Einsatzes und der Höhe der Produktion, d.h. sie legt quantitative Produktionssolls fest. Die Einhaltung der Planvorschriften erfolgt durch diverse Kontroll- und Zwangsmaßnahmen, wobei der *Eigentumsordnung* zentrale Bedeutung zukommt. Die zentrale Planungsbehörde kann ihren Plan nämlich nur dann durchsetzen, wenn sie auch die Verfügungsgewalt über die Produktionsfaktoren besitzt, d.h. wenn diese sich nicht im Privateigentum bestimmter Einzelsubjekte, sondern im Kollektiveigentum der Gemeinschaft befinden.

In der idealtypischen **Marktwirtschaft** ist die *Entscheidungs- und Planungskompetenz* total dezentralisiert (dezentrale Planwirtschaft). Alle Unternehmungen und Haushalte stellen eigene Wirtschaftspläne auf, die Unternehmungen beispielsweise bezüglich Produktion und Investition, die Haushalte bezüglich Konsum und Ersparnis. Da die Plandurchsetzung die Verfügungsgewalt über die Produktionsfaktoren voraussetzt, ist auch das *Eigentum* an den Produktionsfaktoren dezentralisiert, d.h. es herrscht Privateigentum an den Produktionsfaktoren. Da die Aufstellung der Wirtschaftspläne seitens der Haushalte und Unternehmen selbständig und unabhängig voneinander erfolgt, kommt dem *Koordinationsmechanismus* besondere Bedeutung zu. Es bedarf eines Instruments, das die Pläne der Wirtschaftssubjekte im Nachhinein zur Übereinstimmung bringt (sog. ex-post-Koordination), das also beispielsweise das Güterangebot der Unternehmen und die Güternachfrage der Haushalte zum Ausgleich bringt. Dieses Koordinationsinstrument ist der Markt. Von seinem Koordinationsinstrument erhält das System seinen Namen: Marktwirtschaft: Auf den Märkten erfolgt der Ausgleich von Angebot und Nachfrage durch freie Preisbildung. Die Preise liefern allen Marktteilnehmern zugleich die Informationen über die jeweilige Knappheit von

Gütern und Faktoren und ihre Entwicklung. Die Preise bilden insoweit den *Informationsmechanismus* der Marktwirtschaft. Steigende Preise signalisieren zunehmende, fallende Preise signalisieren abnehmende Knappheit. Die Preise bilden zugleich den *Lenkungsmechanismus* der Marktwirtschaft. Steigende Güterpreise geben den Unternehmen den Anreiz, die Produktion durch Mehreinsatz von Produktionsfaktoren auszudehnen. Durch Mehrproduktion und Angebotssteigerung kommt es wieder zu einer Preissenkung und damit zum Wegfallen des Anreizes. Sinkende Güterpreise signalisieren den Unternehmen, dass es sich nunmehr weniger lohnt, die entsprechenden Güter zu produzieren. Produktionsfaktoren werden aus dieser Produktionsrichtung abgezogen. Durch Minderproduktion und Angebotsreduzierung kommt es wieder zu einer Preissteigerung und damit zur Stabilisierung der Marktsituation. Die jeweilige Preisentwicklung, genauer gesagt die Änderung der Preisverhältnisse, der Preisrelationen, der sog. relativen Preise der Güter bewirkt, dass die Produktion umstrukturiert wird und dass die Produktionsfaktoren in die von den Nachfragern der Güter gewünschten Verwendungen gelenkt werden (Allokationsmechanismus).

Die beiden reinen Prinzipien (Idealtypen) der Zentralplanwirtschaft und der Marktwirtschaft werden in Tabelle 1.2. noch einmal kurz vergleichend gegenübergestellt.

Tabelle 1.2.

Abgrenzungsmerkmale	Zentralplanwirtschaft	Marktwirtschaft
1. Entscheidungskompetenz	Zentrale Planung: Planungsbehörde legt Produktions- und Konsummengen fest	Dezentrale Planung: Unternehmen planen u. a. Produktion und Investition, Haushalte planen u. a. Konsum und Ersparnis
2. Informationsmechanismus	alternativ: Befragung der Produktionsstätten und der Haushalte oder autoritäre Festlegung	Preise auf Märkten als Knappheitsanzeiger[1)]
3. Koordinationsmechanismus	Planungsbehörde organisiert die Koordination von Produktion und Nachfrage auf allen Produktionsstufen ex ante mit Hilfe von Bezugsscheinen	Preise auf Märkten gleichen Angebot und Nachfrage ex post aus[1)]
4. Lenkungsmechanismus	Planungsbehörde lenkt die Produktionsfaktoren und legt die Produktionssolls fest	Preise auf Märkten lenken die Produktionsfaktoren[1)]
5. Eigentumsordnung	Kollektiveigentum	Privateigentum

[1)] Informations-, Ausgleichs- und Lenkungsfunktion der Preise in der Marktwirtschaft

3. Realtypische Wirtschaftssysteme

Die zuvor dargestellten reinen Prinzipien der Zentralplanwirtschaft und der Marktwirtschaft sind in der wirtschaftlichen Wirklichkeit in keiner einzigen Volkswirtschaft vollständig verwirklicht. Real existierende Wirtschaftssysteme sind dadurch gekennzeichnet, dass sie auf der Grundlage einer (wirtschafts-) politischen Entscheidung über die Vorteile bzw. die Nachteile des jeweiligen reinen Prinzips zur Lösung einzelner Planungsprobleme *Elemente der beiden reinen Prinzipien verwenden.*

Als Nachteile der reinen Zentralplanwirtschaft werden u.a. die aus der eingeschränkten ökonomischen Freiheit resultierenden Motivationsverluste und die mangelnde Beweglichkeit behördlicher Lenkungsmechanismen, das sog. **Staatsversagen,** gesehen. Als Nachteile der reinen Marktwirtschaft erscheinen dementsprechend das **Marktversagen** bei öffentlichen Gütern und diverse Fehlentwicklungen wie die mangelnde Versorgung von Jugendlichen, Kranken, Alten und Arbeitslosen, die weitgehende Kurzfristigkeit von Marktabläufen und damit die Vernachlässigung von Nachhaltigkeitsaspekten bezüglich der Umwelt und möglicherweise auch das Entstehen von konjunkturellen Schwankungen und unerwünschten strukturellen Effekten wie das Entstehen von Verdichtungsräumen bei gleichzeitiger Entleerung peripherer Regionen. Darüber hinaus ist die Marktwirtschaft durch das Erstreben und Erreichen wirtschaftlicher Machtstellungen einzelner Wirtschaftssubjekte und die damit einhergehende Reduzierung des Wettbewerbs ständig gefährdet.

Realtypische Wirtschaftssysteme sind daher durchweg als **Mischsysteme** organisiert, wobei in der Regel aber die Elemente eines der beiden Idealtypen deutlich dominieren. Daraufhin hat es sich eingebürgert, auch die Realtypen nach dem in ihnen jeweils dominierenden Prinzip als Zentralplanwirtschaften bzw. als Marktwirtschaften zu bezeichnen. So wurden beispielsweise die in den ehemaligen sozialistischen Ländern praktizierten Systeme trotz der Existenz zahlreicher marktwirtschaftlicher Elemente (z.B. Ansätze von dezentraler Planung wie etwa freie Konsum- und Arbeitsplatzwahl) wegen der Dominanz der Zentralplanung als Zentralplanwirtschaften etikettiert. Analog werden die zunächst in den westlichen Ländern und nunmehr fast weltweit praktizierten Systeme wegen der Dominanz der marktwirtschaftlichen Elemente als Marktwirtschaften bezeichnet, obwohl in allen diesen Ländern in mehr oder weniger starkem Umfang Zentralplanungselemente enthalten sind (insbesondere die Versorgung mit öffentlichen Gütern sowie Eingriffe in den Marktmechanismus in vielfältiger Form). Zum Teil wird die bewusst angestrebte Abweichung vom Idealtyp Marktwirtschaft durch eine besondere Etikettierung herausgestellt, wie es beispielsweise beim Konzept der **Sozialen Marktwirtschaft** in der Bundesrepublik Deutschland der Fall ist.

Die Frage nach der Zahl der denkbaren Realtypen ist angesichts vielfältiger Kombinationsmöglichkeiten von Markt und Zentralplanung bereits bei Verwendung dieses dualen Ansatzes nicht eindeutig zu beantworten. Gemäß den soeben vorgetragenen Überlegungen lassen sich zunächst auch zwei Realtypen unterscheiden. Andererseits ist es möglich, Unterformen als eigene Realtypen herauszustellen, so z.B. die Soziale Marktwirtschaft, die durch eine sog. Globalsteuerung gelenkte Marktwirtschaft, den Konkurrenzsozialismus sowie die zuvor erwähnten divergierenden Erscheinungsformen einer zentral geleiteten Wirtschaft nach W. Eucken.

In der Übersicht 1.1 findet sich ohne weitere vertiefende Erläuterungen die Einordnung diverser historisch praktizierter Konzeptionen als Mischsysteme zwischen den Extremen der Zentralplanwirtschaft und der Marktwirtschaft. Dabei handelt es sich allerdings nur um grobe Positionierungen. Die einzelnen Abstände sind nicht zentimetergenau zu interpretieren. Sie variieren je nach dem gewählten Abgrenzungsmerkmal.

Übersicht 1.1

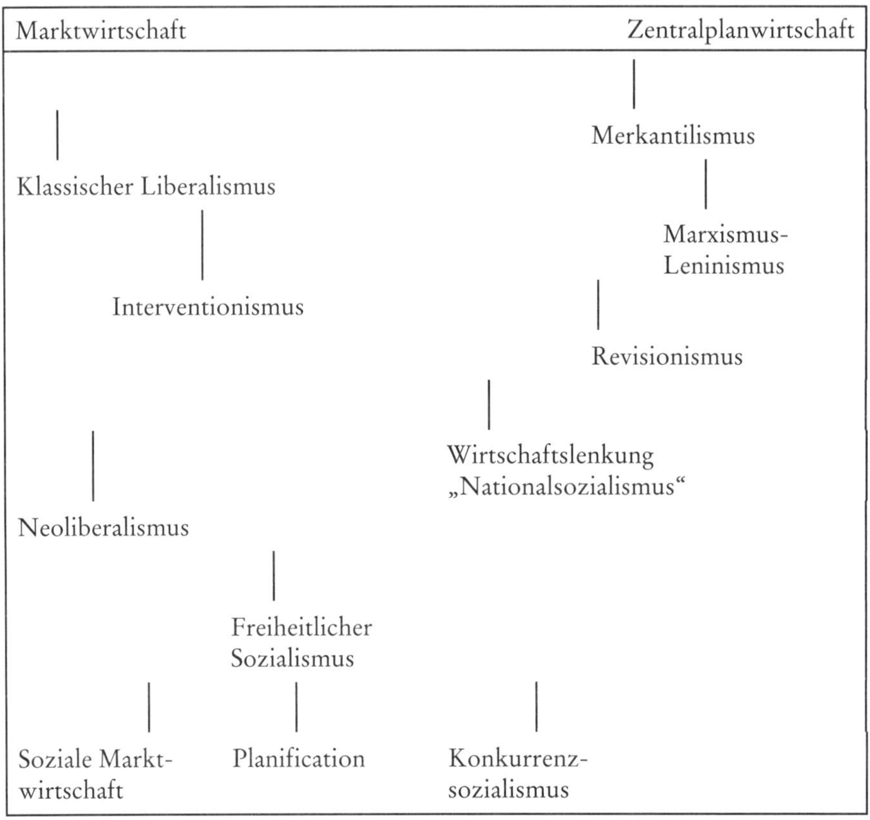

Noch komplexer wird die Antwort auf die Frage nach der Zahl der Realtypen und ihren jeweiligen Ausprägungen, wenn man die zuvor erwähnten weiteren Idealtypen (reinen Prinzipien) der Koordination durch Karitas, durch Verhandlungen und Gruppenvereinbarungen, durch Wahlen und durch Netzwerke mit in Betracht zieht. Reale Volkswirtschaften erweisen sich dann als höchst komplexe Gebilde, in denen letztlich alle Koordinationsprinzipien anzutreffen sind, in denen die jeweiligen Gewichte der einzelnen Prinzipien aber unterschiedlich sind und im historischen Zeitablauf auch Änderungen erfahren.

Greift man beispielsweise das reale Wirtschaftssystem der Bundesrepublik Deutschland heraus, so zeigt es sich, dass ein großer Teil der ökonomischen Transaktionen über **Märkte** erfolgt. Die einzelnen Wirtschaftssubjekte selbst bilden ihrerseits einfache zentralgeleitete Wirtschaften im Sinne von Eucken, da in ihnen (weitgehend) **Zentralplanung** stattfindet. Der Zentralplanungsbereich wird darüber hinaus durch die staatliche Administration mit erheblichem Anteil an der gesamtwirtschaftlichen Aktivität gebildet. Die staatliche Zentralplanung erfolgt dort, wo der Markt versagt, oder auch dort, wo der Markt durch die Aktivitäten einzelner gefährdet ist und geschützt werden muss. Über die jeweilige Zusammensetzung der Parlamente, über die Regierungen und damit über das Angebot an öffentlichen Gütern entscheiden die Haushalte durch **Wahlen.** Wahlen finden schließlich auch bei der internen Willensbildung von Verbänden (Arbeitgeberverbände, Gewerkschaften) statt, diese schließen Gruppenvereinbarungen mit anderen bzw. lösen Konflikte mit Hilfe von **Verhandlungen** (z.B. Tarifverhandlungen). Haushalte wie Unternehmungen sind schließlich in **Netzwerke** vielfältiger Form wie etwa familiäre, verwandtschaftliche und freundschaftliche Bindungen bzw. langfristige Lieferanten-Kunden-Beziehungen eingebunden, und sie lösen zahlreiche weitere Koordinationsprobleme, wo Märkte und staatliche Institutionen versagen, durch **Karitas,** also solidarische Aktivitäten, humanitäres Handeln, Schenkungen, Stiftungen und anderes.

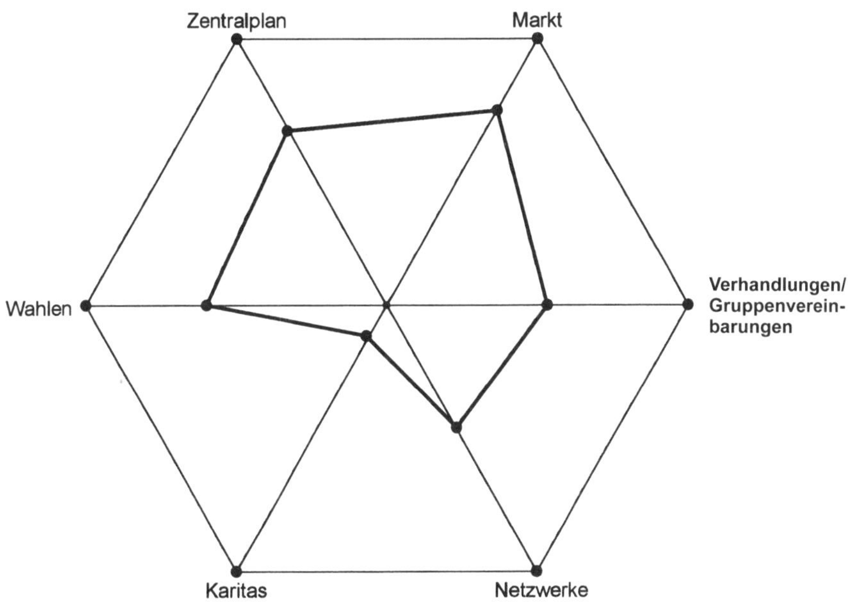

Abb. 1.12.

Als Illustration jener komplexen Mischung unterschiedlicher und einander ergänzender Koordinationsprinzipien in der Bundesrepublik Deutschland könnte die Abb. 1.12. eines sechspoligen Kräftefeldes verstanden werden, aus der deutlich wird, dass hier das Prinzip Markt dominiert, die Prinzipien Zentralplanung und Wahlen mit erheblichem Gewicht hinzukommen und ebenfalls wichtige Ergänzungen durch Verhandlungen und Gruppenvereinbarungen, durch Netzwerke und durch Karitas geliefert werden. Dabei sollte das in der Mitte entstandene Sechseck nicht in dem Sinne überinterpretiert werden, dass die jeweiligen Strecken vom Mittelpunkt aus exakt quantifizierbar wären. Sie stellen lediglich Tendenzaussagen dar. Mit Hilfe der Abb. 1.12. wäre es auch reizvoll, historische Entwicklungsprozesse eines Landes nachzuzeichnen oder aber Ländervergleiche anzustellen und zu illustrieren. Mehr oder weniger eindeutige Aussagen wären aber nur bei sehr offensichtlichen Unterschieden (etwa ehemalige Sowjetunion und USA oder DDR vor 1990 und Ostdeutschland heute) möglich und graphisch darstellbar.

C. Volkswirtschaftslehre und Mikroökonomische Theorie

I. Volkswirtschaftslehre und Wirtschaftstheorie

1. Die Aufgaben der Volkswirtschaftslehre und die Bedeutung der Wirtschaftstheorie

Vor dem Hintergrund der zuvor erörterten Sachverhalte ist nunmehr darzulegen, welche Aufgaben und Fragestellungen im Rahmen der Volkswirtschaftslehre behandelt werden und welche speziellen Themen in den Bereich der Mikroökonomischen Theorie fallen. Da die Volkswirtschaftslehre das gesamte Wirtschaftsgeschehen als ihren Erkenntnisgegenstand versteht, befasst sie sich dementsprechend mit allen zuvor dargestellten Fragen. Ausgehend vom Phänomen der Knappheit erörtert sie die bei dem Versuch der Knappheitsreduzierung auftretenden Probleme, so z.B. die Fragen des Wachstums, der Beschäftigung, der Allokation und der Verteilung, aber auch die Frage nach dem zu wählenden Wirtschaftssystem.

Bevor auf die Teilgebiete der Volkswirtschaftslehre und insbesondere auf das Teilgebiet „Mikroökonomische Theorie“ näher eingegangen wird, sollen zuvor noch einige Einzelheiten dieses *Befassens* mit dem Wirtschaftsgeschehen dargelegt werden. Den Wirtschaftswissenschaften (und damit auch der Volkswirtschaftslehre) werden üblicherweise vier zentrale Aufgaben zugeschrieben, nämlich die *Beschreibung*, die *Erklärung* und die *Prognose* des Wirtschaftsgeschehens sowie die *Beratung* bei der Gestaltung des Wirtschaftsgeschehens.

Wichtigste Aufgabe in diesem Kontext ist die *Erklärung* des Wirtschaftsgeschehens. Voraussetzung für die Prognose zukünftiger Wirtschaftsentwicklung sowie für die Beratung von Wirtschaftssubjekten, wie sie das Wirtschaftsgeschehen im Sinne einer Realisierung der von ihnen angestrebten Ziele beeinflussen können, ist es, dass man wirtschaftliche Vorgänge zu erklären vermag, d.h. dass man die Ursache-Wirkungs-Zusammenhänge kennt.

Auch wenn sich die Erklärungen letztlich auf raum- und zeitbezogene *Einzelphänomene* beziehen (z.B. auf die Ursachen des Steigens der Automobilnachfrage in der Bundesrepublik im Jahre 1991), so wird man zu solchen Erklärungen nur gelangen, wenn man die *generell geltenden Gesetzmäßigkeiten* zwischen den ökonomischen Variablen herausgearbeitet hat. Zu diesen generellen Gesetzmäßigkeiten gelangt man, indem man die Realität beobachtet und dabei feststellt, dass bestimmte Ereignisse (z. B. Nachfragesteigerungen) unter bestimmten Bedingungen (z. B. Einkommenserhöhungen) immer wieder eintreten, so dass das Vorliegen einer invarianten Beziehung vermutet werden kann (z. B. das Vorliegen eines direkten Einflusses des Einkommens auf die Nachfrage). Derartige Vermutungen in Form von Konditionalaussagen (wenn – dann) bezeichnet man als *Hypothesen.* Sie können in verbaler, in algebraischer oder in grafischer Form präsentiert werden. Ein System von zusammenhängenden Hypothesen bezeichnet man als *Theorie* (z. B. Theorie der Nachfrage).

Aufgabe der Volkswirtschaftslehre ist es demnach, Hypothesensysteme über die Ursache-Wirkungs-Zusammenhänge zwischen ökonomischen Variablen mit dem Ziel zu formulieren, reales Wirtschaftsgeschehen zu erklären. Insoweit versteht sich die ökonomische Theorie als **explikative Theorie,** d. h. als erklärende Theorie, d. h. als ein System von Aussagen über die Wirklichkeit mit dem Anspruch, dass diese Aussagen richtig sind. Obwohl die Theorien in der Regel durch Beobachtung der Realität gewonnen werden, ist doch keineswegs sichergestellt, dass diese Beobachtung korrekt war bzw. dass der beobachtete Zusammenhang für alle Zeiten Gültigkeit behält. Hypothesen müssen daher laufend an der Realität getestet werden, wobei sie der Gefahr des Scheiterns (der Falsifikation) ausgesetzt sind. Auf die Probleme der empirischen Überprüfung von Theorien ist später noch zurückzukommen.

Die ökonomische Theorie sieht ihre Aufgabe aber nicht nur darin, als sog. explikative Theorie das reale Wirtschaftsgeschehen zu erklären. Insbesondere im Hinblick auf die zuvor angesprochene Beratungsaufgabe sieht sie es auch als ihr Anliegen an, *Bedingungskonstellationen* für das Eintreten bestimmter (möglicherweise besonders günstiger) ökonomischer Folgen zu formulieren (z. B. für das Nutzenmaximum eines Haushalts, für das Gewinnmaximum eines Unternehmens, für die optimale Versorgung der Nachfrager eines Marktes, für das Wohlfahrtsmaximum einer Volkswirtschaft). Sie versteht sich also auch als **Bedingungstheorie.** Wenn die ökonomische Theorie derartige Bedingungskonstellationen formuliert, erhebt sie keineswegs den Anspruch, damit die Wirklichkeit zutreffend abzubilden und zu erklären. Die Theoretiker entwerfen diese Konstellationen gerade mit dem Ziel, den Wirtschaftssubjekten die Möglichkeit zu eröffnen, die realen Gegebenheiten den von der Theorie angegebenen anzunähern, um ihre ökonomische Position zu verbessern. Naturgemäß setzt auch das Formulieren derartiger Bedingungskonstellationen die Kenntnis der Ursache-Wirkungs-Zusammenhänge zwischen den ökonomischen Variablen voraus. Diese Zusammenhänge zu erforschen ist also die permanente Aufgabe der Volkswirtschaftslehre.

2. Einige methodische Anmerkungen

Im Zusammenhang mit der Bildung und Überprüfung von Theorien entstehen diverse methodische Probleme, unter anderem das *Problem der Modellbildung* und das *ceteris-paribus-Problem.*

Angesichts der extrem komplexen wirtschaftlichen Wirklichkeit mit umfassenden Interdependenzen ist es unabdingbar, vereinfachte Abbilder der Wirklichkeit zu entwerfen, um diese Wirklichkeit gedanklich besser durchdringen zu können. Derartige vereinfachte Abbilder, welche jeweils im Hinblick auf bestimmte Fragestellungen konstruiert werden, bezeichnet man als *Modelle*. Das zentrale Problem bei der Konstruktion von Modellen besteht nun darin, dass nur die für die jeweilige Fragestellung unwesentlichen und nicht etwa wichtige, das Ergebnis der Analyse tangierende Sachverhalte ausgeklammert werden. Das teilweise nur schwer zu lösende Problem besteht also darin, dass Modelle einerseits den Komplexitätsgrad der Wirklichkeit reduzieren sollen, dass sie andererseits die Wirklichkeit aber nicht verfälscht abbilden dürfen. Die Verwendung von Modellen mit differierenden Abstraktionsgraden dürfte auf jeden Fall nützlich sein. Ausgangspunkt der Analyse sind in der Regel extrem einfache Modelle auf hohem Abstraktionsgrad, die in einem *Prozess abnehmender Abstraktion* der Wirklichkeit immer mehr anzunähern sind. Beispiele für ökonomische Modelle sind die zuvor schon angesprochene Robinson-Wirtschaft, das zweipolige Kreislaufmodell mit Unternehmungen als Einheiten, die nur produzieren, und Haushalten als Einheiten, die nur konsumieren, sowie die zahlreichen Zweier-Modelle (z.B. Zwei-Güter-Modell, Zwei-Faktoren-Modell, Zwei-Länder-Modell), deren Ergebnisse sich aber ohne Schwierigkeiten auf den Viele-Güter-, Viele-Faktoren- und Viele-Länder-Fall übertragen lassen. Anzumerken ist noch, dass in der ökonomischen Literatur zuweilen auch die zuvor erwähnten Bedingungskonstellationen als Modelle bezeichnet werden, da sie ja von der Wirklichkeit „abstrahieren".

Was die zuvor angesprochene empirische Überprüfung von Theorien anlangt, so ist auf die besonderen Probleme aller Sozialwissenschaften (also auch der Volkswirtschaftslehre) aufmerksam zu machen. Wie jede Wissenschaft will auch die Volkswirtschaftslehre den Einfluss einzelner, unabhängiger Variabler (sog. Determinanten) auf andere, abhängige Variable herausfiltern (z.B. den Einfluss des Einkommens auf die Konsumgüternachfrage). Sie bedient sich dazu der *ceteris-paribus-Klausel,* d.h. sie formuliert Hypothesen über den Einfluss einer Variablen (Einkommen) auf eine andere Variable (Nachfrage) unter der Annahme, dass sich die sonstigen Determinanten (z.B. der Preis oder die Nutzenempfindungen) nicht ändern. Die empirische Überprüfung solcher Hypothesen stößt nun aber auf die Schwierigkeit, dass es – anders als bei naturwissenschaftlichen Versuchen – häufig gar nicht möglich ist, im empirischen Test nur die eine Determinante zu variieren und alle anderen konstant zu halten. Wo empirischen Experimenten Grenzen gesetzt sind, bleibt nichts anderes übrig, als sich mit Gedankenexperimenten zu begnügen.

II. Teilgebiete der Volkswirtschaftslehre und Mikroökonomik

1. Problemkomplexe der Volkswirtschaft und Teilgebiete der Volkswirtschaftslehre

In der Volkswirtschaftslehre wird üblicherweise zwischen einer mikro- und einer makroökonomischen Analyse unterschieden. Gängige Definitionsansätze laufen nun darauf hinaus, dass sich die **Mikroökonomik** auf der niedrigstmöglichen Aggregationsebene mit dem Verhalten einzelner Wirtschaftssubjekte beschäftigt, während die **Makroökonomik** den höchsten Aggregationsgrad, also die Gesamtwirtschaft, wählt. Bei näherer Betrachtung der Themenkomplexe, die in der Mikroökonomik bzw. in der Makroökonomik tatsächlich behandelt werden, zeigt es sich jedoch, dass die Unterscheidung nach dem Aggregationsgrad nur als erster Ansatzpunkt akzeptiert werden kann. So beschäftigt sich die Mikroökonomik keineswegs nur mit dem Nachfrageverhalten einzelner Haushalte und dem Angebotsverhalten einzelner Unternehmungen. Sie aggregiert die Nachfrage und das Angebot zahlreicher Wirtschaftssubjekte zur Marktnachfrage und zum Marktangebot. Sie bleibt aber auch auf der Einzelmarktebene nicht stehen, sondern analysiert Interdependenzen zwischen den Märkten. Sie steigt sogar auf die gesamtwirtschaftliche Ebene hinauf, indem sie ein gesamtwirtschaftliches Mikrogleichgewicht definiert (vgl. dazu den 5. und 6. Teil). Ganz entsprechend wird in der Makroökonomik keineswegs nur auf dem höchsten Aggregationsgrad gearbeitet, sondern durchaus auch disaggregiert.

Eine genauere Betrachtung zeigt demgemäß, dass es *nicht so sehr der Aggregationsgrad* ist, welcher Mikro- und Makroökonomik unterscheidet, *sondern* dass es sich um *unterschiedliche Fragestellungen* handelt, die unter dann allerdings unglücklich gewählten Überschriften erörtert werden. Ausgehend von den zuvor dargestellten Ansatzpunkten zur Reduzierung von Knappheit und ihrer Illustration mit Hilfe der Transformationskurve kann noch einmal gezeigt werden, dass sich drei zentrale Problemkomplexe der Volkswirtschaft und damit auch der Volkswirtschaftslehre unterscheiden lassen: die Frage nach der Höhe der Güterproduktion, die Frage nach der Zusammensetzung der Güterproduktion und die Frage nach der Verteilung der Güter.

Die Frage nach der *Höhe (dem Niveau) der gesamtwirtschaftlichen Güterproduktion* und ihren Steigerungsmöglichkeiten betrifft den Auslastungsgrad der Produktionsfaktoren (den Beschäftigungsstand), seine Schwankungen (die Stabilität) und die Möglichkeiten der globalen Produktionssteigerung (das Wachstum der Wirtschaft). Die Frage bezieht sich demnach auf das Erreichen und Verschieben der volkswirtschaftlichen Transformationskurve (vgl. Abb. 1.7. und nunmehr Abb. 1.13.). In dem beschriebenen Zusammenhang wird in der Regel auch die

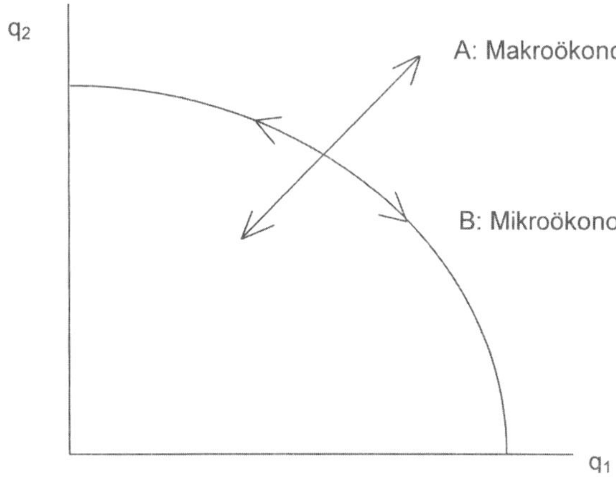

Abb. 1.13

Frage nach der Stabilität des Geldwertes erörtert. Alle diese Fragen werden im Rahmen der Makroökonomik behandelt. *Makroökonomische Analyse ist also Niveauanalyse.* Ihre Thematik bezieht sich auf Veränderungen, die in Abb. 1.13. durch den Pfeil A dargestellt werden.

Die Frage nach der *Zusammensetzung (der Struktur) der gesamtwirtschaftlichen Güterproduktion* betrifft das Problem der Anpassung der Angebots- und der Produktionsfaktorenstruktur an die Änderungen der Nachfragestruktur, d.h. das Allokationsproblem. Es wird also gefragt, welcher Punkt auf der gerade gültigen Transformationskurve der Volkswirtschaft realisiert wird. Diese Frage bildet den Gegenstand der Mikroökonomik. *Mikroökonomische Analyse ist also Strukturanalyse.* Ihre Thematik bezieht sich auf Veränderungen, die in Abb. 1.13. durch den Pfeil B dargestellt werden.

Genau genommen kann die Allokationsfrage aber nicht nur auf die Zusammensetzung der Produktion privater Güter beschränkt bleiben, sie muss auch den Anteil und die Zusammensetzung der öffentlichen Güter einbeziehen. Die Allokationsanalyse hat ferner nach der regionalen und nach der internationalen Güterstruktur und Allokation zu fragen und sie muss die in Abb. 1.8. angesprochene Konsumgüter-Investitionsgüter-Relation behandeln. Dementsprechend wäre die Darstellung der Transformationskurve in Abb. 1.7. und nunmehr in Abb. 1.13. in der Weise zu modifizieren, dass auf den beiden Güterachsen nicht zwei private Konsumgüter (Wurst und Käse), sondern ein Konsum- und ein Investitionsgut bzw. ein privates und ein öffentliches Gut bzw. zwei konkurrierende öffentliche Güter bzw. ein in der Region 1 und ein in der Region 2 hergestelltes Gut bzw. ein inländisches und ein ausländisches Gut abzubilden wären. Insoweit sind Finanzwissenschaft, Regionalanalyse und Außenwirtschaftsanalyse zur Mikroökonomik zu zählen.

Die Frage nach der *Verteilung der Güter* auf die Haushalte einer Volkswirtschaft bezieht sich einmal auf jene langlebigen Güter, die in einer vorgegebenen Betrachtungsperiode nicht untergehen (also auf das Vermögen), sowie andererseits auf die kurzlebigen Güter, die aus laufendem Einkommen finanziert werden. Die Frage nach der Verteilung der Güter lässt sich also auf die Frage der Vermögens- und der Einkommensverteilung zurückführen. Da die Einkommen der Haushalte aus dem Angebot an Faktorleistungen entstehen (vgl. Abb. 1.10.), hat sich die Analyse der Einkommensverteilung zunächst mit dem Angebot, der Nachfrage und der Preisbildung auf den Faktormärkten zu befassen. Auf Grund dieser Thematik und wegen der Nähe zum Allokationsproblem wird in diesem Zusammenhang auch von einer mikroökonomischen Verteilungsanalyse gesprochen. Von einer makroökonomischen Verteilungsanalyse ist demgegenüber die Rede, wenn nach den Anteilen hochaggregierter Gruppen von Haushalten (z.B. aller Lohnempfänger) am gesamten Volkseinkommen gefragt wird.

2. Die Mikroökonomische Theorie als Allokationstheorie der Marktwirtschaft

Wie zuvor dargestellt, ist die vielfach verwendete Definition von Mikroökonomik als einzelwirtschaftliche Analyse nur als erster Ansatzpunkt zu akzeptieren. Genaugenommen ist *Mikroökonomik* mit *Strukturanalyse* gleichzusetzen. Ihr Zentralthema ist das *Allokationsproblem.* Will man das Gebiet der so verstandenen

Mikroökonomik ein wenig enger fassen, so kann man sich darauf verständigen, die Preisbildung auf Faktormärkten und Verteilungsfragen nicht mit einzubeziehen. Ebenso kann man die Analyse der öffentlichen Güter sowie die Fragen der regionalen und internationalen Allokation der Faktoren ausklammern. In einem derartigen, engeren Sinne befasst sich die Mikroökonomik bzw. die Mikroökonomische Theorie mit der Zusammensetzung der Produktion privater Güter. Zu diesem Zweck analysiert sie die *Nachfrage*, das *Angebot* und die *Preisbildung* (insoweit auch der Terminus *Preistheorie*) *auf einzelnen Märkten privater Güter* sowie *Nachfrage- und Angebotsverschiebungen zwischen den Märkten*. In einer weiteren Einengung kann man sich möglicherweise darauf verständigen, die Analyse auf Konsumgütermärkte zu beschränken und damit explizit auch Investitionsgütermärkte auszuklammern, was aber mit dem zuvor erwähnten Ausschluss von Faktormärkten und damit des Faktors Sachkapital bereits geschehen sein könnte. Andererseits muss die Analyse gelegentlich erweitert werden, da sog. „makroökonomische" Fragestellungen einzubeziehen sind, so beim „Wachstum" von Unternehmungen, insbesondere bei der Erweiterung der Produktion durch technischen und organisatorischen Fortschritt.

Die Einengung der Analyse auf private Güter impliziert darüber hinaus, dass sich die Analyse auf das Wirtschaftssystem der *Marktwirtschaft* bezieht. Die kurze Darstellung der Grundprinzipien der reinen Marktwirtschaft hat gezeigt, dass den *Preisen* in der Marktwirtschaft eine außerordentliche Bedeutung zukommt. Sie bewirken den Ausgleich von Angebot und Nachfrage (*Ausgleichs- bzw. Markträumungsfunktion* der Preise). Sie informieren über den jeweiligen Grad der Knappheit der Güter (*Informations-, Anzeige- oder Signalfunktion* der Preise). Sie bewirken darüber hinaus, dass sich die Güterproduktion durch Anreize und Sanktionen an die Änderungen der Güternachfrage anpasst und dass die Produktionsfaktoren in die jeweils besten Verwendungen gelenkt werden (*Anreiz-, Sanktions-, Lenkungs- bzw. Allokationsfunktion* der Preise).

Aufgabe der Mikroökonomischen Theorie ist es insoweit, die Gesetze der Preisbildung und der Allokation in der idealtypischen Marktwirtschaft aufzuzeigen, also die Bedingungen zu formulieren, unter denen die Preise ihre Aufgaben in idealtypischer Weise erfüllen können. Darüber hinaus gilt es aber auch, Abweichungen der Realität von den idealtypischen Bedingungen darzustellen und aufzuzeigen, welche Konsequenzen sich für das reale Marktgeschehen ergeben, wenn derartige Abweichungen vorkommen.

In den weiteren Darlegungen dieses Lehrbuches werden die Nachfrage, das Angebot und die Preisbildung auf Konsumgütermärkten im Zentrum stehen. Insbesondere im 5. Teil, d.h. bei der Erörterung der Preisbildung im Zuge der Theorie des Marktgleichgewichtes, wird kurz auch auf Sachkapitalmärkte und Arbeitsmärkte sowie auf Finanzkapitalmärkte und auf Devisenmärkte eingegangen. Insoweit werden auch einzelne Faktormärkte angesprochen und es werden erste Überlegungen zu den Außenwirtschaftsbeziehungen einer Volkswirtschaft vorgetragen.

Kontrollfragen zum 1. Teil

1. Erläutern Sie die Begriffe Bedürfnisse, Bedarf, Nachfrage und Konsum und stellen Sie die jeweiligen Zusammenhänge dar.
2. Inwieweit ist der Aussage zuzustimmen, dass die Bedürfnisse unbegrenzt sind?
3. Wie ist die These zu beurteilen, dass einzelne Menschen, Personengruppen, Länder im Überfluss leben?
4. Erläutern Sie die Kategorien der Sachgüter und der Dienstleistungen, der privaten und der öffentlichen Güter, der Konsum- und der Investitionsgüter sowie der Verbrauchs- und der Gebrauchsgüter. Bei welchen dieser Kategorien sind überdurchschnittliche Wachstumsraten von Nachfrage und Produktion zu beobachten?
5. Erläutern Sie die Güterbeziehungen der Komplementarität und der Substitutionalität sowie der Homogenität und der Heterogenität.
6. Was versteht man unter Produktion und welches sind die wichtigsten Produktionsfaktoren?
7. Erläutern Sie das Konzept der Produktionsfunktion, der Transformationskurve und der Opportunitätskosten.
8. Welche Opportunitätskosten entstehen einer Volkswirtschaft, wenn sie massiv die Rüstungsgüterproduktion ausdehnt? Welche Opportunitätskosten entstehen Ihnen bzw. der Volkswirtschaft, wenn Sie durch schnelles Fahren eine Stunde Zeit auf Ihrem Weg zum Studienort einsparen?
9. Erläutern Sie den Begriff der Knappheit sowie die Beziehung zwischen Knappheit und Seltenheit. Erläutern Sie in diesem Zusammenhang die Ausgleichs-, die Informations- und die Lenkungsfunktion der Preise.
10. Was sind freie Güter und woran erkennt man sie? Nennen Sie Beispiele.
11. Stellen Sie die alternativen Nachfrageentwicklungen bei steigendem Einkommen dar. Können Sie sich vorstellen, dass Bier, CD-Player, Personalcomputer, Mittelklasseautos einmal inferiore Güter werden?
12. Was sind beschränkt reproduzierbare Güter und welche Preisentwicklungen lassen sich bei ihnen beobachten?
13. Stellen Sie anhand einer Transformationskurve die verschiedenen Ansatzpunkte zur Reduzierung von Knappheit dar.
14. Erläutern Sie, dass Wirtschaften stets mit Planung verbunden ist, und zeigen Sie anhand von Beispielen auf, dass damit stets auch Wahlentscheidungen verknüpft sind.
15. Erläutern Sie das ökonomische Prinzip. Handeln Sie nach dem ökonomischen Prinzip, wenn Sie versuchen, Ihr Examen mit möglichst geringem Arbeitsaufwand zu bestehen?
16. Nennen Sie die wichtigsten Wirtschaftssubjekte, ihre jeweiligen Hauptaktivitäten und die wichtigsten Interaktionen zwischen ihnen.
17. Erläutern Sie das Konzept der Arbeitsteilung, seine wichtigsten Arten sowie seine einzel- und gesamtwirtschaftlichen Vor- und Nachteile.

18. Nennen und erläutern Sie die zentralen Abgrenzungsmerkmale für Wirtschaftssysteme sowie die daraus resultierenden sog. Idealtypen.
19. Erklären Sie den Unterschied zwischen einer ex-ante- und einer ex-post-Koordination von Wirtschaftsplänen.
20. Was versteht man unter Lenkung der Produktionsfaktoren? Werden die Produktionsfaktoren nur in einer Zentralplanwirtschaft oder auch in einer Marktwirtschaft gelenkt?
21. Erläutern Sie den Unterschied zwischen Ideal- und Realtypen und nehmen Sie zu der These Stellung, dass die historische Entwicklung das totale Scheitern der „Planwirtschaft" eindrucksvoll belege.
22. Welche zentralen Aufgaben werden den Wirtschaftswissenschaften und damit auch der Volkswirtschaftslehre zugeschrieben und welche von ihnen wird als die wichtigste angesehen?
23. Was versteht man unter einer Theorie und welche Aufgaben haben Theorien in den Wirtschaftswissenschaften?
24. Erläutern Sie das Vorgehen der Modellbildung und das Arbeiten mit der ceteris-paribus-Klausel. Sollte man im Hinblick auf größere Realitätsnähe nicht auf beides verzichten?
25. Erörtern Sie die drei zentralen Problemkomplexe der Volkswirtschaft und erklären Sie in diesem Zusammenhang den Begriff der Mikroökonomik.

2. Teil
Einführung in die Nachfrage- und Angebotstheorie

Zentrale Aufgabe der ökonomischen Theorie ist es, das Wirtschaftsgeschehen zu erklären. In das Aufgabenfeld der Mikroökonomischen Theorie gehört unter anderem die Erklärung des Nachfrageverhaltens der Haushalte und des Angebotsverhaltens der Unternehmungen. Erklärung bedeutet, Ursache-Wirkungs-Zusammenhänge zwischen ökonomischen Variablen aufzudecken. Bevor in diesem Sinne danach gefragt werden kann, warum bestimmte Beziehungen zwischen einzelnen Determinanten und dem Nachfrage- bzw. Angebotsverhalten bestehen (vgl. dazu den 3. und 4. Teil), gilt es in einer einführenden Analyse zunächst,

- die Determinanten des Nachfrage- und Angebotsverhaltens zu identifizieren,
- ihre Wirkungsrichtung zu ermitteln und
- die Stärke ihres Einflusses zu analysieren.

Dies soll im 2. Teil geschehen. In Kapitel A werden die wichtigsten Determinanten der Nachfrage der Haushalte dargelegt, und es werden Aussagen über ihre Wirkungsrichtung gemacht. In analoger Weise werden in Kapitel B die Determinanten des Angebotes der Unternehmungen erörtert. In Kapitel C wird auf die Stärke der Zusammenhänge eingegangen, die man mit Hilfe sog. Nachfrage- und Angebotselastizitäten ausdrückt.

A. Die Güternachfrage der Haushalte

I. Die individuelle Nachfrage eines Haushalts

1. Die Determinanten der Nachfrage und die globale Nachfragefunktion

Für die Anbieter eines beliebigen Konsumgutes (Brot, Zucker, CD-ROMs) ist es wichtig zu wissen, wie viel Mengeneinheiten ihres Gutes die Haushalte in einem bestimmten Betrachtungszeitraum nachfragen werden. Da sich die Marktnachfrage aus den Nachfragemengen der einzelnen Haushalte zusammensetzt, gilt es zunächst, sich darüber klar zu werden, von welchen Größen die individuelle Nachfrage eines einzelnen Haushalts abhängt.

Gesucht werden also die Determinanten der Nachfragemenge eines Gutes X (N_x) pro Zeiteinheit (t). Der erfragte Sachverhalt wird durch eine Nachfragefunktion mit N_x/t als abhängiger Variabler und den noch zu benennenden Determinanten als unabhängigen Variablen abgebildet. Wichtig in diesem Zusammenhang ist, dass das Gut X ein beliebiges Konsumgut darstellt, über dessen genaue Bezeichnung (z.B. Brot oder nur Schwarzbrot) noch nicht nachgedacht werden soll. Das

Gut X sei in Art und Qualität klar definiert. Wichtig ist ferner, dass sich die Frage immer auf einen bestimmten, fest definierten Zeitraum t (Tag, Monat u.a.) beziehen muss. Auch wenn das Symbol t später aus Vereinfachungsgründen weg gelassen wird, ist an den zeitlichen Bezug der Aussage stets zu denken.

Grundlegend für die Beantwortung der Frage nach den Determinanten der Nachfragemenge ist es zunächst, welche Zielsetzung der Haushalt verfolgt. Dieser Frage soll hier aber nicht weiter nachgegangen werden, da als dominante Zielsetzung von Haushalten die Befriedigung der (eigenen) Bedürfnisse und damit die Erhöhung des Nutzens angenommen werden kann (in der Angebotstheorie kommt alternativen Zielsetzungen der Unternehmen hingegen erhebliche Bedeutung zu). Auf der Basis dieser Annahme können als Determinanten der Güternachfrage von Haushalten die folgenden Variablen genannt werden:

(1) Der Nutzen des Gutes (U_x), d.h. das Ausmaß an Bedürfnisbefriedigung, die das Gut X erbringt, oder mit anderen Worten das *generelle Ausmaß an subjektiver Wertschätzung* für das Gut und damit die Intensität des Bedürfnisses. Beispielsweise hängt die Nachfrage nach Schokolade davon ab, ob der Konsument Schokolade mag und wie gern er sie isst, die Nachfrage nach Turnschuhen hängt davon ab, ob und wie häufig der Konsument Sport treiben möchte bzw. ob er es chic findet, in Turnschuhen zu laufen. Wie später (im 3. Teil) noch deutlich werden wird, kann U_x auch interpretiert werden als der jeweils *aktuelle Grad der Bedürfnisbefriedigung*, der von der verfügbaren bzw. konsumierten Menge des Gutes abhängt. So dürfte der Nutzen einer dritten Tafel Schokolade klein sein, wenn man gerade zwei Tafeln gegessen hat, und zwar auch dann, wenn man Schokolade generell sehr gern mag.

(2) Der Preis des Gutes (p_x), da die Hergabe von Geld beim Kauf eines Gutes den Verzicht auf den Kauf anderer Güter impliziert. So ist es beim Kauf von Käse oder Turnschuhen beispielsweise der Verzicht auf den Kauf von Schokolade oder von Jeans.

(3) Die Preise anderer Güter, wobei zwischen den Preisen von Substitutionsgütern p_y ($p_{y1}, \ldots, p_{yn}$) und den Preisen von Komplementärgütern p_z ($p_{z1}, \ldots, p_{zn}$) zu unterscheiden ist. So sind es beim Käsekauf beispielsweise die Preise der Substitutionsgüter Wurst oder Schinken sowie die Preise der Komplementärgüter Brot oder diverser Beilagen, etwa für Käsefondue.

(4) Das Einkommen des Haushalts (E) bzw. – wie vielfach formuliert – die zum Kauf der Konsumgüter verfügbare Konsumsumme. Das Einkommen legt fest, ob der Haushalt sich das Gut überhaupt leisten kann, etwa ein Automobil, bzw. wie oft er es sich leisten kann, etwa einen Theater- oder Restaurantbesuch.

Alle bisher genannten Determinanten beziehen sich zunächst ebenfalls auf den gewählten Betrachtungszeitraum t, d.h. es wird z.B. angenommen, dass die heutige Nachfrage vom heutigen Güterpreis abhängt. In die Nachfrageüberlegungen von heute gehen aber zweifellos auch vermutete zukünftige Entwicklungen des Nutzens, der Preise und des Einkommens ein. Genau genommen wären also alle bisher genannten Determinanten einmal mit dem Zeitindex t sowie ferner mit den Zeitindices (t + 1), (t + 2) usw. zu berücksichtigen. Aus Vereinfachungsgründen sollen die auf die Zukunft bezogenen Variablen zu einer einzigen Determinante,

(5) den Erwartungen (Q) über zukünftige Änderungen der übrigen Einflussgrößen, zusammengefasst werden. Beim Heizölkauf ist es beispielsweise die Erwartung über die Entwicklung des Heizölpreises, bei der Buchung einer Urlaubsreise beispielsweise die Erwartung eines gleich bleibenden Nutzens und nicht etwa einer Verschlechterung der Umweltqualität durch steigende Verschmutzung des Meerwassers beim Badeurlaub.

Die zuvor erfragte Nachfragefunktion kann also wie folgt geschrieben werden:

(2.1) $N_x/t = f(U_x, p_x, p_y, p_z, E, Q, \ldots)$.

Diese Funktion kann man als globale Nachfragefunktion bezeichnen, da sie offenbar alle wichtigen Nachfragedeterminanten umfasst. Dabei geht man zunächst davon aus, dass die Nachfragedeterminanten untereinander unabhängig sind, dass also beispielsweise Preis- oder Einkommensänderungen das Nutzenempfinden nicht verändern. Auf diese nicht unproblematische Annahme ist später noch einzugehen. Zu beachten ist ferner, dass p_y, p_z und Q Sammelausdrücke für mehrere Variable darstellen. Außerdem wird angedeutet, dass es weitere Determinanten (z. B. das Vermögen) geben kann. Bei Überlegungen darüber, welche weiteren Determinanten noch relevant sind, ist aber zu bedenken, dass diese möglicherweise über die Determinante „Nutzen" eingebaut werden können. So hat das Wetter ohne Zweifel Einfluss auf den Nutzen von Erfrischungsgetränken oder Pullovern und damit auf deren Nachfrage.

2. Reduzierte Nachfragefunktionen und die Nachfragefunktion im engeren Sinn

Der Aussagegehalt der globalen Nachfragefunktion ist vergleichsweise gering, da sie lediglich eine Aufzählung von Determinanten darstellt. Im Hinblick auf die Frage nach Wirkungsrichtung und -intensität einzelner Determinanten ist es notwendig, den Einfluss jeder der Determinanten isoliert herauszuarbeiten. Dies geschieht durch die Bildung sog. reduzierter Nachfragefunktionen, in denen die Abhängigkeit der Nachfragemenge von jeweils einer Determinante erscheint, also

(2.2) $N_x = f(U_x)$

(2.3) $N_x = f(p_x)$

(2.4) $N_x = f(p_y)$

(2.5) $N_x = f(p_z)$

(2.6) $N_x = f(E)$

(2.7) $N_x = f(Q)$.

Zu beachten ist, dass jede dieser reduzierten Nachfragefunktionen die ceteris-paribus-Bedingung enthält. Will man nämlich den Einfluss einzelner Determinanten isoliert herausarbeiten, so ist es notwendig, dass von den übrigen Determinanten im Betrachtungszeitraum keinerlei Einfluss ausgeht. Dies dürfte aber nur dann der Fall sein, wenn sich die übrigen Determinanten nicht ändern. Die Funktion (2.3) ist demnach genau genommen wie folgt zu schreiben:

(2.3) $N_x = f(p_x)$ mit $\overline{U_x}, \overline{p_y}, \overline{p_z}, \overline{E}, \overline{Q}$,

wobei die Balken über den Symbolen deren Konstanthaltung ausdrücken.

Nach der Darstellung der reduzierten Nachfragefunktionen sollen nunmehr aus empirischen Beobachtungen gewonnene Hypothesen über die Wirkungsrichtung der Nachfragedeterminanten formuliert und in einfachen Schaubildern verdeutlicht werden (vgl. Abb. 2.1.). So kann normalerweise davon ausgegangen werden, dass die nachgefragte Menge eines Gutes

- mit steigender genereller Wertschätzung des Gutes zunimmt (Abb. 2.1.a.),
- mit steigendem Preis des Gutes zurückgeht (Abb. 2.1.b.),
- mit steigendem Preis eines Substitutionsgutes zunimmt (Abb. 2.1.c.),
- mit steigendem Preis eines Komplementärgutes zurückgeht (Abb. 2.1.d.).

So dürfte die Nachfrage nach Äpfeln immer dann steigen, wenn die generelle Wertschätzung zunimmt („Äpfel sind gesund"), wenn der Preis der Äpfel sinkt, wenn der Preis der Birnen steigt oder wenn der Preis von Butter und Mehl sinkt, weil das Backen von Apfelkuchen billiger geworden ist.

Sehr unterschiedlich können dagegen die Wirkungen von Einkommensänderungen ausfallen. So wird die Nachfragemenge mit steigendem Einkommen

- zunehmen im häufigen Fall sog. Nichtsättigungsgüter (Abb. 2.1.e.α.),
- konstant bleiben bei Sättigungsgütern (Abb. 2.1.e.β.),
- abnehmen bei inferioren Gütern (Abb. 2.1.e.γ).

Zur Unterscheidung von Nichtsättigungsgütern, Sättigungsgütern und inferioren Gütern vgl. auch die vorherigen Ausführungen, im 1. Teil, Kap. A, Abschnitt III, Punkt 2.

Wegen der vielfältigen Möglichkeiten sind auch die Einflüsse der Erwartungen auf die Güternachfrage nicht durch eine einzige Hypothese einzufangen. Es ist aber beispielsweise eine Erfahrungstatsache, dass die Nachfragemenge steigt, wenn Preissteigerungen erwartet werden. Während also eine Steigerung des im Zeitraum t aktuellen Preises p_x einen Nachfragerückgang auslöst (vgl. Abb. 2.1.b.), führt die Erwartung, dass dieser Preis in Zukunft weiter steigen wird, also die Steigerung des erwarteten Preises p_{xe}, genau zum Gegenteil, nämlich zu Nachfragesteigerungen, zu sog. Hamsterkäufen (vgl. Abb. 2.1.f.).

Wie erstmals in Abb. 1.5. dargestellt, erscheint in Abb. 2.1. und den noch folgenden Abbildungen auf der Abszisse das allgemeine Mengensymbol q_x. Am Graphen der Funktion findet sich N_x als Symbol der *nachgefragten* Menge. Dieses Verfahren ist zweckmäßig, weil später insb. in Abb. 2.1.b. auch noch *angebotene* Mengen aufgeführt und mit dem Symbol A_x bezeichnet werden.

In der Abb. 2.1. und in zahlreichen noch folgenden Abbildungen ist ferner zu beachten, dass die abhängige Variable q_x bzw. N_x auf der Abszisse und die jeweilige unabhängige Variable auf der Ordinate abgetragen ist. Dieses der mathematischen Konvention widersprechende Verfahren ist insbesondere bezüglich Abb. 2.1.b. deshalb sinnvoll, weil in späteren Überlegungen zur Preisbildung (Teil 5 und 6) die Fragestellung umgedreht, d. h. die Abhängigkeit des Preises von der Nachfrage untersucht wird. Um dann die bislang verwendeten Abbildungen nicht spiegeln zu müssen, ist es zweckmäßig, von Anfang an festzulegen, dass die Mengen immer auf der Abszisse erscheinen. Bei einer mathematischen Spezifikation der Funktionen hat das Verfahren allerdings den Nachteil, dass die Steigung der Funktion auf die Ordinate und das absolute Glied auf die Abszisse bezogen ist.

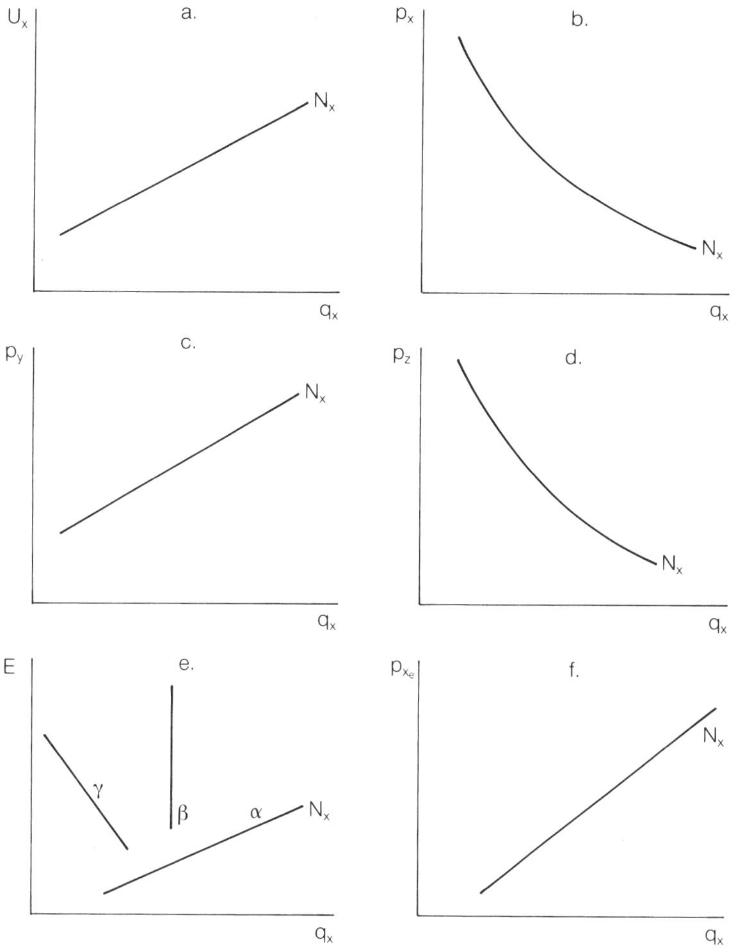

Abb. 2.1.

Im Hinblick auf die im 5. und 6. Teil zu erörternde Preisbildung kommt einer der zuvor beschriebenen reduzierten Nachfragefunktionen besondere Bedeutung zu, und zwar der Funktion

(2.3) $N_x = f(p_x)$.

Sie wird als die Nachfragefunktion i.e.S. bezeichnet. Damit sei festgelegt: Wenn im Folgenden von der Nachfragefunktion (ohne weiteren Zusatz) gesprochen wird, so ist diese Funktion (2.3) gemeint.

In Abb. 2.1.b. wurde eine inverse Beziehung zwischen dem Preis des Gutes und der nachgefragten Menge unterstellt. Die genaue Begründung für die Lage und den Verlauf der Nachfragekurve als dem graphischen Abbild der Nachfragefunktion soll im 3. Teil geliefert werden. Im Augenblick möge der Hinweis genügen, dass ein inverser Verlauf deshalb plausibel erscheint, weil der Haushalt mit steigendem Preis geneigt sein wird, auf andere Güter auszuweichen (Substitutionseffekt), bzw. weil seine Konsumsumme nicht mehr ausreicht, die bisherige Menge des Gutes X zu erwerben (Einkommenseffekt). Die Tatsache, dass steigende Güterpreise bewirken, dass von einem gegebenen nominellen Einkommen weniger gekauft werden kann, wird in der Ökonomik auch in der Weise umschrieben, dass das sog. Realeinkommen, also die kaufbare Gütermenge, sinkt.

Bevor im 3. Teil genauer auf die Herleitung der Nachfragekurve eingegangen wird, sind noch einige einführende Bemerkungen zu dieser Funktion zu machen. Die Nachfragefunktion ist eine Aussage über den Einfluss des Preises des Gutes X auf die nachgefragte Menge des Gutes X. Sie gibt Antwort auf die Frage, wie viele Einheiten des Gutes der Haushalt nachfragen würde, wenn der Preis verschiedene Höhen hätte. Sie drückt also hypothetische Preis-Mengen-Kombinationen aus. Der Verlauf der Kurve kann möglicherweise durch Befragung des Haushaltes empirisch ermittelt werden. So kann gefragt werden: Wie viel würden Sie kaufen, wenn der Preis p_1, p_2, ... betragen würde? Diese Frage enthält eine für die kommenden Überlegungen wichtige Unterstellung. Es wird nämlich davon ausgegangen, *dass der einzelne Nachfrager den Preis des Gutes X nicht beeinflussen kann.* Auf diese Prämisse der Nachfragetheorie wird im Folgenden (insbesondere im 5. Teil) noch näher einzugehen sein.

Bezüglich der Nachfragefunktion (2.3) und ihres graphischen Abbildes der Nachfragekurve ist noch einmal darauf hinzuweisen, dass in ihr die übrigen Determinanten der Nachfrage (der Nutzen, das Einkommen usw.) nicht expliziert erscheinen. Sie sind aber nicht verschwunden, sondern im Gegenteil außerordentlich wirksam, denn sie bestimmen die Lage der Kurve. Die Kurve liegt an ihrem derzeitigen Platz, weil der Nutzen, das Einkommen und die übrigen Determinanten gerade bestimmte Werte aufweisen. Daraus folgt nun aber, dass die Nachfragefunktion und -kurve nur für einen bestimmten (möglicherweise nur kurzen) Zeitraum t gilt, in welchem die übrigen Nachfragedeterminanten konstant sind (ceteris paribus). Diese übrigen Determinanten haben damit einen Einfluss auf die Lage der im Zeitraum t gültigen Nachfragekurve. Da sie sich annahmegemäß im Zeitraum t nicht ändern, bleibt die Nachfragekurve im Moment an ihrem Platz fixiert. Daraus folgt nun aber, dass sich die Nachfragekurve ver-

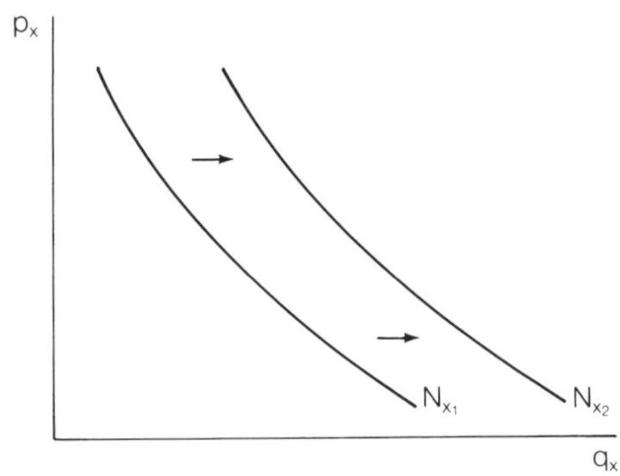

Abb. 2.2.

schiebt, wenn sich eine oder mehrere der anderen Determinanten ändern. So verschiebt sich die Nachfragekurve beispielsweise nach rechts (vgl. Abb. 2.2. in Verbindung mit Abb. 2.1.),

- wenn der Nutzen im Sinne der generellen Wertschätzung für das Gut steigt (vgl. Abb. 2.1.a.),
- wenn der Preis eines Substitutionsgutes steigt (vgl. Abb. 2.1.c.),
- wenn der Preis eines Komplementärgutes fällt (vgl. Abb. 2.1.d.),
- wenn das Einkommen steigt und das Gut ein Nichtsättigungsgut ist (vgl. Abb. 2.1.e.α.),
- wenn Preissteigerungen beim Gut X erwartet werden (vgl. Abb. 2.1.f.),

weil in diesen Fällen bei jedem denkbaren Preis des Gutes X mehr davon nachgefragt wird.

Mit der Erwähnung von Kurvenverschiebungen ist eine über den soeben dargestellten Sachverhalt hinausgehende wichtige Unterscheidung angesprochen, nämlich zwischen

- Bewegungen auf einer Kurve und
- Verschiebungen einer Kurve.

Eine **Bewegung auf einer Kurve** liegt vor, wenn sich die in einer Funktion ausdrücklich genannte Determinante ändert, also z.B. in Funktion (2.2) der Nutzen, in Funktion (2.3) der Preis, in Funktion (2.6) das Einkommen usw. (vgl. dazu alle Graphen in Abb. 2.1.). Eine **Verschiebung der Kurve** ergibt sich hingegen, wenn sich eine der nicht ausdrücklich genannten Determinanten ändert, also z.B. in Funktion (2.3) das Einkommen oder in Funktion (2.6) der Preis, also immer dann, wenn die ceteris-paribus-Bedingung aufgehoben wird.

Die Unterscheidung zwischen Bewegungen auf der Kurve und Verschiebungen der Kurve gibt Anlass, auf einen für die Praxis wichtigen Sachverhalt hinzuweisen. Zeigen sich zwischen zwei historischen Zeitpunkten t_1 und t_2 unerwartete Entwicklungen, etwa steigende Nachfragemengen bei steigendem Preis des Gutes X, so kann das nicht als Beleg für eine ansteigende Nachfragekurve, also als Widerlegung des in Abb. 2.1.b. geschilderten Zusammenhanges, angesehen werden. Höchstwahrscheinlich hat sich die fallende Nachfragekurve nach rechts verschoben, etwa infolge Einkommens- oder Nutzensteigerungen, wodurch der negative Effekt der gleichzeitigen Preissteigerung überkompensiert worden ist. Erst wenn sich nachweisen ließe, dass alle anderen Determinanten wirklich konstant geblieben sind, könnte von einer steigenden Nachfragekurve ausgegangen werden. Aber auch dann wäre nach den Ursachen zu suchen, beispielsweise danach, ob nicht noch weitere, bisher ungenannte oder unerkannte Einflussgrößen im Spiel sind.

II. Die Marktnachfrage

Da die Anbieter eines Gutes X letztlich nicht so sehr an der Höhe der Nachfrage eines einzigen Haushaltes, sondern an der Höhe der Marktnachfrage interessiert sind, gilt es, diese zu ermitteln. Zur Marktnachfrage gelangt man, indem man die von allen am Markte auftretenden Nachfragern gewünschten Nachfragemengen addiert. Damit wird deutlich, dass die Marktnachfrage prinzipiell von den gleichen Determinanten abhängig ist wie die individuelle Nachfrage eines einzelnen

Haushalts. Als weitere Nachfragedeterminante kommt lediglich die Zahl der Nachfrager hinzu.

Auf die Frage, ob die Zahl der am Markt auftretenden Haushalte leicht oder weniger leicht zu ermitteln ist, soll hier noch nicht eingegangen werden. An der Nachfragefunktion i.e.S. soll lediglich demonstriert werden, wie sich die Addition der Nachfragemengen technisch vollzieht. Wegen der Addition der auf der Abszisse abgetragenen Mengen spricht man auch von einer Horizontaladdition der individuellen Nachfragekurven. In Abb. 2.3. wurde unterstellt, dass der Markt aus zwei Nachfragern besteht.

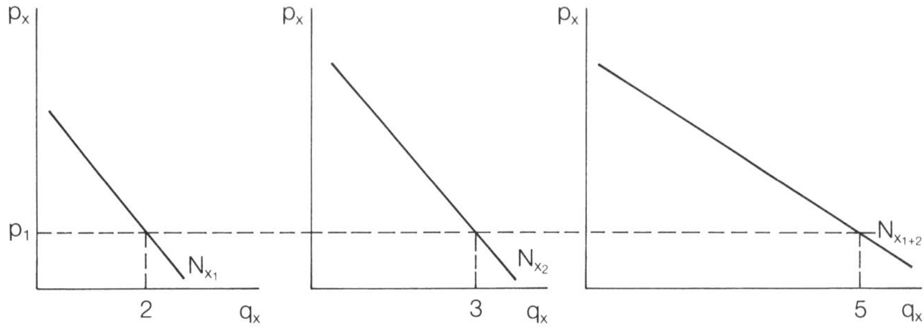

Abb. 2.3.

Aus Gründen der Übersichtlichkeit wurde für die Marktnachfrage kein neues Symbol eingeführt. Im Folgenden wird aus dem Zusammenhang jeweils deutlich werden, ob die individuelle Nachfrage eines Haushalts oder ob die Marktnachfrage gemeint ist.

Marktnachfragekurven haben prinzipiell den gleichen Verlauf wie individuelle Nachfragekurven und sie verschieben sich aus den gleichen Gründen. Ein zusätzlicher Grund für Verschiebungen ist eine Änderung der Zahl der Nachfrager. Steigt die Zahl der Nachfrager, so wird die nachgefragte Menge bei jedem denkbaren Preis größer und die Nachfragekurve verschiebt sich nach rechts. Geht die Zahl der Nachfrager zurück, so wird die jeweils nachgefragte Menge kleiner und die Nachfragekurve verschiebt sich nach links.

B. Das Güterangebot der Unternehmungen

I. Das individuelle Angebot einer Unternehmung

1. Die Determinanten des Angebotes und die globale Angebotsfunktion

Die Aussagen zum Güterangebot der Unternehmungen (Determinanten des Angebots, Angebotsfunktion usw.) folgen dem gleichen Argumentationsmuster wie die Aussagen zur Güternachfrage. Auf die Darstellung verschiedener Details, die für das Angebot ebenso gelten wie für die Nachfrage, kann daher verzichtet werden. Andere Aussagen können vergleichsweise kurz gefasst werden. Besonderheiten, die speziell für das Güterangebot gelten, sind herauszuheben.

Gesucht werden zunächst die Determinanten der Angebotsmenge eines Gutes X (A_x) pro Zeiteinheit (t) durch eine Unternehmung, abgebildet durch eine Angebotsfunktion mit A_x als abhängiger Variabler und den noch zu benennenden Determinanten. Wie bei der Erörterung der Nachfrage bereits angesprochen, ist es gerade bezüglich der Angebotsdeterminanten von erheblicher Bedeutung, welche Zielsetzung die Unternehmung verfolgt. Verschiedene, zum Teil stark voneinander abweichende Ziele sind denkbar und auch empirisch nachweisbar, z.B. die Umsatzmaximierung, die Absatzmengenmaximierung, die Gewinnmaximierung, diverse Zwischenformen (etwa Umsatzmaximierung unter Nebenbedingungen), sowie Zielsetzungen, die über den rein ökonomischen Bereich hinausgehen (z.B. Prestigestreben). Da die Zielsetzung die weiteren Determinanten des Angebotes maßgeblich beeinflusst, muss im Folgenden eine Einengung auf rein ökonomische Ziele (Umsatz, Absatz, Gewinn) bzw. noch enger auf den Gewinn der Unternehmung vorgenommen werden (tiefer gehende Analysen seien betriebswirtschaftlichen Untersuchungen vorbehalten).

Unter der Annahme, dass Unternehmungen prinzipiell nach Gewinn streben, können diverse Angebotsdeterminanten benannt werden, die sich in folgender Weise entwickeln lassen. Sehr einfach und dennoch umfassend kann die globale Angebotsfunktion zunächst in der Form

(2.8) $A_x/t = f(G_x, G_w, Q, \ldots)$

geschrieben werden. Sie besagt, dass die Angebotsmenge eines Gutes X abhängig ist von den Gewinnen, die beim Angebot des Gutes X im Vergleich zu jenen Gewinnen anfallen, die beim Angebot alternativer Güter W ($W_1, \ldots, W_n$) entstehen würden, sowie von entsprechenden Gewinnerwartungen Q.

Bei den Gütern $W_1, \ldots, W_n$ kann es sich um Güter handeln, die das Unternehmen bereits in seinem Produktionsprogramm hat, oder um solche, auf deren Produktion es sich prinzipiell umzustellen vermag. So dürfte ein Landwirt neben Kartoffeln i.d.R. auch Zuckerrüben, verschiedene Arten von Gemüse sowie Äpfel, Birnen, Kirschen und Pflaumen im Produktionsprogramm haben bzw. es dürfte ihm nicht schwer fallen, unter Umständen auf Erdbeeren oder auf Schnittblumen umzustellen. Ein Automobilhersteller bietet in der Regel verschiedene Typen von PKW an, beispielsweise Kleinwagen, Mittelklasseautos und Cabrios, und es dürfte ihm möglich sein, beispielsweise auch Vans in sein Produktionsprogramm aufzunehmen und dafür das Angebot an Kleinwagen zu reduzieren.

Als weitere Angebotsdeterminante sind in (2.8) noch Erwartungen (Q) enthalten, die in dieser Formulierung als Gewinnerwartungen zu interpretieren sind, beispielsweise als die Gewinnerwartungen des Landwirtes bezüglich der alternativen Güter Kartoffeln und Zuckerrüben oder die des Automobilproduzenten bezüglich Personenkraftwagen mit Otto- oder mit Dieselmotor.

Funktion (2.8) kann nun in verschiedener Weise umgewandelt werden. Da Gewinne definiert sind als Differenz von Erlösen (R) und Kosten (K), kann die Angebotsfunktion auch in der Form

(2.9) $A_x/t = f(R_x, K_x, R_w, K_w, Q, \ldots)$

geschrieben werden. Die Erlöse hängen ihrerseits von den erzielbaren Preisen ab, denn Erlös bzw. Umsatz ist definiert als Verkaufsmenge mal Güterpreis. Kosten sind definiert als das Produkt aus der Menge der eingesetzten Produktionsfaktoren (v) und den zu zahlenden Faktorpreisen (l), also beispielsweise ermittelbar als Zahl der eingesetzten Arbeitskräfte, multipliziert mit dem jeweiligen Entlohnungssatz einschließlich der Lohnnebenkosten. Die Faktoreinsatzmengen und ihre jeweiligen Qualitäten werden vom Stand der Technik (T) determiniert. Insoweit kann die Angebotsfunktion auch in der Form

(2.10) $A_x/t = f(p_x, v_x, l_x, T_x, p_w, v_w, l_w, T_w, Q, \ldots)$

geschrieben werden. Auch hier ist zu beachten, dass v_x, l_x, p_w usw. Sammelausdrücke darstellen, hinter denen sich zahlreiche Variable (Faktormengen, Kostensätze, Preise) verbergen. Die Komplexität der Angebotsfunktion wird daraus bereits deutlich.

2. Reduzierte Angebotsfunktionen und Angebotsfunktion i.e.S.

Andererseits ist aber auch der Aussagegehalt der globalen Angebotsfunktion vergleichsweise gering, da sie wie die globale Nachfragefunktion nur eine Aufzählung von Determinanten darstellt. Im Hinblick auf die Frage nach dem Einfluss einzelner Determinanten auf die Angebotsmenge ist es notwendig, reduzierte Angebotsfunktionen zu bilden, z.B. die Funktionen

(2.11) $A_x = f(p_x)$

(2.12) $A_x = f(v_x)$

(2.13) $A_x = f(l_x)$

(2.14) $A_x = f(T_x)$

(2.15) $A_x = f(p_w)$ usw.

Auch diese reduzierten Angebotsfunktionen basieren prinzipiell wieder auf der ceteris-paribus-Bedingung. So ist etwa die Funktion (2.11) genau genommen wie folgt zu schreiben:

(2.11) $A_x = f(p_x)$ mit $\overline{v_x}$, $\overline{l_x}$, $\overline{T_x}$, $\overline{p_w}$, usw.

Wie im 4. Teil bei der vertieften Analyse des Angebots noch zu zeigen sein wird, ist die ceteris-paribus-Aussage bezüglich der Faktoreinsatzmengen v_x nicht völlig korrekt, da Änderungen der Angebotsmenge stets Änderungen der Produktionsmenge (von Lagern sei abgesehen) und damit auch Änderungen von Faktoreinsatzmengen implizieren.

Auch bezüglich der verschiedenen Angebotsdeterminanten stellt sich die Frage nach ihrer Wirkungsrichtung. Einige Beziehungen sollen hier schon kurz angedeutet werden. So kann davon ausgegangen werden, dass die Angebotsmenge eines Gutes

- mit steigendem Preis des Gutes X zunimmt, weil steigende Preise eine Gewinnsteigerung nach sich ziehen, die eine Angebotserweiterung lukrativ erscheinen lässt,
- mit steigenden Faktorpreisen und Kosten zurückgeht, weil dadurch der Gewinn schrumpft und dieses Angebot weniger lukrativ werden lässt,

- bei Kapazitätserweiterungen (Nettoinvestitionen) zunimmt, weil die produzierbare und damit die anzubietende Gütermenge größer wird,
- bei Verbesserungen der Technik zunimmt, weil beispielsweise Verfahrensverbesserungen die Produktionskosten senken und den Gewinn ansteigen lassen,
- bei steigenden Preisen der alternativen Güter W zurückgeht, weil es dann lukrativer erscheint, vermehrt diese Güter anzubieten,
- bei erwarteten Preissteigerungen des Gutes X zunimmt, weil die Gewinnerwartungen bezüglich dieses Gutes sich erhöhen.

Wegen der Komplexität der Zusammenhänge sollen genauere Aussagen über die Wirkungsrichtung der einzelnen Angebotsdeterminanten dem 4. Teil vorbehalten bleiben.

Im Hinblick auf die im 5. und 6. Teil zu erörternde Preisbildung kommt der Funktion

(2.11) $A_x = f(p_x)$

besondere Bedeutung zu. Sie wird als Angebotsfunktion i.e.S. bezeichnet. Auch hier sei festgelegt: Wenn im Folgenden von der Angebotsfunktion (ohne weiteren Zusatz) gesprochen wird, so ist diese Funktion (2.11) gemeint.

Bezüglich der Gestalt der Angebotsfunktion wurde kurz zuvor eine direkte Beziehung zwischen Preis und angebotener Menge angedeutet, die sich in einem steigenden Verlauf der Angebotskurve niederschlägt (vgl. Abb. 2.4.a.). Im 4. Teil wird die genaue Begründung für diesen Verlauf geliefert werden. Im Augenblick möge der Hinweis genügen, dass ein steigender Preis Erlös- und Gewinnsteigerungen impliziert, welche die gewinnorientierte Unternehmung veranlassen werden, die Angebotsmenge auszudehnen. Dieser Ausdehnung sind kurzfristig aber Grenzen gesetzt, da die Unternehmung im Zeitraum t jeweils eine Maximalkapazität aufweist. Selbst wenn der Preis für ein Gut X (z.B. für Tulpen, Streichwurst oder Satellitenschüsseln) extrem steigen würde (z.B. auf 1000 Euro), könnte kein Gärtner, Metzger oder Elektrogerätehersteller unendlich viele Mengeneinheiten anbieten, weil seine begrenzte Produktionskapazität dies kurzfristig nicht zulässt. Daher verläuft die Angebotskurve an der Kapazitätsgrenze senkrecht.

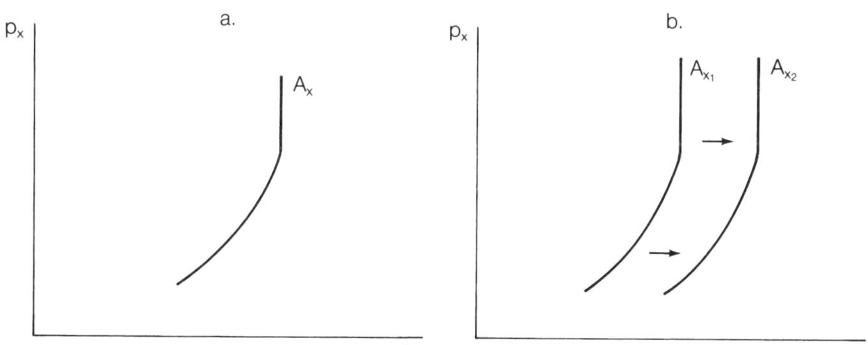

Abb. 2.4.

Im Übrigen gelten für die Angebotsfunktion die gleichen Aussagen wie für die Nachfragefunktion. Die Angebotsfunktion gibt Antwort auf die Frage, wie viele

Einheiten des Gutes die Unternehmung anbieten würde, wenn der Preis verschiedene Höhen hätte. Sie drückt also hypothetische Preis-Mengen-Kombinationen aus. Der Verlauf der Kurve kann durch Befragung des Unternehmens empirisch ermittelt werden. So kann gefragt werden: Wie viel würden Sie anbieten, wenn der Preis p_1, p_2, ... betragen würde? Wie zuvor bei der Nachfrage enthält auch diese Frage eine für die kommenden Überlegungen wichtige Unterstellung. Es wird auch hier davon ausgegangen, *dass der einzelne Anbieter den Preis des Gutes X nicht beeinflussen kann.* Auch auf diese Prämisse wird im Folgenden (insbesondere im 5. Teil) noch näher einzugehen sein.

Auch bezüglich der Angebotskurve ist zwischen Bewegungen auf der Kurve und Verschiebungen der Kurve zu unterscheiden. Bewegungen auf der Kurve sind Ausdruck für die Reaktion der Unternehmung auf Preisänderungen des Gutes X, während sich Kurvenverschiebungen dann einstellen, wenn die ceteris-paribus-Bedingung aufgehoben wird. So verschiebt sich die Angebotskurve beispielsweise nach rechts (vgl. Abb. 2.4.b.),

- wenn die Faktorpreise und Kosten sinken,
- wenn die Kapazität durch Nettoinvestitionen erweitert wird,
- wenn Verbesserungen der Technik vorgenommen werden,
- wenn die Preise der alternativen Güter W fallen (und daraufhin die Kapazität beim Gut X erweitert wird),
- wenn dauerhafte Preissteigerungen beim Gut X erwartet werden (und daraufhin die Kapazität beim Gut X erweitert wird).

Die aus Kostenänderungen, technischen Veränderungen und Kapazitätsveränderungen resultierenden Verschiebungen von Angebotskurven können im Detail erst nach der Darstellung der produktionstheoretischen Zusammenhänge im 4. Teil genauer behandelt werden.

II. Das Marktangebot

Das Marktangebot erhält man, indem man die von allen am Markt auftretenden Anbietern offerierten Mengen addiert. Damit wird deutlich, dass das Marktangebot prinzipiell von den gleichen Determinanten abhängig ist wie das individuelle Angebot einer einzelnen Unternehmung. Als weitere Angebotsdeterminante kommt lediglich die Zahl der Anbieter hinzu.

Auch hier soll auf die Frage, wie die Zahl der Anbieter zu ermitteln ist, und damit auf das Problem der Marktabgrenzung noch nicht eingegangen werden. Die Marktangebotskurve ergibt sich durch Horizontaladdition der individuellen Angebotskurven (vgl. Abb. 2.5.).

Auch für das Marktangebot wird kein neues Symbol eingeführt. Auch Marktangebotskurven haben prinzipiell den gleichen Verlauf wie individuelle Angebotskurven und sie verschieben sich aus den gleichen Gründen. Ein zusätzlicher Grund für Verschiebungen ist eine Änderung der Zahl der Anbieter. Steigt die Zahl der Anbieter, so wird bei jedem denkbaren Preis mehr angeboten und die Angebotskurve verschiebt sich nach rechts. Scheiden Anbieter aus, so wird die jeweils angebotene Menge kleiner und die Angebotskurve verschiebt sich nach links.

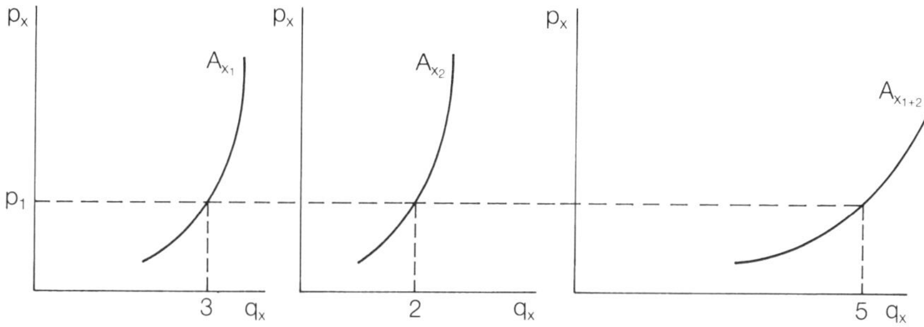

Abb. 2.5.

C. Die Elastizitäten der Nachfrage und des Angebotes

Nach der Identifikation maßgeblicher Nachfrage- und Angebotsdeterminanten und nach ersten Überlegungen bezüglich ihrer Wirkungsrichtung gilt es nunmehr, Aussagen über die Stärke der Zusammenhänge zu machen. Derartige Aussagen sind notwendig, um diverse für die unternehmerische sowie für die wirtschaftspolitische Praxis extrem wichtige Fragen zu beantworten wie etwa die

- ob ein Anbieter, der seinen Erlös (Umsatz) steigern möchte, den Preis seiner Güter senken oder eher anheben soll,
- ob es möglich ist, dass sich bei Einführung einer Ökosteuer gleichzeitig der Benzinverbrauch senkt und das Steueraufkommen erhöht,
- ob gleiches bei einer Erhöhung der Tabaksteuer möglich ist oder ob zu erwarten ist, dass sowohl die Zigarettennachfrage als auch das Steueraufkommen sinken.

Die Antworten auf derartige Fragen können mit Hilfe eines Messkonzeptes gegeben werden, das in der ökonomischen Theorie als Elastizitätskonzept bezeichnet wird. Eine Elastizität ist prinzipiell immer definiert als

$$\varepsilon = \frac{\text{prozentuale Änderung der abhängigen Variablen}}{\text{prozentuale Änderung der unabhängigen Variablen}}.$$

Da es in der wirtschaftlichen Wirklichkeit unendlich viele Beziehungen zwischen unabhängigen und abhängigen Variablen gibt, lassen sich unendlich viele Elastizitäten ermitteln. In diesem Zusammenhang interessieren die Elastizitäten der Nachfrage und des Angebotes.

I. Die Nachfrageelastizitäten

1. Die direkte Preiselastizität der Nachfrage

Die direkte Preiselastizität der Nachfrage bezieht sich auf die Nachfragefunktion i.e.S.

(2.3) $N_x = f(p_x)$,

in der N_x als abhängige Variable und p_x als unabhängige Variable enthalten sind.

a) Fragestellung und Definition

Den Ausgangspunkt der Überlegungen bildet die Frage, um wie viel sich die nachgefragte Menge N_x ändert, wenn der Preis p_x steigt oder fällt. Diese Frage lässt sich zunächst mit Hilfe der Steigung der Nachfragekurve

$$(2.12) \qquad \tan\alpha = \frac{\Delta N_x}{\Delta p_x}$$

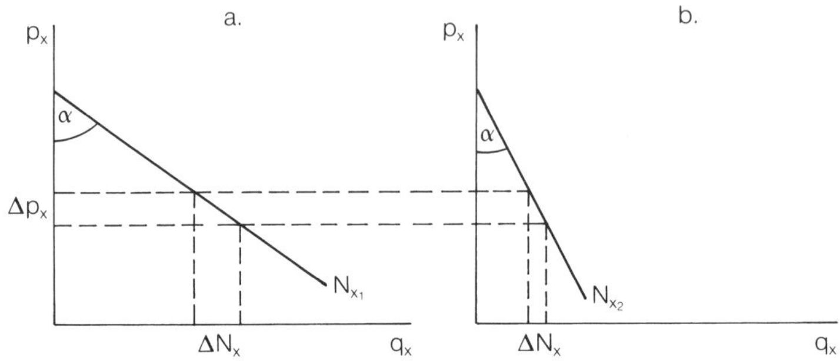

Abb. 2.6.

beantworten. Um das zu verdeutlichen, soll der Einfachheit halber zunächst von einer linearen Nachfragekurve ausgegangen werden (vgl. Abb. 2.6.a., in der eine starke, und Abb. 2.6.b., in der eine schwache Reaktion der Nachfrage unterstellt ist). Die Steigung der Kurve bezieht sich aber nur auf die absoluten Veränderungen. Diese sind aber wenig aussagefähig, denn eine absolute Preisänderung von einem Euro ist sehr viel bei einer Flasche Rotwein (Ausgangspreis vielleicht 5 Euro), sehr wenig hingegen bei einem Mittelklasseauto (Ausgangspreis ca. 30.000 Euro). Gleiches gilt für die zu untersuchenden Mengenänderungen. Folglich müssen die absoluten Veränderungen auf die jeweiligen Ausgangswerte von Preis und Nachfragemenge bezogen werden, d. h. dass die Elastizität das Verhältnis der *prozentualen* Änderungen von Preis und Menge ausdrücken soll. Die direkte Preiselastizität der Nachfrage ist daher definiert als

$$(2.13) \qquad \varepsilon_{dpN} = \frac{\frac{\Delta N_x}{N_x}\cdot 100}{\frac{\Delta p_x}{p_x}\cdot 100} = \frac{\Delta N_x}{N_x} : \frac{\Delta p_x}{p_x} = \frac{\Delta N_x}{N_x}\cdot\frac{p_x}{\Delta p_x} \text{ bzw.}$$

$$(2.13\,a) \qquad \varepsilon_{dpN} = \frac{\Delta N_x}{\Delta p_x}\cdot\frac{p_x}{N_x} = \frac{\Delta N_x}{\Delta p_x} : \frac{N_x}{p_x}.$$

Der Definition ist zu entnehmen, dass die Elastizität von zwei Komponenten abhängt: von der Steigung der Nachfragekurve und vom Verhältnis der Ausgangswerte. Die Steigung der Nachfragekurve $\Delta N_x/\Delta p_x$ kann auch als Grenznachfrage (Änderung der Nachfragemenge als Folge einer bestimmten Preisänderung) bezeichnet werden. Das Verhältnis der Ausgangswerte in der Schreibweise N_x/p_x kann auch als Durchschnittsnachfrage (nachgefragte Menge, bezogen auf den jeweiligen Preis) bezeichnet werden. Demgemäß lässt sich die direkte Preiselastizität der Nachfrage gemäß der zweiten Schreibweise von (2.13.a) auch als *Verhält-*

nis von Grenznachfrage zu Durchschnittsnachfrage (allgemein als Verhältnis von Grenz- und Durchschnittswert) interpretieren.

b) Die Elastizität auf einer linearen Nachfragekurve

Da die Elastizität von der Steigung der Nachfragekurve und vom Verhältnis der Ausgangswerte abhängt, muss der Elastizitätswert in jedem Punkt einer Nachfragekurve einen anderen Wert annehmen (auf Ausnahmen ist später einzugehen). Dies sei an einem Zahlenbeispiel demonstriert. Angenommen sei die Nachfragefunktion

(2.14) $N_x = -2p_x + 10,$

die in Tabelle 2.1. sowie Abb. 2.7. festgehalten ist. Berechnet man nun die Elastizität in verschiedenen Punkten der Kurve, wobei man jeweils von einer Preissenkung um eine Geldeinheit ausgehen möge, so lassen sich gemäß der ersten Schreibweise von (2.13.a) folgende Werte ermitteln:

– in A : $\varepsilon = \frac{+2}{-1} \cdot \frac{5}{0} = |-\infty| = \infty$

– in B : $\varepsilon = \frac{+2}{-1} \cdot \frac{4}{2} = |-4| = 4$

– in C : $\varepsilon = -2 \cdot \frac{3}{4} = |-1{,}5| = 1{,}5$

– in D : $\varepsilon = -2 \cdot \frac{2}{6} = |-0{,}67| = 0{,}67$

– in E : $\varepsilon = -2 \cdot \frac{1}{8} = |-0{,}25| = 0{,}25$

– in F : $\varepsilon = \frac{-2}{+1} \cdot \frac{0}{10} = 0$ (Preissteigerung unterstellt)

Tab. 2.1.

p_x	N_x	$R_x = p_x \cdot N_x$	ε_{dpN}
5	0	0	} > 1
4	2	8	
3	4	12	
2,5	5	12,5	= 1
2	6	12	} < 1
1	8	8	
0	10	0	

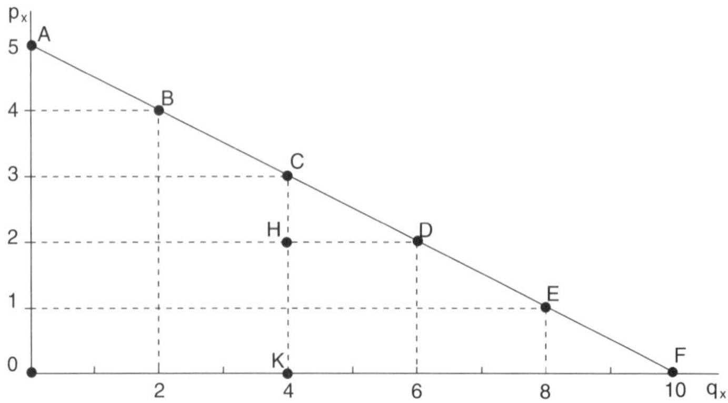

Abb. 2.7.

Die Berechnungen hätten zu den gleichen Resultaten geführt, wenn Preissteigerungen (siehe Punkt F) bzw. größere oder kleinere Preisänderungen unterstellt worden wären.

Aus den Berechnungen ergeben sich zwei wichtige Folgerungen:

(1) Die Elastizität ist negativ, was aus der negativen Steigung der Nachfragekurve resultiert. Um den jeweiligen Elastizitätswert leichter ökonomisch interpretieren zu können, soll das Vorzeichen der Elastizität im Folgenden nicht berücksichtigt werden, d.h. es wird mit dem Betrag der Elastizität gearbeitet.

(2) Der Elastizitätsbetrag nimmt auf einer linearen Nachfragekurve unendlich viele Werte an. Auf der Nachfragekurve der Abb. 2.7. fällt er von $\varepsilon = \infty$ (Punkt A) bis auf $\varepsilon = 0$ (Punkt F). Daraus folgt, dass man nie von generell elastischen Kurven sprechen darf, sondern immer nur von Elastizitäten in einer bestimmten Preis-Mengen-Situation, also in einem bestimmten Punkt der Kurve. Auf Ausnahmen von dieser Regel ist etwas später unter Punkt f noch einzugehen.

c) Ökonomische Interpretation des Elastizitätswertes

Es fragt sich nun, wie verschiedene Elastizitätswerte ökonomisch zu interpretieren sind. Ein Wert $\varepsilon = 4$ in Punkt B besagt offenbar, dass eine einprozentige Preisänderung eine vierprozentige Mengenänderung auslöst. Die prozentuale Mengenänderung ist also größer als die sie verursachende prozentuale Preisänderung, der Haushalt reagiert also stark auf die Preisänderung. In der oberen Hälfte der Nachfragekurve, wo sich Elastizitätswerte von $\varepsilon > 1$ finden, spricht man daher von einer elastischen Nachfrage.

Ein Wert von $\varepsilon = 0{,}25$ in Punkt E besagt demgegenüber, dass die gleiche einprozentige Preisänderung nur eine Mengenänderung von 0,25% auslöst. Die prozentuale Mengenänderung ist demnach kleiner als die sie verursachende prozentuale Preisänderung, der Haushalt reagiert schwach auf die Preisänderung. In der unteren Hälfte der Nachfragekurve, wo sich Elastizitätswerte von $\varepsilon < 1$ finden, ist die Nachfrage unelastisch.

Dieser Sachverhalt hat erhebliche Auswirkungen auf den am Markt erzielbaren Erlös (gleich Umsatz). Es sei angenommen, dass (2.14) die Marktnachfragekurve für das Gut X sei und dass ein einziger Anbieter (Monopolist) dieser Nachfrage gegenüberstehe. Wenn dieser Anbieter seinen Erlös steigern möchte, so ist es für ihn entscheidend, an welcher Stelle der Nachfragekurve er sich momentan befindet. Befindet er sich im Punkt B ($\varepsilon > 1$), d. h. verlangt er gerade 4 Euro, so muss er den Preis senken. Die auf den Erlös negativ wirkende Preissenkung wird dann von der positiv wirkenden Mengensteigerung überkompensiert: der Erlös steigt. Befände er sich hingegen in Punkt E ($\varepsilon < 1$), also beim Preis von 1 Euro, so müsste er den Preis erhöhen. Die auf den Erlös positiv wirkende Preissteigerung würde die negativ wirkende Mengenreduzierung überkompensieren: der Erlös würde steigen. Vergleiche dazu auch die Werte des Erlöses in Tab. 2.1. sowie der Erlöskurve in Abb. 2.8.a.

Angesichts dieses Sachverhaltes können auch Antworten auf die eingangs gestellten Fragen gegeben werden.

- Wenn ein Anbieter seinen Erlös steigern möchte, muss er bei einer elastischen Nachfrage den Preis senken, bei einer unelastischen Nachfrage muss er ihn anheben.
- Wenn die direkte Preiselastizität der Nachfrage kleiner als Eins oder allenfalls gleich Eins ist, geht der Benzinverbrauch zurück, aber nur schwach, d. h. der Umsatz steigt und damit auch das Steueraufkommen.
- Wenn die direkte Preiselastizität der Nachfrage größer als Eins ist, geht der Zigarettenkonsum stark zurück, d. h. der Umsatz sinkt und damit auch das Steueraufkommen.

Empirische Tests in zahlreichen Ländern haben ergeben, dass die direkten Preiselastizitäten der Nachfrage für lebensnotwendige Güter, insbesondere für Lebensmittel, unter Eins liegen. Preissenkungen führen daher nicht zu Erlössteigerungen, da die Steigerungen der Nachfragemengen angesichts einer offensichtlich bereits guten Versorgungssituation der Nachfrager nur gering sind. Bei Preiserhöhungen steigt der Erlös, weil die Nachfrager nur in sehr geringem Maße bereit oder in der Lage sind, ihre Nachfragemengen zu reduzieren (wie möglicherweise bei der Benzinnachfrage). Bei weniger lebensnotwendigen Gütern (etwa bei Möbeln, Schmuck, Unterhaltung und offenbar auch bei Zigaretten) liegen die gemessenen Elastizitätswerte z. T. deutlich über Eins. Bei Preiserhöhungen ergeben sich starke Reduzierungen der Nachfragemengen und es kommt zu Erlösminderungen, bei Preissenkungen ergeben sich deutliche Steigerungen der Nachfragemengen und die Erlöse steigen. Noch einmal sei aber darauf hingewiesen, dass die empirisch ermittelten Elastizitätswerte sich immer nur auf die jeweils aktuellen Preise und Mengen und deren Veränderungen, also auf die gerade realisierten Punkte auf den Nachfragekurven und deren unmittelbare Umgebung beziehen. Auf weitere Probleme der Elastizitätsmessung wird unter Punkt g noch näher eingegangen.

d) Die Streckenabschnittsregeln

Zuvor wurde gezeigt, dass der Elastizitätswert in der oberen Kurvenhälfte $\varepsilon > 1$ und in der unteren Kurvenhälfte $\varepsilon < 1$ ist. Der genaue Elastizitätswert an einem bestimmten Punkt der Nachfragekurve lässt sich nun optisch sehr schnell ermitteln, indem man die Streckenabschnittsregeln anwendet. Sie seien für den Punkt C in Abb. 2.7. und für eine Preissenkung um eine Geldeinheit demonstriert.

Gemäß Elastizitätsformel (2.13.a) ergibt sich

$$\varepsilon = \frac{HD}{CH} \cdot \frac{CK}{OK} \text{ und wegen } \frac{HD}{CH} = \frac{KF}{CK}$$

$$\varepsilon = \frac{KF}{CK} \cdot \frac{CK}{OK} = \frac{KF}{OK} = \frac{CF}{AC},$$

d.h. der Elastizitätswert ergibt sich

(1) als Verhältnis vom rechtem zu linkem Abszissenabschnitt bzw.
(2) als Verhältnis von unterem zu oberem Kurvenabschnitt (gemäß Strahlensatz).

Für Punkt C gilt

$$\varepsilon\,(C) = \frac{KF}{OK} = \frac{6}{4} = 1{,}5.$$

Für alle anderen Punkte auf der Nachfragekurve lässt sich der Elastizitätswert in gleicher Weise ermitteln.

e) Die Elastizitäten auf einer nichtlinearen Nachfragekurve

Auf einer linearen Nachfragekurve ist die erste Komponente der Elastizität, nämlich die Steigung, überall gleich. Man kann den Elastizitätswert daher mit Hilfe endlicher Änderungen ΔN_x und Δp_x berechnen. Auf einer nicht linearen Nachfragekurve ist die Steigung immer nur auf einen einzelnen Punkt bezogen. Der Elastizitätswert muss daher mit infinitesimalen Änderungen dN_x und dp_x ermittelt werden.

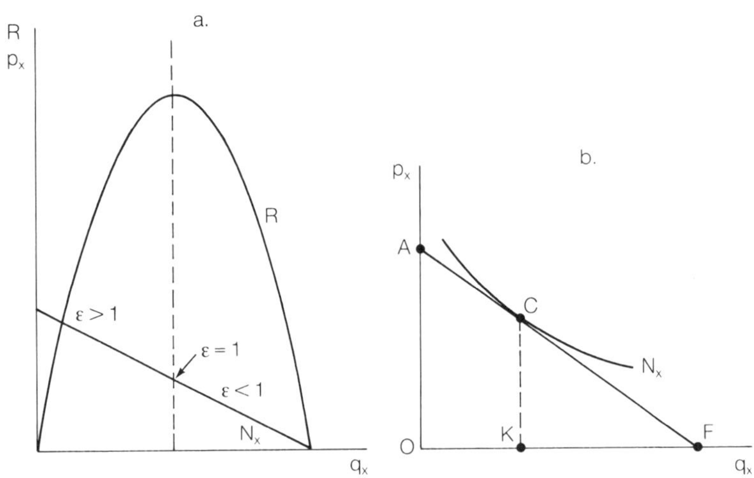

Abb. 2.8.

In der graphischen Darstellung bedeutet dies, dass in dem Punkt der Nachfragekurve, für den man den Elastizitätswert berechnen will, die Tangente zwecks Ermittlung der Steigung anzulegen ist, z. B. in Punkt C in Abb. 2.8.b. Die Streckenabschnittsregeln lassen sich entsprechend anwenden, allerdings gilt statt Regel (2) nunmehr Regel

(3) Verhältnis von unterem zu oberem Tangentenabschnitt,

also wiederum CF/AC.

f) Die Isoelastizitätskurven

Zuvor wurde aufgezeigt, dass der Elastizitätswert in jedem Punkt einer Nachfragekurve einen anderen Wert annimmt. Demgemäß kann von generell elastischen bzw. unelastischen Nachfragekurven nicht gesprochen werden. Von dieser Regel gibt es drei Ausnahmen: In Abb. 2.9.a. ist die Nachfragekurve als gedanklicher Grenzfall einer extrem flachen Kurve horizontal gezeichnet. Auf kleinste Preisänderungen folgen extrem große (unendlich große) Mengenänderungen. Es ergibt sich überall $\varepsilon = \infty$.

In Abb. 2.9.b. zeigt die senkrechte Nachfragekurve, dass der Haushalt auf Preisänderungen überhaupt nicht reagiert. Die prozentuale Mengenänderung ist Null, es ergibt sich überall $\varepsilon = 0$.

In Abb. 2.9.c. will der Haushalt stets einen konstanten Betrag ($p_x \cdot q_x$) für das Gut X ausgeben. Die Nachfragekurve ist eine gleichseitige Hyperbel. Sie weist in jedem Punkt den Elastizitätswert von $\varepsilon = 1$ (genau genommen $\varepsilon = -1$) auf.

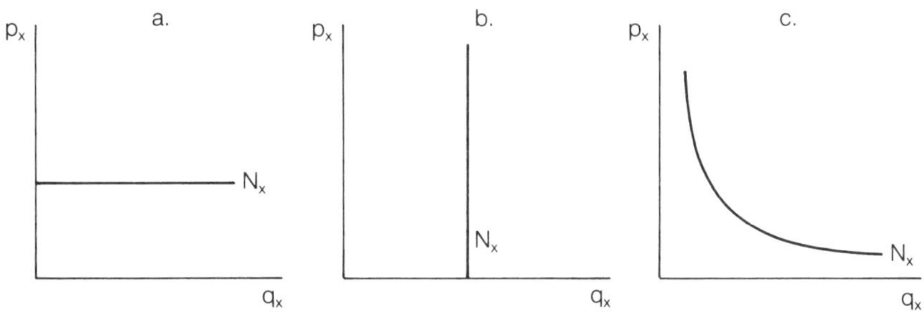

Abb. 2.9.

g) Probleme der Elastizitätsmessung

Bei der empirischen Ermittlung von Elastizitäten ergeben sich zwei Interpretationsprobleme. Sie resultieren daraus, dass man i. d. R. nur über zwei zu verschiedenen Zeitpunkten t_1 und t_2 ermittelte Preis-Mengen-Kombinationen verfügt.

Bezüglich dieser Preis-Mengen-Kombinationen ist erstens zu fragen, ob sie überhaupt auf einer Nachfragekurve oder ob sie auf verschiedenen Nachfragekurven liegen (z. B. auf N_1 oder auf N_2 und N_3 in Abb. 2.10.a.). Um diese Frage zu beantworten, ist es notwendig zu prüfen, ob sich zwischen t_1 und t_2 außer dem Preis auch andere Nachfragedeterminanten geändert haben. Wenn dies der Fall wäre, hätte man nicht nur die direkte Preiselastizität der Nachfrage gemessen, sondern auch andere Effekte, z. B. Einkommens- oder Nutzenänderungen. Die Prüfung, ob die ceteris-paribus-Bedingung erfüllt war oder nicht, kann aber möglicherweise sehr schwer sein.

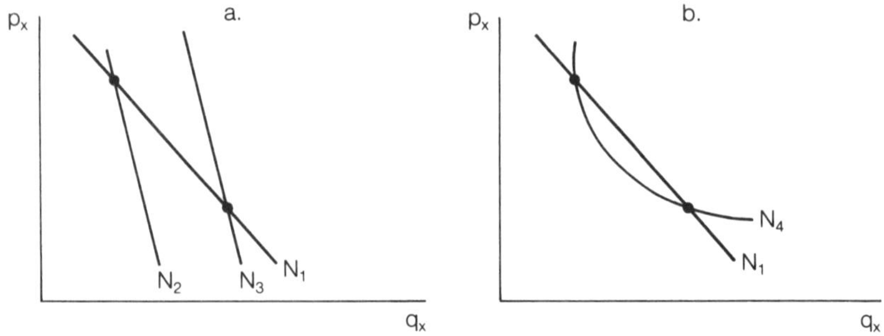

Abb. 2.10.

Wenn man Grund zu der Annahme hat, dass sich die übrigen Determinanten nicht geändert haben, kann man davon ausgehen, dass beide Punkte auf einer Nachfragekurve liegen. Dann ist aber zweitens zu fragen, welche Gestalt die Nachfragekurve zwischen und jenseits der empirisch ermittelten Punkte hat, ob sie also z.B. linear oder nicht linear verläuft (z.B. N_1 oder N_4 in Abb. 2.10.b.). Sofern N_4 die richtige Nachfragekurve ist, hätte man zwischen t_1 und t_2 nur einen weniger relevanten Durchschnittswert gemessen (die sog. Bogenelastizität statt der Punktelastizität). Die Kenntnis weiterer Punkte wäre also erforderlich.

Aus beiden Sachverhalten wird deutlich, dass bei der empirischen Ermittlung von Elastizitäten erhebliche Fehlschlüsse bezüglich des Verlaufs der Nachfragekurve und des „echten" Wertes der direkten Preiselastizität der Nachfrage möglich sind.

2. Weitere Nachfrageelastizitäten

Da neben der Nachfragefunktion i.e.S. (2.3) weitere reduzierte Nachfragefunktionen existieren, ist es möglich, bezüglich alle dieser Funktionen entsprechende Nachfrageelastizitäten zu definieren und zu ermitteln. In der Nachfragetheorie ist es üblich, insbesondere zwei weitere Nachfrageelastizitäten zu erörtern, und zwar

- die indirekte Preiselastizität der Nachfrage und
- die Einkommenselastizität der Nachfrage,

die völlig analog der direkten Preiselastizität der Nachfrage definiert sind.

a) Die indirekte Preiselastizität der Nachfrage

Die indirekte Preiselastizität oder Kreuzpreiselastizität der Nachfrage bezieht sich auf die Funktionen (2.4) bzw. (2.5), in denen die Abhängigkeit der Nachfrage von den Preisen von Substitutionsgütern bzw. Komplementärgütern ausgedrückt wird. Gefragt wird also, um wie viel Prozent sich die nachgefragte Menge des Gutes X ändert, wenn sich der Preis eines anderen Gutes um einen bestimmten Prozentsatz verändert. Bezüglich eines Substitutionsgutes lautet die Formel der Kreuzpreiselastizität demnach

$$(2.15) \qquad \varepsilon_{ipN} = \frac{\frac{\Delta N_x}{N_x}}{\frac{\Delta p_y}{p_y}}.$$

Bei Komplementärgütern wäre im Nenner entsprechend Δp_z und p_z einzusetzen.

Wie aus Abb. 2.1.c. zu ersehen ist, sind Substitutionsgüter durch eine gleich gerichtete Beziehung von N_x und p_y gekennzeichnet (z.B. steigende Kartoffelnachfrage bei steigendem Preis von Nudeln), so dass der Wert der Kreuzpreiselastizität positiv ist. Er wird um so höher sein, je enger die Substitutionsbeziehung zwischen den Gütern ist. Kreuzpreiselastizitäten der Nachfrage können demgemäss auch zur Ermittlung der Enge der Konkurrenzbeziehungen zwischen Anbietern und damit zur Abgrenzung von Marktformen verwendet werden (siehe 5. Teil).

Komplementärgüter (vgl. Abb. 2.1.d.) sind demgegenüber durch eine inverse Beziehung von N_x und p_z gekennzeichnet (z.B. sinkende Automobilnachfrage bei steigendem Benzinpreis), so dass der Wert der Kreuzpreiselastizität negativ ist. Die Kreuzpreiselastizität wird um so höher sein, je enger die Komplementaritätsbeziehung zwischen den Gütern und je größer die direkte Preiselastizität der Nachfrage beider Güter ist.

b) Die Einkommenselastizität der Nachfrage

Die Einkommenselastizität der Nachfrage bezieht sich auf die Funktion (2.6), in der die Abhängigkeit der Nachfrage von der Einkommensentwicklung ausgedrückt wird. Gefragt wird also, um wie viel sich die nachgefragte Menge des Gutes X ändert, wenn sich das Einkommen um einen bestimmten Prozentsatz verändert. Die Formel der Einkommenselastizität der Nachfrage lautet also

$$(2.16) \qquad \varepsilon_{EN} = \frac{\frac{\Delta N_x}{N_x}}{\frac{\Delta E}{E}}.$$

Wie zuvor dargestellt (vgl. Abb. 2.1.e.), ist zwischen den drei Fällen der
- Nichtsättigungsgüter (ε_{EN} positiv),
- Sättigungsgüter ($\varepsilon_{EN} = 0$),
- inferioren Güter (ε_{EN} negativ)

zu unterscheiden. Bezüglich der Nichtsättigungsgüter ist noch von Interesse, ob sich ihre Nachfrage genau proportional der Einkommenssteigerung entwickelt ($\varepsilon_{EN} = 1$), ob sie nur unterproportional steigt ($\varepsilon_{EN} < 1$) oder ob sie sogar überproportional zunimmt ($\varepsilon_{EN} > 1$).

II. Die Angebotselastizitäten

1. Die direkte Preiselastizität des Angebotes

a) Fragestellung und Definition auf einer linearen Angebotskurve

Die direkte Preiselastizität des Angebotes bezieht sich auf die Angebotsfunktion i.e.S.

$$(2.11) \qquad A_x = f(p_x).$$

Analog zu den zuvor erörterten Nachfrageelastizitäten ist sie definiert als

$$(2.17) \qquad \varepsilon_{dpA} = \frac{\frac{\Delta A_x}{A_x}}{\frac{\Delta p_x}{p_x}} = \frac{\Delta A_x}{\Delta p_x} \cdot \frac{p_x}{A_x}.$$

Da auch die Angebotselastizität von der Steigung der Angebotskurve und vom Verhältnis der Ausgangswerte abhängt, ist der Elastizitätswert in jedem Punkt einer Angebotskurve ein anderer. Dies sei an einem Zahlenbeispiel demonstriert. Angenommen sei die Angebotsfunktion

$$(2.18) \qquad A_x = 2p_x - 2,$$

die in Abb. 2.11. festgehalten ist. Berechnet man die Elastizität des Angebots in verschiedenen Punkten der Kurve, wobei eine Preissteigerung von jeweils einem Euro erfolgen möge, so ergibt sich z.B.

$$-\text{in C}: \ \varepsilon = \frac{+2}{+1} \cdot \frac{2}{2} = +2$$

$$-\text{in D}: \varepsilon = \frac{+2}{+1} \cdot \frac{3}{4} = +1{,}5.$$

Die Elastizitätswerte sind positiv, was aus der positiven Steigung der Angebotskurve resultiert.

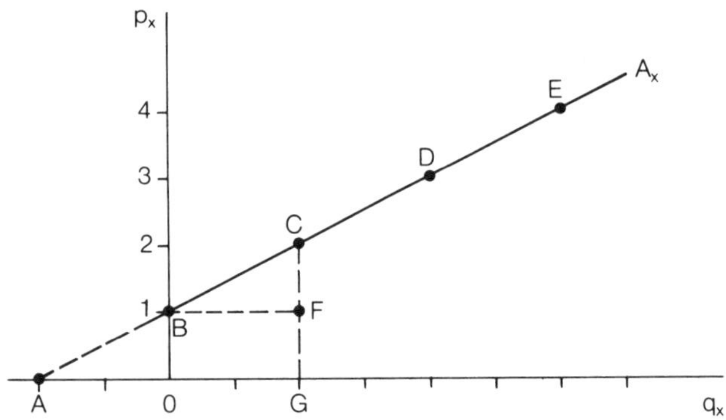

Abb. 2.11.

b) Die Streckenabschnittsregeln

Der genaue Wert der Angebotselastizität lässt sich ebenfalls mit Hilfe von Streckenabschnittsregeln optisch schnell ermitteln. Sie seien in Abb. 2.11. für den Punkt C und eine Preissenkung (!) um eine Geldeinheit demonstriert. Es ergibt sich

$$\varepsilon = \frac{BF}{CF} \cdot \frac{CG}{BF} = \frac{CG}{CF} = \frac{AC}{BC},$$

d.h. der Elastizitätswert ergibt sich

(1) als Verhältnis von Ordinatenwert zu oberem Ordinatenabschnitt bzw.
(2) als Verhältnis von Angebotskurve bis zum (unter Umständen negativen) Abszissenschnittpunkt zu Angebotskurve bis zum (unter Umständen negativen) Ordinatenschnittpunkt.

Daraus folgt, dass eine Angebotskurve,

- die zuerst die Ordinate schneidet, grundsätzlich fallende Elastizitätswerte von $\varepsilon > 1$ aufweist,
- die zuerst die Abszisse schneidet, grundsätzlich steigende Elastizitätswerte von $\varepsilon < 1$ aufweist,
- die durch den Ursprung läuft, eine weitere Isoelastizitätskurve mit dem Wert $\varepsilon = +1$ darstellt (vgl. Abb. 2.12.).

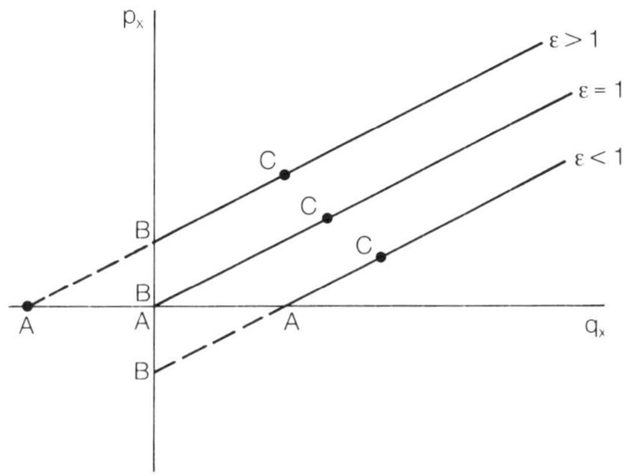

Abb. 2.12.

c) Nichtlineare Angebotskurven und ökonomische Interpretation

Vorangegangene Überlegungen haben gezeigt, dass Angebotskurven in der Realität nicht linear verlaufen dürften, da bei steigenden Preisen vor Erreichen der Kapazitätsgrenze noch Produktionssteigerungen möglich sind, bei Erreichen dieser Grenze hingegen nicht mehr (vgl. auch Abb. 2.13.).

Da auf einer nicht linearen Kurve die Steigung immer nur auf einen einzelnen Punkt bezogen ist, muss der Elastizitätswert mit infinitesimalen Änderungen dA_x und dp_x ermittelt werden. In der graphischen Darstellung bedeutet dies, dass im

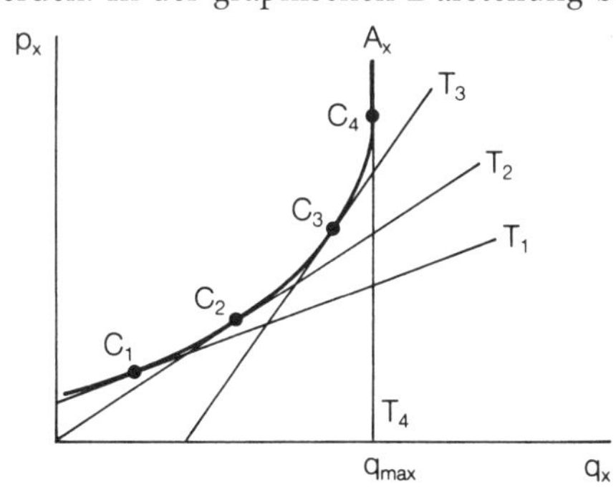

Abb. 2.13

jeweiligen Punkt der Angebotskurve die Tangente anzulegen ist. Die zuvor dargestellte Streckenabschnittsregel (2) ist dann auf die Tangente anzuwenden und lautet

(3) Verhältnis von Tangente bis zum (unter Umständen negativen) Abszissenschnittpunkt zu Tangente bis zum (unter Umständen negativen) Ordinatenschnittpunkt.

Aus Abb. 2.13. ist nun zu entnehmen, dass der Wert der direkten Preiselastizität des Angebotes mit Annäherung an die Kapazitätsgrenze fällt. So ergibt sich

- in Punkt C_1 ein Wert von $\varepsilon > 1$,
- in Punkt C_2 ein Wert von $\varepsilon = 1$,
- in Punkt C_3 ein Wert von $\varepsilon < 1$,
- ab Punkt C_4 ein Wert von $\varepsilon = 0$.

Die verschiedenen Werte der direkten Preiselastizität des Angebotes zeigen, dass man aus ihnen herleiten kann, wie nahe sich der Anbieter an seiner Kapazitätsgrenze befindet. Ist er noch weit davon entfernt, so kann er bei Preissteigerungen die Angebotsmenge noch deutlich erhöhen, ΔA_x und damit die direkte Preiselastizität des Angebotes ist hoch. Hat er die Kapazitätsgrenze erreicht, dann ist bei Preissteigerungen keine Mengensteigerung mehr möglich, ΔA_x und damit auch die direkte Preiselastizität des Angebotes ist gleich Null. Analog zur Darstellung bei der Nachfrage in Abb. 2.9 lassen sich auch beim Angebot Isoelastizitätskurven(abschnitte) mit dem Wert $\varepsilon = \infty$ (weit vor der Kapazitätsgrenze) sowie $\varepsilon = 0$ (an der Kapazitätsgrenze) herleiten.

2. Weitere Angebotselastizitäten

Da neben der Angebotsfunktion i.e.S. (2.11) weitere reduzierte Angebotsfunktionen existieren, ist es möglich, auch bezüglich dieser Funktionen entsprechende Angebotselastizitäten zu definieren und zu ermitteln. In der Angebots- und der ihr zu Grunde liegenden Produktionstheorie werden nun diverse Elastizitäten gebildet, so z.B. die auf Funktion (2.15) basierende indirekte Preiselastizität oder Kreuzpreiselastizität des Angebotes

$$(2.18) \qquad \varepsilon_{ipA} = \frac{\frac{\Delta A_x}{A_x}}{\frac{\Delta p_w}{p_w}}$$

oder diverse, zwar nicht auf die angebotene, sondern zunächst auf die produzierte Menge des Gutes ausgerichtete Produktionselastizitäten für einzelne Produktionsfaktoren wie etwa die Produktionselastizität des Faktors Arbeit

$$(2.19) \qquad \varepsilon_{qL} = \frac{\frac{\Delta q}{q}}{\frac{\Delta L}{L}}$$

Auf diese und weitere Produktions- und Angebotselastizitäten soll hier nicht näher eingegangen werden.

Im Hinblick auf die im 5. Teil zu erörternde Preisbildung in alternativen Marktformen ist lediglich noch die Kreuzmengenelastizität des Angebotes von Interesse. Gemäß

$$(2.20) \qquad \varepsilon_{iqA} = \frac{\frac{\Delta p_w}{p_w}}{\frac{\Delta A_x}{A_x}}$$

wird gefragt, ob der Anbieter des Gutes W den Preis ändert, wenn der Anbieter des Konkurrenzgutes X eine Mengenänderung vornimmt. Ist dies der Fall (also $\varepsilon_{iqA} \neq 0$), so liegt oligopolistische Reaktionsverbundenheit vor. Wird der Preis nicht geändert ($\varepsilon_{iqA} = 0$), so ist von einer polypolistischen Konkurrenzbeziehung auszugehen.

III. Synopse

Zum Abschluss der Darstellung der wichtigsten Elastizitäten der Nachfrage und des Angebotes sollen diese in der Übersicht 2.1. noch einmal in kurzer und zusammenfassender Form präsentiert werden. Die Übersicht zeigt, dass das Konzept und der Aufbau der Elastizitätsformeln stets gleich ist, da die prozentualen Mengenänderungen als abhängige Variable immer im Zähler und die prozentualen Änderungen der jeweiligen Determinanten immer im Nenner erscheinen. Dies gilt im Übrigen auch für alle weiteren, hier nicht genannten Elastizitäten im Rahmen der ökonomischen Theorie.

Übersicht 2.1.

Funktion	abhängige Variable : unabhängige Variable	Bezeichnung der Elastizität
(1) $N_x = f(p_x)$	$\varepsilon = \frac{\Delta N_x}{N_x} : \frac{\Delta p_x}{p_x}$	Direkte Preiselastizität der Nachfrage
(2) $N_x = f(p_y)$	$\varepsilon = \frac{\Delta N_x}{N_x} : \frac{\Delta p_y}{p_y}$	Indirekte Preiselastizität der Nachfrage (Kreuzpreiselastizität der Nachfrage)
(3) $N_x = f(E)$	$\varepsilon = \frac{\Delta N_x}{N_x} : \frac{\Delta E}{E}$	Einkommenselastizität der Nachfrage
(4) $A_x = f(p_x)$	$\varepsilon = \frac{\Delta A_x}{A_x} : \frac{\Delta p_x}{p_x}$	Direkte Preiselastizität des Angebotes
(5) $A_x = f(p_w)$	$\varepsilon = \frac{\Delta A_x}{A_x} : \frac{\Delta p_w}{p_w}$	Indirekte Preiselastizität des Angebotes (Kreuzpreiselastizität des Angebotes)

Kontrollfragen zum 2. Teil

1. Was versteht man unter einer Nachfragefunktion?
2. Nennen Sie die wichtigsten Nachfragedeterminanten und erläutern Sie, ob jeweils positive oder negative Beziehungen zwischen ihnen und der Nachfragemenge vorliegen.
3. Welche der Nachfragedeterminanten stellen Sammelausdrücke dar?
4. Erläutern Sie den Unterschied zwischen der globalen Nachfragefunktion, den reduzierten Nachfragefunktionen und der Nachfragefunktion im engeren Sinn.
5. Bilden Sie Beispiele dafür, wie sich Veränderungen der Erwartungen auf die Nachfrage eines Gutes auswirken können.
6. Warum trägt man in den Wirtschaftswissenschaften bei der graphischen Darstellung von Nachfrage- und Angebotsfunktionen die Menge, also die abhängige Variable, entgegen der mathematischen Konvention auf der Abszisse ab?
7. Welche unterschiedlichen Sachverhalte können der Aussage „die Nachfrage ist gestiegen" zu Grunde liegen? Erläutern Sie in diesem Zusammenhang den Unterschied zwischen Bewegungen auf einer Kurve und Verschiebungen der Kurve.
8. Der Preis für Kartoffeln steigt innerhalb eines Monats um 3 Euro. Die Nachfrage steigt im gleichen Zeitraum um 20%. Liegt eine anomal verlaufende Nachfragekurve vor?
9. Eine Nachfragefunktion lautet $N_x = -2p_x + 10$. Reagiert der Haushalt normal oder nicht normal auf Preisänderungen? Wie viel fragt er nach, wenn das Gut umsonst zu bekommen ist?
10. Wie gelangt man von der individuellen Nachfragekurve eines Haushaltes zur Marktnachfragekurve?
11. Was versteht man unter einer Angebotsfunktion?
12. Nennen Sie die wichtigsten Angebotsdeterminanten und erläutern Sie die globale Angebotsfunktion in alternativen Schreibweisen.
13. Was versteht man unter der Angebotsfunktion im engeren Sinn und welcher Normalverlauf wird für die entsprechende Angebotskurve üblicherweise unterstellt?
14. Erläutern Sie, warum die Angebotskurve an der Kapazitätsgrenze senkrecht verläuft und warum sie sich bei Kapazitätserweiterungen nach rechts verschiebt.
15. Wie gelangt man von der individuellen Angebotskurve einer Unternehmung zur Marktangebotskurve?
16. Erläutern Sie die Bedeutung der Zeitdimension in einer Nachfragefunktion bzw. in einer Angebotsfunktion.
17. Welche Bedeutung hat die Zielsetzung der Haushalte und Unternehmungen für die Herleitung der Nachfrage- bzw. Angebotsfunktion?
18. Was versteht man in der ökonomischen Theorie generell unter Elastizität?

19. Warum sinkt die direkte Preiselastizität der Nachfrage auf einer linearen Nachfragekurve mit sinkendem Preis?
20. Ein Haushalt tankt im Mai beim Preis von 1,05 Euro pro Liter 100 l Benzin. Nach einer Preiserhöhung auf 1,125 Euro pro Liter tankt er im Juni nur noch 95 l. Reagiert der Haushalt elastisch oder unelastisch? Wie entwickelt sich der Umsatz seiner Tankstelle als Folge seiner Nachfrageverringerung?
21. Kann man auf Grund der Informationen in Frage 20 davon ausgehen, dass die rechnerisch ermittelte Elastizität eine direkte Preiselastizität der Nachfrage ist?
22. Inwiefern ist die Aussage „Die Nachfrage nach lebensnotwendigen Gütern ist unelastisch" problematisch?
23. Was versteht man unter der Kreuzpreiselastizität der Nachfrage und in welchem Wertebereich kann sie liegen?
24. Was versteht man unter der Einkommenselastizität der Nachfrage? In welchem Wertebereich kann sie liegen und inwiefern ist ihr Wert für die Wachstumschancen von einzelnen Anbietern, Branchen oder ganzen Sektoren der Volkswirtschaft bedeutsam?
25. Erläutern Sie diverse Angebotselastizitäten und gehen Sie näher auf den Wert der direkten Preiselastizität des Angebots vor bzw. bei Erreichen der Kapazitätsgrenze der Unternehmung ein.

3. Teil
Die Theorie der Nachfrage

Nachdem im 2. Teil die wichtigsten Determinanten der Güternachfrage von Haushalten genannt worden sind und nachdem erste Aussagen bezüglich ihrer Wirkungsrichtung und der Messung der Stärke ihres Einflusses gemacht worden sind, gilt es nunmehr, genauer auf die Nachfragekurve einzugehen. Als Nachfragekurve war im 2. Teil das graphische Abbild der Nachfragefunktion i.e.S. (2.3) bezeichnet worden, in der die Nachfragemenge des Gutes X in Abhängigkeit vom Preis des Gutes X dargestellt wird.

Dieses *genauere Eingehen* erfolgt im Rahmen der Theorie der Nachfrage. Wie im 1. Teil dargelegt, ist es die zentrale Aufgabe der ökonomischen Theorie, das Wirtschaftsgeschehen zu erklären *(explikative Theorie).* Ziel der Nachfragetheorie muss es demgemäss sein, *die Lage und den Verlauf der Nachfragekurve zu begründen,* d.h. den Einfluss des Preises und der übrigen Nachfragedeterminanten präzise aufzuzeigen. Es gilt also *zu erklären, warum die Nachfrager bei alternativen Preisen des Gutes X ganz bestimmte Mengen des Gutes X nachfragen.*

Im 1. Teil wurde aber noch eine zweite Aufgabe der ökonomischen Theorie angesprochen. Neben dem Anliegen, die Realität zu erklären, sieht sie ihre Aufgabe auch darin, Bedingungskonstellationen für das Eintreten besonders günstiger ökonomischer Wirkungen zu formulieren *(Bedingungstheorie).* Bezüglich der Theorie der Nachfrage bedeutet dies, dass sie den Haushalten *Handlungsanweisungen gibt, wie diese ihren Nutzen beim Kauf von Gütern maximieren können.* Das Befolgen dieser Handlungsanweisungen erfordert dann natürlich, dass die Haushalte sich rational verhalten.

Weite Teile der nunmehr zu behandelnden Nachfragetheorie verstehen sich in erster Linie als Bedingungstheorie. Erst wenn man Grund zu der Annahme hat, das die Nachfrager die Handlungsanweisungen der Theorie auch befolgen, kann man sagen, dass die Theorie auch ihre erste Aufgabe erfüllt, d.h. dass sie reales Nachfragerverhalten erklärt.

In den beiden folgenden Kapiteln werden zwei alternative Ansätze der Nachfragetheorie behandelt, in Kapitel A die Grenznutzenanalyse und in Kapitel B die Indifferenzkurvenanalyse. In Kapitel C erfolgt eine Kritik der beiden Ansätze. Dabei wird auf die soeben angesprochenen beiden Aufgaben der Nachfragetheorie nochmals eingegangen.

A. Die Grenznutzenanalyse

I. Prämissen der Analyse und Nutzenkonzept

1. Prämissen der Analyse

Die Grenznutzenanalyse ist in den 1870er Jahren entwickelt worden. Zentrale Bausteine der Analyse sind noch älter und gehen insbesondere auf Hermann Heinrich Gossen (1854) zurück.

Im Sinne einer Bedingungstheorie stellt die Grenznutzenanalyse die Frage, wie ein Haushalt sich verhalten muss, wenn er seinen Nutzen beim Kauf von Konsumgütern maximieren möchte. Zentrale Prämisse der Analyse ist also die Annahme, dass die Haushalte ihren *Nutzen maximieren* wollen. Das Handeln gemäß den Anweisungen der Theorie erfordert als zweite Prämisse, dass sich die Haushalte *rational verhalten.* Zumindest diese ersten beiden Prämissen und möglicherweise auch noch die folgende dritte Prämisse führen zu dem im 1. Teil erwähnten Konzept des *homo oeconomicus.* Zur Kritik am homo oeconomicus vgl. später das Kapitel C. Drittens erfordert die Analyse, dass die Haushalte *vollkommene Kenntnis* über die zu erwerbenden Güter und ihre Preise, aber auch über die ihnen zur Verfügung stehende Konsumsumme (ihr Einkommen) haben. Wie zuvor angedeutet, wird viertens davon ausgegangen, dass die Haushalte *die Preise der Güter nicht beeinflussen können.*

Die Kenntnis über die zu erwerbenden Güter impliziert weiterhin, dass den Haushalten die Qualität der Güter und damit auch der Nutzen, den diese ihnen zu stiften vermögen, bekannt ist. Die Kenntnis des Nutzens setzt wiederum voraus, dass man in der Lage ist, den *Nutzen zu messen,* d.h. ihn in Quantitäten, also in Zahlenwerten (möglichst in Geldeinheiten) auszudrücken. Der Haushalt möge also beispielsweise sagen können, dass ein Kilo Vollkornbrot ihm 2,50 Euro wert ist, dass es ihm einen Nutzen in dieser Höhe stiftet. Diese Fähigkeit, den Nutzen in Zahlenwerten bzw. in Geldeinheiten auszudrücken, wird als *kardinale Nutzenschätzung* bezeichnet und sie ist ebenfalls eine zentrale Prämisse der Grenznutzenanalyse. Auf weitere Prämissen, etwa auf die der Teilbarkeit der Güter, soll erst später in Kapitel C eingegangen werden.

2. Gesamtnutzen und Grenznutzen

Als Nutzen bezeichnet die Ökonomik den *subjektiven Ge- oder Verbrauchswert eines Gutes für einen Haushalt in einem bestimmten Zeitraum,* wobei die Grenznutzenanalyse davon ausgeht, dass der Haushalt in der Lage ist, diesen Nutzen kardinal in Geldeinheiten anzugeben. Wenn der Haushalt den Nutzen in Geldeinheiten ausdrückt („das Brot ist mir 2,50 Euro wert"), dann bedeutet dies, dass er bereit ist, diesen Geldbetrag für den Kauf des Gutes aufzuwenden. Der Nutzen des Gutes schlägt sich also in einer entsprechenden *Zahlungsbereitschaft des Haushaltes* nieder.

Der so beschriebene Nutzen ist zunächst der **Gesamtnutzen** (U_x) einer beliebigen Menge des jeweiligen Gutes. Wenn der Haushalt aber in der Lage ist, den Gesamtnutzen jeder beliebigen Menge des Gutes anzugeben, dann kann er auch sagen, um wie viel sein Nutzen steigt, wenn er zusätzliche Mengeneinheiten des Gutes konsumiert. Die Nutzensteigerung, die durch den Konsum zusätzlicher Mengeneinheiten eines Gutes entsteht, bezeichnet man als den **Grenznutzen** des Gutes. Man verwendet für den Grenznutzen das Symbol $U_x' = \Delta U_x/q_x$, wobei ΔU_x den Nutzenzuwachs und Δq_x (i.d.R. gleich Eins angenommen) die Mengensteigerung ausdrücken. Gibt der Haushalt beispielsweise an, dass ihm ein erstes Hemd sehr nützlich und daher 60 Euro wert ist, dass ihm zwei Hemden 110 Euro und drei Hemden 150 Euro wert sind (jeweils der Gesamtnutzen der verschiedenen Gütermengen), dann ist der Nutzenzuwachs durch den Besitz des ersten Hemdes $U_x' = 60$ Euro, der des zweiten Hemdes $U_x' = 50$ Euro und der des dritten Hemdes $U_x' = 40$ Euro. D.h., dass der Haushalt offensichtlich bereit wäre, diese Geldbeträge beim Erwerb der verschiedenen Mengeneinheiten auszugeben. Da sich vor jeder Kaufentscheidung immer die Frage stellt, welchen Nutzenzuwachs eine zusätzliche Mengeneinheit des Gutes erbringt, geht es also darum, eine sog. *Marginalanalyse* durchzuführen, d.h. in Grenzbegriffen, in Steigerungsraten, in diesem Fall in Grenznutzengrößen zu denken.

Das soeben verwendete Beispiel deutete bereits die für die Ökonomik äußerst wichtige Hypothese an, dass der Gesamtnutzen und damit auch der Grenznutzen mengenabhängig ist. Es gilt also

(3.1) $U_x/t = f(q_x/t)$ sowie

(3.2) $U_x'/t = f'(q_x/t)$.

Die Art dieser Abhängigkeit soll nunmehr mit einem einfachen *ersten Zahlenbeispiel* verdeutlicht werden. Ein Haushalt möge seine Nutzenempfindungen beim Konsum eines Gutes X (z.B. Bier) wie folgt angeben. Vgl. Tabelle 3.1.

Tab. 3.1.

q_x	U_x	U_x'
0	0	0
1	5	5
2	9	4
3	12	3
4	14	2
5	15	1
6	15	0
7	14	–1

Verfügt der Haushalt z.B. über die Gütermenge $q_x = 1$, so beträgt sein Gesamtnutzen $U_x = 5$ Euro, verfügt er über die Menge $q_x = 2$, so beträgt sein Gesamtnutzen $U_x = 9$ Euro. Erhöht sich die Menge von $q_x = 1$ auf $q_x = 2$, so steigt der Nutzen um 4 Euro, d.h. der Grenznutzen der zweiten Mengeneinheit ist $U_x' = 4$ Euro.

Der Gesamtnutzen- und der Grenznutzenverlauf gemäß Tabelle 3.1. können graphisch durch die Abb. 3.1. veranschaulicht werden. Dabei drückt die Lage der Kurven das Ausmaß an genereller Wertschätzung des Gutes aus. Die einzelnen Punkte auf den Kurven drücken das mengenabhängige aktuelle Ausmaß an Bedürfnisbefriedigung aus.

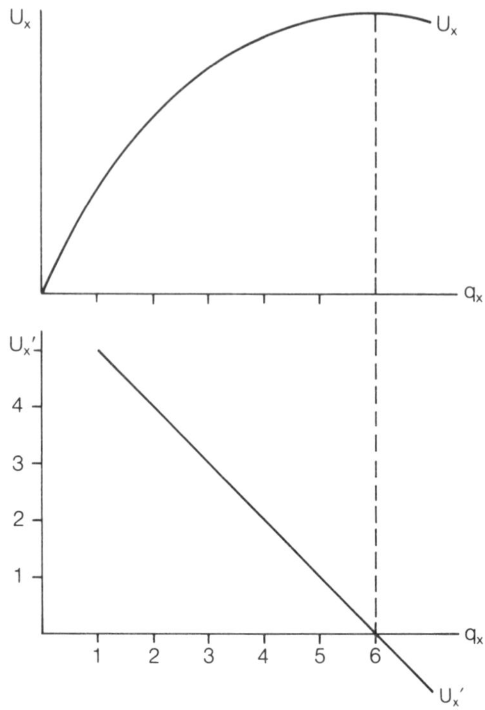

Abb. 3.1.

Die Grenznutzenfunktion ist die erste Ableitung der Gesamtnutzenfunktion. Aus Vereinfachungsgründen wurde (mathematisch nicht ganz korrekt) das Nutzenmaximum bei $q_x = 6$ (statt 5,5) festgelegt. Auch die angegebenen Grenznutzenwerte liegen genaugenommen bei 0,5; 1,5; usw.

II. Gossensche Gesetze und Haushaltsgleichgewicht

1. Die Gossenschen Gesetze

In Tab. 3.1. und Abb. 3.1. wurde nicht nur die Abhängigkeit des Nutzens von der Menge unterstellt, sondern eine ganz bestimmte Art der Mengenabhängigkeit. Es wurde unterstellt, dass *der Gesamtnutzen des Gutes mit zunehmender Menge pro Zeiteinheit nur unterproportional (degressiv) ansteigt,* woraus folgt, dass *der Grenznutzen des Gutes mit steigender Konsummenge pro Zeiteinheit fällt* (und in diesem Fall sogar negativ wird). Dieser Sachverhalt wurde bereits 1854 von H.H. Gossen vorgetragen, und er wird in der Nachfragetheorie als **erstes Gossensches Gesetz** bezeichnet. Es basiert auf dem beobachtbaren Tatbestand, dass die Menschen ein Gut um so mehr schätzen, je weniger ihnen davon zur Verfügung steht, und dass sie es um so geringer schätzen, je mehr sie davon konsumieren. Schließlich ist auch zu beobachten, dass mit steigender Konsummenge pro Zeiteinheit irgendwann ein Sättigungszustand erreicht wird (in Abb. 3.1. bei $q_x = 6$). H.H. Gossen hatte formuliert: *Die Größe eines und desselben Genusses nimmt,* *wenn wir mit Bereitung des Genusses ununterbrochen fortfahren, fortwährend ab, bis zuletzt Sättigung eintritt.* Demgemäß erklärt sich auch die Bezeichnung Sättigungsgesetz.

Im zuvor angesprochenen Beispiel des Konsums des Gutes Bier scheint der unterstellte Grenznutzenverlauf offenkundig zu sein. So dürfte das erste Glas Bier nach einem arbeitsreichen Tag oder nach einer langen Wanderung den höchsten Nutzenzuwachs bringen, weil es den größten Durst löscht. Weitere Gläser sind auch noch nützlich, aber mit abnehmender Intensität, weil der Durst immer geringer wird. Sättigung und sogar negative Nutzenentwicklungen infolge Trunkenheit liegen ebenfalls im menschlichen Erfahrungsbereich.

Die häufige Illustration des Sättigungsgesetzes mit Hilfe des Gutes Bier oder mit Hilfe von anderen Nahrungsmitteln, bei denen der eintretende Sättigungseffekt offenkundig ist, wirft die Frage nach der generellen Gültigkeit des ersten Gossenschen Gesetzes auf. Diese dürfte aber wohl auch bei langlebigen Konsumgütern gegeben sein. So ist ein erster Wintermantel in Mitteleuropa im Winter möglicherweise lebensnotwendig, ein zweiter und dritter noch ganz nützlich, weil man dann nicht immer den gleichen anziehen muss, aber ein vierter, fünfter, zehnter nur noch lästig, weil der Platz im Schrank fehlt. Das Beispiel zeigt andererseits, dass die jeweils konsumrelevante Zeitperiode bedeutsam ist. Bei Nahrungsmitteln sind das wenige Stunden, bei Wintermänteln eine ganze Wintersaison. Fälle, in denen das erste Gossensche Gesetz nicht zu gelten scheint, lassen sich möglicherweise vereinzelt beobachten, insbesondere sind es die Fälle der Sucht und der Sammelleidenschaft. Sie verstoßen andererseits wohl aber gegen die Eingangsprämisse des Rationalverhaltens.

Das Sättigungsgesetz stellt eine *nomologische Hypothese* über das menschliche Nutzenempfinden, also eine falsifizierbare Aussage über die Wirklichkeit dar. Es liefert selbst noch keine Anweisung für ökonomisches Handeln. Eine derartige Anweisung im Sinne einer *Verhaltensvorschrift* hat H.H. Gossen mit seiner zweiten wichtigen Aussage geliefert. Diese Regel wird als **zweites Gossensches Gesetz** bezeichnet und lautet in moderner Formulierung: *Wer bei gegebener Bedürfnisstruktur seinen Nutzen maximieren will, ohne alle Bedürfnisse voll befriedigen zu können, muss seine Mittel so verteilen, dass er bei jedem Bedürfnis den gleichen Grenznutzen erreicht.*

Mit dieser Verhaltensregel, die auch als **Grenznutzenausgleichsgesetz** oder **Equimarginalprinzip** bezeichnet wird, wird an dem zweifellos zutreffenden Sachverhalt angeknüpft, dass Haushalte üblicherweise nicht nur *ein* Gut kaufen wollen, sondern dass sie vor der Frage stehen, wie viele Mengeneinheiten verschiedener Güter sie aus einer gegebenen, beschränkten Konsumsumme erwerben sollen. Nach Gossen erreichen sie das Nutzenmaximum, wenn sie die Regel

(3.3) $U_1' = U_2' = \ldots = U_n'$ (allgemeine Maximierungsbedingung)

befolgen, wobei U_1', U_2' usw. die Grenznutzen der einzelnen Güter darstellen.

Die allgemeine Maximierungsbedingung des zweiten Gossenschen Gesetzes scheint auf den ersten Blick die für die Herleitung von Nachfragekurven relevante Frage nach den richtigen Nachfragemengen der Güter bei alternativen Preisen noch nicht zu beantworten, da sie nur den Ausgleich der Grenznutzen der verschiedenen Güter fordert. Bei genauerem Hinsehen zeigt sich allerdings, dass sie diese Frage tatsächlich beantwortet und dass es nur einer kleinen Umformulierung von (3.3.) bedarf, um das deutlich zu machen.

Vor die Frage gestellt, wie viele Mengeneinheiten des Gutes X ein Haushalt auf der Grundlage der vorliegenden Grenznutzenfunktion kaufen soll, wird er berücksichtigen müssen, dass ihm beim Erwerb des Gutes nicht nur ein Nutzenzuwachs (der Grenznutzen), sondern auch ein Schaden entsteht. Dieser Schaden tritt in Form des zu zahlenden Preises und des damit verbundenen Verzichts auf den Kauf anderer Güter ein. Der Preis p_x des zu erwerbenden Gutes X ist also Ausdruck des entgangenen Grenznutzens anderer Güter, auf deren Kauf man verzichtet, wenn man das Gut X kauft. Die allgemeine Maximierungsbedingung (3.3.) des zweiten Gossenschen Gesetzes kann bezüglich der Kaufentscheidung für jedes einzelne Gut daher auch in der Schreibweise

(3.4.) $U_x' = p_x$ (spezielle Maximierungsbedingung)

formuliert werden, denn p_x steht für die Hergabe von Geld und damit für die Höhe der entgangenen Grenznutzen anderer Güter. Solange der Grenznutzen des Gutes X höher ist als der Preis des Gutes X (der entgangene Grenznutzen anderer Güter), lohnt sich der Kauf weiterer Mengeneinheiten des Gutes X. Das durch die Preisbeschränkung gekennzeichnete Nutzenmaximum, das heißt das **Haushaltsgleichgewicht,** ist erreicht, wenn Grenznutzen und Preis des zu kaufenden Gutes übereinstimmen.

2. Das Haushaltsgleichgewicht

Die Lage des Haushaltsgleichgewichtes gemäß der Verhaltensregel des zweiten Gossenschen Gesetzes soll nunmehr mit einem *zweiten Zahlenbeispiel* verdeutlicht werden. In einem Zwei-Güter-Modell soll unterstellt werden, dass die Grenznutzen der beiden Güter X_1 (z.B. Wurst) und X_2 (z.B. Käse) den in Tab. 3.2. und Abb. 3.2. beschriebenen Verlauf haben. Die Lage der beiden Kurven zeigt, dass die generelle Wertschätzung des Haushaltes für Wurst etwas höher liegt als für Käse (er mag Wurst etwas lieber als Käse), aber das mengenabhängige aktuelle Ausmaß an Bedürfnisbefriedigung folgt bei beiden Gütern dem ersten Gossenschen Gesetz.

Tab. 3.2.

q	U_1'	U_2'
1	5	4
2	4	3
3	3	2
4	2	1
5	1	0
6	0	

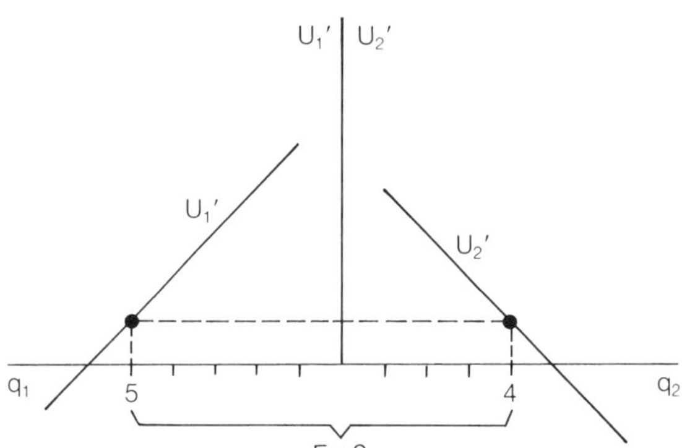

Abb. 3.2.

Es sei ferner angenommen, dass die zum Kauf der beiden Güter verfügbare Konsumsumme 9 Euro beträgt und dass beide Güter jeweils zum Preis von 1 Euro angeboten werden (also $p_1 = 1$ und $p_2 = 1$), so dass insgesamt 9 Mengeneinheiten gekauft werden können. Wie man Tab. 3.2. bzw. Abb. 3.2. entnehmen kann, ist das Nutzenmaximum erreicht, wenn 5 Mengeneinheiten Wurst ($q_1 = 5$) und 4 Mengeneinheiten Käse ($q_2 = 4$) erworben werden. Als Gesamtnutzen ergibt sich U = 25, zu errechnen aus

$$\begin{array}{lll} U_1 & = 5 + 4 + 3 + 2 + 1 & = 15 \\ +U_2 & = 4 + 3 + 2 + 1 & = 10 \\ \hline U & & = 25. \end{array}$$

Jede andere Kombination wäre schlechter, z.B. ergäbe $q_1 = 6$ und $q_2 = 3$ nur den Gesamtnutzen U = 24.

Dieses sehr einfache und fast schon intuitiv zu erfassende Ergebnis zeigt, dass im Nutzenmaximum das zweite Gossensche Gesetz sowohl in seiner allgemeinen als auch in seiner speziellen Formulierung erfüllt ist. Der Grenznutzen der fünften Mengeneinheit Wurst beträgt $U_1' = 1$, der Grenznutzen der vierten Mengeneinheit Käse beträgt $U_2' = 1$, d.h. das zweite Gossensche Gesetz in der Formulierung (3.3) ist erfüllt. Darüber hinaus ist es aber auch in der Formulierung (3.4) erfüllt, denn bei den zu wählenden Mengen entsprechen die Grenznutzen beider Güter den Preisen der Güter ($p_1 = U_1' = 1$ und $p_2 = U_2' = 1$).

III. Die Lage der Nachfragekurve

1. Die Nachfragekurve bei Preisrestriktion

Mit den beschriebenen Maximierungsbedingungen (3.3) und (3.4) sind alle zur Herleitung der Nachfragekurve erforderlichen Bausteine geliefert. Der Vergleich von Grenznutzen und Preis gemäß (3.4.) hat die Konsequenz, dass die fallende Grenznutzenkurve zur Nachfragekurve wird. Gemäß dem ersten Zahlenbeispiel (Tabelle 3.1. und Abb. 3.1.) lässt sich das wie folgt zeigen (vgl. auch die neue Abb. 3.3.). Ist der Preis des Gutes 2 Euro, dann lohnt es sich, die erste, die zweite,

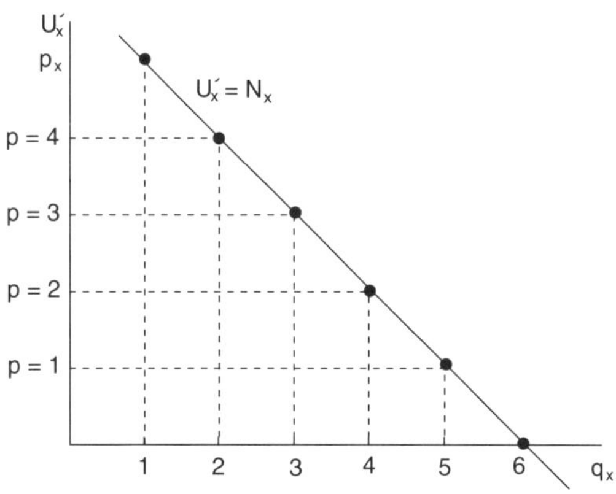

Abb. 3.3.

die dritte und gerade noch die vierte Mengeneinheit des Gutes zu kaufen. Bei den ersten drei Mengeneinheiten entsteht sogar die günstige Situation, dass sie dem Haushalt mehr wert sind als er dafür bezahlen muss. Ökonomen sprechen von der sog. **Konsumentenrente.** Der Kauf der fünften Mengeneinheit hat keinen Sinn mehr, denn sie kostet den Haushalt mehr als sie ihm wert ist. Daraus folgt, dass der Haushalt beim Preis $p_x = 5$ nur eine Mengeneinheit nachfragt, beim Preis $p_x = 4$ sind es zwei, bei $p_x = 3$ sind es drei, bei $p_x = 2$ sind es vier, bei $p_x = 1$ sind es fünf Mengeneinheiten und beim Preis $p_x = 0$ (ein freies Gut) fragt der Haushalt seine Sättigungsmenge von sechs Einheiten nach. Bei alternativen Preisen bewegt er sich demnach entlang seiner Grenznutzenkurve.

Die Grenznutzenkurve ist also identisch mit der Nachfragekurve. Der Haushalt ist nur dann bereit, zusätzliche Mengen des Gutes zu kaufen, wenn der Preis fällt. Die Ursache hierfür liegt im ersten Gossenschen Gesetz, nach welchem der Grenznutzen mit zunehmender Menge zurückgeht. Aus dem ersten Gossenschen Gesetz in der Form

(3.2) $U_x' = f(q_x)$ mit $U_x'' < 0$ (= fallender Grenznutzen)

und der Maximierungsbedingung $p_x = U_x'$ des zweiten Gossenschen Gesetzes resultiert die fallende Nachfragefunktion

(2.3) $N_x = f(p_x)$.

Graphisch wird dies dadurch ausgedrückt, dass man in Abb. 3.1. bzw. Abb. 3.2. an der Ordinate nicht nur den Grenznutzen, sondern auch den Preis abträgt (die im Haushaltsgleichgewicht gleich sein müssen). Vgl. Abb. 3.3.

Die Herleitung dieses Sachverhaltes lässt sich noch einmal wie folgt skizzieren (vgl. Übersicht 3.1.):

(1) Der Grenznutzen U_x' ist eine Funktion der Menge q_x.
(2) Die Maximierungsbedingung lautet $U_x' = p_x$.
(3) Die Nachfragemenge N_x ist eine Funktion des Preises p_x.
(4) Die Grenznutzenkurve wird zur Nachfragekurve.

Übersicht 3.1.

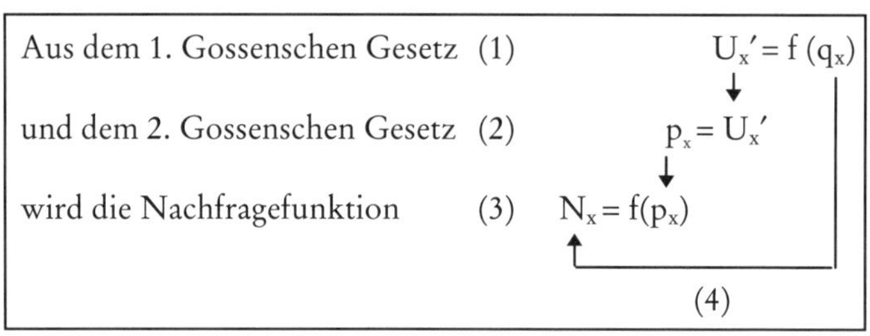

Damit kann gezeigt werden, *dass die Nachfragekurve der Haushalte sich aus Nutzenüberlegungen (genauer: Grenznutzenüberlegungen) herleitet.* Die im 2. Teil ausgesprochene Vermutung, dass der Nutzen eine maßgebliche Nachfragedeterminante darstellt, hat sich bestätigt. Der Grenznutzen bestimmt Lage und Verlauf der Nachfragekurve. Steigt der Grenznutzen eines Gutes (Verschiebung der U′-Kurve nach oben), so verschiebt sich die Nachfragekurve nach rechts. Wegen der gestiegenen Nutzenempfindungen wird dann bei jedem denkbaren Preis eine größere Menge des Gutes gewünscht.

2. Die Nachfragekurve bei Preis- und Einkommensrestriktion

Die Gleichheit von Grenznutzen- und Nachfragekurve ist allerdings nur dann gegeben, wenn die zur Verfügung stehende Konsumsumme (das Einkommen) genügend groß ist. Dies wurde in den bisherigen Zahlenbeispielen unterstellt.

- Würde die Konsumsumme in Abb. 3.1. bzw. Abb. 3.3. z.B. nur E = 4 betragen, so könnte der Haushalt beim Preis $p_x = 1$ nicht die Menge $q_x = 5$, sondern nur $q_x = 4$ nachfragen, beim Preis $p_x = 2$ nicht $q_x = 4$, sondern $q_x = 2$.
- Würde die Konsumsumme in Abb. 3.2. nicht E = 9, sondern nur E = 7 betragen, so könnte der Haushalt beim Preis p = 1 nicht die Mengen $q_1 = 5$ und $q_2 = 4$, sondern nur die Mengen $q_1 = 4$ und $q_2 = 3$ nachfragen. Der erreichbare Gesamtnutzen wäre nicht mehr U = 25, sondern nur noch U = 23.

Besteht also nicht nur eine Preisrestriktion, die sich darin äußert, dass die Güter einen Preis haben (also knapp sind), *sondern auch eine Einkommensrestriktion,* dann *kann die spezielle Maximierungsbedingung nicht mehr erfüllt werden,* d.h. Preis und Grenznutzen stimmen nicht mehr überein, die *Nachfragekurve liegt links von der Grenznutzenkurve* (vgl. Abb. 3.4.).

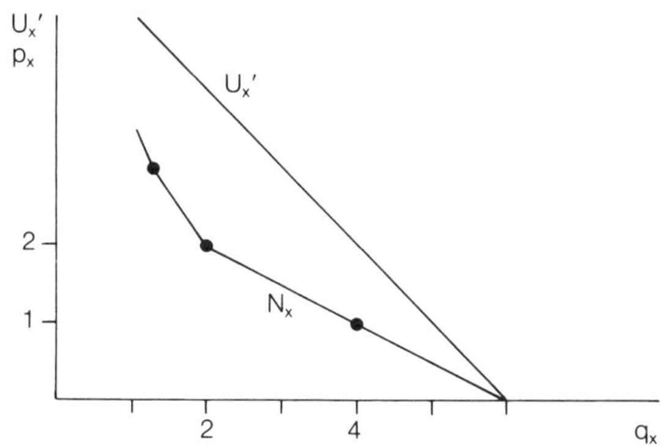

Abb. 3.4.

Die allgemeine Maximierungsbedingung bleibt im Mehr-Güter-Fall (Abb. 3.2.) aber erfüllt, denn die Grenznutzen der letzten Mengeneinheiten beider Güter sind weiterhin gleich. Sie sind $U_1' = 2$ und $U_2' = 2$.

Liegt im Übrigen keine Preisrestriktion vor (freie Güter mit p = 0), so schadet auch die Existenz einer Einkommensrestriktion nicht. Der Sättigungspunkt mit U′ = 0 ist demnach in jedem Fall ein Punkt der Nachfragekurve (vgl. Abb. 3.4.).

Die Berücksichtigung der Einkommensrestriktion hat die Bedeutung der Nutzenempfindungen für die Lage der Nachfragekurve keineswegs aufgehoben. Die *Grenznutzenkurve bildet in jedem Fall die äußerste rechte Begrenzung für die Nachfragekurve.* Darüber hinaus konnte eine weitere im 2. Teil geäußerte Vermutung bestätigt werden: eine zunehmende Einkommensrestriktion (d.h. ein sinkendes Einkommen) verschiebt die Nachfragekurve nach links, eine abnehmende Einkommensrestriktion verschiebt sie (maximal bis zur Grenznutzenkurve) nach rechts.

Eine letzte Bemerkung bezieht sich noch einmal auf das zweite Gossensche Gesetz. Im zweiten Zahlenbeispiel (Tab. 3.2. und der Abb. 3.2.) wurde unterstellt, dass die beiden Güter den gleichen Preis haben, ein in der Realität eher unwahrscheinlicher Fall. Haben die Güter verschiedene Preise, so müssen die nutzenstiftenden Gütermengen gleichnamig gemacht werden. Dies geschieht durch die Bildung sog. *realer oder gewogener Grenznutzen* bzw. des sog. *Grenznutzens der Geldausgabe.*

Tab. 3.3.

q_1	U_1'	q_2	U_2'
0,5	2,5		
1	2,5	1	4
1,5	2		
2	2	2	3
2,5	1,5		
3	1,5	3	2
3,5	1		
4	1	4	1

Tab. 3.4.

q	$\frac{U_1'}{p_1}$	$\frac{U_2'}{p_2}$
1	2,5	4
2	2	3
3	1,5	2
4	1	1
5	0,5	0
6	0	

Der Sachverhalt sei mit einem *dritten Zahlenbeispiel* erläutert. Wenn weiterhin die in Tab. 3.2. unterstellten Grenznutzenverläufe gelten, der Wurstpreis aber bei $p_1 = 2$, der Käsepreis weiter bei $p_2 = 1$ und das Einkommen bei $E = 7$ liegen, so ergibt sich folgende Überlegung. Bei $p_1 = 2$ erhält man für einen Euro nur eine halbe Mengeneinheit Wurst mit entsprechend halbem Grenznutzen. Nimmt man in eine neue Tab. 3.3. nur *diejenigen Mengen beider Güter auf, die für einen Euro zu erhalten sind* (halbe Mengen Wurst und ganze Mengen Käse), so ergeben sich die in Tab. 3.3. ausgewiesenen Werte der Grenznutzen. Bei $E = 7$ ist die zu kaufende Wurstmenge dann $q_1 = 2$ (vgl. auch Abb. 3.4.) und die zu kaufende Käsemenge $q_2 = 3$. Der *Grenznutzen der Geldausgabe* (des einen Euro) *ist dann bei beiden Gütern gleich.* Der Gesamtnutzen ist jetzt nicht mehr $U = 23$, sondern nur noch $U = 18$.

Der beschriebene Sachverhalt kann alternativ wie folgt ausgedrückt werden: Der Grenznutzen eines Euro ist beim Wurstkauf nur halb so hoch wie zuvor, er betrüge bei $p_1 = 3$ nur ein Drittel, bei $p_1 = 4$ nur ein Viertel des ursprünglichen Wertes. Der Grenznutzen ist demnach durch den Preis zu dividieren. Die so gebildeten gewogenen Grenznutzen bei $p_1 = 2$ finden sich in Tab. 3.4. Im Nutzenmaximum *sind die gewogenen Grenznutzen beider Güter gleich.* Es gilt wiederum das zweite Gossensche Gesetz in der Formulierung

$$(3.5) \qquad \frac{U_1'}{p_1} = \frac{U_2'}{p_2} \quad \text{bzw.} \quad \frac{U_1'}{U_2'} = \frac{p_1}{p_2}.$$

Es besagt, dass die *gewogenen Grenznutzen beider (aller) Güter übereinstimmen* bzw. dass *das Grenznutzenverhältnis gleich dem Verhältnis der Güterpreise* ist. Die Bedingung (3.5) ist im Übrigen nur die Verallgemeinerung von (3.3), da dort der Spezialfall erscheint, in dem alle Preise gleich Eins sind.

B. Die Indifferenzkurvenanalyse

I. Prämissen der Analyse und Indifferenzkurve

1. Prämissen der Analyse

Seit der Vorstellung der Grenznutzenanalyse ist immer wieder die Frage aufgeworfen worden, ob Haushalte tatsächlich in der Lage sind, ihre Nutzenempfindungen in Zahlenwerten bzw. Geldeinheiten präzise anzugeben. Zu Beginn des 20. Jahrhunderts (durch Pareto 1906) konnte jedoch gezeigt werden, dass die Fähigkeit zur kardinalen Nutzenschätzung keine zwingende Voraussetzung für eine nutzentheoretische Fundierung der Nachfragefunktion bildet. Auch wenn der Haushalt nur zu einer sog. *ordinalen Nutzenschätzung* in der Lage ist, kann die Nachfragekurve logisch hergeleitet werden.

Ordinale Nutzenschätzung bedeutet, dass der Haushalt anzugeben vermag, ob er ein Güterbündel A einem Bündel B vorzieht (A > B), ob er B gegenüber A präferiert (A < B) oder ob er die beiden Bündel gleichsetzt (A = B), ihnen gegenüber also *indifferent* ist. Der Haushalt muss also nicht wissen, um wie viel er A gegenüber B vorzieht, er muss lediglich wissen, ob er es vorzieht oder nicht. Allerdings verlangt das Konzept, dass die Bedürfnisstruktur des Haushalts logisch widerspruchsfrei ist, d.h.

- es darf immer nur eine Beziehung gelten, entweder A > B oder A < B oder A = B (Konsistenzbedingung), und
- wenn A > B und B > C, so folgt daraus A > C (Transitivitätsbedingung).

Dies bedeutet, dass kardinal gemessene Nutzen und Grenznutzen in der Indifferenzkurvenanalyse nicht mehr erscheinen. Das Nutzen- wie auch das Grenznutzenkonzept bleiben aber – wie noch zu zeigen sein wird – implizit Grundlage der Analyse. Kern der Analyse sind die sog. Indifferenzkurven, auf die bereits im 1. Teil bei der Darstellung der Knappheitsproblematik kurz eingegangen wurde (vgl. Abb. 1.4.). Im Übrigen entsprechen Zielsetzung und Prämissen der Analyse denen der Grenznutzenanalyse. Auch die Indifferenzkurvenanalyse stellt die Frage, wie ein Haushalt sich verhalten muss, wenn er seinen Nutzen maximieren möchte (Bedingungstheorie). Zentrale Prämissen der Analyse sind also wie zuvor *Nutzenmaximierung* als Zielsetzung der Haushalte, *Rationalverhalten, vollkommene Kenntnis* aller für das Nachfrageverhalten notwendigen Größen sowie die *fehlende Möglichkeit, die Preise zu beeinflussen.* Auf der Basis dieser Prämissen leitet die Indifferenzkurvenanalyse aus der Bedürfnisstruktur des Haushalts (U), seinem Einkommen (E) und den Preisen der Güter ($p_1, p_2, \ldots, p_n$) die Nachfragefunktion (2.3) her. Aus Gründen der Darstellung wird üblicherweise mit einem *Zwei-Güter-Modell* gearbeitet, dessen Ergebnisse aber auch für den n-Güter-Fall gelten.

2. Die Indifferenzkurve

a) *Definition und Verlauf der Indifferenzkurve*

In einem ersten Schritt der Analyse gilt es zunächst, die *Bedürfnisstruktur des Haushalts* darzustellen. Dies geschieht durch das Zeichnen eines Systems von Indifferenzkurven. Eine einzelne *Indifferenzkurve* ist dabei *definiert als Verbindungslinie solcher Gütermengenkombinationen, die dem Haushalt denselben Nutzen stiften, denen gegenüber er also indifferent ist.*

Um die Frage beantworten zu können, welchen *Verlauf eine Indifferenzkurve hat,* genügen einige einfache Überlegungen. In einem Zwei-Güter-Mengendiagramm (z.B. mit X_1 = Wurst und X_2 = Käse) möge von einem Güterbündel B mit zwei Einheiten Wurst und zwei Einheiten Käse ausgegangen werden (vgl. Abb. 3.5.a.). Nun wird gefragt, welche Kombinationen besser als B, welche schlechter als B und welche gleich B sind. Geht man von der Annahme aus, dass der Haushalt noch nicht gesättigt ist, er also die größeren Bündel den kleineren stets vorzieht, so sind alle Kombinationen A in Feld I offenbar besser und alle Kombinationen C in Feld III offenbar schlechter als B. Die der Kombination B gleichgesetzten Güterbündel können demnach nur in den Feldern II und IV liegen. Wo sie genau liegen, kann aber zunächst noch nicht gesagt werden, da alle diese Kombinationen von einem Gut mehr, vom anderen hingegen weniger aufweisen.

Zur genauen Festlegung der Indifferenzkurve ist daher eine weitere Überlegung hinsichtlich der Beziehung zwischen den beiden Gütern notwendig. Güter können entweder vollständig substitutiv (homogen), vollständig komplementär oder zwischen diesen Extremen beschränkt substitutiv (teilweise komplementär) sein.

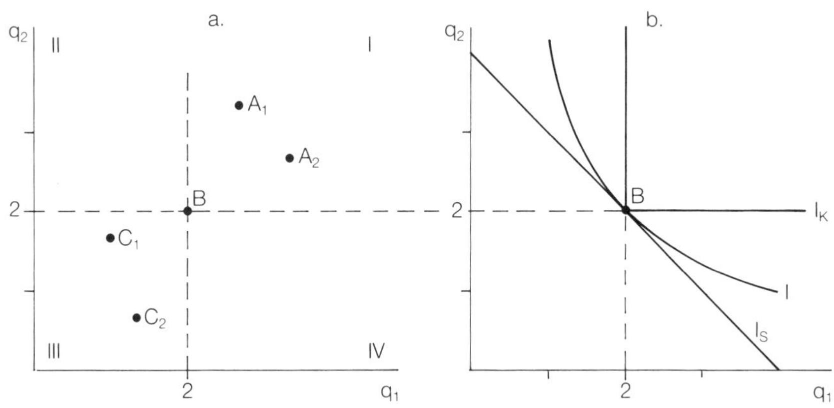

Abb. 3.5.

- Sind *zwei Güter vollständig substitutiv,* so hat die Indifferenzkurve die Gestalt I_S in Abb. 3.5.b. Ist es einem Menschen z.B. völlig gleichgültig, ob er graue (X_1) oder beige Socken (X_2) trägt, so wird er die Kombinationen 4/0, 3/1, 2/2, 1/3 und 0/4 als gleichwertig ansehen.

- Sind *zwei Güter vollständig komplementär,* so hat die Indifferenzkurve die Gestalt I_K. Der gleiche Mensch, der zwei linke (X_1) und zwei rechte Schuhe (X_2) besitzt (Punkt B), wird sich nicht besser gestellt fühlen, wenn ihm jemand einen dritten, vierten, fünften rechten Schuh anbietet.

Da die Fälle der vollkommenen Substitutionalität bzw. Komplementarität Grenzfälle darstellen, müssen alle anderen (wahrscheinlicheren) Fälle beschränkter Substitutionalität zwischen diesen Grenzfällen liegen. *Indifferenzkurven* für derartige Güter liegen also zwischen I_S und I_K und haben die Gestalt I, d.h. sie *sind konvex zum Nullpunkt des Koordinatensystems.* Je nachdem, ob die Substitutionsbeziehung oder die Komplementaritätsbeziehung dominiert, wird die Kurve flacher oder eckiger, nähert sich also einer der beiden Extreme an.

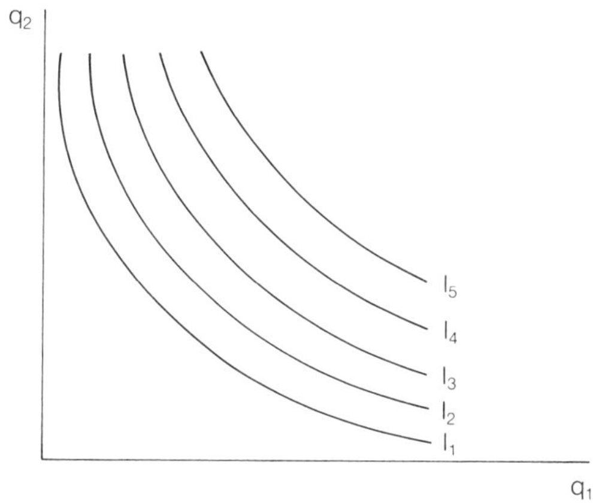

Abb. 3.6.

Im Folgenden soll vom Normalverlauf I der Indifferenzkurve ausgegangen werden. Sie stellt eine *Kurve gleichen Nutzenniveaus* dar (z.B. das Nutzenniveau B in Abb. 3.5.b.). Sämtliche Kombinationen, die gegenüber der Kurve I *„rechts oben" liegen, stellen höhere Nutzenniveaus* dar, alle Kombinationen, die *„links unten"* liegen, stellen *niedrigere Nutzenniveaus* dar. Insgesamt kann die Bedürfnisstruktur des Haushaltes durch eine Indifferenzkurvenschar mit den Indifferenzkurven $I_1, I_2, \ldots, I_n$ dargestellt werden (vgl. Abb. 3.6.), wobei die Indifferenzkurven sich wegen der Konsistenzbedingung nicht schneiden können.

b) Die nutzentheoretische Fundierung der Indifferenzkurve und die Grenzrate der Substitution

Der normale links gekrümmte Verlauf der Indifferenzkurve ist *nutzentheoretisch begründbar* (vgl. Abb. 3.7.). Verfügt ein Haushalt z.B. über die Güterkombination B_1 (7 Stück Käse, 1 Stück Wurst), so wird er das reichlich vorhandene Gut Käse relativ gering, das weniger reichlich vorhandene Gut Wurst relativ hoch einschätzen. Wenn man ihm nun eine Einheit Wurst anböte ($\Delta q_1 = 1$) und ihn bäte, dafür Käse herzugeben, dürfte er wohl bereit sein, eine größere Menge Käse zu opfern ($\Delta q_2 = 3$), um die begehrte Wurst zu erhalten. Würde man ihm in den Punkten B_2, B_3, B_4 usw. den gleichen Tausch wieder anbieten, so würden sich die

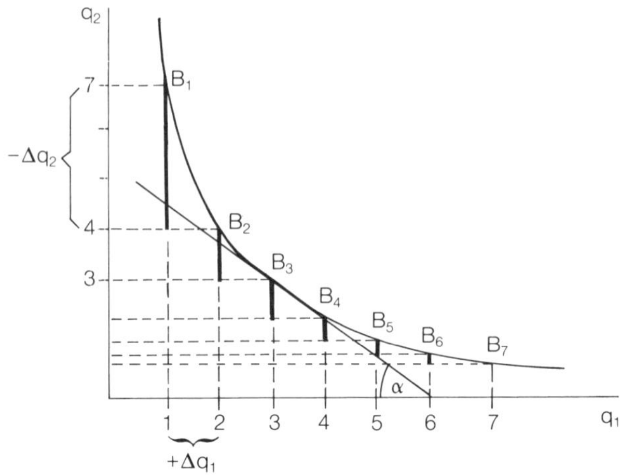

Abb. 3.7.

von ihm empfundenen Nutzenschätzungen zunächst angleichen und schließlich umdrehen. In Punkt B_6 würde er Käse sehr hoch und Wurst relativ gering schätzen. Seine Bereitschaft, weiteren Käse zu opfern, wäre also sehr niedrig.

Das *Verhältnis der Mengenabnahme von Gut X_2 zur Mengenzunahme des Gutes X_1, die sich nutzenmäßig gerade ausgleichen,* bezeichnet man als **Grenzrate der Substitution** (GRS). Sie ist definiert als

$$(3.6) \qquad GRS = -\frac{\Delta q_2}{\Delta q_1},$$

wobei man in der Regel das negative Vorzeichen vernachlässigt. In Abb. 3.7. ist zu erkennen, dass die GRS bei einer Bewegung auf der Indifferenzkurve von B_1 nach B_7 fällt. Bei gleich bleibendem $\Delta q_1 = 1$ wird Δq_2 laufend kleiner. Es gilt *das Gesetz von der abnehmenden Grenzrate der Substitution.*

Nimmt man nicht endliche Mengenänderungen Δq_1, sondern unendlich kleine Mengenänderungen dq_1 vor, so geht der Differenzenquotient $\Delta q_2/\Delta q_1$ in den Differenzialquotienten über. Die Grenzrate der Substitution entspricht dann der *Steigung der Indifferenzkurve* und ist definiert als

$$(3.7) \qquad GRS = \tan \alpha = \frac{dq_2}{dq_1}.$$

Wie zuvor kurz angedeutet, ist das in der Indifferenzkurvenanalyse zunächst nicht explizit genannte Grenznutzenkonzept dennoch in der Analyse enthalten. Die *Indifferenzkurve ist nämlich ein Ausschnitt aus einer Nutzenfunktion*

$$(3.8) \qquad U = f(q_1, q_2),$$

welche den Nutzen des Haushalts in Abhängigkeit von den Mengen der beiden Güter X_1 und X_2 ausweist. Definitionsgemäß ändert sich der Nutzen auf der Indifferenzkurve nicht, denn der Haushalt empfindet alle auf der Indifferenzkurve liegenden Güterkombinationen als gleichwertig. Alle Mengenänderungen der beiden Güter gleichen sich nutzenmäßig gerade aus. Die Nutzenänderung ist dU = 0. Die Änderung des Nutzens lässt sich durch das totale Differenzial der Nutzenfunktion (3.8) ausdrücken, das dann gleich Null zu setzen ist. Es gilt demnach

$$(3.9) \qquad dU = \frac{\partial U}{\partial q_1} \cdot dq_1 + \frac{\partial U}{\partial q_2} \cdot dq_2 = 0.$$

Da $\partial U/\partial q_1$ und $\partial U/\partial q_2$ die – dem Haushalt allerdings kardinal nicht bewussten – Grenznutzen der beiden Güter darstellen, kann man auch schreiben

$$(3.9.a) \qquad dU = U_1' \cdot dq_1 + U_2' \cdot dq_2 = 0.$$

Wegen dU = 0 und auf Grund des negativen Vorzeichens von dq_2 ergibt sich

$$(3.10) \qquad U_1' \cdot dq_1 = U_2' \cdot dq_2$$

und ungeformt unter Vernachlässigung des Vorzeichens

$$(3.11) \qquad \tan \alpha = \frac{dq_2}{dq_1} = \frac{U_1'}{U_2'}.$$

Die *Grenzrate der Substitution* (tan α) *ist also gleich dem umgekehrten Verhältnis der Grenznutzen der beiden Güter.* Damit kann an vorherige Überlegungen angeschlossen werden. In Punkt B_1 in Abb. 3.7. ist die Grenzrate der Substitution hoch. Entsprechend ist das Grenznutzenverhältnis hoch, denn Wurst wird hoch (U_1' ist groß) und Käse wird niedrig (U_2' ist klein) eingeschätzt. Ferner wird noch einmal einsichtig, warum Güter i.d.R. beschränkt substitutiv und damit teilweise komplementär sind. Wichtig ist nämlich die jeweilig verfügbare Mengenkombination. Je größer das mengenmäßige Missverhältnis zwischen den Gütern ist, um so weniger kann man auf das ohnehin schon knappere Gut verzichten. Die Indifferenzkurve wird steil und lehnt sich an jene für vollständige Komplementärgüter an. Bei ausgewogenem Mengenverhältnis überwiegt hingegen die substitutive Beziehung. Die Indifferenzkurve ist vergleichsweise flach und lehnt sich an jene für vollständige Substitutionsgüter an.

II. Budgetlinie und Haushaltsgleichgewicht

1. Die Budgetlinie

Bisher ist allein die Bedürfnisstruktur des Haushalts in Form einer *Nutzenfunktion* (3.8) bzw. ihr graphisches Abbild, die Indifferenzkurvenschar (vgl. Abb. 3.6.), behandelt worden. Unterläge der Haushalt keinerlei Beschränkungen, so würde er die höchste denkbare Indifferenzkurve I_n realisieren. Beschränkungen existieren für den Haushalt jedoch in Form einer *begrenzten Konsumsumme (Einkommensrestriktion)* und in Form von *Güterpreisen (Preisrestriktion).* Diese Beschränkungen führen dazu, dass der Haushalt nur bestimmte maximale Mengenkombinationen der gewünschten Güter kaufen kann.

Im Zwei-Güter-Modell lassen sich die für den Haushalt geltenden Beschränkungen graphisch durch eine sog. **Budgetlinie (Bilanzgerade, Konsummöglichkeitslinie)** darstellen. Sie beruht auf der Annahme, dass der Haushalt die gesamte Konsumsumme zum Kauf der beiden Güter verwendet. Es gilt also

(3.12) $E = p_1 q_1 + p_2 q_2$ bzw.

(3.13) $q_2 = -\frac{p_1}{p_2} \cdot q_1 + \frac{E}{p_2}.$

Die Zusammenhänge sollen durch ein Zahlenbeispiel verdeutlicht werden. Angenommen seien eine Konsumsumme $E = 100$ und die Güterpreise $p_1 = 5$ und $p_2 = 10$. Würde der Haushalt die gesamte Konsumsumme zum Kauf von X_1 verwenden, so könnte er E/p_1, also $100/5 = 20$ Einheiten X_1 (und Null Einheiten X_2) erwerben (vgl. Abb. 3.8.). Würde er nur X_2 kaufen, könnte er E/p_2, also $100/10 = 10$ Einheiten X_2 (und Null Einheiten X_1) kaufen. Würde er das Einkommen je zur Hälfte für X_1 und X_2 ausgeben, so ergäben sich $q_1 = 10$ und $q_2 = 5$. Alle maximalen kaufbaren Mengenkombinationen liegen auf der in Abb. 3.8. gezeichneten Budgetlinie.

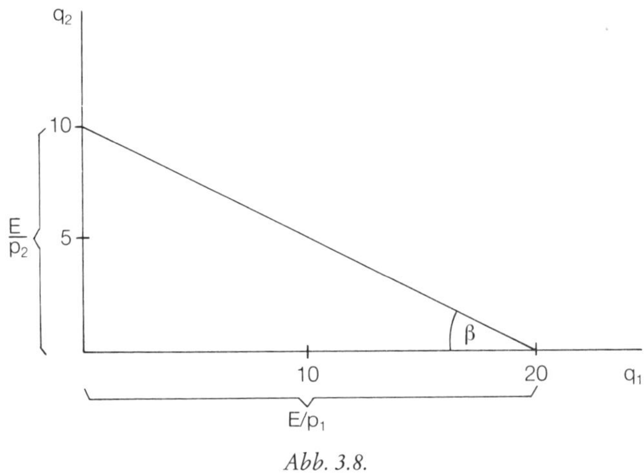

Abb. 3.8.

Die Steigung und die Lage der Budgetlinie werden gemäß (3.13) von den Preisen der beiden Güter sowie von der Höhe der Konsumsumme bestimmt. Die *Steigung der Budgetlinie* ergibt sich als

(3.14) $\tan \beta = \frac{E}{p_2} : \frac{E}{p_1} = \frac{p_1}{p_2},$

ist also gleich dem *Verhältnis der Güterpreise.* Ändert sich das Preisverhältnis von $\tan \beta_1 = 5/10$ auf $\tan \beta_2 = 10/10$, dann wird die Budgetlinie entsprechend steiler (vgl. Abb. 3.9.a). Hätte sich nicht nur p_1, sondern auch p_2 verdoppelt (also $p_1 = 10$ und $p_2 = 20$), so hätte sich die Budgetlinie parallel nach innen verschoben (vgl. Abb. 3.9.b.).

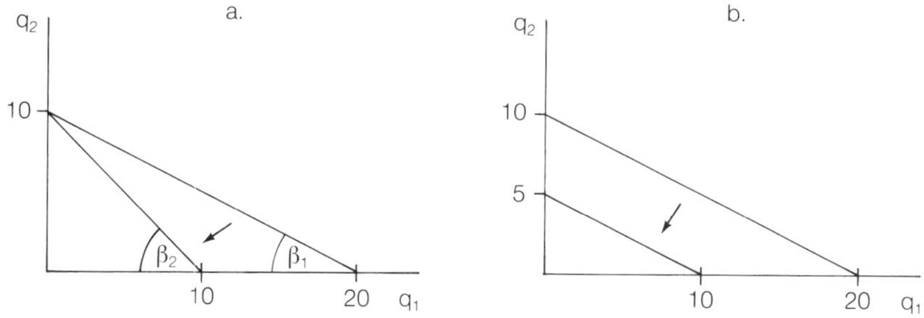

Abb. 3.9.

Der gleiche Effekt wäre eingetreten, wenn sich (bei den alten Preisen) die Konsumsumme auf E = 50 halbiert hätte. Zusammenfassend ist also festzuhalten: die *Budgetlinie dreht sich bei Änderungen des Preisverhältnisses (der sog. relativen Preise),* sie *verschiebt sich parallel bei Änderungen des Einkommens sowie bei prozentual gleichen Änderungen der Preise der beiden Güter (der sog. absoluten Preise).* Preiserhöhungen haben generell den gleichen Effekt wie (Nominal-)einkommensminderungen: sie reduzieren das sog. *Realeinkommen,* d.h. die maximal kaufbaren Gütermengen.

2. Das Haushaltsgleichgewicht

Nachdem mit der Indifferenzkurvenschar in Abb. 3.6. die Bedürfnisstruktur des Haushalts und mit der Budgetlinie in Abb. 3.8. die dem Haushalt auferlegten Preis- und Einkommensrestriktionen festgehalten worden sind, kann nunmehr das **Haushaltsgleichgewicht** abgeleitet werden. Als Haushaltsgleichgewicht wird wiederum *das unter den gegebenen Beschränkungen maximal erreichbare Nutzenniveau* bezeichnet.

Das Haushaltsgleichgewicht kann graphisch durch Zusammenfügen der beiden Abbildungen 3.6. und 3.8. zu einer neuen Abb. 3.10. veranschaulicht werden. Da die Budgetlinie die maximal kaufbaren Mengenkombinationen ausweist, kann das Gleichgewicht nur auf dieser Linie liegen. Wandert man die Linie entlang, so zeigt es sich, dass man dabei verschiedene Nutzenniveaus I_1, I_2 usw. realisiert. Das

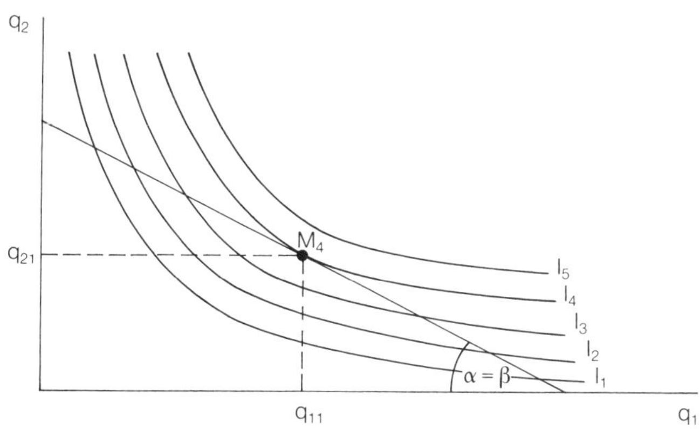

Abb. 3.10.

maximal erreichbare Nutzenniveau ist das Niveau I_4. Das Haushaltsgleichgewicht liegt im Punkt M_4 mit den Gütermengen q_{11} und q_{21}. In diesem Punkt berührt die Budgetlinie die maximal erreichbare Indifferenzkurve I_4. Noch höher liegende Indifferenzkurven I_5, I_6 usw. sind bei diesem Einkommen und diesen Preisen nicht zu erreichen.

Im Haushaltsgleichgewicht M_4 haben die Indifferenzkurve und die Budgetlinie die gleiche Steigung. Da die Steigung der Indifferenzkurve $\tan\alpha$ gemäß (3.11) gleich der Grenzrate der Substitution und dem Grenznutzenverhältnis ist und die Steigung der Budgetlinie $\tan\beta$ das Preisverhältnis ausweist, lautet die Bedingung für das Haushaltsgleichgewicht

$$(3.15) \qquad \tan\alpha = \frac{dq_2}{dq_1} = \frac{U_1'}{U_2'} = \frac{p_1}{p_2} = \tan\beta.$$

Im Haushaltsgleichgewicht ist also das *Grenznutzenverhältnis gleich dem Verhältnis der Güterpreise* (und beide sind umgekehrt proportional der Grenzrate der Substitution). Diese Bedingung war als Gleichung (3.5) bereits im Rahmen der Grenznutzenanalyse hergeleitet worden. Es handelt sich um das *zweite Gossensche Gesetz*, das sich damit auch im Rahmen der Indifferenzkurvenanalyse darstellen lässt.

Neben der soeben vorgestellten graphischen Methode zur Bestimmung des Haushaltsgleichgewichtes lässt sich dieses auch algebraisch ermitteln. Es gilt nämlich, die Nutzenfunktion (3.8) $U = f(q_1, q_2)$ unter der Nebenbedingung (3.12) $E = p_1q_1 + p_2q_2$ zu maximieren. Setzt man die Nebenbedingung in der Schreibweise (3.13) $q_2 = E/p_2 - p_1 \cdot q_1/p_2$ in die Nutzenfunktion (3.8) ein, so ergibt sich

$$(3.16) \qquad U = f(q_1, \frac{E - p_1q_1}{p_2}).$$

Die erste Ableitung nach q_1 ergibt auf Grund der Kettenregel bei zwei abhängigen Variablen

$$(3.17) \qquad \frac{dU}{dp_1} = \frac{\partial f}{\partial q_1} + \frac{\partial f}{\partial q_2} \cdot \frac{dq_2}{dq_1} = \frac{\partial f}{\partial q_1} + \frac{\partial f}{\partial q_2} \cdot -\frac{p_1}{p_2}$$

$$= U_1' + U_2' \cdot -\frac{p_1}{p_2} \quad .$$

Wird sie gleich Null gesetzt, so entsteht daraus wie zuvor gezeigt

$$(3.15) \qquad \frac{U_1'}{U_2'} = \frac{p_1}{p_2}.$$

Auf der Basis einer sehr einfachen Nutzenfunktion vom Typ

$$(3.18) \qquad U = q_1 \cdot q_2$$

und der o.a. Annahmen $E = 100$, $p_1 = 5$ und $p_2 = 10$ ergeben sich

$$(3.12.a) \quad 100 = 5q_1 + 10q_2,$$

$$(3.13.a) \quad q_2 = 10 - {}^1\!/_2 q_1,$$

$$(3.16.a) \quad U = q_1 \cdot (10 - {}^1\!/_2 q_1),$$

$$U = 10q_1 - {}^1\!/_2 q_1^2,$$

(3.17.a) $\frac{dU}{dq_1} = 10 - q_1 = 0$

und daraus $q_1 = 10$. Setzt man $q_1 = 10$ in (3.13.a) ein, so erhält man $q_2 = 5$, d.h. das Haushaltsgleichgewicht (Punkt M_4) ist durch die Gütermengen $q_1 = 10$ und $q_2 = 5$ gekennzeichnet.

Zum gleichen Ergebnis gelangt man mit Hilfe des Lagrange-Ansatzes. Aus der Nutzenfunktion (3.8) und der Budgetrestriktion (3.12) bildet man die Lagrangefunktion

(3.19) $L = f(q_1, q_2) + \lambda(E - p_1q_1 - p_2q_2).$

Um $U = L$ zu maximieren, sind die partiellen Ableitungen nach q_1, q_2 und λ zu bilden und gleich Null zu setzen, also

(3.20) $\frac{\partial L}{\partial q_1} = \frac{\partial f}{\partial q_1} - \lambda p_1 = 0,$

(3.21) $\frac{\partial L}{\partial q_2} = \frac{\partial f}{\partial q_2} - \lambda p_2 = 0,$

(3.22) $\frac{\partial L}{\partial \lambda} = E - p_1q_1 - p_2q_2 = 0.$

Eliminiert man λ durch Gleichsetzen von (3.20) und (3.21), so erhält man wiederum

(3.15) $\frac{U_1'}{U_2'} = \frac{p_1}{p_2}.$

Setzt man die unterstellten Zahlenwerte ein, so erhält man

(3.19.a) $L = q_1q_2 + 100\lambda - 5\lambda q_1 - 10\lambda q_2,$

(3.20.a) $\frac{\partial L}{\partial q_1} = q_2 - 5\lambda = 0,$ also $q_2 = 5\lambda,$

(3.21.a) $\frac{\partial L}{\partial q_1} = q_1 - 10\lambda = 0,$ also $q_1 = 10\lambda,$

(3.22.a) $\frac{\partial L}{\partial \lambda} = 100 - 5q_1 - 10q_2 = 0,$ also $q_2 = 10 - {}^1\!/_2 q_1.$

Aus (3.20.a), (3.21.a) und (3.22.a) ergibt sich

$$5\lambda = 10 - {}^1\!/_2 \cdot 10\lambda$$
$$5\lambda = 10 - 5\lambda$$
$$10\lambda = 10$$
$$\lambda = 1$$

und somit $q_1 = 10 \cdot 1 = 10$ und $q_2 = 5 \cdot 1 = 5$, d.h. das Haushaltsgleichgewicht (Punkt M_4) mit den Gütermengen $q_1 = 10$ und $q_2 = 5$.

Ein derart einfaches Ergebnis, bei dem die Haushaltsgleichgewichtsmengen exakt die Hälfte der jeweils einzeln maximal kaufbaren Gütermengen $E/q_1 = 20$ und $E/q_2 = 10$ ausmachen, ergibt sich selbstverständlich nur dann, wenn die zu Grunde liegende Nutzenfunktion die sehr einfache Gestalt (3.18) $U = q_1 \cdot q_2$ hat, woraus sich als Indifferenzkurven gleichseitige Hyperbeln ergeben.

III. Die Lage der Nachfragekurve

1. Preis-Konsum-Kurve und Nachfragekurve

Nach Erreichen des Haushaltsgleichgewichts M_4 hat der Haushalt keinen Grund, diese Position wieder zu verlassen, denn sie stellt angesichts der gegebenen Bedürfnisstruktur und der bestehenden Restriktionen sein Nutzenmaximum dar. Die Lage des Haushaltsgleichgewichts ändert sich allerdings, wenn Änderungen hinsichtlich der Bedürfnisstruktur, des Einkommens und der Preise eintreten.

Im Hinblick auf die zu suchende Nachfragefunktion

(2.3) $N_x = f(p_x)$

soll zunächst dargestellt werden, wie sich die Lage des Haushaltsgleichgewichtes verändert, wenn der Preis eines der beiden Güter variiert wird. Die Herleitung der Nachfragekurve soll für das Gut X_1 mit Hilfe eines Zahlenbeispiels erläutert werden. Es sei angenommen, dass das Einkommen wie bisher $E = 100$ und der Preis des zweiten Gutes wie bisher $p_2 = 10$ betragen. Der Preis des Gutes X_1 möge variieren und von $P_{11} = 5$ auf $p_{12} = 10$ bzw. $p_{13} = 20$ steigen.

Wie zuvor beschrieben, bewirkt die Änderung eines Preises (und damit des Preisverhältnisses) eine Drehung der Budgetlinie. Die maximal kaufbaren Mengen von X_1 (sofern nur X_1 gekauft wird), reduzieren sich auf $q_1 = 10$ bzw. $q_1 = 5$ (vgl. Abb. 3.11.a.). Durch die Preissteigerung ist das ursprüngliche Nutzenniveau der Indifferenzkurve I_4 und damit M_4 nicht mehr erreichbar, das Realeinkommen ist demnach gesunken. Die neuen Haushaltsgleichgewichte M_3 bzw. M_2 liegen auf den Indifferenzkurven I_3 bzw. I_2 mit entsprechend niedrigeren Nutzenniveaus. Die Verbindungslinie aller Haushaltsgleichgewichte, die sich als Folge der Preisänderung eines Gutes ergeben, wird als *Preis-Konsum-Kurve* (PKK) bezeichnet.

Aus der Preis-Konsum-Kurve lässt sich die Nachfragekurve unmittelbar herleiten. Trägt man in das übliche Preis-Mengen-Schema (Abb. 3.11.b.) die Preise p_{11}, p_{12} und p_{13} ein und überträgt aus Abb. 3.11.a. die Gleichgewichtsmengen q_{11}, q_{12} und q_{13}, so erhält man die die Funktion (2.3) abbildende Nachfragekurve. Sie verläuft wie erwartet von links oben nach rechts unten. Die Nachfragekurve lässt sich also auch mit Hilfe der Indifferenzkurvenanalyse herleiten.

Abb. 3.11. zeigt darüber hinaus noch, dass sich auch die Gleichgewichtsmenge für das Gut X_2 verändert hat. Sie ist gesunken, was sich in einer Linksverschiebung der Kurve N_{x2} in Abb. 3.11.c. niederschlägt. Diese Linksverschiebung ist zu nächst überraschend. X_1 und X_2 sind Substitutionsgüter, und bei einer Erhöhung von p_1 ist eigentlich eine Steigerung der Nachfrage nach X_2 zu erwarten. Die Ursache dafür, dass auch N_{x2} sinkt, liegt in dem durch die Preissteigerung von X_1 gesunkenen Realeinkommen. Der negative **Realeinkommenseffekt** hat den positi-

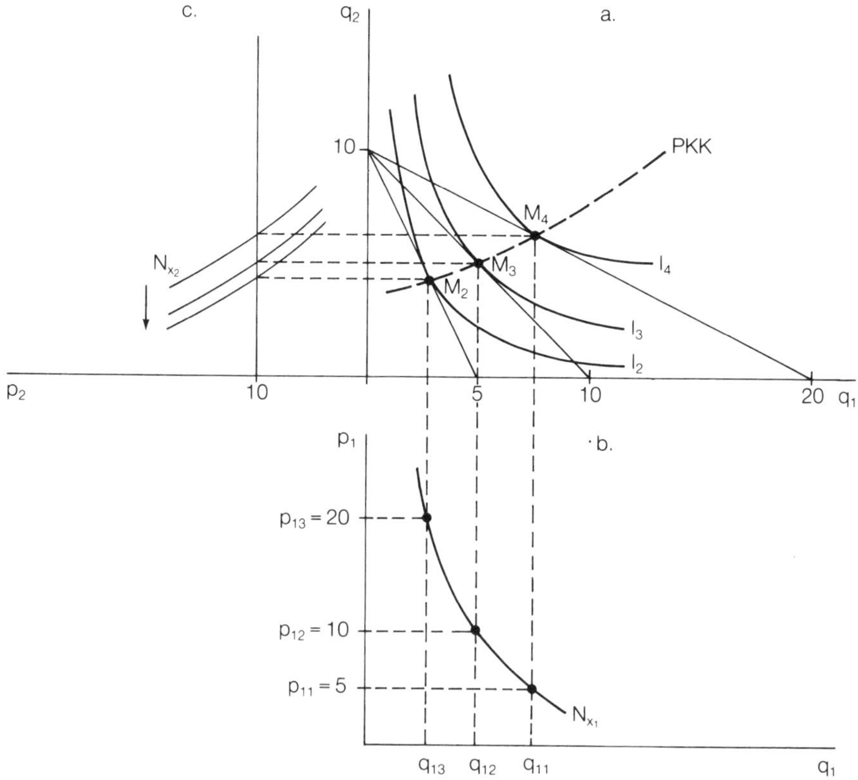

Abb. 3.11.

ven **Substitutionseffekt** überkompensiert. Das gesunkene Realeinkommen bewirkt, dass von beiden Gütern weniger nachgefragt wird.

Die Wirkungen von Realeinkommens- und Substitutionseffekt sollen mit Abb. 3.12. genauer erläutert werden. Es sei angenommen, dass der Haushalt eine die Preiserhöhung auf $p_{12} = 10$ ausgleichende Nominaleinkommensverbesserung erhält, die ihn in die Lage versetzt, die alte Indifferenzkurve I_4 weiterhin zu erreichen. Eine dementsprechende Budgetlinie hätte den in Abb. 3.12.a. gezeichneten gestrichelten Verlauf. Das neue Haushaltsgleichgewicht läge in M_{4a}. *Die Bewegung von M_4 nach M_{4a} drückt den Substitutionseffekt aus.* N_{x1} geht zurück (gestrichelter Pfeil in Abb. 3.12.b.) und N_{x2} verschiebt sich erwartungsgemäß nach rechts (gestrichelte Nachfragekurve in Abb. 3.12.c.). Bleibt die Nominaleinkommenssteigerung aber aus, dann wird M_3 realisiert, wie es zuvor beschrieben wurde. *Die Bewegung von M_{4a} nach M_3 drückt den negativen Realeinkommenseffekt aus* (durchgezogene Pfeile in Abb. 3.12.b. und 3.12c.). Er trifft auf Grund der hier unterstellten Bedürfnisstruktur das Gut X_2 stärker als das Gut X_1, dessen Preis gestiegen ist.

Eine interessante Variante dieses Sachverhaltes bildet der sog. *Giffen-Effekt*. R. Giffen beobachtete Mitte des 19. Jahrhunderts in Großbritannien, dass die Nachfrage nach Brot zum Teil anstieg, obwohl das Brot teurer geworden war. Die Erklärung liegt zunächst darin, dass Brot ein inferiores Gut ist, welches mit

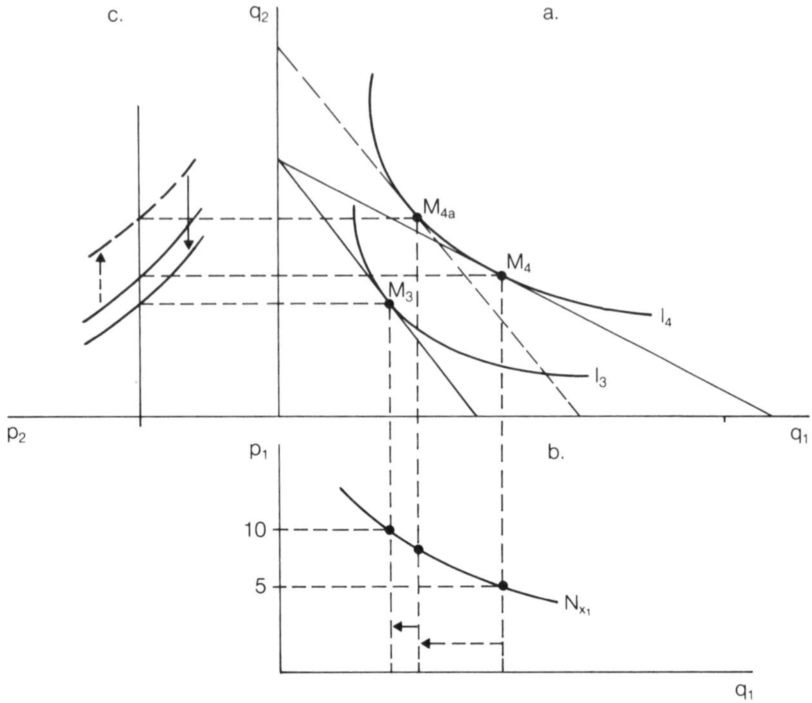

Abb. 3.12.

steigendem Realeinkommen vermindert und mit sinkendem Realeinkommen vermehrt nachgefragt wird. Überdies hat der hier positiv wirkende Einkommenseffekt den negativen Substitutionseffekt überkompensiert. Da Brot trotz Preissteigerung immer noch das billigste Nahrungsmittel war, wurde es zu Lasten anderer Nahrungsmittel vermehrt nachgefragt.

2. Bedürfnisstruktur, Einkommen und Nachfrage

Im Rahmen der Indifferenzkurvenanalyse kann ferner anschaulich dargestellt werden, wie sich *Änderungen der Bedürfnisstruktur* und des *Einkommens* auf die *Lage der Nachfragekurve* auswirken. Änderungen der Bedürfnisstruktur, d.h. Änderungen im generellen Ausmaß an Wertschätzung für die beiden Güter, schlagen sich in Verschiebungen der Indifferenzkurvenschar nieder. In Abb. 3.13. dokumentiert die neue Indifferenzkurve I_{42} gegenüber der alten Kurve I_{41}, dass das Gut X_2 nun offenbar höher und das Gut X_1 geringer geschätzt wird, denn die Kurve ist insgesamt flacher geworden, d.h. die Grenzrate der Substitution und damit das Grenznutzenverhältnis U_1'/U_2' ist gefallen. Das Haushaltsgleichgewicht verlagert sich von M_{41} nach M_{42}. Entsprechend geht die Nachfrage nach X_1 von q_{11} nach q_{12} zurück, während die Nachfrage nach X_2 von q_{21} auf q_{22} ansteigt, was sich in entsprechenden Verschiebungen von N_{x1} nach links und N_{x2} nach rechts niederschlägt.

Änderungen des Einkommens (der Konsumsumme) führen, wie in Abb. 3.9.b. gezeigt wurde, zu Parallelverschiebungen der Budgetlinie. Bei Einkommensstei-

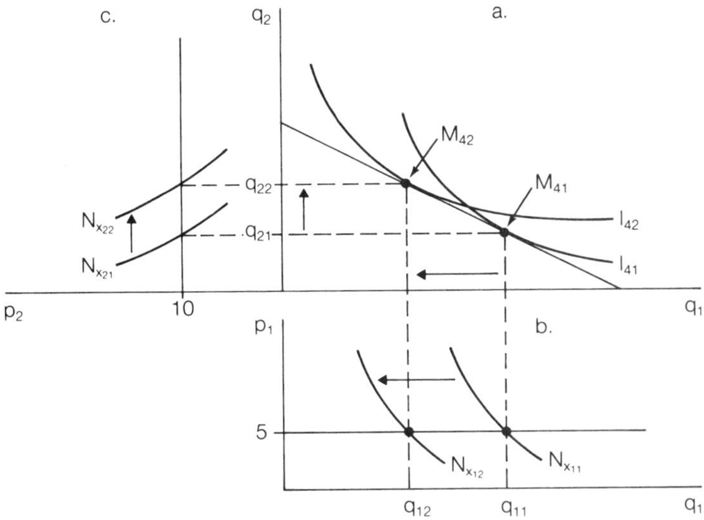

Abb. 3.13.

gerungen ergeben sich Rechtsverschiebungen der Budgetlinie, die zu neuen Haushaltsgleichgewichten M_5, M_6 usw. führen. Im „Normalfall" der Nichtsättigungsgüter (also keine Sättigungsgüter bzw. inferiore Güter) steigt die Nachfragemenge für beide Güter an (vgl. Abb. 3.14.). Die gestrichelte Linie in Abb. 3.14.a. wird als *Einkommen-Konsum-Kurve* (EKK) bezeichnet. Der hier für beide Güter unterstellte Anstieg der Nachfrage zeigt sich auch in der Rechtsverschiebung der beiden Nachfragekurven in Abb. 3.14.b. und 3.14.c.

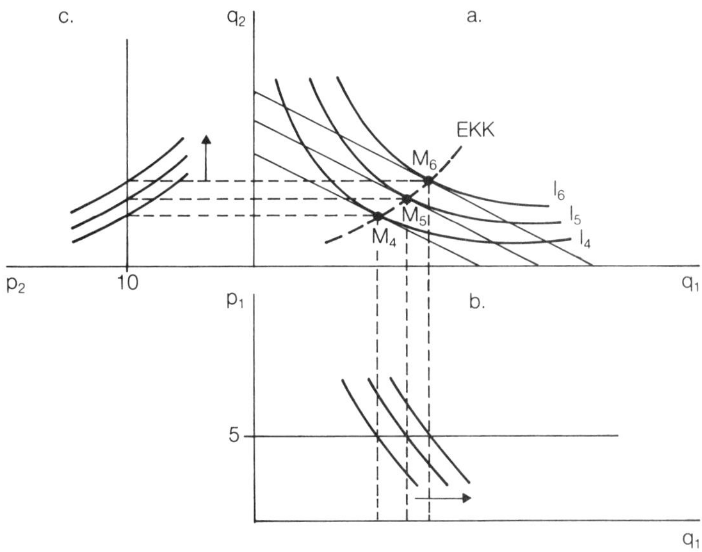

Abb. 3.14.

Die beschriebenen Änderungen der Bedürfnisstruktur bzw. des Einkommens lassen sich auch in Form der im 2. Teil vorgestellten Nachfragefunktionen

(2.2) $N_x = f(U)$,
(2.6) $N_x = f(E)$

und den entsprechenden Nachfragekurven (vgl. Abb. 2.1.a. und 2.1.e.) darstellen. Im Hinblick auf die später zu erörternden Preisbildungsprozesse war es hier aber nützlich, die Auswirkungen derartiger Änderungen auf die Nachfragefunktion (2.3) ausführlich zu behandeln. Es konnte mit Hilfe der Indifferenzkurvenanalyse bestätigt werden, dass Nutzen- und Einkommensänderungen Verschiebungen der Nachfragekurven beider Güter nach sich ziehen.

C. Kritik und Erweiterungen der Theorie der Nachfrage

Eine Kritik der Theorie der Nachfrage in der Gestalt der Grenznutzen- und der Indifferenzkurvenanalyse setzt an der Frage an, ob die Theorie ihre beiden Ziele,

- reales Wirtschaftsgeschehen zu erklären (explikative Theorie),
- Handlungsanweisungen für die Haushalte in Form von Bedingungen für das Eintreten günstiger ökonomischer Wirkungen zu geben (Bedingungstheorie),

erreicht. Da sich die Nachfragetheorie primär als Bedingungstheorie versteht, soll dieser Aspekt zuerst behandelt werden.

I. Die Nachfragetheorie als Bedingungstheorie

1. Informationsstand, Substitutionalität und Teilbarkeit der Güter

Unter der Voraussetzung, dass die Haushalte ihren Nutzen maximieren und dass sie sich dabei rational verhalten wollen, ist zu erörtern, ob ihnen ein Befolgen der Handlungsanweisungen der Theorie überhaupt möglich ist. Diverse Einschränkungen, welche die Eignung der Theorie als Bedingungstheorie herabsetzen, sind offensichtlich.

Zunächst ist die von der Theorie unterstellte **vollständige Information** über alle Güter und ihre Preise nicht gegeben. Wo Informationen über die Qualität der Güter fehlen oder lückenhaft sind, liegt es möglicherweise nahe, den *Preis als Qualitätsindikator* anzusehen. Haushalte werden dann dazu neigen, ein Gut zu kaufen, gerade weil es teuer ist. Grenznutzen und Preis entwickeln sich dann möglicherweise völlig parallel, d.h. die in der Nachfragetheorie formulierte Bedingung, dass Grenznutzen und Preis gleich sein sollen, ist immer erfüllt und damit inhaltsleer. Immerhin gibt die Nachfragetheorie aber den Hinweis, dass es notwendig ist, den Informationsstand der Haushalte zu verbessern.

Darüber hinaus ist zu bedenken, dass es bei bestimmten Gütern kaum möglich ist, verlässliche Informationen über ihre Qualität und damit über den aus ihnen erwachsenden Nutzen bzw. Grenznutzen zu erhalten. Eine Unterscheidung in *Suchgüter*, *Erfahrungsgüter* und *Vertrauensgüter* trägt diesem Sachverhalt Rechnung. Während man bei Suchgütern (besser Prüfgütern) deren Qualität vor dem Kauf feststellen bzw. prüfen kann (etwa das Design von Kleidern und Möbeln oder die Geräumigkeit eines Autos), kann die Qualität von Erfahrungsgütern erst beim Gebrauch oder Verbrauch selbst beurteilt werden (etwa der Geschmack von Konserveninhalten, das Handling von Computerprogrammen oder der effektive Benzinverbrauch eines Autos). Bei Vertrauensgütern kommt es möglicherweise nie zu ihrem spezifischen Konsum, so dass ihre Qualität überhaupt nicht ermittelt werden kann (etwa der genaue Leistungsumfang einer Unfallversicherung oder die Aufprallsicherheit eines Airbags), oder die Wirkungen oder Nebenwirkungen des Konsums sind so langfristig, dass sie kaum zugeordnet werden können (etwa bei Medikamenten und Kosmetika). Das Autobeispiel zeigt überdies, dass ein einzelnes Gut (Auto) Sucheigenschaften (Geräumigkeit), Erfahrungseigenschaften (Benzinverbrauch) und Vertrauenseigenschaften (Airbag) haben kann. Um die beim Erwerb von Erfahrungs- und Vertrauensgütern bestehenden Informationsdefizite und die aus ihnen resultierende Unsicherheit der Nachfrager zu vermindern, sind vertrauensbildende Signale seitens der Anbieter (z. B. in Form von Garantiegewährung oder des Aufbaus von Reputation) bzw. staatlich organisierte Qualitätssicherungsinstrumente (z. B. in Form des Meisterbriefes) angezeigt.

Die Theorie setzt ferner die **Substitutionalität** der Güter voraus. Auch wenn der Fall der vollständigen Komplementarität (sog. Limitationalität) selten auftreten dürfte, so sind zahlreiche Fälle von vergleichsweise enger Komplementarität zu beobachten, bei denen ein durch Preissteigerungen bedingtes Ausweichen auf das andere Gut sinnlos ist (wenn Papier teurer wird, kann man nicht auf Kugelschreiber ausweichen). Eine Möglichkeit, die Indifferenzkurvenanalyse dennoch anzuwenden, liegt darin, *komplementäre Güterbündel zu definieren und deren Substitutionsbeziehungen zu anderen Güterbündeln zu untersuchen* (wenn das Bündel Papier/Kugelschreiber/Briefporto teurer wird, kann man das Briefeschreiben reduzieren und statt dessen mehr telefonieren).

Komplementaritäten führen darüber hinaus zu diversen *Sperreffekten* (sog. *lock-in-Effekten*), etwa wenn zu einer bestimmten PC-Hardware nur eine spezifische Software passt. Der Nachfrager ist dann in Form einer sog. *Pfadabhängigkeit* für längere Zeit gebunden und kann auf Preis- und/oder Qualitätsänderungen zumindest kurzfristig nicht reagieren, weil die Wechselkosten (switching costs) unangemessen hoch sind.

Eine weitere Voraussetzung für die Anwendbarkeit der Theorie ist die **beliebige Teilbarkeit** der Güter. Bei *langlebigen Konsumgütern,* deren Nutzung über mehrere Zeitperioden hinweg erfolgt (z. B. Möbel), lässt sich ein auf eine einzige (kurze) Zeitperiode bezogener variabler Grenznutzen alternativer Mengen wohl nur schwer ermitteln. Ferner ist einsichtig, dass schon wegen der Begrenztheit des (monatlichen, jährlichen) Einkommens die Käufe langlebiger Güter über verschiedene Rechnungsperioden hinweg zeitlich verteilt werden müssen. Will man dieser Problematik durch *die Wahl extrem langer Zeitperioden begegnen,* so ist zu bedenken, dass über längere Zeiträume hinweg die Nutzenempfindungen, die Preise und das Einkommen kaum konstant bleiben werden, die ceteris-paribus-Bedingung also nicht mehr erfüllt ist. Andererseits sind *grenznutzenorientierte Kaufüberlegungen* auch bei langlebigen Konsumgütern prinzipiell möglich. Ein Nachfrager kann durchaus nutzenorientiert abwägen, ob seine nächste Anschaffung ein fünfter Pullover oder ein drittes Hemd sein soll.

Wenn das der Grenznutzenanalyse und der Indifferenzkurvenanalyse zu Grunde liegende Marginalkalkül sich exakt nur bei **beliebig teilbaren Gütern** anwenden lässt (Brot, Zucker, Bier), so ist andererseits zu fragen, ob sich die Analyse durch die Betrachtung extrem kleiner Mengeneinheiten nicht selbst ad absurdum führt. Es dürfte kaum sinnvoll sein, beim Zucker auf einzelne Krümel und beim Bier auf einzelne Tropfen abzustellen. So ist einmal zu vermuten, dass der Konsument derartig kleine Mengenvariationen überhaupt nicht wahrnimmt, andererseits ist es denkbar, dass sein Grenznutzen zunächst ansteigt. Die *Wahl „sinnvoller" Zeitperioden* und Mengeneinheiten ist also eine weitere Voraussetzung für die Anwendbarkeit der Grenznutzen- und der Indifferenzkurvenanalyse.

2. Nutzenschätzung und Transitivität der Bedürfnisstruktur

Die zentrale Kritik an der Grenznutzen- und Indifferenzkurvenanalyse setzt jedoch an der Frage an, ob der Haushalt überhaupt in der Lage ist, seine eigenen *Nutzenempfindungen zu erkennen und zu quantifizieren.* Interessanterweise ist die Fähigkeit zu **kardinaler Nutzenschätzung** in der Literatur in stärkerem Maße angezweifelt worden als die Fähigkeit zur **ordinalen Nutzenschätzung.** Die diesbezügliche Kritik an der Grenznutzenanalyse hat ja zur Entwicklung der Indifferenzkurvenanalyse geführt. In der Tat ist es sicher richtig anzunehmen, dass Aussagen wie „gestern ging es mir dreimal so gut wie heute" oder „noch eine Woche Urlaub und dann geht es mir doppelt so gut" kaum möglich sind. Man kann wohl allenfalls sagen, dass es „mir gestern besser ging als heute" oder dass „zwei Wochen Urlaub besser sind als eine". Andererseits ist zu fragen, ob dem Haushalt eine auf dem kardinalen Ansatz beruhende Kaufentscheidung nicht doch vertrauter und einsichtiger ist. So dürfte ihm die Überlegung, ob er bereit ist, ein drittes Hemd für 50 Euro zu erwerben (ob es ihm also so viel wert ist), durchaus geläufig sein. Demgegenüber kann wohl angenommen werden, dass die meisten Haushalte bezüglich der Frage, wie viele Mengeneinheiten Käse sie gegen eine Einheit Wurst einzutauschen bereit wären, einigermaßen überfordert sind. Die Diskussion über die Möglichkeiten kardinaler oder aber ordinaler Nutzenschätzung ist keineswegs beendet. So wird beispielsweise in der Schmerztherapie versucht, empfundene Schmerzintensitäten auf einer kardinalen Skala von 0 bis 10 einzuordnen.

Die Grundfrage, ob der Haushalt überhaupt eine in sich widerspruchsfreie Bedürfnisstruktur besitzt, ob er sie selbst genau kennt und ob er seine Nutzenempfindungen quantifizieren kann, muss allerdings offen bleiben. Speziell im Mehrpersonenhaushalt ist bereits das Erfordernis einer **transitiven Bedürfnisstruktur** nicht zwingend erfüllt. Haben drei Mitglieder eines gedachten Haushaltes zum Beispiel die folgenden Bedürfnisstrukturen

(1) $A > B > C$, folglich $A > C$,
(2) $B > C > A$,
(3) $C > A > B$,

so gilt für zwei Personen $A > B$. Für wiederum zwei Personen gilt $B > C$. Die Vermutung, dass sich daraus auch eine Mehrheit für $A > C$ ergibt, ist jedoch falsch, denn für $A > C$ findet sich nur eine Stimme (sog. *Condorcet-Paradoxon*). Vor dem Hintergrund dieses Sachverhaltes ist gefolgert worden, dass es nicht möglich ist, die individuellen Präferenzordnungen zu einer gesellschaftlichen Präferenzordnung zu aggregieren *(Unmöglichkeitstheorem von Arrow).*

Wenn also *Bedürfnisstrukturen nicht widerspruchsfrei sind, wenn sie möglicherweise nicht genau bekannt und auch nicht exakt quantifizierbar sind, dann ist eine präzise Herleitung von Nachfragefunktionen aus Nutzenempfindungen nicht möglich. Die Eignung der Theorie als Bedingungstheorie ist dann stark eingeschränkt.* Ihre Handlungsanweisungen können allenfalls als grobe Richtschnur für Nachfragerverhalten dienen.

II. Die Nachfragetheorie als explikative Theorie

1. Rationalität des Konsumverhaltens und empirische Überprüfbarkeit der Nachfragetheorie

Wenn die Nutzenfunktionen der Haushalte nicht präzise bekannt sind, dann können die Haushalte den Anweisungen der Theorie auch nicht genau folgen. *Die Theorie kann dann auch ihrem Anspruch, reales Nachfragerverhalten zu erklären, nicht gerecht werden.*

Um diesen zentralen Mangel der Theorie zu beheben, ist in der Literatur verschiedentlich vorgeschlagen worden, *von den tatsächlichen Kaufentscheidungen (den sog. bekundeten Präferenzen) auf die Indifferenzkurven bzw. die Nutzenfunktionen zurückzuschließen.* Dieses Verfahren ist aber mit logischen Mängeln behaftet. Erstens wird die Fragestellung der Nachfragetheorie damit auf den Kopf gestellt. Es soll ja nicht der Nutzen aus der Nachfrage hergeleitet werden, sondern umgekehrt die Nachfrage aus einem autonom definierbaren und messbaren Nutzen. Zweitens ist bei jedem offenbarten Kaufakt gar nicht bekannt, ob der Haushalt dabei tatsächlich seinen Nutzen in einem rationalen Kalkül maximiert hat. Nur wenn dies sicher wäre, könnte man auf die Lage der Grenznutzen- bzw. der Indifferenzkurve zurückschließen. Wenn der Nutzen aber nicht eigenständig zu ermitteln ist, kann die Frage, ob der Haushalt ihn maximiert hat, auch nicht beantwortet werden. Wegen der Unmöglichkeit, den Nutzen autonom zu ermitteln bzw. den Grad der Bedürfnisbefriedigung interpersonell nachzuvollziehen, stellt die Nachfragetheorie eine *empirisch nicht überprüfbare Theorie* dar. Jede Änderung des Kaufverhaltens von Haushalten kann nach Maßgabe dieser Theorie als Folge einer Nutzenänderung interpretiert werden, wobei der Begriff „Nutzen“ aber eine leere Worthülse darstellt.

Angesichts der Schwierigkeiten, das Ausmaß an genereller Wertschätzung (die Gestalt und die Lage der Nutzenfunktion) sowie den Grad an aktueller Bedürfnisbefriedigung (den auf der jeweiligen Nutzenfunktion realisierten Punkt) zu quantifizieren, können alle in diesem Zusammenhang verwendeten Zahlenbeispiele und alle algebraischen Lösungen allenfalls als Heuristiken, d. h. als Methoden zur Gewinnung von Erkenntnissen, dienen. Im Übrigen fällt auf, dass dabei immer wieder mit extrem einfachen Nutzenfunktionen des Typs $U = q_1 \cdot q_2$ mit Indifferenzkurven als gleichseitigen Hyperbeln gearbeitet wird (die Konzepte der **homogenen** und der **homothetischen Funktionen** werden anschließend im 4. Teil erläutert). Bei den Lösungen ergeben sich dann immer sehr einfache Ergebnisse, z.B. jeweils die Hälfte der von dem gegebenen Einkommen maximal kaufbaren Menge jedes der Güter. Da solche Ergebnisse sich fast schon intuitiv anbieten, fragt es sich, ob sich der algebraische Aufwand etwa über den Lagrange-Ansatz lohnt, zumal vielfache Beobachtungen von realem Nachfragerverhalten den Schluss nahe legen, dass die zu Grunde liegenden Nutzenfunktionen kaum diese einfache Gestalt haben dürften, sondern dass sie höchst komplex und im Detail leider unbekannt sind.

Bei der Bewertung der vorliegenden Nachfragetheorie soll aber nicht verkannt werden, dass zahllose Beobachtungen durchaus darauf hindeuten, dass die Haushalte in der Realität *nutzenorientiert* handeln. Anders lässt sich die steigende Nachfrage nach Wintermänteln im Herbst und nach Sommerkleidern im Frühjahr kaum erklären. Auch Handlungsweisen, die sich an die Regeln (3.3) $U_1' = U_2'$ und (3.4) $p_x = U'$ anlehnen, scheinen sich empirisch nachweisen zu lassen. Angesichts der fehlenden Möglichkeit, den Nutzen exakt zu erfassen, kann aber nicht gesagt werden, inwieweit die Regeln wirklich befolgt werden.

Andererseits deuten zahlreiche Augenscheinbeweise darauf hin, dass gegen die genannten Regeln verstoßen wird. An Stelle von rationalen Kaufentscheidungen sind **Impulsverhalten** sowie **Gewohnheitsverhalten** anzutreffen. Auch Käufe auf der Basis von Sucht und Sammelleidenschaft kommen vor. Darüber hinaus ist statt des von der Theorie unterstellten unabhängigen Nutzenkalküls häufig ein **sozialabhängiges Verhalten,** also die Orientierung an Nachbarn und Bekannten, zu beobachten. Ferner scheint offenkundig, dass die Nutzenempfindungen durch die **Werbung** beeinflusst werden und dass daraus *irrationale Kaufentscheidungen* erwachsen können.

Eine vorschnelle Einstufung der genannten Verhaltensweisen als irrationales Verhalten ist jedoch außerordentlich problematisch. So können Impuls- und Gewohnheitskäufe durchaus rational sein, wenn sie eine Zeitersparnis bewirken. Auch die Orientierung an anderen Nachfragern kann rational sein. Wenn es dem Nachfrager gefällt, sich genauso zu kleiden wie seine Freunde, oder wenn es ihm Spaß macht, seinem Nachbarn durch Prestigekonsum zu imponieren, dann erhöht sich dadurch sein Nutzen. Überdies ist zu beobachten, dass Nachfrager zuweilen geneigt sind, auch falsche Kaufentscheidungen sich selbst gegenüber nachträglich zu rationalisieren, um sog. kognitive Dissonanzen abzubauen. Das Problem bei der Beurteilung solcher Vorgänge bleibt aber weiterhin, dass sie nur schwer überprüfbar sind, weil man das Ausmaß des subjektiv empfundenen Nutzens nicht messen kann. Insoweit läuft auch die häufig vorgebrachte Kritik am Konzept des *homo oeconomicus* teilweise ins Leere. Diverse in der Realität vorkommende Verhaltensweisen, die auf den ersten Blick gegen die mit dem homo oeconomicus verbundene Vorstellung eines widerspruchsfreien Zielsystems auf der Basis der individuellen Nutzenmaximierung und eines rationalen Handelns zu verstoßen scheinen, sind u.U. durchaus mit dem Konzept kompatibel bzw. es kann ihre Inkompatibilität nicht nachgewiesen werden, da die Höhe der individuellen Nutzenempfindungen sowie der Grad der Rationalität bei den Kaufentscheidungen interpersonell nicht überprüfbar sind.

2. Sozialabhängiges Konsumverhalten

Zum Abschluss der Nachfragetheorie soll auf einige Erscheinungsformen von sozialabhängigem Verhalten kurz eingegangen werden, welche die Nachfragetheorie zu erweitern vermögen, und zwar auf den Mitläufer-, den Netzwerk-, den Snob- und den Prestigeeffekt.

Der **Mitläufereffekt** liegt vor, wenn der Haushalt ein Gut dann nachgefragt oder vermehrt nachfragt, wenn die Gesamtnachfragemenge steigt. Die Gesamtnachfragemenge kann steigen, weil die übrigen Haushalte das Gut vermehrt nachfragen oder weil die Zahl der Käufer des Gutes zunimmt. Im Mitläuferverhalten dokumentiert sich beispielsweise der Wunsch des Haushalts, es anderen gleichzutun, zu einer Gruppe gezählt zu werden bzw. dem jeweiligen Modetrend zu folgen. Die individuellen Nachfragemengen steigen dann mit zunehmender Gesamtnachfrage.

Der **Netzwerkeffekt** beinhaltet ein dem Mitläufereffekt ähnliches Phänomen. Er liegt dann vor, wenn die Anwendungsmöglichkeiten des Gutes mit steigender Zahl der Nachfrager (der Nutzer) zunehmen und damit der Nutzen für den einzelnen Nachfrager steigt. Eine steigende Zahl von Konsumenten etwa von Telekommunikationseinrichtungen oder Software macht es für weitere Konsumenten attraktiv, dem jeweiligen Netzwerk anzugehören, beispielsweise beim Internet und der damit verbundenen Möglichkeit des Empfangens und Versendens von E-Mails. Die individuellen Nachfragemengen steigen also auch in diesem Fall mit zunehmender Gesamtnachfrage. Darüber hinaus sind möglicherweise die zuvor erwähnten Sperreffekte beobachtbar, die ein Verbleiben im einmal gewählten Netzwerk dann nahe legen, wenn alternative Netzwerke zwar günstiger, die Wechselkosten aber sehr hoch sind.

Der **Snobeffekt** liegt vor, wenn der Haushalt seine Nachfrage invers zur Gesamtnachfragemenge verändert. Güter, die von vielen gekauft werden, meidet er, Güter, die von wenigen gekauft werden, präferiert er. Ursache dieses Verhaltens ist sein Wunsch, sich von der Masse abzuheben.

Als **Prestigeeffekt** ist ein Verhalten bezeichnet worden (Veblen 1924), bei dem die Nachfrage des Haushalts um so größer ist, je höher der Preis ist, den Nichtkäufer vermuten. Ziel des Haushalts ist es, den Nachbarn mit demonstrativem Konsum von Gütern, von denen angenommen wird, dass sie teuer sind, zu imponieren.

Mit den *Nachfragedeterminanten Gesamtnachfragemenge* und *Preis, den Nichtkäufer vermuten,* erhöht sich die Zahl der in der globalen Nachfragefunktion (2.1) genannten unabhängigen Variablen. Änderungen dieser Determinanten sind weitere Ursachen für Verschiebungen der Nachfragefunktion (2.3). Gerade in Bezug auf die Nachfragefunktion (2.3) ergeben sich daraus zusätzliche Probleme. Steigt die Gesamtnachfrage (Verschiebung der Nachfragekurve nach rechts), so führt dies zu weiterer Rechtsverschiebung beim Auftreten von Mitläufern bzw. zu kompensierender Linksverschiebung beim Auftreten von Snobs. Daraus wird deutlich, dass die im 2. Teil als vergleichsweise einfach dargestellte Aggregation der individuellen Nachfragemengen zur Marktnachfrage doch erhebliche Schwierigkeiten bereiten kann.

Ein anderes Problem wirft der Prestigeeffekt auf. Sind der tatsächliche Preis und der Preis, den Nichtkäufer vermuten, identisch, so bewirkt eine Änderung dieses Preises nicht eine Verschiebung der Nachfragekurve, sondern eine Bewegung auf der Kurve. Diese Bewegung setzt allerdings den bisher unterstellten Normalverlauf zumindest für einzelne Nachfrager außer Kraft: die nachgefragte Menge steigt mit steigendem Preis. Erneut zeigt sich, dass die Nachfragedeterminanten Preis und Nutzen nicht in jedem Fall voneinander unabhängig sind. Steigt der Preis, so erhöht sich dadurch der Prestigenutzen.

Die Erweiterung der Nachfragetheorie durch die Berücksichtigung verschiedener Formen von sozialabhängigem Verhalten hat die *Eignung der Theorie als explikative Theorie erheblich gesteigert.* Zu beachten ist allerdings, dass es nicht genügen kann, diese weiteren Nachfragedeterminanten nur zu nennen und ihre Wirkungsrichtung aufzuzeigen. Es ist vielmehr genauer zu untersuchen, unter welchen Umständen und in welchem Ausmaß die beschriebenen Effekte wirksam werden. Da es sich teilweise um sozialpsychologische und soziologische Phänomene handelt, ist die Ökonomik in ihrem Streben nach Erklärung auf die Hilfe der Psychologie und der Soziologie angewiesen.

Kontrollfragen zum 3. Teil

1. Erläutern Sie die beiden zentralen Aufgaben der Nachfragetheorie.
2. Welche Hauptansätze innerhalb der Nachfragetheorie lassen sich unterscheiden, wie lassen sie sich historisch einordnen und auf welchen alternativen Nutzenschätzungskonzepten beruhen sie?
3. Auf welchen Prämissen beruht die Grenznutzenanalyse?
4. Definieren Sie die Begriffe Gesamtnutzen und Grenznutzen.
5. Formulieren Sie in eigenen Worten das erste und das zweite Gossensche Gesetz.
6. Welches der beiden Gossenschen Gesetze stellt eine Hypothese dar, welches stellt eine Verhaltensregel für Haushalte auf?
7. Gilt das erste Gossensche Gesetz auch für langlebige Gebrauchsgüter, gilt es bei Sucht und Sammelleidenschaft? Welche Bedeutung hat die Zeitdimension im Zusammenhang mit diesem Gesetz?
8. Welche durch die sog. spezielle Maximierungsbedingung festgehaltene Überlegung stellen Sie an, wenn Sie in einem Schaufenster eine wunderschöne Bluse/ein wunderschönes Hemd zum Preis von 120 Euro ausgestellt sehen?
9. Inwiefern werden auch die durch die sog. allgemeine Maximierungsbedingung ausgedrückten Überlegungen für Ihre Kaufentscheidung von Bedeutung sein?
10. Wo liegt die Nachfragekurve eines nutzenmaximierenden Haushaltes, wenn (1) nur eine Preisbeschränkung, (2) auch eine Einkommensbeschränkung besteht?
11. Handeln Sie eigentlich unökonomisch, wenn Sie im Falle starken Durstes Bier statt Mineralwasser trinken, obwohl das Mineralwasser billiger ist?

12. In welcher Weise werden Güter, welche unterschiedliche Preise haben, zur Erfüllung des zweiten Gossenschen Gesetzes „gleichnamig“ gemacht?
13. Was versteht man unter einer Indifferenzkurve?
14. Wie verlaufen Indifferenzkurven bei vollkommen substitutiven, bei vollkommen komplementären Gütern bzw. in den dazwischen liegenden sonstigen Fällen? Nennen Sie Beispiele und erläutern Sie diese.
15. Warum können sich Indifferenzkurven nicht schneiden?
16. Wie lässt sich die normal verlaufende, links gekrümmte Indifferenzkurve nutzentheoretisch begründen? Erläutern Sie in diesem Zusammenhang das Gesetz von der abnehmenden Grenzrate der Substitution und seinen Bezug zu den Grenznutzen der beiden Güter.
17. Erläutern Sie das Konzept der Budgetlinie. Wovon hängen die Lage bzw. die Steigung der Budgetlinie ab?
18. Wovon hängt es ab, welches Nutzenniveau ein Haushalt erreichen kann? Erläutern Sie in diesem Zusammenhang den Begriff des Haushaltsgleichgewichtes und seine mathematischen Bedingungen. Inwiefern ist auch hier das zweite Gossensche Gesetz relevant?
19. Erläutern Sie die Begriffe Preis-Konsum-Kurve und Nachfragekurve. Zeigen Sie verbal und graphisch, wie sich die Nachfragekurve aus der Preis-Konsum-Kurve herleiten lässt.
20. Inwiefern kann die Steigerung des Wurstpreises zu einem Nachfragerückgang beim Substitutionsgut Käse führen? Erläutern Sie in diesem Zusammenhang den Substitutions- und den Realeinkommenseffekt.
21. Zeigen Sie mit Hilfe der Indifferenzkurvenanalyse auf, welche Nachfrageeffekte Änderungen der Bedürfnisstruktur und des Einkommens haben.
22. Inwieweit kann ein Haushalt die von der Nachfragetheorie formulierten Nutzenmaximierungsbedingungen in der Realität anwenden, inwieweit kann er es nicht?
23. Diskutieren Sie die Frage der empirischen Überprüfbarkeit der Nachfragetheorie. Ist es leichter, Nachfragekurven aus Nutzenfunktionen oder Nutzenfunktionen aus dem tatsächlichen Nachfragerverhalten herzuleiten?
24. Erörtern Sie die These, dass einem Impuls- und einem Gewohnheitsverhalten irrationale Elemente anhaften.
25. Erläutern Sie verschiedene Formen von sozialabhängigem Konsumverhalten und zeigen Sie auf, wie ein derartiges Verhalten die üblichen Annahmen über die Gesetzmäßigkeiten der Nachfrage revidiert.

4. Teil
Die Theorie des Angebotes

Im 2. Teil sind die wichtigsten Determinanten des Güterangebotes von Unternehmungen genannt worden. Ferner wurden erste Aussagen über ihre Wirkungsrichtung und über die Stärke ihres Einflusses gemacht. Als Angebotskurve wurde dabei das graphische Abbild der Angebotsfunktion i.e.S. (2.11) bezeichnet, in der die angebotene Menge des Gutes X in Abhängigkeit vom Preis des Gutes X dargestellt wird.

Im Rahmen einer Theorie des Angebotes, deren zentrale Aufgabe es sein soll, reales Anbieterverhalten *zu erklären*, gilt es nunmehr, *die Lage und den Verlauf der Angebotskurve zu begründen*, d.h. den Einfluss des Preises und der übrigen Angebotsdeterminanten präzise aufzuzeigen. Es ist also *zu erklären, warum die Anbieter bei alternativen Preisen des Gutes X ganz bestimmte Mengen dieses Gutes anbieten.*

Wie schon bei der Nachfragetheorie dargelegt, ist eine zweite Aufgabe der Theorie darin zu sehen, dass sie Bedingungskonstellationen für das Eintreten besonders günstiger ökonomischer Wirkungen formuliert. Auch weite Teile der nunmehr zu behandelnden Angebotstheorie verstehen sich primär als *Bedingungstheorie*, indem sie *Handlungsanweisungen für Unternehmen geben.* Erst wenn Grund zu der Annahme besteht, dass die Anbieter diesen Handlungsanweisungen folgen, kann man sagen, dass die Theorie reales Anbieterverhalten erklärt.

Die Theorie des Angebotes stellt also zunächst die Frage, wie sich eine Unternehmung verhalten muss, wenn sie ihr erklärtes Ziel erreichen möchte. Zu diesem Zweck muss sie von einigen **Prämissen** ausgehen, welche die Gegebenheiten der Realität offensichtlich nicht perfekt abbilden. Wie in der Nachfragetheorie bereits geschehen, werden diese Prämissen später in Kapitel C wieder aufgegriffen und diskutiert. Zunächst wird aber angenommen, dass die einzelne Unternehmung *vollkommene Kenntnis* aller Produktions- und Marktgegebenheiten hat und dass sie sich bezüglich der Erreichung ihres Zieles *rational verhält.* Was dieses Ziel betrifft, so wird *Gewinnmaximierung* unterstellt. Vollkommene Kenntnis, insbesondere aber Gewinnmaximierung als eindeutige Zielsetzung und Rationalverhalten sind erneut Kennzeichen des Akteurs als *homo oeconomicus,* dem es darum gehen muss, die Handlungsanweisungen zur Erreichung seiner Zielsetzung genau zu befolgen. Wie zuvor angedeutet, wird ferner davon ausgegangen, dass die einzelne Unternehmung die *Preise der Güter nicht beeinflussen kann.* Auf weitere, insbesondere produktionstechnische Prämissen ist im Folgenden noch einzugehen.

Unterstellt man Gewinnstreben in der Form der Gewinnmaximierung als Ziel der Unternehmung, so ist der logische Ablauf der Untersuchung vorgeprägt. Da Gewinne definiert sind als Differenz zwischen Erlösen und Kosten, wird im folgenden Kapitel A mit der Produktions- und Kostenanalyse begonnen. In Kapitel B schließt sich die Erlösanalyse an, die unter Einschluss der Kostenanalyse sofort in die Gewinnanalyse weitergeführt wird. Da dem folgenden Ansatz ähnlich wie dem der Nachfragetheorie (Grenznutzen) eine Grenzbetrachtung zu Grunde liegt (Grenzerlös, Grenzkosten), kann er als Marginaltheorie des Angebotes bezeichnet werden. In Kapitel C erfolgt eine Kritik dieser Theorie des Angebotes.

A. Die Produktions- und Kostenanalyse

I. Produktion und Produktionsfunktion

1. Prämissen der Produktionsanalyse

Der Produktionsprozess einer Volkswirtschaft wurde im 1. Teil als ein Umwandlungsprozess beschrieben, bei welchem mit Hilfe von Produktionsfaktoren Güter hergestellt werden. Es wurde die Produktionsfunktion (1.1) gebildet. Das Angebot einer einzelnen Unternehmung an einem Gut X wurde im 2. Teil als eine Größe angesehen, welche gemäß (2.8) von den Gewinnen der X-Produktion, den Gewinnen alternativer W-Produktionen sowie von den Erwartungen der Unternehmung abhängig ist. In den folgenden Darstellungen soll der Einfachheit halber zunächst unterstellt werden, dass die Unternehmung für den Untersuchungszeitraum t die *Produktwahl zu Gunsten des Gutes X getroffen* hat, d.h. dass die Gewinne in alternativen Produktionen sowie Erwartungen noch keine Rolle spielen. Die globalen Angebotsfunktionen (2.8)–(2.10) verkürzen sich dann auf

(4.1) $A_x/t = f(G_x)$ bzw.

(4.2) $A_x/t = f(R_x, K_x)$ bzw.

(4.3) $A_x/t = f(p_x, v_x, l_x, T_x)$.

Die reduzierte Angebotsfunktion (2.11) verkürzt sich auf

(4.4) $A_x = f(p_x)$ mit $\overline{v_x}, \overline{l_x}, \overline{T_x}$,

wobei, wie etwas später noch zu sehen sein wird, $\overline{v_x}$ als Produktion bei gegebener Kapazität zu interpretieren ist (sog. kurzfristige Analyse).

Die Erörterung der soeben dargestellten Angebotsfunktion wird erleichtert, wenn für den ihr zu Grunde liegenden Produktionsprozess zwei weitere Einschränkungen gemacht werden, welche als Prämissen in die folgende Analyse eingehen:

- Es möge sich um eine *einfache Produktion* handeln, d.h. es entsteht ein Endprodukt X in einem selbstständigen, von anderen Prozessen unabhängigen Produktionsprozess. Es liegt also ein Einproduktunternehmen oder ein Mehrproduktunternehmen mit unverbundenen Produktionsprozessen vor, d.h. es liegt keine Alternativproduktion vor (mehrere Endprodukte mit Hilfe teilweise gleicher Faktoren, wie es beispielsweise bei der alternativen Herstellung von Elektroherden und Kühlschränken durch einen Elektrogerätehersteller oder wie es allgemein bei der im ersten Teil erörterten Transformationskurve unterstellt worden war) und es liegt auch keine Kuppelproduktion vor (mehrere Produkte in einem Produktionsprozess wie beispielsweise bei der Schafzucht, bei der es um die gleichzeitige Gewinnung von Fleisch und Wolle geht).

- Es möge sich um eine *einstufige Produktion* handeln, d. h. es entsteht mit Hilfe von Produktionsfaktoren direkt das Endprodukt X (also nicht erst Zwischenprodukte, welche temporär gelagert und erst zu einem späteren Zeitpunkt weiter verarbeitet werden).

Unter diesen Prämissen können die Produktionsbedingungen der Unternehmung durch die **Produktionsfunktion**

(4.5) $q_x = f(v_1, v_2, \ldots, v_n)$

dargestellt werden. Die Produktionsfunktion beschreibt die *Abhängigkeit der produzierten Menge des Gutes X von den Einsatzmengen der Produktionsfaktoren.* Dabei ist davon auszugehen, dass zur Produktion eines Gutes X eine Vielzahl von Faktoren erforderlich ist, wobei v_1, v_2 usw. jeweils für einen Faktor mit bestimmten qualitativen Merkmalen steht (z. B. Angestellte mit bestimmten Tätigkeitsmerkmalen, Maschinen eines bestimmten Typs, Boden einer bestimmten Qualität). Die Produktionsfunktion (4.5) ist also die einzelwirtschaftliche Variante jener gesamtwirtschaftlichen Produktionsfunktion (1.1), welche im ersten Teil vorgestellt worden ist und in der das Produktionsergebnis zunächst sehr allgemein als Funktion der Produktionsfaktoren Arbeit, Boden, Sachkapital und technisches Wissen erschienen ist.

Um die folgenden Überlegungen einfacher zu gestalten, soll in einer modellhaften Darstellung davon ausgegangen werden, dass die Produktion des Gutes X nur mit Hilfe von zwei Produktionsfaktoren erfolgt, oder mit anderen Worten, dass sich die n Faktoren auf zwei reduzieren lassen. Es gelte also

(4.6) $q_x = f(v_1, v_2)$.

Diese beiden Produktionsfaktoren mögen in der jeweiligen Produktion Boden und Arbeitskräfte oder Boden und Maschinen oder Maschinen und Arbeitskräfte sein.

Für die weiteren Überlegungen kann es sinnvoll sein, die *Produktionsfunktion in algebraischer Form,* also z. B. als

(4.7) $q_x = \gamma \cdot v_1^{\alpha} \cdot v_2^{\beta}$

darzustellen. Dabei lassen sich je nach der Spezifikation der Parameter α, β und γ unterschiedliche Typen von Produktionsfunktionen unterscheiden, beispielsweise homogene und inhomogene Produktionsfunktionen. Auf einige wichtige Funktionstypen wird im Folgenden noch eingegangen.

Neben der algebraischen Darstellung ist es möglich, die Produktionsfunktion *in tabellarischer und in graphischer Form zu präsentieren.* In tabellarischer Form könnte sie zum Beispiel die in Tabelle 4.1. ausgewiesene Gestalt haben. Aus Gründen der Übersichtlichkeit sind in der Tabelle nicht alle bei sämtlichen Kombinationen der beiden Faktoreinsatzmengen entstehenden Produktionsmengen abgebildet. Die Tabelle ist so zu lesen, dass beispielsweise beim Einsatz von vier Arbeitskräften (v_1) auf zwei ha Boden (v_2) 40 Doppelzentner Kartoffeln (q_x) produziert werden.

Unterstellt man einmal, dass die jeweiligen Kombinationen der beiden Produktionsfaktoren tatsächlich zu den in Tab. 4.1. dargestellten Produktionsmengen q_x

Tab. 4.1.

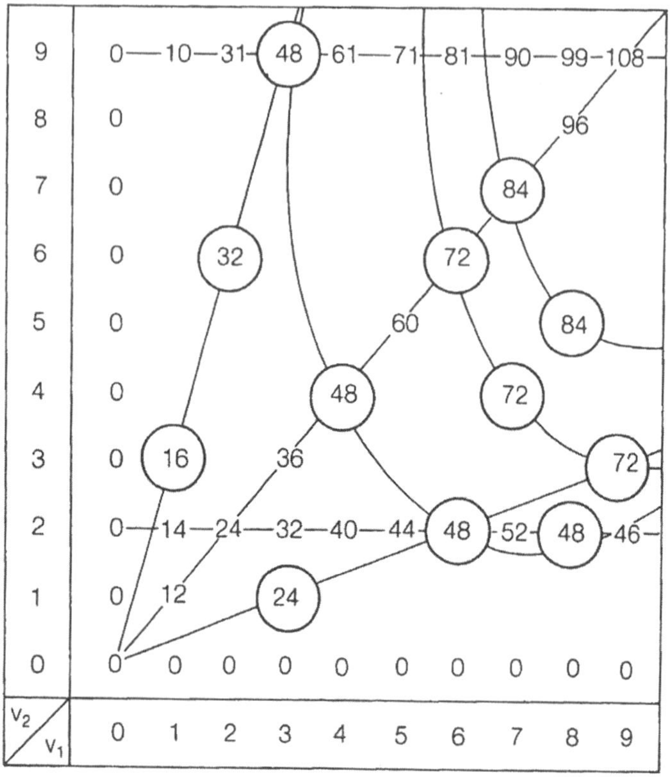

führen, so wird eine Spezialität der verwendeten Produktionsfaktoren deutlich. Sie sind insoweit komplementär, als mit einem Faktor allein nicht produziert werden kann. Sie sind andererseits substitutiv, da die Faktoren sich gegenseitig (in Grenzen) ersetzen können. *Diese Eigenschaft der Produktionsfaktoren liegt demnach zwischen den Grenzfällen der vollkommenen Substitutionalität (= Identität) und der vollkommenen Komplementarität (= Limitationalität),* welche durch ein einziges konstantes Einsatzverhältnis gekennzeichnet wäre.

Die graphische Darstellung der Produktionsfunktion kann in einer dreidimensionalen Form als sog. **Produktionsgebirge** (Abb. 4.1.a.) sowie in verschiedenen zweidimensionalen Formen erfolgen. Eine erste zweidimensionale Darstellung ergibt sich, wenn man horizontale Schnitte durch das Produktionsgebirge zieht und die entsprechenden Höhenlinien in die v_1–v_2-Ebene projiziert. Es entstehen Linien gleicher Produktionshöhe, sog. **Isoquanten** (Abb. 4.1.a. und 4.1.b.). Weitere zweidimensionale Darstellungen ergeben sich, wenn man senkrechte Schnitte durch das Produktionsgebirge zieht und dabei entweder eine bestimmte konstante Faktorproportion zugrunde legt (Abb. 4.1.c.) oder aber einen Faktor konstant hält und den anderen variiert (Abb. 4.1.d.). In Abb. 4.1.a. und Abb. 4.1.d. ist der Ertragsverlauf – nicht völlig exakt den in Tab. 4.1. ausgewiesenen Zahlenwerten folgend – in S-förmiger Gestalt stilisiert dargestellt worden.

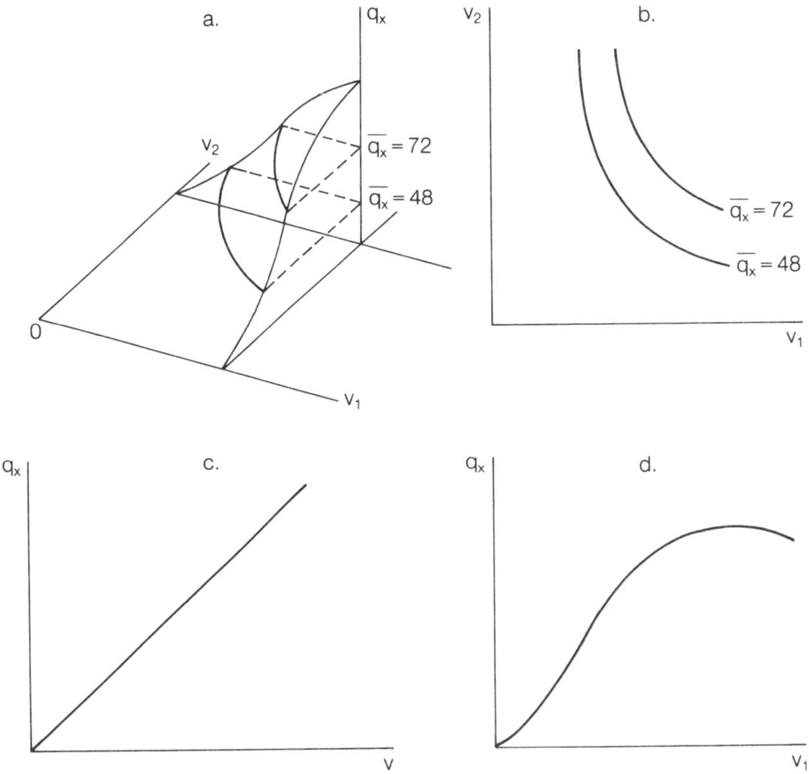

Abb. 4.1.

2. Arten der Faktorvariation

Die zweidimensionalen Darstellungen des Produktionsgebirges sind Ausdruck konkreter produktionstechnischer Fragestellungen, mit denen eine Unternehmung konfrontiert werden kann. Sie führen zu drei *spezifischen Arten von Faktorvariation.*

Frage 1: Mit welchen Einsatzmengen der beiden variablen Produktionsfaktoren kann ein bestimmtes, konstantes Produktionsergebnis $\overline{q_x}$ hergestellt werden und welche dieser Faktorkombinationen ist die kostengünstigste (die Minimalkostenkombination)? Ist es beispielsweise kostengünstiger, auf einer großen Bodenfläche mit wenigen Arbeitskräften oder auf einer kleineren Fläche mit mehr Arbeitseinsatz zu produzieren? Ist es kostengünstiger, kapitalintensiv, also mit hohem Maschineneinsatz und wenigen Arbeitskräften, oder arbeitsintensiv, d. h. mit geringem Maschineneinsatz und vielen Arbeitskräften zu produzieren? Die Produktionsfunktion (4.6) ist dann in der Form

(4.6.a) $\overline{q_x} = f(v_1, v_2)$

zu schreiben. Wie Abb. 4.1.a. und 4.1.b. zeigen, substituiert man die Faktoren genau in der Weise gegeneinander, dass der Ertrag konstant (z. B. $\overline{q_x} = 48$) bleibt. Da man die Faktoren gegeneinander substituiert, kann man von *substitutionaler*

Faktorvariation sprechen. Da man die Substitution der Faktoren exakt in der Weise vornimmt, dass das Produktionsergebnis konstant bleibt, ist es genau genommen eine „produktionsmengengleiche“, also eine *isoquante Faktorvariation.*

Frage 2: Wie verändert sich der Ausstoß des Gutes X, wenn beide Faktoren bei konstanter Einsatzproportion (z.B. $v_1/v_2 = 1/1$ oder 3/1 oder 1/3 usw.) vermehrt oder vermindert eingesetzt werden? Wie ändert sich das Produktionsergebnis beispielsweise, wenn man die Einsatzmengen beider Produktionsfaktoren verdoppelt, wenn man also auf einer doppelt so großen Bodenfläche sechs statt drei Arbeitskräfte produzieren lässt? Die Produktionsfunktion (4.6) ist dann in der Form

$$(4.6.b) \quad q_x = f(\lambda v_1, \lambda v_2)$$

zu schreiben, wobei die Rate λ den für beide Faktoren gleichen Prozentsatz der Faktorvariation angibt: Das Verfahren wird als *proportionale Faktorvariation* bezeichnet. (Gelegentlich steht der Ausdruck λ auch für das sog. Prozessniveau, d.h. für den Abstand des jeweiligen Produktionspunktes vom Nullpunkt.) Wie Tab. 4.1. und Abb. 4.1.c. zeigen, ist die hierbei verwendete Produktionsfunktion durch eine weitere Spezialität gekennzeichnet. Verdoppelungen (Verdreifachungen usw.) des Faktoreinsatzes bewirken exakt Verdoppelungen (Verdreifachungen usw.) des Produktionsergebnisses. Die Mengenänderung beträgt demnach $\lambda^r q_x$, wobei $r = 1$ ist. Da r konstant ist, liegt eine *homogene Produktionsfunktion* vor, da $r = 1$ ist, ist von einer *linear-homogenen Produktionsfunktion* bzw. von einer Funktion mit konstanten Skalenerträgen (constant returns to scale) zu sprechen. Demgegenüber lägen bei $r > 1$ steigende Skalenerträge (increasing returns to scale) und bei $r < 1$ sinkende Skalenerträge (decreasing returns to scale) vor.

Frage 3: Wie verändert sich der Ausstoß des Gutes X, wenn einer der Faktoren bei einer bestimmten Einsatzmenge konstant gehalten und nur der andere Faktor variiert wird? Wie verändert sich das Produktionsergebnis beispielsweise dann, wenn man bei einer gegebenen Bodenfläche bleibt und nur die Zahl der Arbeitskräfte verdoppelt? Die Produktionsfunktion (4.6) ist dann in der Form

$$(4.6.c) \quad q_x = f(v_1, \overline{v_2})$$

zu schreiben, sofern v_2 der konstant gehaltene Faktor ist: Das Verfahren wird als *partielle Faktorvariation* bezeichnet.

Auf eine vierte Art von Faktorvariation, die sog. *isokline Faktorvariation,* und die dahinterstehende produktionstechnische Fragestellung soll angesichts ihrer Komplexität erst in Abschnitt III 1 sowie im Kapitel C I 1 eingegangen werden.

II. Kostenminimale Produktion einer konstanten Ausstoßmenge

1. Isoquante und Isokostenlinie

Bevor auf die für die Herleitung der Angebotsfunktion (4.4) relevante Frage eingegangen werden kann, wie variable Ausstoßmengen kostengünstig hergestellt werden können (siehe zuvor Frage 2 bzw. Frage 3), ist zunächst zu klären, wie eine konstante Ausstoßmenge kostenminimal zu produzieren ist. Es soll also gefragt werden, *welche Kombination der beiden Produktionsfaktoren das Unternehmen bei gegebener Produktionsfunktion zu wählen hat,* wenn es einen bestimmten Ertrag mit möglichst niedrigen Kosten erzeugen möchte. Gesucht wird demnach die **Minimalkostenkombination** (siehe zuvor Frage 1).

Mit dieser Frage formal identisch ist die Frage, welche Faktorenkombination zu wählen ist, um bei gegebener Kostensumme einen möglichst hohen Ertrag zu erzielen. Gesucht wird in diesem Fall die **Maximalertragskombination.** Die Frage nach der Minimalkosten- bzw. Maximalertragskombination stellt sich insbesondere bei der Neuerrichtung von Produktionsstätten, etwa bei Unternehmensgründung oder Unternehmenserweiterung, wenn alle erforderlichen Produktionsfaktoren noch variabel und frei wählbar sind.

Wie Tab. 4.1. sowie Abb. 4.1.a. und 4.1.b. gezeigt haben, ist es unter der Prämisse substitutionaler Produktionsfaktoren möglich, ein gewünschtes Produktionsergebnis (z. B. $\overline{q_x} = 48$) mit verschiedenen Kombinationen der beiden Produktionsfaktoren herzustellen. Die beim Horizontalschnitt durch das Produktionsgebirge entstehenden Isoquanten geben diejenigen Faktorkombinationen an, die zum gewünschten Produktionsergebnis führen. *Definitionsgemäß ändert sich der Ertrag (das Produktionsergebnis) auf der Isoquante nicht.* Die Einsatzmengenänderungen der beiden Produktionsfaktoren gleichen sich ertragsmäßig gerade aus. Die Ertragsänderung ist $dq_x = 0$. Eine Ertragsänderung lässt sich durch das *totale Differenzial* der Produktionsfunktion (4.6) ausdrücken, das für eine Isoquante gleich Null zu setzen ist. Es gilt demnach

$$(4.8) \qquad dq_x = \frac{\partial q_x}{\partial v_1} \cdot dv_1 + \frac{\partial q_x}{\partial v_2} \cdot dv_2 = 0.$$

Die Ausdrücke $\partial q_x/\partial v_1$ und $\partial q_x/\partial v_2$ stellen die **Grenzproduktivitäten** der beiden Produktionsfaktoren dar. Sie sollen im Folgenden als X_1' bzw. X_2' abgekürzt werden, so dass sich (4.8) auch in der Form

$$(4.8.a) \qquad dq_x = X_1' \cdot dv_1 + X_2' \cdot dv_2 = 0$$

schreiben lässt. Wegen $dq_x = 0$ und wegen des negativen Vorzeichens einer der beiden Faktorenänderungen (ein Faktor wird vermehrt, der andere vermindert eingesetzt) ergibt sich

$$(4.9) \qquad X_1' \cdot dv_1 = X_2' \cdot dv_2$$

und umgeformt unter Vernachlässigung des Vorzeichens

$$(4.10) \qquad \tan \alpha = \frac{dv_2}{dv_1} = \frac{X_1'}{X_2'}$$

Der Ausdruck dv_2/dv_1 stellt das Verhältnis der Mengenabnahme von Faktor v_2 zur Mengenzunahme von Faktor v_1 dar, welche sich produktionsmäßig gerade ausgleichen. Man bezeichnet ihn als **Grenzrate der technischen Substitution (GRTS).** Da die GRTS mit zunehmender Substitution von v_2 durch v_1 ständig abnimmt, gilt das *Gesetz von der abnehmenden Grenzrate der technischen Substitution* (vgl. Abb. 4.2.). Die GRTS wird durch die Steigung der Isoquante, also $\tan \alpha$, ausgedrückt.

Gemäß (4.10) *ist die GRTS gleich dem umgekehrten Verhältnis der Grenzproduktivitäten der beiden Faktoren.* In Punkt B_1 in Abb. 4.2. wird beispielsweise wenig v_1 und viel v_2 eingesetzt. Demgemäß ist die Grenzproduktivität von v_1 hoch und die von v_2 niedrig. Es ist also vergleichsweise viel Einsparung von v_2 möglich, wenn man v_1 um eine Mengeneinheit erhöht.

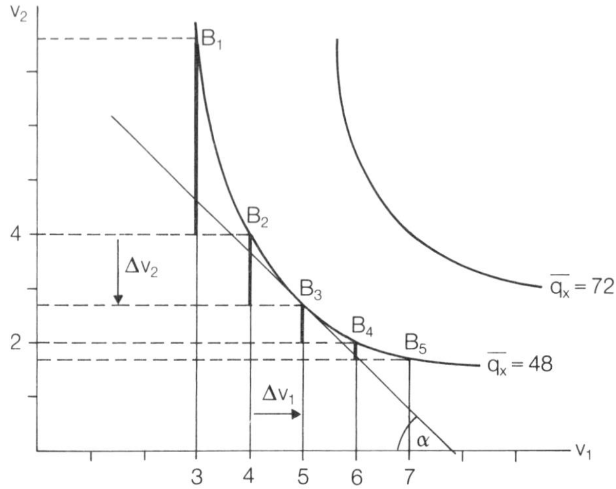

Abb. 4.2.

Bislang sind die Produktionsbedingungen der Unternehmung durch eine Produktionsfunktion (4.6) und ihre Darstellungen in Tab. 4.1., Abb. 4.1. und Abb. 4.2. wiedergegeben worden. Für die folgenden Überlegungen ist nun von Bedeutung, dass die Unternehmung *die erforderlichen Faktoreinsatzmengen auf den Faktormärkten erwerben muss.* Die für die Unternehmung bei der Nutzung von Produktionsfaktoren auftretenden *Restriktionen* bestehen darin, dass die Produktionsfaktoren etwas kosten und dass der Unternehmung nur eine begrenzte Kostensumme zur Verfügung steht. Unter der Annahme, dass die Unternehmung die gesamte Kostensumme K zum Erwerb der beiden Faktoren verwendet, ergibt sich

(4.11) $K = v_1 \cdot l_1 + v_2 \cdot l_2$ bzw.

(4.12) $$v_2 = -\frac{l_1}{l_2} \cdot v_1 + \frac{K}{l_2}.$$

Die Zusammenhänge sollen durch ein Zahlenbeispiel verdeutlicht werden: Angenommen sei eine Kostensumme $K = 120$ und Faktorkostensätze (Faktorpreise) $l_1 = 10$ und $l_2 = 30$. Würde die Unternehmung nur v_1 einsetzen, so könnte sie K/l_1, also $120/10 = 12$ Einheiten v_1 (und Null Einheiten v_2) verwenden. Würde sie nur v_2 einsetzen, so könnte sie K/l_2, also $120/30 = 4$ Einheiten v_2 (und Null Einheiten v_1) verwenden. Alle maximal verwendbaren Faktoreinsatzmengen liegen auf der in Abb. 4.3. gezeichneten **Isokostenlinie.**

Die Steigung und die Lage der Isokostenlinie werden gemäß (4.12) von den Kostensätzen der beiden Faktoren sowie von der Höhe der Kostensumme bestimmt. Die Steigung ergibt sich als

(4.13) $\tan \beta = \frac{K}{l_2} : \frac{K}{l_1} = \frac{l_1}{l_2},$

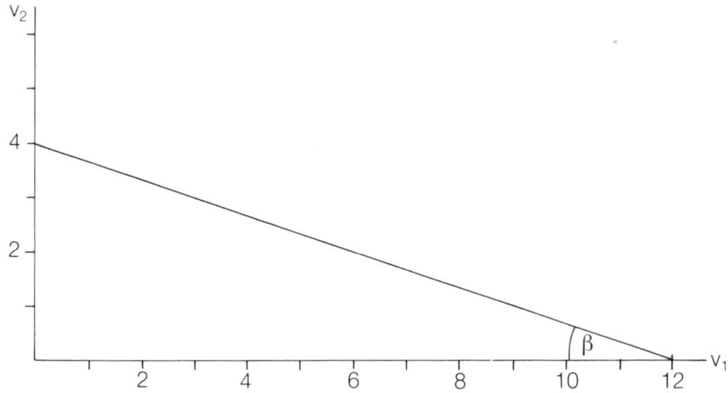

Abb. 4.3.

ist also gleich dem Verhältnis der Kostensätze (der Faktorpreise). *Ändert sich das Faktorpreisverhältnis von tan β_1 = 10/30 auf tan β_2 = 20/30, dann wird die Isokostenlinie entsprechend steiler* (vgl. Abb. 4.4.a.). *Ändert man die Kostensumme z.B. auf $K_2 = 90$ oder $K_3 = 60$, so ergeben sich Parallelverschiebungen der Isokostenlinie,* in diesem Fall nach innen (vgl. Abb. 4.4.b.).

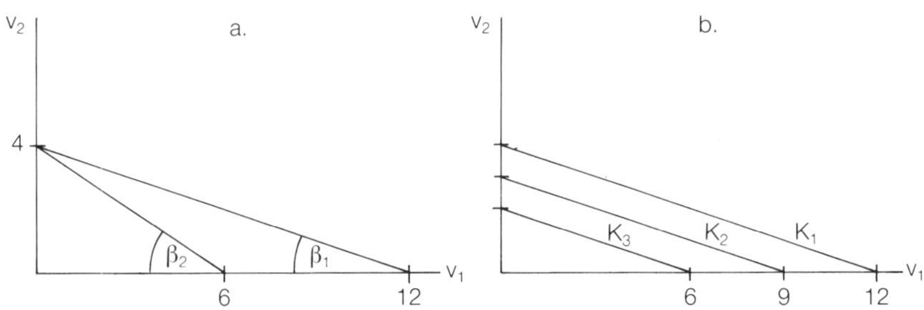

Abb. 4.4.

2. Die Minimalkostenkombination

Nachdem mit Hilfe von Abb. 4.2. die Produktionsbedingungen der Unternehmung in Form einer Isoquante bzw. einer Isoquantenschar dargestellt und nachdem mit Hilfe von Abb. 4.3. und Abb. 4.4. die der Unternehmung auferlegten Restriktionen in Form einer Isokostenlinie bzw. verschiedener Isokostenlinien aufgezeigt worden sind, kann nunmehr die Minimalkostenkombination (Maximalertragskombination) dargestellt werden. Dies geschieht durch *Zusammenfügen von Isoquantensystem und Isokostenlinien.*

Wünscht die Unternehmung, das Produktionsergebnis $\overline{q_x}$ = 48 kostenminimal herzustellen, so zeigt Abb. 4.5.a., dass bei einer Wanderung auf der gewünschten Isoquante in M die niedrigst mögliche Kostensumme K = 120 erreicht wird. *In M liegt die Minimalkostenkombination* mit den Faktoreinsatzmengen $v_1 = 6$ und $v_2 = 2$. Hat sich die Unternehmung demgegenüber festgelegt, dass sie höchstens K = 120 einsetzen kann, so zeigt Abb. 4.5.b., dass bei einer Wanderung auf der gewünschten Isokostenlinie in M der maximale Ertrag von $q_x = 48$ erreicht wird. *In M liegt die Maximalertragskombination.*

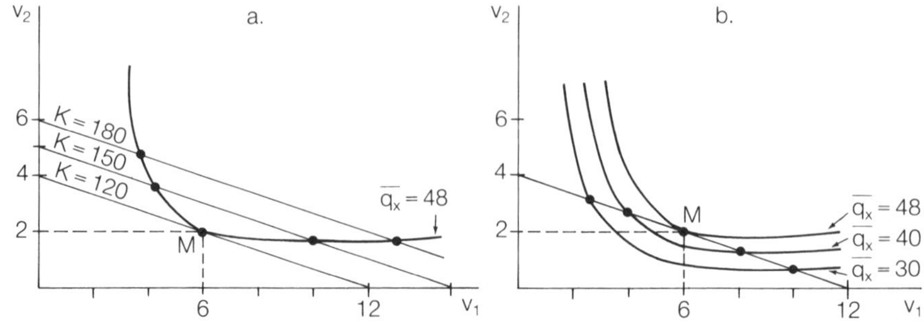

Abb. 4.5.

Die Minimalkostenkombination (Maximalertragskombination) liegt im *Berührungspunkt von Isoquante und Isokostenlinie.* Im Berührungspunkt haben Isoquante und Isokostenlinie die gleiche Steigung. Da die Steigung der Isoquante gemäß (4.10) gleich der Grenzrate der technischen Substitution und dem umgekehrten Verhältnis der Grenzproduktivitäten der beiden Faktoren ist und da die Steigung der Isokostenlinie gemäß (4.13) das Verhältnis der Faktorpreise ausweist, lautet die Bedingung für die Minimalkosten- bzw. Maximalertragskombination

$$(4.14) \qquad \tan \alpha = \frac{dv_2}{dv_1} = \frac{X_1'}{X_2'} = \frac{l_1}{l_2} = \tan \beta.$$

Im Punkte M ist also das Verhältnis der Grenzproduktivitäten gleich dem Preisverhältnis der Produktionsfaktoren (und beide sind umgekehrt proportional der Grenzrate der technischen Substitution).

Bei der Herleitung der Minimalkosten- bzw. Maximalertragskombination fällt die *formale Übereinstimmung mit der Gleichgewichtslösung der Indifferenzkurvenanalyse* auf. So sind die Bedingungen (3.15) und (4.14) völlig analog aufgebaut. Demgemäß sind auch die Rechenwege zur Ermittlung des Haushaltsgleichgewichtes und der Minimalkosten- bzw. Maximalertragskombination identisch. Ist die Produktionsfunktion algebraisch spezifiziert und stehen die gewünschte Produktionsmenge bzw. die verfügbare Kostensumme und die Faktorpreise fest, so kann die Minimalkosten- bzw. die Maximalertragskombination mit dem im 3. Teil in der Indifferenzkurvenanalyse erwähnten Lagrange-Ansatz berechnet werden. An Stelle der Nutzenfunktion ist die Produktionsfunktion, an Stelle des Einkommens (der Konsumsumme) ist die Kostensumme und an Stelle der Güterpreise sind die Faktorpreise einzusetzen. Dabei ist anzumerken, dass eine algebraische Spezifikation der zu Grunde liegenden Produktionsfunktion einer Unternehmung trotz diverser Schwierigkeiten eher vorstellbar ist als die der Nutzenfunktion eines Haushaltes, zumal sich die vorliegenden Produktionsgegebenheiten auch eher empirisch überprüfen lassen als die subjektiven Wertempfindungen, also der Nutzen.

Die in der Konsum- bzw. Produktionsanalyse verwendeten analogen Konzepte werden in Tab. 4.2. noch einmal gegenübergestellt. Zu beachten ist allerdings, dass das *Haushaltsgleichgewicht die nutzenmaximierende Gleichgewichtslösung des Haushalts bildet,* während die *Minimalkosten- bzw. Maximalertragskombination lediglich das produktionstechnische Optimum, noch nicht aber das Unternehmensgleichgewicht im Sinne des Gewinnmaximums des Unternehmens darstellt.*

Tab. 4.2.

Konsumanalyse	Produktionsanalyse
Nutzenfunktion	Produktionsfunktion
Indifferenzkurve	Isoquante
GRS	GRTS
Grenznutzenverhältnis	Verhältnis der Grenzproduktivitäten
Budgetlinie	Isokostenlinie
Konsumsumme	Kostensumme
Güterpreisverhältnis	Faktorpreisverhältnis
Haushaltsgleichgewicht	Minimalkosten- bzw. Maximalertragskombination

Ein Schlüsselbegriff in der vorangegangenen Analyse ist die *Grenzproduktivität der Faktoren.* Gemäß (4.8) ist darunter die marginale Produktionssteigerung als Folge einer marginalen Änderung der Einsatzmenge eines Produktionsfaktors zu verstehen. Wie die Bedingung (4.14) zeigt, *besteht zwischen den Grenzproduktivitäten und den Faktorpreisen ein enger Zusammenhang,* welcher auch für Verteilungsfragen von außerordentlicher Bedeutung ist (Entlohnung nach Grenzproduktivität). So lässt sich z.B. darstellen, dass sich bei isolierter Preisvariation eines Faktors (vgl. Abb. 4.4.a.) die Lage der Minimalkostenkombination ändert. So werden beispielsweise teurer gewordene deutsche Arbeitskräfte (v_1) durch nicht oder weniger teurer gewordene asiatische Arbeitskräfte (v_2) ersetzt. Analog zur Entwicklung der Preis-Konsum-Kurve in der Güternachfragetheorie kann eine **Preis-Faktor-Kurve** und anschließend eine **Nachfragekurve nach dem Produktionsfaktor** in Abhängigkeit vom Faktorpreis hergeleitet werden. Eine Änderung der Lage der Minimalkostenkombination ergibt sich auch dann, wenn beide Faktorpreise sich ändern. Wird z.B. v_1 teurer und v_2 billiger (vgl. Abb. 4.6.), d.h.

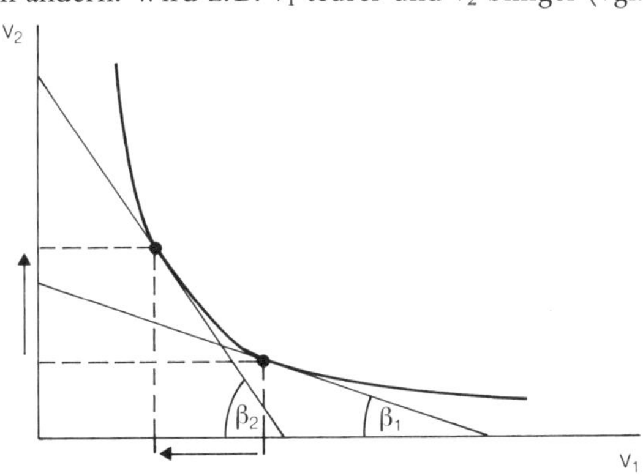

Abb. 4.6

steigt das Faktorpreisverhältnis von tan β_1 auf tan β_2, so wird der im Preis gestiegene Faktor v_1 durch den im Preis gesunkenen Faktor v_2 substituiert. Es werden also beispielsweise teurer gewordene Arbeitskräfte (v_1) durch billiger gewordene Maschinen (v_2) ersetzt.

III. Kostenminimale Produktion variabler Ausstoßmengen

Im Hinblick auf die Herleitung der Angebotsfunktion (4.4) ist die *Frage relevant, wie sich die Produktionskosten bei Ausstoßänderungen entwickeln und welches die kostengünstigste Ausstoßmenge darstellt.* Wünscht die Unternehmung Ausstoßänderungen, so bietet sich dafür – wie zuvor gezeigt wurde – entweder die proportionale oder die partielle Faktorvariation an. Es werden demnach entsprechende vertikale Schnitte durch das Produktionsgebirge gezogen (vgl. Abb. 4.1.c. und 4.1.d.). Die dabei entstehenden Ausschnitte aus dem Produktionsgebirge (d.h. aus der gesamten Produktionsfunktion) werden häufig als **Ertragsfunktionen** bezeichnet. Wichtig bezüglich des nunmehr verwendeten Begriffes **Ertrag** ist es, dass damit in diesem Zusammenhang ausschließlich das mengenmäßige Produktionsergebnis gemeint ist. Andere Inhalte dieses Begriffes, wie sie teilweise in der Betriebswirtschaftslehre auch üblich sind (bewertete Mengen, Erlös, Gewinn), sind hier nicht gemeint.

Im Folgenden soll zunächst die bei proportionaler und anschließend die bei partieller Faktorvariation entstehende Ertrags- und Kostenfunktion erörtert werden.

1. Ertrags- und Kostenfunktion bei proportionaler Faktorvariation

Die Überlegungen zur proportionalen Faktorvariation können an die Darstellung der Minimalkostenkombination unmittelbar anknüpfen. Ist es der Unternehmung nämlich gelungen, die für die konstante Ausbringungsmenge $\overline{q_x}$ gültige Minimalkostenkombination zu finden, *so dürfte es sinnvoll sein, die nunmehr gefundene optimale Faktoreinsatzkombination* (z.B. $v_2/v_2 = 6/2$ gemäß Abb. 4.5.) *auch bei Produktionsänderungen beizubehalten.* Dies bedeutet, dass sich die Unternehmung auf einem aus dem Ursprung des v_1/v_2-Koordinatensystems kommenden linearen **Expansionspfad** bewegt (vgl. Abb. 4.7. in Verbindung mit Tab. 4.1.).

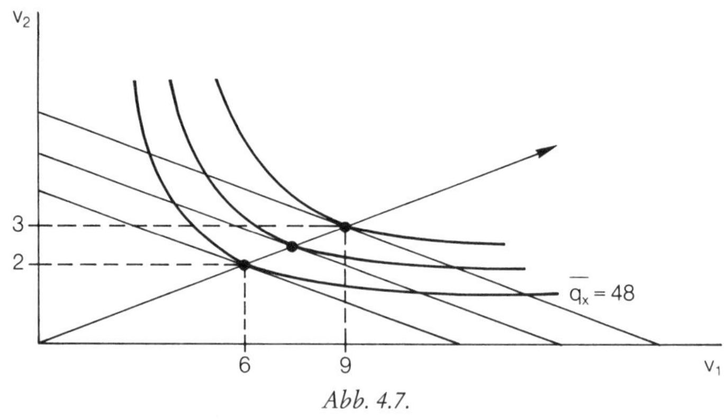

Abb. 4.7.

Grundlage dieses Vorgehens ist es allerdings, dass die Bedingung (4.14), nach der das Verhältnis der Faktorpreise und der Grenzproduktivitäten gleich sein muss, erfüllt ist. Dies ist genau genommen nur in dem – hier unterstellten – Fall einer **homothetischen Produktionsfunktion** gegeben Sie ist dadurch gekennzeichnet, dass das Niveau der Produktion keinen Einfluss auf die Steigung der Isoquante und damit das Verhältnis der Grenzproduktivitäten hat. Nur in diesem Fall ist ein der Minimalkostenkombination folgender Expansionspfad bei gleich bleibendem Faktorpreisverhältnis linear, d.h. die Faktorvariation ist eine proportionale. Auf den Fall eines nicht linearen, aber der Minimalkostenkombination folgenden Expansionspfades wird in Kapitel C I 1 eingegangen.

Bewegt man sich auf dem linearen Expansionspfad, so ist weiter zu fragen, welchen Umfang die Ausstoßänderung annimmt. In Tab. 4.1. ist der *Spezialfall einer linear-homogenen Produktionsfunktion angenommen* worden, in dem Änderungen der Faktoreinsatzmengen genau proportionale Änderungen des Produktionsergebnisses bewirken, also sog. *konstante Skalenerträge* vorliegen. Fälle steigender oder sinkender Skalenerträge sollen vertiefenden betriebswirtschaftlichen Analysen vorbehalten bleiben und im Folgenden nicht erörtert werden.

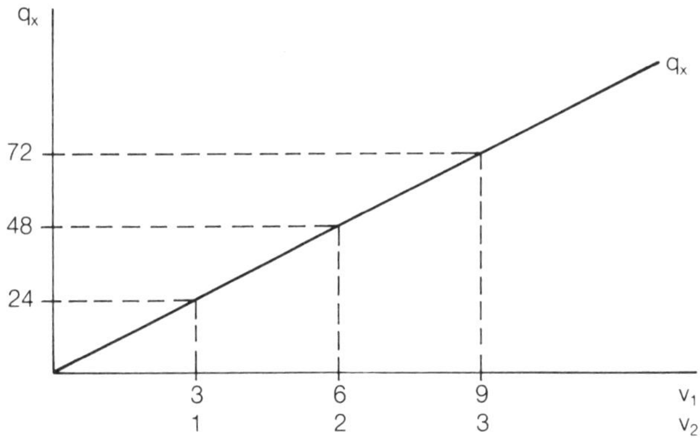

Abb. 4.8.

Damit kann die *Ertragsänderung bei proportionaler Faktorvariation* unter Rückgriff auf Tabelle 4.1. und Abb. 4.1.c. dargestellt werden. In der neuen Abb. 4.8. zeigt sich z.B., dass bei $v_1 = 3$ (und $v_2 = 1$) die Menge $q_x = 24$, bei $v_1 = 6$ (und $v_2 = 2$) die Menge $q_x = 48$ und bei $v_1 = 9$ (und $v_1 = 3$) die Menge $q_x = 72$ produziert wird. Dementsprechend kann man auch lesen: die Produktion von $q_x = 48$ „kostet" den Einsatz von 6 Einheiten v_1 und 2 Einheiten v_2. Kosten im Sinne von eingesetzten Faktormengen sind zu interpretieren als **„Realkosten"**. In der Kostenanalyse ist es allerdings üblich, Kosten nicht als Realkosten auszuweisen, sondern sie in Geldeinheiten auszudrücken. *In Geld ausgedrückte Kosten entstehen,* wie zuvor in (2.10), in (4.3) und in (4.11) dargestellt, *durch Multiplikation der Faktoreinsatzmengen mit den Faktorpreisen.*

Es sei wiederum angenommen, dass $l_1 = 10$ und $l_2 = 30$ betragen. Gemäß

(4.11) $K = v_1 \cdot l_1 + v_2 \cdot l_2$

kann Abb. 4.8. in eine neue Abb. 4.9. umgewandelt werden. Abb. 4.9. unterscheidet sich von Abb. 4.8. lediglich durch die geänderte Bezeichnung der Abszisse, welche jetzt *nicht mehr reale Faktoreinsatzmengen und damit Realkosten, sondern monetäre Kosten ausweist.* Die (reale) Produktions- oder Ertragsfunktion

(4.6) $q_x = f(v_1, v_2)$

ist in eine **monetäre Ertragsfunktion**

(4.15) $q_x = f(K)$

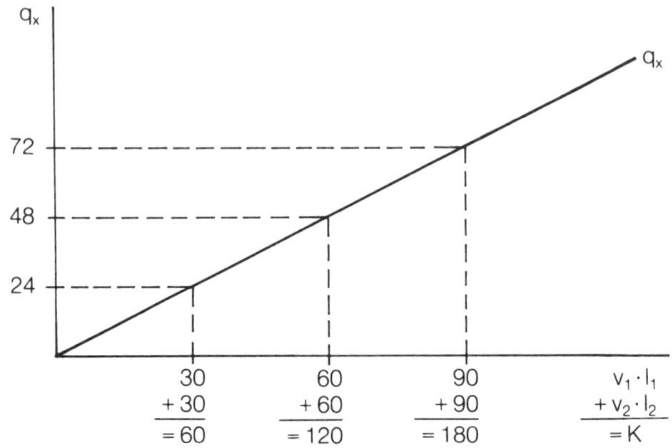

Abb. 4.9.

übergegangen. Gemäß (4.15) kann die Abb. 4.9. nun in der Weise gelesen werden, dass die produzierte Menge des Gutes X von den eingesetzten Kosten abhängig ist.

Durch Umdrehung der Fragestellung kann die monetäre Ertragsfunktion (4.15) in die **Gesamtkostenfunktion**

(4.16) $K = f(q_x)$

überführt werden. Graphisch interpretiert heißt dies, dass die *monetäre Ertragsfunktion gespiegelt oder umgeklappt wird.* Wählt man das Umklappverfahren, so bildet man in Abb. 4.10.a. noch einmal die monetäre Ertragsfunktion und in Abb.4.10.b. die Gesamtkostenfunktion ab, welche wegen der Linearität der Ertragsfunktion ebenfalls linear verlaufen muss. *Kostenkurven lassen sich also in dieser Weise aus Ertragskurven herleiten.*

Neben den in Abb. 4.10.b. dargestellten Gesamtkosten interessieren die Unternehmung die **Grenzkosten** und die **Kosten pro Stück.** Die *Grenzkosten sind definiert als zusätzliche Kosten pro zusätzliche produzierte Menge,* also als

(4.17) $K' = \dfrac{\Delta K}{\Delta q_x}.$

Steigert man die produzierte Menge jeweils um eine Einheit, so erhöhen sich die Gesamtkosten jeweils um 2,50 Euro. Sie sind also bei jeder Menge bzw. Mengensteigerung gleich und betragen jeweils K' = 2,50. Die *Kosten pro Stück (Stück- oder Durchschnittskosten)* sind definiert als

(4.18) $k = \dfrac{K}{q_x}.$

Auch sie sind beim unterstellten linearen Gesamtkostenverlauf bei jeder Ausbringungsmenge gleich und betragen k = 2,50. *Stück- und Grenzkosten sind also konstant und gleich hoch* (vgl. Abb. 4.10.c.).

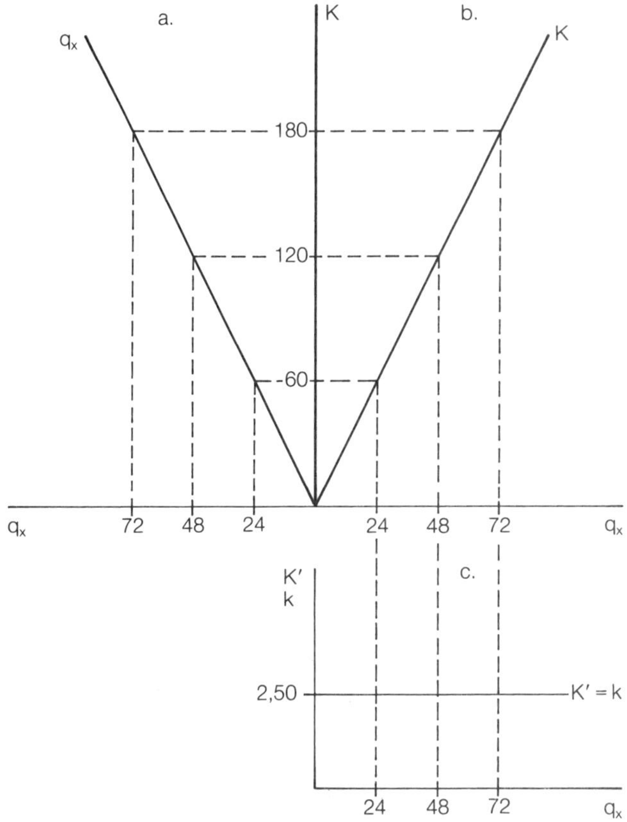

Abb. 4.10.

Daraus folgt nun, dass *bei proportionaler Faktorvariation ein Stückkostenminimum nicht nachweisbar* ist. Die Stückkosten sind bei jeder Ausbringungsmenge gleich (niedrig). Dies war auch zu erwarten, denn die Unternehmung produziert auf ihrem Expansionspfad annahmegemäß immer in der Minimalkostenkombination.

Aus diesen Überlegungen kann nunmehr auch bereits der *Schluss gezogen werden, dass die Unternehmung bei jedem beliebigen Preis, sofern dieser die Stückkosten nur überschreitet, eine unendlich große Menge anbieten müsste.* Bei einer unendlich großen Angebotsmenge kann aber die in der gesuchten Angebotsfunktion (4.4) enthaltene Unterstellung eines gegebenen Preises nicht aufrecht erhalten werden. Da der Preis dann fallen wird, *kann auf der Basis der beiden bislang getroffenen Annahmen,* nämlich

- *proportionale Faktorvariation* und
- *konstanter Marktpreis,* der also durch die Angebotsmenge eines Unternehmens nicht beeinflusst wird,

eine Angebotsfunktion in der gewünschten Form (4.4) nicht sinnvoll hergeleitet werden.

Gegen die bislang erörterte proportionale Faktorvariation kann außerdem vorgebracht werden, dass sie auf einer weiteren, möglicherweise problematischen produktionstechnischen Annahme beruht, nämlich der *beliebigen Teilbarkeit aller Produktionsfaktoren.* Es ist aber in Rechnung zu stellen, dass die hier verwendete Zwei-Faktoren-Produktionsfunktion (4.6) nur die modellhafte Vereinfachung einer in Wirklichkeit existierenden n-Faktoren-Funktion (4.5) darstellt. Bei n-Faktoren kann aber kaum davon ausgegangen werden, dass es der Unternehmung möglich ist, bei jeder kleinen Produktionsänderung alle eingesetzten Faktoren in marginalen Dosierungen minimalkostengemäß anzupassen. Die produktionstechnische *Realität dürfte demgegenüber zumindest kurzfristig so aussehen, dass die Unternehmung einen Teil der eingesetzten Produktionsfaktoren konstant hält* (insbesondere die genutzte Bodenfläche, die Gebäude, die maschinellen Anlagen und einen anderen Teil der Faktoren (möglicherweise durchaus in fester Proportion) variiert. Damit betreibt man aber *nicht mehr proportionale, sondern partielle Faktorvariation.*

2. Ertrags- und Kostenfunktion bei partieller Faktorvariation

Da es der Unternehmung in der Regel nicht möglich sein dürfte, bei jeder Produktionsänderung alle eingesetzten Produktionsfaktoren minimalkostengemäß anzupassen, *stellt die partielle Faktorvariation die kurzfristige Anpassungsform der Unternehmung dar.* Ausgehend von einem konstanten Faktor(block) v_2 wird lediglich der Faktor(block) v_1 variiert und dadurch eine entsprechende Ausstoßänderung erzielt.

Partielle Faktorvariation gemäß (4.6.c) kann, wie auch aus Tab. 4.1. zu entnehmen ist, beispielsweise bei $v_2 = 2$ erfolgen. Bei Steigerung von v_1 werden dann zunächst höhere und dann wieder niedrigere Produktionsmengen bzw. zunächst höhere und dann niedrigere Isoquanten erreicht (vgl. Abb. 4.11.).

Über die bei partieller Faktorvariation entstehende Ausstoßänderung hat es seit Turgot (1768) intensive wissenschaftliche Diskussionen sowie zahlreiche empirische Untersuchungen gegeben. Auf die *Frage nach dem dominierenden oder typischen Ertragsverlauf* soll hier nicht weiter eingegangen werden. Unbestreitbar scheint aber zu sein, dass der *Ertrag bei Existenz eines begrenzenden Faktors v_2 nicht linear, sondern nur degressiv* (möglicherweise zunächst progressiv) *bis zu*

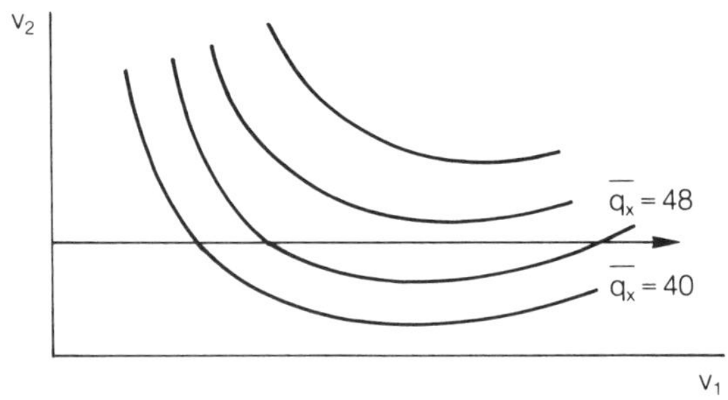

Abb. 4.11.

einem je nach Menge des konstanten Faktors v_2 definierten Maximum (Kapazitätsgrenze) ansteigt und danach wieder fällt. Insbesondere wenn man als konstanten Faktor eine gegebene Bodenfläche unterstellt, dürfte die produktionsbegrenzende Wirkung einer derartigen gegebenen Kapazität in allen Produktionsbereichen (d.h. nicht nur in der Landwirtschaft) nachweisbar sein.

Für die folgenden Überlegungen soll der vergleichsweise komplizierte Fall zunächst steigender, dann fallender und schließlich negativer Ertragszuwächse, also die S-förmige Ertragskurve, unterstellt werden. Wie anschließend zu sehen sein wird, ist für die Herleitung der Angebotskurve ohnehin nur der degressive Abschnitt der Ertragskurve relevant.

Demgemäß kann Abb. 4.1.d. in eine neue Abb. 4.12. unter Verwendung eines Zahlenbeispiels gemäß Tab. 4.3. überführt werden.

Tab. 4.3.

v_1	q_x	$v_1 \cdot l_1 + v_2 \cdot l_2 = K$
1	12	20 + 60 = 80
2	40	40 + 60 = 100
3	52	60 + 60 = 120
4	57	80 + 60 = 140
5	60	100 + 60 = 160
6	62	120 + 60 = 180
7	60	140 + 60 = 200
8	57	160 + 60 = 220

Tab. 4.3. und Abb. 4.12. kann man zunächst in der Weise lesen, dass die Produktion von $q_x = 40$ den Einsatz von 2 Einheiten v_1 kostet. Kosten im Sinne von eingesetzten Faktormengen sind zu interpretieren als **„Realkosten"**. *Will man die Kosten in Geldeinheiten ausdrücken, so sind die Faktoreinsatzmengen mit den*

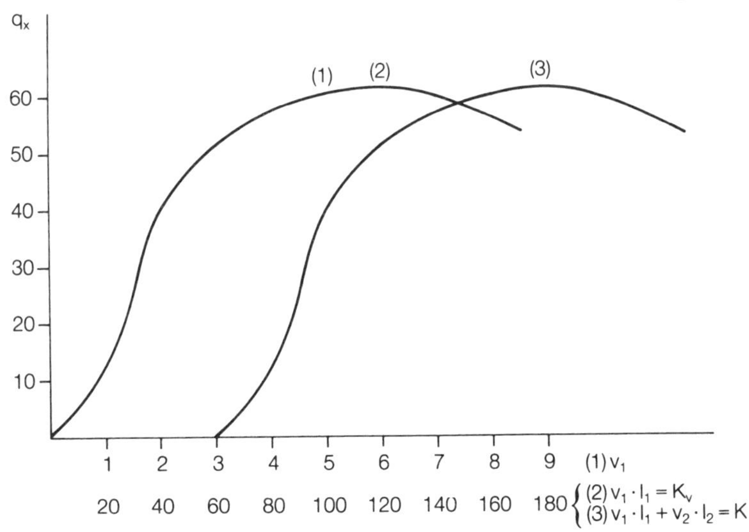

Abb. 4.12.

Faktorpreisen zu multiplizieren. Nimmt man an, dass $l_1 = 20$ beträgt, so kostet die Produktion von $q_x = 40$ in Geldeinheiten $v_1 \cdot l_1 = 2 \cdot 20 = 40$. Das Produkt $v_1 \cdot l_1$ drückt die Kosten des variablen Faktors, also die **variablen Kosten** K_v aus. Da neben dem variablen Faktor v_1 noch der konstante Faktor v_2 beteiligt ist, sind die durch seinen Einsatz entstehenden Kosten hinzuzuzählen. Unter der Annahme, dass $v_2 = 2$ und $l_2 = 30$ betragen, sind zu den variablen Kosten K_v die **fixen Kosten** $K_f = v_2 \cdot l_2$ zu addieren. Als **Gesamtkosten** für $q_x = 40$ ergeben sich demgemäß $K = 40 + 60 = 100$.

Die Produktions- bzw. Ertragsfunktion

(4.6.c) $q_x = f(v_1, \overline{v_2})$

mit der Ertragskurve (1) in Abb. 4.12. ist demgemäß in eine **monetäre Ertragsfunktion** *zunächst ohne fixe Kosten und anschließend mit fixen Kosten* übergegangen. Vgl. die Kurven (2) und (3) in Abb. 4.12. Die monetäre Ertragsfunktion lautet

(4.15) $q_x = f(K)$.

Die in (4.15) enthaltene Fragestellung kann auch umgedreht werden, d.h. es kann die Abhängigkeit der Kosten von der produzierten Menge in Form einer **Gesamtkostenfunktion**

(4.16) $K = f(q_x)$

ausgedrückt werden. Graphisch interpretiert bedeutet dies, dass die *monetäre Ertragsfunktion gespiegelt oder umgeklappt wird.* Wählt man das Umklappverfahren, so bildet man in Abb. 4.13.a. noch einmal die monetäre Ertragsfunktion und in Abb. 4.13.b. die Gesamtkostenfunktion ab. *Diese Gesamtkostenfunktion hat eine S-förmige Gestalt, weil sie aus der S-förmigen Ertragsfunktion hergeleitet worden ist.* Es ist allerdings sinnvoll, die Gesamtkostenkurve nur bis zur Kapazitätsgrenze bei $q_x = 62$ zu zeichnen, da ein rational handelndes Unternehmen diesen Punkt nicht überschreiten wird.

Möglicherweise kann die Gesamtkostenkurve an der Kapazitätsgrenze senkrecht nach oben gezeichnet werden, indem angenommen wird, dass weitere Mengen des variablen Faktors in der Produktion nicht sinnvoll einsetzbar sind und lediglich weiter steigende Kosten verursachen.

Neben den in Abb. 4.13.b. dargestellten Gesamtkosten sind insbesondere die **Grenzkosten** und die **Kosten pro Stück** von Interesse. Die *Grenzkosten sind definiert als zusätzliche Kosten pro zusätzliche produzierte Menge,* also als

(4.17) $K' = \dfrac{\Delta K}{\Delta q_x}$.

Steigert man die produzierte Menge jeweils um eine Einheit, so ergeben sich bei Fortführung des Zahlenbeispiels Grenzkosten in Höhe der in Tab. 4.4 ausgewiesenen Beträge. Da die *Grenzkosten die erste Ableitung der Gesamtkosten (graphisch die Steigung der Tangente)* darstellen, fallen sie bis zum Wendepunkt A der Gesamtkostenkurve und steigen danach wieder an (vgl. auch Abb. 4.13.b und c.).

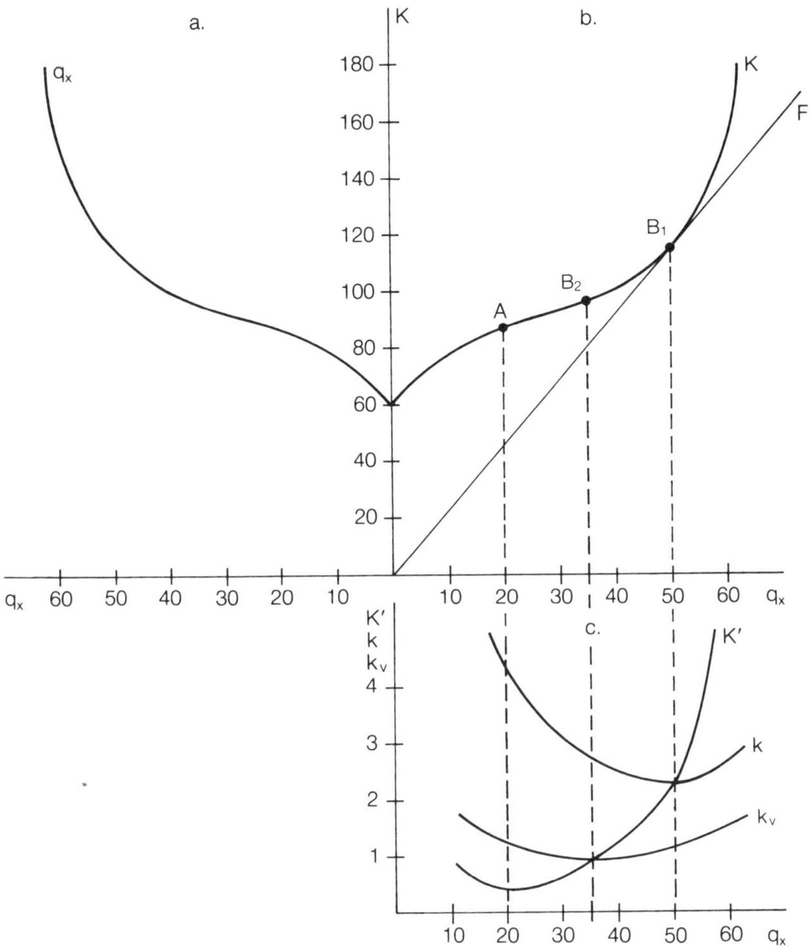

Abb. 4.13.

Die *Kosten pro Stück (Stück- oder Durchschnittskosten)* sind definiert als

$$(4.18) \qquad k = \frac{K}{q_x}.$$

Gemäß Tab. 4.4. fallen die Stückkosten bis zur Menge $q_x = 50$ und steigen danach wieder an. Da die *Stückkosten* graphisch interpretiert durch die *Steigung eines aus dem Ursprung kommenden Fahrstrahls F an die Gesamtkostenkurve* ausgedrückt werden und da in Punkt B_1 Fahrstrahl und Tangente identisch sind, sind im Minimum der Stückkosten diese den Grenzkosten gleich (vgl. auch Tab. 4.4.). Die Grenzkostenkurve schneidet die Stückkostenkurve also in deren Minimum. Sind die Grenzkosten niedriger als die Stückkosten (vor deren Minimum), so ziehen sie die Stückkosten nach unten. Sind die Grenzkosten höher als die Stückkosten (nach deren Minimum), so ziehen sie die Stückkosten nach oben.

Tab. 4.4.

q_x	K	K'	k	k_v
0	60			
10	79	1,90	7,90	1,90
20	85	0,60	4,25	1,25
30	90	0,50	3,–	1,–
40	100	1,–	2,50	1,–
48	100,60		2,304	1,05
49	112,70	2,10	2,00[1]	1,07
50	115,–	2,30	2,30[1]	1,10
51	117,42	2,42	2,302	1,12
52	120,–	2,58	2,308	1,15
53	122,80	2,80	2,31	1,18
54	125,90	3,10	2,33	1,22
55	129,40	3,50	2,35	1,26
56	134,50	5,10	2,40	1,33
60	160		2,67	1,66
61	169	9,–	2,77	1,79
62	180	11,–	2,90	2,–

[1] Die Existenz zweier Mengen mit minimalen Stückkosten resultiert daraus, dass im Zahlenbeispiel mit endlichen Werten gerechnet wurde. Einige Werte sind auf- bzw. abgerundet.

Im Gegensatz zur proportionalen Faktorvariation, bei der die Unternehmung bei jeder Ausbringungsmenge mit niedrigsten Stückkosten produziert (Minimalkostenkombination), ist *bei partieller Faktor Variation nur ein Stückkostenminimum,* das sog. **Betriebsoptimum,** nachweisbar. Bei dieser Ausbringungsmenge ist das Einsatzverhältnis der beiden Produktionsfaktoren optimal, d.h. *es liegt also auch die Minimalkostenkombination vor.*

Einen Teil der Stückkosten bilden *die variablen Kosten pro Stück (variablen Stückkosten).* Sie sind definiert als

$$(4.18.a)\quad k_v = \frac{K_v}{q_x}.$$

Die variablen Stückkosten fallen bis zur Menge $q_x = 35$ und steigen danach wieder an. Sie werden graphisch ausgedrückt durch die Steigung eines Fahrstrahls an die Gesamtkostenkurve, welcher bei $q_x = 0$ in Höhe der fixen Kosten $K_f = 60$ (also bei $K_v = 0$) beginnt. Da in Punkt B_2 der flachste Fahrstrahl (in Abb. 4.13. nicht eingezeichnet) und die Tangente identisch sind, sind auch die variablen Stückkosten in ihrem Minimum gleich den Grenzkosten. Dieser Punkt wird als **Betriebsminimum** bezeichnet. Auf Betriebsoptimum und Betriebsminimum ist bei der Diskussion der Preisuntergrenze zurückzukommen.

Im Hinblick auf spätere Erörterungen soll bereits an dieser Stelle angedeutet, aber noch nicht vertieft diskutiert werden, dass sich die *Kostenkurven bei Änderung der als konstant angenommenen Determinanten verschieben.* So bewirkt *technischer Fortschritt* Einsparungen von Produktionsfaktoren und insoweit Steigerungen der Produktivität. Steigende Produktivität ist identisch mit sinkenden Gesamt- und Stückkosten. Bezieht sich die Faktoreinsparung auf den variablen Faktor, so reduzieren sich auch die Grenzkosten. *Veränderungen der Faktorpreise bewirken ebenfalls Verschiebungen von Gesamt- und Stückkosten. Änderungen des Preises des variablen Faktors verändern auch die Grenzkosten. Vergrößerungen der Einsatzmenge des konstanten Faktors bzw. Faktorblocks (z.B. Nettoinvestitionen)* bewirken eine Rechtsverschiebung aller Kostenkurven und damit eine Erhöhung der Produktionskapazität.

B. Die Erlös- und Gewinnanalyse

I. Das Unternehmensgleichgewicht bei Gewinnmaximierung

1. Die generelle Gewinnmaximierungsbedingung

Die bisherigen Überlegungen stellten allein auf die Produktions- und Kostensituation der Unternehmung ab. Dabei wurde insbesondere nach den Bedingungen kostenminimaler Produktion gefragt. Es wurde die Minimalkostenkombination bzw. das Betriebsoptimum hergeleitet. Es wurde aber auch schon angesprochen, dass das Kostenoptimum nicht unbedingt identisch mit dem Unternehmensgleichgewicht ist. Als **Unternehmensgleichgewicht** ist vielmehr *diejenige Situation* zu definieren, *in welcher die Unternehmung unter den gegebenen Restriktionen (u.a. Technologie, Kosten, Marktpreis) ihr erklärtes Ziel erreicht.* Da als Zielsetzung *Gewinnmaximierung* unterstellt wird und da der Gewinn als Differenz zwischen Erlösen und Kosten definiert ist, muss nach der Kostenanalyse nunmehr auf die Absatzmarktsituation des Unternehmens, also auf die Erlöse, näher eingegangen werden. Da die Erlösanalyse wegen der *Annahme eines vom Unternehmen nicht beeinflussbaren Marktpreises* aber außerordentlich einfach ist, soll sie unter Einschluss der Kostenanalyse sofort in die Gewinnanalyse weitergeführt werden.

Die Bedingung für das Gewinnmaximum soll zunächst kurz in algebraischer Form hergeleitet werden. Wie zuvor gezeigt wurde, sind die Produktionskosten abhängig von der produzierten Menge q_x. Da der Erlös (oder Umsatz) als Produkt aus Menge q_x und Preis p_x definiert ist, ist auch er mengenabhängig. Folglich gilt

$$(4.19) \qquad G(q_x) = R(q_x) - K(q_x),$$

d.h. der Gewinn als Differenz zwischen Erlös und Kosten ist ebenfalls mengenabhängig. Die Frage nach dem Gewinnmaximum ist demnach die *Frage nach der gewinnmaximalen Produktions- und Absatzmenge.*

Um das Gewinnmaximum zu erhalten, ist von (4.19) die erste Ableitung zu bilden und diese ist gleich Null zu setzen. Die Gewinnmaximierungsbedingung lautet also

$$\text{(4.20)} \quad \frac{dG}{dq_x} = \frac{dR}{dq_x} - \frac{dK}{dq_x} = 0.$$

Der Ausdruck dK/dq_x umschreibt gemäß (4.17) die Grenzkosten der Unternehmung. Der Ausdruck dR/dq_x ist als zusätzlicher Erlös pro zusätzlich verkaufte Menge, d.h. als Grenzerlös, zu bezeichnen. Demgemäß bildet dG/dq_x den zusätzlichen Gewinn pro zusätzliche Menge, den Grenzgewinn. (4.20) kann also kurz in der Form

$$\text{(4.20.a)} \quad G' = R' - K' = 0$$

geschrieben werden. Aus (4.20) bzw. (4.20.a) folgt die **generelle Gewinnmaximierungsbedingung**

$$\text{(4.21)} \quad R' = K'.$$

Ökonomisch interpretiert bedeutet (4.21), dass für die Unternehmung eine *Produktions- und Absatzmengenausdehnung so lange sinnvoll ist, wie der dabei entstehende Erlöszuwachs den Kostenzuwachs übersteigt.* Bringt eine zusätzlich verkaufte Mengeneinheit eines Gutes beispielsweise einen zusätzlichen Erlös von 3,50 Euro, entstehen durch ihre Produktion aber nur zusätzliche Kosten von 3,00 Euro, so ergibt sich eine Gewinnsteigerung von 0,50 Euro. Sind die zusätzlichen Kosten aber 4,00 Euro, so schrumpft der Gewinn um 0,50 Euro. Das Gewinnmaximum ist erreicht, wenn die letzte verkaufte Mengeneinheit keine weitere Gewinnsteigerung mehr auslöst, wenn der Grenzgewinn also gleich Null ist. Der Grenzgewinn ist gleich Null, wenn Erlös- und Kostensteigerung gerade gleich groß sind, im verwendeten Zahlenbeispiel also dann, wenn $R' = K' = 3{,}50$ Euro sind.

Der Vollständigkeit halber sei noch erwähnt, dass für die Ermittlung der gewinnmaximalen Menge noch die Bedingung zweiter Ordnung, nämlich

$$\text{(4.22)} \quad G \ = R \ - K \ < 0 \text{ bzw.}$$
$$\text{(4.23)} \quad R \ < K$$

erfüllt sein muss, d.h. die zweite Ableitung der Gewinnfunktion muss negativ sein.

2. Das Gewinnmaximum bei nicht beeinflussbarem Marktpreis

Die soeben ermittelte Gewinnmaximierungsbedingung hat generelle Gültigkeit. Zur Herleitung der Angebotsfunktion (4.4) wurde aber bei allen bisherigen Überlegungen von der Situation ausgegangen, dass die Unternehmung den Preis des Gutes X nicht beeinflussen kann, dass dieser *Preis für sie also eine gegebene Größe darstellt.* In einer derartigen Situation kann die Unternehmung offenbar unterschiedliche Mengen zu dem gegebenen Preis verkaufen, so dass ihr Erlös beim Verkauf einer weiteren Mengeneinheit genau um die Höhe des Preises steigt. *Der Grenzerlös ist also gleich dem Preis.* Auch der Erlös pro Stück oder Stückerlös ($r = R/q_x$) entspricht genau der Höhe des Preises, es gilt also

$$\text{(4.24)} \quad R' = r = p_x.$$

In der speziellen Situation eines nicht beeinflussbaren Marktpreises geht die generelle Gewinnmaximierungsbedingung (4.21) demgemäß in die **spezielle Gewinnmaximierungsbedingung**

(4.25) $p_x = K'$

über. Das *Gewinnmaximum ist erreicht, wenn Grenzkosten und Preis übereinstimmen.*

Die spezielle Erlös- und Gewinnsituation eines Unternehmens, das den Preis nicht beeinflussen kann, soll nunmehr mit Hilfe eines einfachen Zahlenbeispiels verdeutlicht werden. Unter der Annahme, dass der gegebene Preis p_x = 3,50 beträgt, ergeben sich bei alternativen Mengen q_x die entsprechenden Werte für den Gesamterlös, den Grenzerlös und den Stückerlös (vgl. Tab. 4.5.). Diesen Werten werden die aus Tab. 4.4. entnommenen Werte der Gesamtkosten, der Grenzkosten und der Stückkosten gegenübergestellt (vgl. ebenfalls Tab. 4.5.).

Es zeigt sich, *dass das Gewinnmaximum bei q_x = 55 liegt.* Bei dieser Menge ist die Bedingung (4.25) erfüllt. Der bei dieser Menge maximale Gewinn beträgt 63,10 Euro.

Die gewinnmaximale Menge lässt sich nicht nur algebraisch, sondern auch graphisch herleiten. Zu diesem Zweck ist zunächst die dem Zahlenbeispiel entsprechende Erlössituation darzustellen. *Bei nicht beeinflussbarem Marktpreis steigt der Gesamterlös mit steigender Absatzmenge linear an* (vgl. Abb. 4.14.a.). *Der dem Preis entsprechende Grenz- und Stückerlös beträgt konstant 3,50 Euro* (vgl. Abb. 4.14.b.).

Tab. 4.5.

q_x	p_x	R	R'	r	K	K'	k	G
1	3,50	3,50	3,50	3,50				
2	3,50	7,–	3,50	3,50				
3	3,50	10,50	3,50	3,50				
10	3,50	35,–	3,50	3,50	79,–		7,90	–44,–
20	3,50	70,–	3,50	3,50	85,–		4,25	–15,–
40	3,50	140,–	3,50	3,50	100,–		2,50	40,–
49	3,50	171,50	3,50	3,50	112,70	2,10	2,30	58,80
50	3,50	175,–	3,50	3,50	115,–	2,30	2,30	60,–
51	3,50	178,50	3,50	3,50	117,42	2,42	2,302	61,08
52	3,50	182,–	3,50	3,50	120,–	2,58	2,308	62,–
53	3,50	185,50	3,50	3,50	122,80	2,80	2,31	62,70
54	3,50	189,–	3,50	3,50	125,90	3,10	2,33	63,10[1)]
55	**3,50**	**192,50**	**3,50**	**3,50**	**129,40**	**3,50**	**2,35**	**63,10[1)]**
56	3,50	196,–	3,50	3,50	134,50	5,10	2,40	61,50
60	3,50	210,–	3,50	3,50	160,–		2,67	50,–
61	3,50	213,50	3,50	3,50	169,–	9,–	2,77	44,50
62	3,50	217,–	3,50	3,50	180,–	11,–	2,90	37,–

[1)] Der maximale Gewinn G = 63,10 bei zwei verschiedenen Mengen und weitere kleine Unstimmigkeiten ergeben sich, weil im Zahlenbeispiel mit endlichen Werten gerechnet sowie auf- und abgerundet wurde.

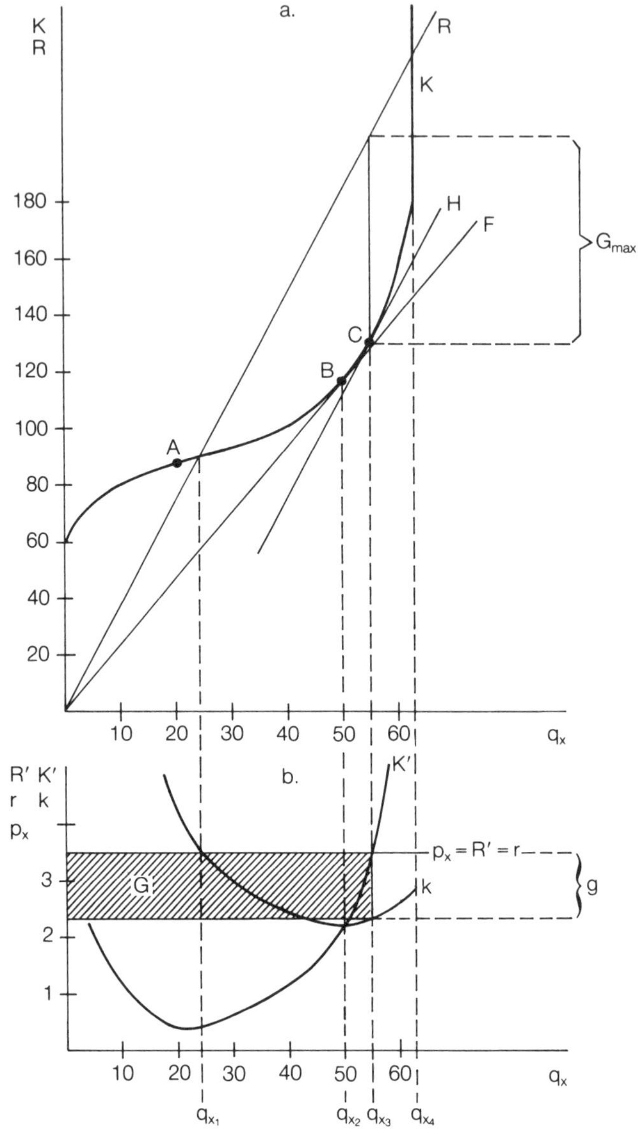

Abb. 4.14.

In Abb. 4.14. werden nunmehr noch aus Abb. 4.13. die Gesamt-, die Grenz- und die Stückkosten übernommen. Es zeigt sich, dass die Unternehmung lediglich zwischen q_{x1} und q_{x4} (in diesem Fall an der Kapazitätsgrenze) Gewinn macht, denn nur in diesem Bereich übersteigen die Erlöse die Kosten (sog. **Gewinnlinse**). Der *maximale Gewinn* liegt bei $q_{x3} = 55$. Bei dieser Menge haben die *Gesamterlösgerade R und die Gesamtkostenkurve K die gleiche Steigung* (dargestellt durch eine parallel zur R-Linie an die Kostenkurve gezeichnete Tangente H in Abb. 4.14.a.). Bei dieser Menge sind demnach Grenzerlös (= Preis) und Grenzkosten gleich hoch (vgl. Abb. 4.14.b.).

Bemerkenswert bezüglich der Lage des Gewinnmaximums ist, dass dieses mit dem Betriebsoptimum, also dem Stückkostenminimum, nicht übereinstimmt. Während sich das Gewinnmaximum bei $q_{x3} = 55$ befindet, liegt das Betriebsoptimum bei $q_{x2} = 50$ (flachster Fahrstrahl F aus dem Ursprung in Abb. 4.14.a.). *Ein gewinnmaximierendes Unternehmen produziert also nicht notwendigerweise mit den niedrigst möglichen Stückkosten.*

Neben dem Gesamtgewinn kann der Abb. 4.14. auch der *Gewinn pro Stück* (Stückgewinn) entnommen werden. Der Stückgewinn g ergibt sich als Differenz zwischen Stückerlös r (gleich Preis) und Stückkosten k bei der gewinnmaximalen Menge q_{x3}. Er beträgt g = 1,15 Euro (genauer g = 1,1473). Der Gesamtgewinn, der in Abb. 4.14.a. als Strecke (Differenz zwischen R und K) abgelesen werden kann, erscheint in Abb. 4.14.b. als schraffierte Fläche $G = q_{x3} \cdot g$ (im Zahlenbeispiel $55 \cdot 1{,}1473 = 63{,}10$).

Zu beachten ist, dass die schraffierte Fläche in Abb. 4.14.b. ausschließlich den bei der Menge $q_{x3} = 55$ entstehenden Gesamtgewinn abbildet. Die Grafik darf keinesfalls so interpretiert werden, dass vor q_{x3}, unter Umständen sogar vor q_{x1} schon entsprechende Gewinne anfallen. Vor q_{x1} entstehen Verluste, weil die Kosten (Gesamt- wie auch pro Stück) die Erlöse (Gesamt- wie auch pro Stück) übersteigen.

Eine weitere Konsequenz aus der Gewinnmaximierungsbedingung (4.25) ist die folgende und sie ergibt sich in völliger Analogie zur Situation der Güternachfrage. Bei den Mengeneinheiten $q_x = 54, 53, 52$ usw. entsteht für die Unternehmung eine günstige Situation. Die jeweiligen Grenzkosten dieser Mengeneinheiten sind niedriger als der für sie erzielte Preis. Es entsteht die sog. **Produzentenrente.** Bei dem jeweiligen Preis des Gutes X ergibt sich also eine Konsumentenrente und eine Produzentenrente, weil die Nachfrager zum Teil weniger zahlen müssen als sie zu zahlen bereit wären und die Anbieter zum Teil mehr erhalten als ihnen an Kostensteigerung entsteht.

II. Die Lage der Angebotskurve

1. Die Grenzkostenkurve als Angebotskurve

Ziel der Theorie des Angebotes ist es, die Lage und den Verlauf der Angebotskurve zu begründen. Die bisherigen Überlegungen haben gezeigt, dass eine gewinnmaximierende Unternehmung die Bedingung (4.21) bzw. (4.25) zu erfüllen hat. In einem Zahlenbeispiel wurde gezeigt, dass die Unternehmung beim Preis $p_x = 3{,}50$ jene Menge anbietet, bei der auch die Grenzkosten $K' = 3{,}50$ betragen. Es ist die Menge $q_{x3} = 55$. Die Menge q_{x3} kann demnach als die gesuchte Angebotsmenge A_x beim Preis $p_x = 3{,}50$ interpretiert werden. Die Angebotsmenge A_x ergibt sich also *im Schnittpunkt der Preisgeraden mit der Grenzkostenkurve. Dieser Schnittpunkt ist demnach ein Punkt der gesuchten Angebotskurve.*

Gemäß Bedingung (4.25) sind auch die weiteren Punkte der Grenzkostenkurve Punkte der Angebotskurve. Steigt der Preis beispielsweise auf $p_x = 5{,}10$, so wird die Unternehmung die Menge $q_x = 56$ anbieten. Fällt der Preis auf $p_x = 3{,}10$ (2,80; 2,58; 2,42; 2,30), so wird die Unternehmung die Menge $q_x = 54$ (53; 52; 51; 50) an-

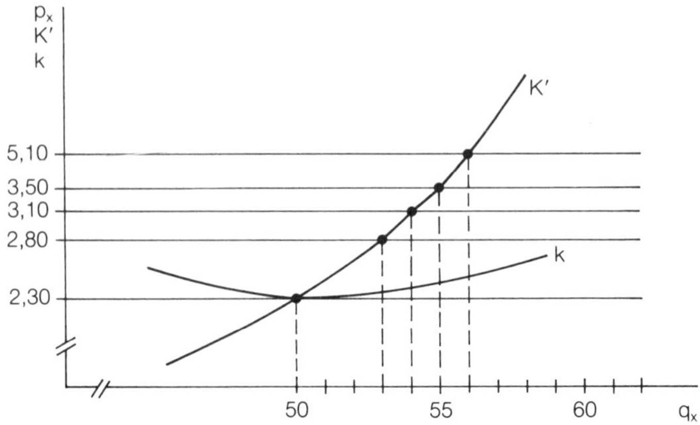

Abb. 4.15.

bieten (vgl. Abb. 4.15.). *Die Grenzkostenkurve bildet also die Angebotskurve einer gewinnmaximierenden Unternehmung.*

Sie ist es allerdings nicht in ihrer ganzen Länge. Aus Abb. 4.15. kann entnommen werden, dass das Gewinnmaximum bei fallendem Preis immer näher an das Betriebsoptimum heranrückt. *Bei dem Preis p_x = 2,30 sind Gewinnmaximum und Betriebsoptimum schließlich identisch.* Auf Grund der Gleichheit von Preis und Stückkosten ist der Gewinn hier allerdings gleich Null. Er ist dennoch der maximale, da bei jeder anderen Menge der Preis die Stückkosten nicht decken würde. Die Preisgerade ist zur Tangente der Stückkostenkurve (in deren Minimum) geworden. Dies bedeutet andererseits, dass die Unternehmung zu Preisen unterhalb des Minimums der Stückkosten nicht mehr anbieten kann, da auch die von der Grenzkostenkurve angegebenen Mengen zu (allerdings jeweils kleinst möglichen) Verlusten führen. Das Minimum der Stückkostenkurve ist demnach die **langfristige Preisuntergrenze** der Unternehmung. Die Bezeichnung „langfristige Preisuntergrenze" gilt deshalb, weil es kurzfristig durchaus Gründe geben kann, zu Preisen, welche die Kosten nicht vollständig decken, zu verkaufen (beispielsweise wenn man baldige Preissteigerungen erwartet). Gelegentlich wird das Betriebsminimum als **kurzfristige Preisuntergrenze** bezeichnet, da dort zumindest die nicht abwendbaren variablen Stückkosten gedeckt sind. Sogar ein kurzfristiges Unterschreiten des Betriebsminimums ist möglich, wenn die Unternehmung über genügend liquide Mittel verfügt, um die anfallenden Zahlungsverpflichtungen zu erfüllen. Langfristig gilt jedoch die Aussage, dass die Grenzkostenkurve *nur vom Betriebsoptimum an aufwärts* die Angebotskurve einer gewinnmaximierenden Unternehmung bildet.

Eine maximale Angebotsmenge ergibt sich für die Unternehmung durch die bei partieller Faktorvariation entstehende **Kapazitätsgrenze.** Auch wenn der Preis des Gutes X weit über die bislang angenommenen Werte hinaus steigen würde (etwa auf 9,–; 11,–; 20,–; 50,–; 100,– Euro usw.), so wäre es der Unternehmung kurzfristig nicht möglich, eine größere als die durch die Kapazitätsgrenze ausgewiesene Maximalmenge q_{x4} anzubieten. An der Kapazitätsgrenze verläuft die Angebotskurve also senkrecht nach oben. Damit kann nunmehr endgültig gefolgert werden: *Die Angebotskurve einer gewinnmaximierenden Unternehmung ist die Grenzkostenkurve vom Betriebsoptimum an aufwärts bis zur Kapazitätsgrenze. Von diesem Punkt ab verläuft die Angebotskurve senkrecht aufwärts.*

Zusammenfassend kann dieser Sachverhalt noch einmal wie folgt interpretiert werden. Die Unternehmung ist nur dann bereit, zusätzliche Mengen des Gutes zu verkaufen, wenn der Preis steigt. Die Ursache hierfür liegt im Ertragsgesetz, nach welchem der Gesamtertrag bei zunehmender Produktionsmenge im relevanten Bereich nur unterproportional ansteigt, die Gesamtkosten folglich überproportional ansteigen und die Grenzkosten daher steigen. Aus dem ertragsgesetzlichen Grenzkostenverlauf

(4.17.a) $K' = f(q_x)$ mit $K\ > 0$ (= steigende Grenzkosten)

und der speziellen Gewinnmaximierungsbedingung $p_x = K'$ resultiert die steigende Angebotsfunktion

(2.11) $A_x = f(p_x)$

Graphisch wird das dadurch ausgedrückt, dass man in Abb. 4.14.b bzw. Abb. 4.15. an der Ordinate nicht nur die Grenzkosten, sondern auch den Preis abträgt (die im Gewinnmaximum gleich sein müssen).

Die Herleitung dieses Sachverhaltes lässt sich kurz wie folgt skizzieren (vgl. Übersicht 4.1.):

(1) Die Grenzkosten K' sind eine Funktion der produzierten Menge q_x.
(2) Die Gewinnmaximierungsbedingung lautet $K' = p_x$.
(3) Die Angebotsmenge A_x ist eine Funktion des Preises p_x.
(4) Die Grenzkostenkurve wird zur Angebotskurve.

Übersicht 4.1.

Aus dem ertragsgesetzlichen Grenzkostenverlauf	$K' = f(q_x)$ ↓		(1)
und der Maximierungsbedingung	$K' =$	p_x ↓	(2)
wird die Angebotsfunktion	→ (4)	$A_x = f(p_x)$	(3)

Damit wird deutlich, *dass die Angebotskurve der Unternehmung sich aus Kostenüberlegungen (genauer: aus Grenzkostenüberlegungen) herleitet.* Die im 2. Teil ausgesprochene Vermutung, dass die Kosten eine maßgebliche Angebotsdeterminante darstellen, hat sich bestätigt. Die Grenzkosten bestimmen Lage und Verlauf der Angebotskurve. Steigen die Grenzkosten (Verschiebung der K'-Kurve nach oben), so verschiebt sich die Angebotskurve nach links, fallen sie, so verschiebt sich die Angebotskurve nach rechts. Auf diese Verschiebungen ist nunmehr genauer einzugehen.

2. Verschiebungen der Angebotskurve

Es wurde bisher mehrfach daraufhingewiesen, dass Nachfrage- wie auch Angebotskurven der ceteris-paribus-Bedingung unterliegen. So war die Angebotsfunktion in der Form

$$(4.4) \qquad A_x = f(p_x) \text{ mit } \overline{v_x}, \overline{l_x}, \overline{T_x}$$

auf der Annahme aufgebaut, dass die übrigen Einflussgrößen konstant bleiben. Die Konstanz der übrigen Einflussgrößen war allerdings in einem Punkt bisher schon nicht gegeben, da die Unternehmung eine zusätzliche Angebotsmenge zunächst produzieren muss, was bei partieller Faktorvariation den Mehreinsatz des variablen Faktors (Faktorblocks) voraussetzt. Genau genommen ist (4.4) daher in der Form

$$(4.4.a) \qquad A_x = f(p_x) \text{ mit } \overline{v_2}, \overline{l_x}, \overline{T_x}$$

zu schreiben. Ändert sich also der Preis p_x, so passt sich die Unternehmung mit Mengenänderungen entlang der Grenzkostenkurve an, wobei diese Mengenänderungen durch partielle Faktorvariation entstehen.

Im Folgenden ist zu erörtern, *welche Auswirkungen Änderungen der übrigen Determinanten haben.* Wie zuvor angedeutet, sollten sie zu Verschiebungen der Angebotskurve führen. Eine nähere Analyse zeigt jedoch, dass nicht alle Änderungen der übrigen Determinanten die Grenzkostenkurve verändern. Im Folgenden werden nacheinander Veränderungen der Technik, Veränderungen der Faktorpreise sowie Änderungen der Einsatzmenge des konstanten Faktors diskutiert.

Eine Änderung der Technik im Sinne von **technischem Fortschritt** bewirkt *eine Mehrproduktion des Gutes X bzw. eine Einsparung von Faktoreinsatzmengen.* Vom bisherigen Zahlenbeispiel ausgehend sei angenommen, dass beim Einsatz von zwei Mengeneinheiten v_1, also $K_v = 40$, nicht wie bisher $q_{x1} = 40$, sondern $q_{x2} = 60$ produzierbar sind (vgl. Abb. 4.16). *Es erhöht sich* demnach *die Faktorproduktivität.* Die Erhöhung der Faktorproduktivität lässt sich auch in der Weise ausdrücken, dass zur Produktion von $q_x = 40$ nicht mehr zwei Mengeneinheiten des variablen Faktors erforderlich sind, sondern nur noch eine Mengeneinheit. Damit *reduzieren sich die variablen Kosten* von $K_{v1} = 40$ auf $K_{v2} = 20$ *und die Gesamtkosten* von $K_1 = 100$ auf $K_2 = 80$. Gemäß dem Sinken der Gesamtkosten *reduzieren sich auch die Stückkosten* von k_1 auf k_2. Da die Steigung der neuen Gesamtkostenkurve K_2 bei jeder Ausbringungsmenge niedriger ist als zuvor, *sinken auch die Grenzkosten* von K_1' auf K_2'. Da der vom Betriebsoptimum an aufsteigende Ast der Grenzkostenkurve die Angebotskurve darstellt, ist dieses Sinken der Grenzkosten mit einer *Rechtsverschiebung der Angebotskurve* gleichzusetzen. Bei jedem beliebigen Preis wird folglich eine größere Menge angeboten. Darüber hinaus beginnt die Angebotskurve entsprechend niedriger, da das Betriebsoptimum bei niedrigeren Stückkosten liegt als zuvor.

Es ist allerdings zu beachten, dass die beschriebene *Rechtsverschiebung der Angebotskurve nur dann eintritt, wenn der technische Fortschritt zu einer Einsparung des variablen Faktors führt.* Kann demgegenüber die Menge $q_x = 40$ nunmehr in

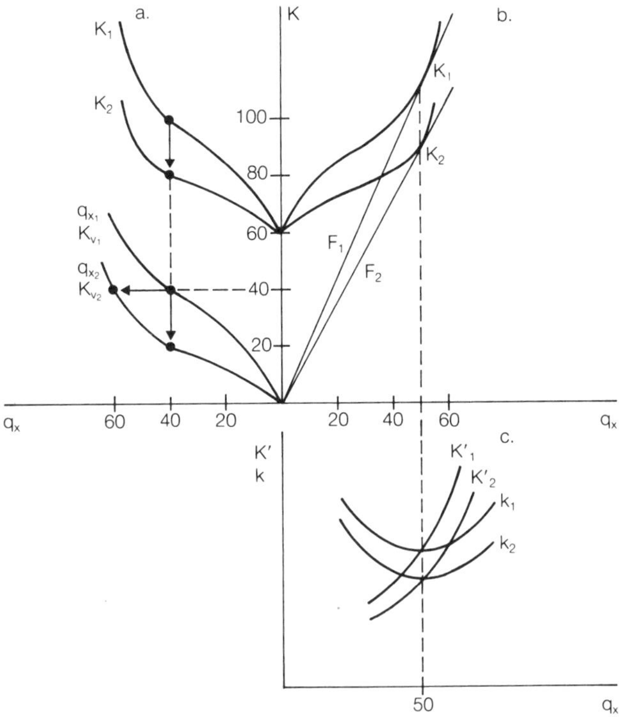

Abb. 4.16.

der Weise erzeugt werden, dass statt zwei Mengeneinheiten nur noch eine Mengeneinheit des konstanten Faktors erforderlich ist, so reduzieren sich die fixen Kosten von $K_{f1} = 60$ auf $K_{f2} = 30$. Die *Kostenkurve verschiebt sich dann parallel nach unten* (vgl. Abb. 4.17.), sie ändert ihre Steigung aber nicht. Dies bedeutet, dass die Grenzkosten unverändert bleiben. Da mit sinkenden Gesamtkosten K aber auch die Stückkosten k zurückgehen, liegt das Betriebsoptimum jetzt niedriger, die Angebotskurve beginnt also bei einem geringeren Preis und bei einer geringeren Menge.

In den beiden bislang erörterten Fällen von technischem Fortschritt ist unterstellt worden, dass sich jeweils Einsparungen des einen oder des anderen Produktionsfaktors ergeben, dass sich die Produktionsbedingungen aber nicht fundamental ändern. Insbesondere ist der in der Realität wohl häufige Fall noch nicht erörtert worden, dass technischer Fortschritt von einem gewissen Mehreinsatz eines Faktors (z.B. Kapital) und einem überproportionalen Mindereinsatz des anderen Faktors (z.B. Arbeit) begleitet wird. Auf diesen Fall wird etwas später noch zurückzukommen sein. Außerdem handelte es sich bislang um sog. *Verfahrensfortschritt,* bei dem das bisherige Produkt X durch ein kostengünstigeres Produktionsverfahren hergestellt wird. Produktfortschritt im Sinne der Produktion neuer, bisher unbekannter Güter wurde demnach noch nicht erörtert.

Nach Veränderung der Technik sollen **Änderungen der Faktorpreise** diskutiert werden. Damit die Abbildungen 4.16. und 4.17. verwendet werden können, soll

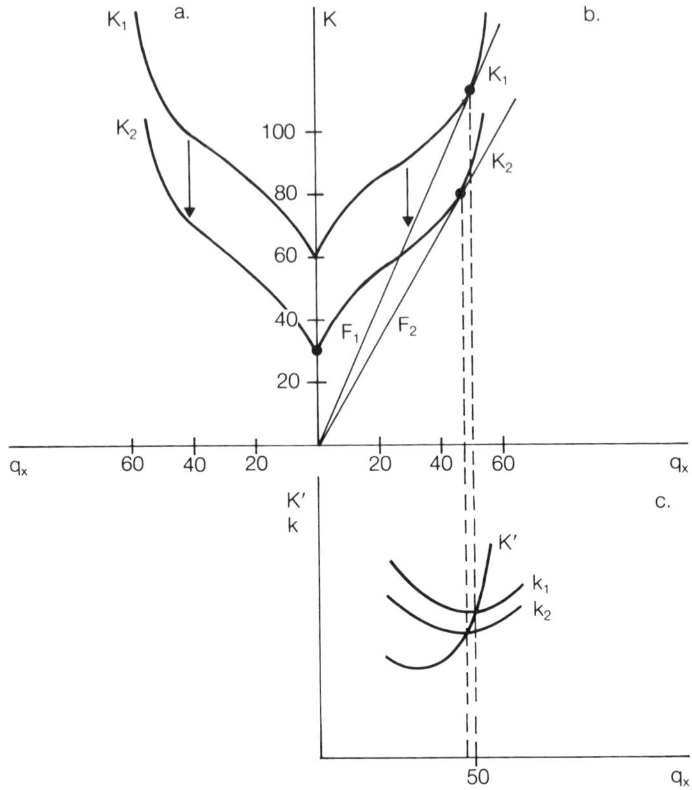

Abb. 4.17.

von einer *Senkung der Faktorpreise* ausgegangen werden. Sinkt der Preis des variablen Faktors von $l_{11} = 20$ auf $l_{12} = 10$, so bedeutet dies wiederum, dass die Produktionsmenge $q_x = 40$ nunmehr mit variablen Kosten $K_{v2} = 20$ statt bisher $K_{v1} = 40$ bzw. mit Gesamtkosten $K_2 = 80$ statt bisher $K_1 = 100$ erzeugt werden kann (vgl. Abb. 4.16.). Entsprechend *fallen die Stück- und die Grenzkosten.* Die Angebotskurve beginnt weiter unten und sie ist nach rechts verschoben. Die Preisuntergrenze liegt niedriger. *Faktorpreissenkungen haben also kostenmäßig den gleichen Effekt wie ein Verfahrensfortschritt.* Analog führen Erhöhungen des Preises des variablen Faktors zu einer Linksverschiebung der Angebotskurve. Bei jedem beliebigen Preis wird dann eine geringere Menge angeboten. Entsprechend liegt die Preisuntergrenze weiter oben.

Die Verschiebung der Angebotskurve tritt auch bei Faktorpreisänderungen nur dann ein, wenn sich der Preis des variablen Faktors verändert. Fällt demgegenüber der Preis des konstanten Faktors von $l_{21} = 30$ auf $l_{22} = 15$, so reduzieren sich die fixen Kosten von $K_{f1} = 60$ auf $K_{f2} = 30$. Die Kostenkurve verschiebt sich parallel nach unten und ändert ihre Steigung nicht. *Die Stückkosten k sinken, die Grenzkosten K′ bleiben gleich* (vgl. Abb. 4.17.). Die Angebotskurve beginnt also weiter unten, ändert ihre Lage aber nicht. Die Preisuntergrenze ist gesunken. Auch hier hat die Faktorpreissenkung den gleichen Kosteneffekt wie ein techni-

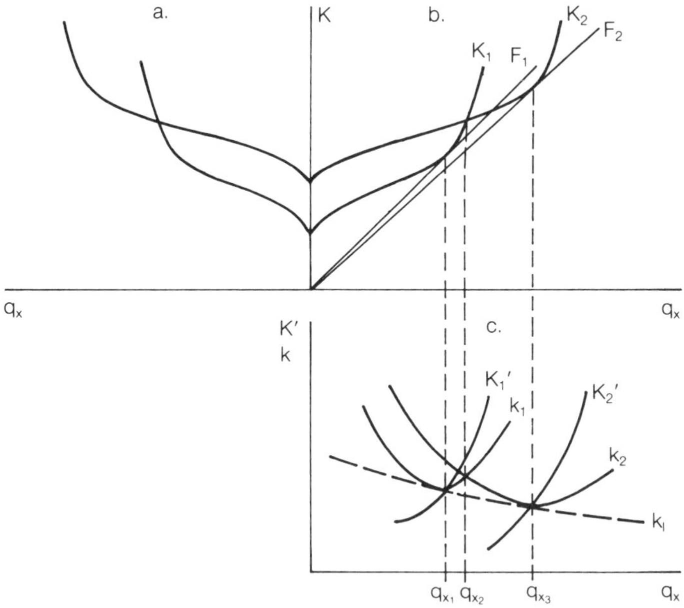

Abb. 4.18.

scher Fortschritt. Analog bewirken Steigerungen von l_2, dass die Angebotskurve bei einem höheren Preis beginnt, die Preisuntergrenze also höher liegt.

Zum Abschluss ist noch einmal auf **Änderungen der Einsatzmenge des konstanten Faktors** zurückzukommen. Steigerungen der Einsatzmenge des konstanten Faktors Kapital (also **Nettoinvestitionen**) werden vor allem dann vorgenommen, wenn durch sie eine überproportionale Senkung der Einsatzmenge des variablen Faktors und damit Kostensenkung bewirkt wird. Eine Kostensenkung tritt aber nur dann auf, wenn

- *bei gegebener Produktionsfunktion steigende Skalenerträge* existieren (was bislang ausgeschlossen wurde) oder
- *bei Veränderung der Produktionsfunktion Verfahrensfortschritt* realisiert wird (was kurz zuvor diskutiert wurde).

In beiden Fällen führt die Kapazitätserweiterung bei geringen Ausbringungsmengen wegen des höheren Fixkostenblocks zu höheren Gesamt- und Stückkosten. Ab der Menge q_{x2} bewirkt die Kapazitätserweiterung jedoch niedrigere Kosten und auch *das neue Betriebsoptimum bei q_{x3} weist niedrigere Stückkosten auf als das alte bei q_{x1}.* Der flachste Fahrstrahl F_2 weist gegenüber F_1 eine geringere Steigung auf. Eine die Stückkostenkurven *umhüllende Linie k_l* (sog. **langfristige Stückkostenkurve**) weist eine fallende Tendenz auf. Im Übrigen hat sich auch die Grenzkostenkurve (die Angebotskurve) als Folge der Kapazitätserweiterung nach rechts verschoben.

Die soeben beschriebene Kapazitätserweiterung bzw. Steigerung der Unternehmensgröße hat den Effekt einer Kostensenkung im entsprechenden Größenbereich und insbesondere im Betriebsoptimum gehabt. Dass ein derartiger Effekt

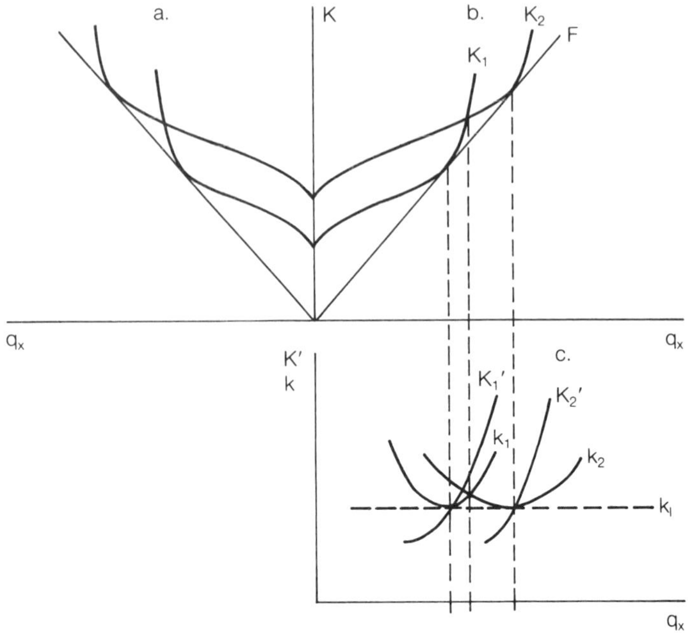

Abb. 4.19.

eintritt, ist aber keineswegs sicher. In Abb. 4.19. wird der *Fall einer Erhöhung der Unternehmensgröße* dargestellt, *der nicht zu einer Absenkung des Betriebsoptimums führt.* Der flachste Fahrstrahl F an die Gesamtkostenkurven K_1 und K_2 ist identisch, und eine die Stückkostenkurven *umhüllende Linie* k_l hat nicht mehr einen fallenden Verlauf wie in Abb. 4.18., sondern *verläuft horizontal.* Die *Erhöhung der Unternehmensgröße hat demgemäß nur einen kapazitätserweiternden, nicht aber einen produktivitätssteigernden Effekt.* Diese Wirkung tritt ein, wenn

- *bei gegebener Produktionsfunktion konstante Skalenerträge* vorliegen oder
- *bei Veränderung der Produktionsfunktion kein Verfahrensfortschritt* realisiert wird.

Im Falle einer gegebenen Produktionsfunktion mit konstanten Skalenerträgen ist der Fahrstrahl F identisch mit der Gesamtkostenkurve K bei proportionaler Faktorvariation (vgl. Abb. 4.10.b.). Die Umhüllungslinie k_l ist identisch mit der Stückkosten- und Grenzkostenkurve bei proportionaler Faktorvariation (vgl. Abb. 4.10.c.). Sie ist die Abfolge aller Minimalkostenkombinationen. Es zeigt sich also noch einmal, dass die *Betriebsoptima bei partieller Faktorvariation und die Minimalkostenkombinationen zusammenfallen.*

Ob Erhöhungen der Unternehmensgröße einen produktivitätssteigernden Effekt haben oder nicht, ist für spätere wettbewerbspolitische Überlegungen von außerordentlicher Bedeutung. Sofern Kapazitätserweiterungen keinen produktivitätssteigernden bzw. kostensenkenden Effekt haben, drängt sich aber jetzt schon die Frage auf, aus welchem Grunde sie dann vorgenommen werden sollten. Zur Beantwortung dieser Frage ist auf frühere Überlegungen (u.a. bereits im 2. Teil) zurückzukommen. Gemäß (2.8) vergleicht die Unternehmensleitung die Gewinne der X-Produktion mit Gewinnen alternativer W-Produktionen. Wenn sich nun die Gewinne von alternativen Gütern W reduzieren (z. B. durch Sinken von p_w oder Steigerungen der Kosten K_w), so ist es für die Unternehmung zweckmäßig, die *Produktion dieser Güter W z. B. durch Unterlassung von Ersatzinvestitionen zu reduzieren und dafür im Bereich der X-Produktion zu investieren.* Diese Überlegung gilt für eine Mehrproduktunternehmung, die sowohl X als auch W im Produktionsprogramm hat. Im Falle von Einproduktunternehmen werden W-Produzenten Kapazitäten abbauen und auf dem X-Markt Kapazitäten errichten. Demgemäß verschiebt sich die individuelle Angebotskurve bzw. die Marktangebotskurve beim Gute X nach rechts und beim Alternativgut W nach links. Auf die näheren Umstände und auf weitere Folgen derartiger Kurvenverschiebungen wird im 6. Teil noch genauer einzugehen sein.

C. Kritik und Erweiterungen der Theorie des Angebotes

Auch eine Kritik der Theorie des Angebotes in der Gestalt der hier vorgetragenen traditionellen Marginaltheorie des Angebotes setzt an der Frage an, ob die Theorie ihre Aufgaben als explikative Theorie bzw. als Bedingungstheorie erfüllt. Bevor im Folgenden auf einige Einzelaspekte dieser Frage eingegangen wird, sollen zwei Vorbemerkungen vorangestellt werden.

Zunächst ist zu konstatieren, dass die Angebotstheorie auf deutlich *sichererem theoretischen Fundament* steht als die Nachfragetheorie. Im Gegensatz zu den dort verwendeten Konzepten des Nutzens, des Grenznutzens und der Indifferenzkurven *lassen sich die hier gebräuchlichen Größen Ertrag, Kosten, Erlös, Gewinn präziser definieren und auch messen.* Insoweit sind die Grundbedingungen für die Eignung der Theorie zur Erfüllung ihrer Aufgaben gegeben.

Demgegenüber ist aber zweitens festzustellen, dass die *Theorie in der vorgetragenen Form extrem einfach konzipiert* ist. Als eine Theorie, welche zum Zwecke der folgenden volkswirtschaftlichen Analyse von Preisbildung und Allokation lediglich die *Grundzüge der Angebotsentscheidungen von Unternehmungen* herausarbeiten will, verzichtet sie auf die Analyse zahlreicher betriebswirtschaftlich relevanter Fragestellungen. So werden beispielsweise die Fragen der Unternehmensorganisation, der Finanzierung und des Marketing überhaupt nicht behandelt. Es wird nicht gefragt, ob die Unternehmung von Eigentümern oder Managern kontrolliert wird, inwieweit Eigenkapital- oder Fremdkapitalfinanzierung vorliegt, und auch das am Markte angebotene Gut X wird bezüglich seiner genauen Definition, seiner Qualität und seiner Abgrenzung zu den Alternativgütern W nicht weiter analysiert. Auch die Frage der Beschaffung der Produktionsfaktoren geht nur in sehr einfacher Form in die Betrachtung ein, indem unterstellt wird, dass die Faktorpreise für die Unternehmung gegeben sind. Es versteht sich von selbst, dass alle diese Sachverhalte im Rahmen genauerer, insbesondere betriebswirtschaftlicher Analysen zu vertiefen sind.

Nachdem also festzuhalten ist, welche Fragestellungen in der vorliegenden Angebotstheorie ausgeklammert bzw. unvollständig berücksichtigt worden sind, ist nunmehr zu erörtern, ob die Theorie die Grundzüge der Angebotsentscheidungen von Unternehmungen dennoch zutreffend abbildet. Dazu ist auf den langen *Katalog ihrer Prämissen* etwas näher einzugehen.

I. Die Angebotstheorie als Bedingungstheorie

1. Zur Problematik der produktionstechnischen Prämissen

Unter der Annahme, dass die Unternehmungen ihren Gewinn maximieren und dass sie dabei rational handeln wollen, ist zu fragen, ob ihnen ein Befolgen der Handlungsanweisungen der Theorie überhaupt möglich ist. Ein solches Handeln ist offenbar möglich, wenn die der Theorie zu Grunde liegenden produktionstechnischen Prämissen der Realität entsprechen. Als zentrale produktionstechnische Prämissen waren genannt worden: *einfache Produktion, einstufige Produktion, das Vorliegen begrenzt substitutionaler Produktionsfaktoren in einer linearhomogenen Produktionsfunktion, die Vornahme partieller Faktorvariation mit der Konsequenz eines S-förmigen Ertragsverlaufes und des sog. ertragsgesetzlichen Kostenverlaufes.*

Es ist hier nicht der Raum, bezüglich aller dieser Prämissen zu fragen, inwieweit sie in der Realität gegeben oder nicht gegeben sind. Selbstverständlich ist es, dass die Unternehmungsentscheidungen komplizierter werden, wenn beispielsweise Alternativ- oder Kuppelproduktion vorliegt. Genauere betriebswirtschaftliche Analysen sind hier unabdingbar.

Um zumindest einen ersten Überblick über die Vielfalt denkbarer Produktionsbedingungen zu geben, die selbst bei der hier unterstellten einfachen und einstufigen Produktion gegeben sein kann, soll noch einmal kurz *auf die zuvor behandelten Arten der Faktorvariation* zurückgegriffen werden. Ihre Unterscheidung eröffnet die Möglichkeit, zentrale produktionstechnische Begriffe und Messkonzepte zu erläutern und verschiedene Arten von Produktionsfunktionen anzusprechen.

(1) Bezüglich der **isoquanten Faktorvariation** lässt sich der Grad der Substituierbarkeit der Produktionsfaktoren an der Steigung der Isoquante ablesen und mit Hilfe der zuvor dargestellten **Grenzrate der technischen Substitution (GRTS)**

$$(4.10) \qquad \tan\alpha = \frac{dv_2}{dv_1}$$

messen. Die Gestalt der Isoquante lässt sich aber auch durch einen Elastizitätswert darstellen. Die so genannte **Substitutionselastizität** σ ist definiert als Verhältnis der prozentualen Änderungen von Faktoreinsatzverhältnis und Grenzrate der technischen Substitution, also

$$(4.26) \qquad \sigma = \frac{d(v_2/v_1)/v_2/v_1}{d\,\frac{dv_2}{dv_1}\,/\frac{dv_2}{dv_1}} = \frac{d(\tan\gamma)/\mathrm{tg}\gamma}{d(\tan\alpha)/\mathrm{tg}\alpha}$$

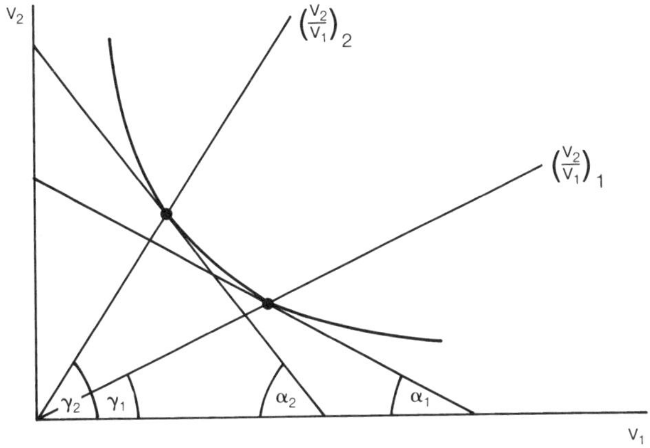

Abb. 4.20.

Da die GRTS (tan α) in der Minimalkostenkombination dem (umgekehrten) Faktorpreisverhältnis (tan β) entspricht, gibt der Wert von σ eine Auskunft darüber, in welchem Umfang das Faktoreinsatzverhältnis angepasst werden kann, wenn sich das Faktorpreisverhältnis verändert (vgl. Abb. 4.20. und zuvor Abb. 4.6.).

Je nach Krümmung der Isoquante lassen sich Produktionsfunktionen mit variabler (VES = variable elasticity of substitution) bzw. konstanter Substitutionselastizität (CES = constant elasticity of substitution) unterscheiden. Im Falle vollkommen substitutiver (homogener) Produktionsfaktoren ergibt sich $\sigma = \infty$. Einen spezifischen Fall formal unbegrenzter Substitutionalität bildet die **Cobb-Douglas-Produktionsfunktion** mit $\sigma = 1$. Die Isoquante ist eine gleichseitige Hyperbel. Im Falle vollkommener Limitationalität der Faktoren ist nur eine einzige Faktorproportion möglich, es liegt eine **Leontief-Produktionsfunktion** mit $\sigma = 0$ vor. Die Isoquante ist rechtwinklig. Vgl. Abb. 4.21.

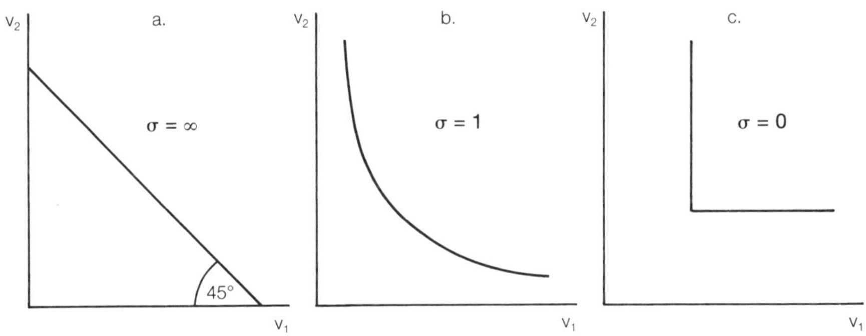

Abb. 4.21.

(2) Bezüglich der **proportionalen Faktorvariation** ist zunächst bedeutsam, ob sich bei einer Variation des Input- oder Prozessniveaus λ (z.B. von λ_1 mit $v_1 = 3$ und $v_2 = 1$ auf λ_2 mit $v_1 = 6$ und $v_2 = 2$ in Abb. 4.22.) die GRTS tan α ändert. Bleibt sie konstant, so liegt eine *homothetische Produktionsfunktion* vor. Generell wird die Verbindungslinie aller Punkte mit gleicher GRTS als *Isokline* bezeichnet. Eine

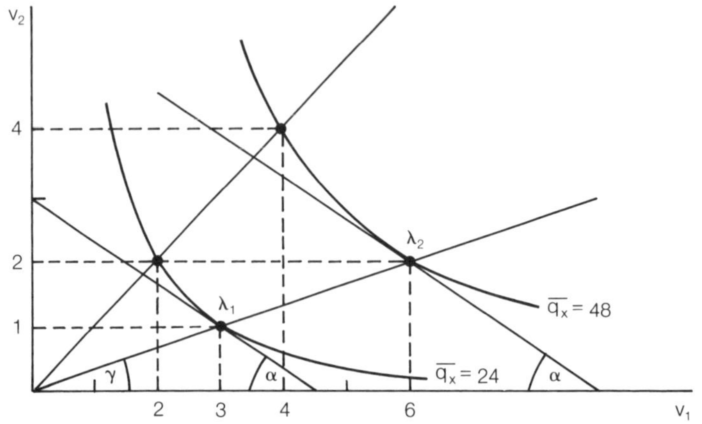

Abb. 4.22.

Bewegung auf der Isokline nennt man *isokline Faktorvariation.* Ist die Isokline eine aus dem Ursprung kommende Gerade (homothetische Produktionsfunktion), dann fallen proportionale und isokline Faktorvariation zusammen (α und γ sind konstant). Vgl. zuvor Abb. 4.7. und nunmehr auch Abb. 4.22. Hat die Isokline einen gekrümmten, u.U. unregelmäßigen Verlauf (nicht homothetische Funktion), dann führt isokline Faktorvariation (α = const.) zu variablen Faktoreinsatzproportionen, d.h. ein der Minimalkostenkombination folgender Expansionspfad der Unternehmung ist nicht mehr linear. In diesem Falle bewirkt proportionale Faktorvariation (γ = const.) variable Grenzraten der technischen Substitution und damit Abweichungen von der Minimalkostenkombination.

Bezüglich der proportionalen Faktorvariation ist ferner bedeutsam, wie sich eine Änderung des Inputniveaus λ auf die Änderung des Produktions- bzw. Outputniveaus q_x auswirkt. Diese Auswirkung wird gemessen durch die sog. **Skalen- oder Niveauelastizität**

$$(4.27) \qquad \varepsilon_{q_x \lambda} = \frac{\dfrac{dq_x}{q_x}}{\dfrac{d\lambda}{\lambda}} = \frac{dq_x}{d\lambda} : \frac{q_x}{\lambda} = r$$

Dabei wird $dq_x/d\lambda$ als Niveaugrenzproduktivität, q_x/λ als *Niveaudurchschnittsproduktivität* bezeichnet. Die Skalenelastizität wird in einer Produktionsfunktion in der Regel durch den Exponenten r dargestellt, d.h. in der Funktion

$$(4.6.b.) \qquad q_x = f(\lambda v_1, \lambda v_2)$$

ist die Outputänderung $\lambda^r q_x$. Ist r variabel, so ist die Produktionsfunktion inhomogen, ist r bei jeder Niveauänderung konstant, so liegt eine *homogene Produktionsfunktion* vor.

- Ist r = 1 (wie in allen hier verwendeten Zahlenbeispielen unterstellt), dann ist die Produktionsfunktion *linear-homogen.* Inputverdoppelungen (-verdreifachungen) bewirken Outputverdoppelungen (-verdreifachungen), die Abstände der Isoquanten sind gleich, die Steigung des Produktionsberges bei proportionaler Faktorvariation ist konstant (konstante Skalenerträge).

- Ist $r > 1$, so ist die Produktionsfunktion *überlinear-homogen.* Die Abstände der Isoquanten werden kleiner, die Steigung des Berges nimmt zu (steigende Skalenerträge).
- Ist $r < 1$, so ist die Produktionsfunktion *unterlinear-homogen.* Die Abstände der Isoquanten werden größer, die Steigung des Berges nimmt ab (sinkende Skalenerträge).

Wie zuvor dargestellt, sind die Produktionsgegebenheiten bei proportionaler Faktorvariation bedeutsam für die Beantwortung der Frage nach dem Verlauf der langfristigen Stückkostenkurven und der Grenzkosten-, d.h. der Angebotskurven der Unternehmungen. Die Cobb-Douglas-Funktion und die Leontief-Funktion sind beide sowohl homothetisch als auch linear-homogen.

(3) Bezüglich der **partiellen Faktorvariation** wird bekanntlich gefragt, um wie viel das Produktionsergebnis steigt, wenn man den Einsatz eines der beiden Faktoren erhöht. Diese Frage lässt sich in verschiedenen Formulierungen beantworten.

Setzt man die absoluten Änderungen von Ausstoß und Faktoreinsatzmenge des Faktors v_1 in Relation, so erhält man die **Grenzproduktivität** dieses Faktors

(4.28) $$X_1' = \frac{\Delta q_x}{\Delta v_1} \text{ bzw. } \frac{dq_x}{dv_1} \text{ bzw. } \frac{\partial q_x}{\partial v_1},$$

wie sie zuvor in (4.8) angesprochen wurde. Sie ist ablesbar als Steigung der partiellen Ertragsfunktion (z.B. in Abb. 4.1.d. oder in Abb. 4.12.). Die Formulierung dq_x/dv_1 bezieht sich auf infinitesimale Änderungen von v_1, die Formulierung $\delta q_x/\delta v_1$ trägt der Tatsache Rechnung, dass es sich in einer Mehrfaktorenfunktion um eine partielle Ableitung handelt (Lesart: d-partiell).

Der **Grenzertrag** (das **Grenzprodukt**) ergibt sich, wenn man die Grenzproduktivität wieder mit endlichen Änderungen des Faktoreinsatzes in Verbindung bringt, also

(4.29) $$dq_x = \frac{\partial q_x}{\partial v_1} \cdot dv_1.$$

Ändert man den Faktoreinsatz stets um eine Mengeneinheit, setzt man also $dv_1 = 1$, dann sind Grenzertrag und Grenzproduktivität identisch. Die Gleichsetzung von Grenzertrag und Grenzproduktivität ist einerseits praktisch, andererseits darf nicht vergessen werden, dass es sich um völlig unterschiedliche Konzepte handelt. Der Grenzertrag ist eine reine Outputmengengröße, die Grenzproduktivität ist die Relation von Outputmenge eines Gutes zur Inputmenge eines Faktors.

Die **Durchschnittsproduktivität** ist das Verhältnis von Gesamtausstoß eines Gutes zu Gesamteinsatz eines Faktors, also

(4.30) $$x_1 = \frac{q_x}{v_1}$$

und kann (etwa in Abb. 4.1.d.) durch den Tangens eines Fahrstrahlwinkels aus dem Ursprung gemessen werden. Durchschnittsproduktivität und Durchschnittsertrag sind identisch, da der Nenner jeweils den Wert Eins annimmt.

Die **Produktionselastizität** des Faktors v_1 erhält man, wenn man nicht die absoluten, sondern die prozentualen Änderungen von Ausstoß und Faktoreinsatzmenge in Relation setzt, also

$$(4.31) \quad \varepsilon_{q_x v_1} = \frac{\frac{dq_x}{q_x}}{\frac{dv_1}{v_1}} = \frac{dq_x}{dv_1} : \frac{q_x}{v_1}.$$

Sie ist das Verhältnis von Grenz- zu Durchschnittsproduktivität des Faktors. Sie wurde im 2. Teil bei der Darstellung der Elastizitäten in der Formel (2.19) bereits angesprochen. Die Summe der Produktionselastizitäten beider (aller) Produktionsfaktoren ist gleich der Skalenelastizität.

Auch bezüglich der Gesetzmäßigkeiten bei partieller Faktorvariation lassen sich die verschiedenen Arten von Produktionsfunktionen unterscheiden. So ist die *Cobb-Douglas-Funktion* beispielsweise durch permanent abnehmende Grenz- und Durchschnittsproduktivitäten gekennzeichnet. Bei der *Leontief-Funktion* ergeben sich bis zum Erreichen des einzig richtigen limitationalen Einsatzverhältnisses konstante Grenzproduktivitäten, danach wird die Grenzproduktivität gleich Null. Was die im Rahmen dieses Lehrbuches stets unterstellte *ertragsgesetzliche Produktionsfunktion* betrifft, so weist sie zunächst steigende, dann fallende und zuletzt sogar negative Grenzproduktivitäten bzw. Grenzerträge auf. Überdies ist sie durch variable GRTS und Substitutionselastizitäten gekennzeichnet und sie ist sowohl mit linearer Homogenität als auch mit Inhomogenität vereinbar.

Bezüglich der Frage der empirischen Relevanz **substitutionaler Produktionsfaktoren** und der Gültigkeit des **Ertragsgesetzes** hat es tiefgehende wissenschaftliche Diskussionen gegeben, die hier nicht im Einzelnen wiedergegeben werden können. Angesichts der Tatsache, dass zur Produktion eines Gutes gemäß (4.5) stets eine Vielzahl von Produktionsfaktoren erforderlich ist, kann die in (4.6) dargestellte Zwei-Faktoren-Funktion nur als das vereinfachende Abbild dieses Sachverhaltes verstanden werden. Genau genommen sind die beiden Faktoren als *Faktorenblöcke* zu verstehen. Wenn dem aber so ist, dann können die zahllosen Beispiele für limitationale Einzelfaktoren (etwa Arbeiter und Schaufeln, Sekretärinnen und Schreibmaschinen) nicht zur Widerlegung der Substitutionalität von größeren Faktorblöcken herangezogen werden. *Proportionale Faktorvariation von Einzelfaktoren und partielle Faktorvariation bezüglich größerer Faktorblöcke sind dann kein Widerspruch, sie werden vielmehr gemeinsam vollzogen.*

Auch die Frage, ob es bei der jeweiligen Faktorvariation nicht eher lineare statt S-förmiger Ertrags- und Gesamtkostenverläufe gibt, ist bei genauerem Hinsehen gar nicht so relevant. Bezüglich der S-förmigen Kostenkurve kann gesagt werden, dass sie in ihrem vorderen Teil bis zum Wendepunkt ohnehin nicht von Bedeutung ist, da nur der ansteigende Ast der Grenzkostenkurve, genau genommen so-

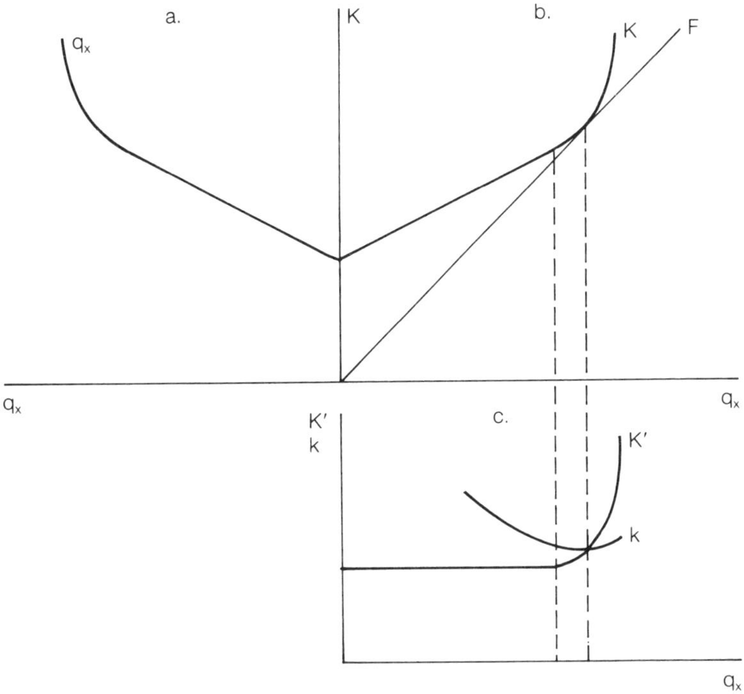

Abb. 4.23.

gar nur der vom Betriebsoptimum ab ansteigende Ast, als Angebotskurve zu interpretieren ist. Ohne Zweifel ist im Mittelteil der Ertrags- und Gesamtkostenkurve eine *lineare Glättung* des S-förmigen Verlaufes *vertretbar* (vgl. Abb. 4.23.). In der Nähe der Kapazitätsgrenze spricht dann aber wieder sehr viel für sinkende Ertragszuwächse, überproportional steigende Gesamtkosten und steigende Grenzkosten, da selbst bei proportionaler Faktorvariation und sog. *intensitätsmäßiger Anpassung* erhöhter Materialverbrauch und Ausschussproduktion auftreten. Bei *zeitlicher Anpassung,* also Überstundenproduktion mit Überstundenentlohnung, ist die Konstanz der Faktorpreise nicht mehr gegeben, so dass überproportionale Kostensteigerungen resultieren. Eine ansteigende Grenzkostenkurve und ein Handeln nach der Grenzkosten-Preis-Regel (4.25) ist demnach durchaus möglich.

Mit den letzten Überlegungen eng verbunden ist die Frage nach den Gesetzmäßigkeiten der **Ausstoßänderung bei proportionaler Faktorvariation.** *Konstante Skalenerträge,* also lineare Ertragssteigerungen, führen zu linearen Gesamtkosten, *fallende Skalenerträge* bedeuten sinkende Ertragszuwächse und überproportional steigende Gesamtkosten. Beide Sachverhalte bringen gegenüber den bisherigen Ausführungen keine Neuigkeiten (vgl. auch Abb. 4.23.). Lediglich *steigende Skalenerträge,* bei denen eine Verdoppelung der Mengen der Einsatzfaktoren mehr als eine Verdoppelung des Ertrages nach sich zieht, bewirken unterproportional steigende Gesamtkosten und permanent fallende Stückkosten. Es liegt dann der in Abb. 4.18. gezeichnete gestrichelte langfristige Stückkostenverlauf k_l vor. Wie später noch zu zeigen sein wird, bedeuten permanent fallende langfristige Stückkosten die Existenz eines sog. natürlichen Monopols, das auf der Grundlage der allgemeinen Gewinnmaximierungsbedingung (4.21) zu handeln hat.

2. Informationsstand, Zeithorizont und Marktsituation

Neben den produktionstechnischen Prämissen enthält die Angebotstheorie einige *weitere Prämissen,* welche erfüllt sein müssen, damit die Unternehmungen die Handlungsanweisungen der Theorie befolgen können. Soweit diese Prämissen in der Realität nicht erfüllt sind, sind Modifikationen bzw. Erweiterungen der Theorie unumgänglich.

So dürfte unter anderem die von der Theorie unterstellte **vollständige Information** über alle Produktions- und Marktgegebenheiten nicht vorliegen. Zwar kann den Unternehmungsleitern das Bemühen um Realisierung eines möglichst hohen Informationsstandes unterstellt werden, doch dürfte eine vollkommene Kenntnis aller technischer Gegebenheiten, aller Faktorpreise und damit aller Kosten sowie aller Marktpreise und damit aller Gewinne kaum zu erreichen sein. Selbst die Ermittlung der in der eigenen Produktion entstehenden Kosten, insbesondere der Grenzkosten, ist mit diversen Schwierigkeiten verbunden. Wenn aber speziell die Grenzkosten nicht genau bekannt sind, *ist ein präzises Handeln nach der Bedingung (4.21) bzw. (4.25) nicht möglich.* Darauf ist etwas später noch einmal zurückzukommen. Andererseits ist zu berücksichtigen, dass die Informationsgewinnung ebenfalls Kosten verursacht und dass auch bezüglich der Informationsgewinnung nach Maßgabe der Bedingung (4.21) gehandelt werden kann. Die Informationssuche lohnt sich, solange die aus zusätzlichen Informationen resultierenden Erlössteigerungen die zusätzlichen Suchkosten übersteigen.

Besondere Probleme wirft möglicherweise die Frage nach der für die Gewinnmaximierung **relevanten Zeitperiode** auf. Lediglich unter der Annahme, dass die Unternehmensentscheidungen den Preis des Gutes am Markt tatsächlich nicht beeinflussen, ist die Zeitdimension von geringerer Bedeutung. Die Unternehmung hat dann den Preis als gegeben hinzunehmen, und sie hat ständig, also zu jedem Zeitpunkt, zu versuchen, die Bedingung (4.25) zu realisieren. Sofern die **Marktsituation eines unbeeinflussbaren Marktpreises** aber nicht vorliegt, besteht die Möglichkeit, dass das kurzfristige Realisieren des Maximalgewinns (etwa durch Fordern eines hohen Preises) die Gewinnerzielungschancen in zukünftigen Perioden verringert, weil Nachfrager abwandern oder Konkurrenten hinzu kommen. Damit stellt sich die Frage nach den *Regeln intertemporaler, also langfristiger Gewinnmaximierung,* auf die hier jedoch nicht näher eingegangen werden soll.

Andererseits ist mit diesen Überlegungen die Frage nach der Relevanz der Bedingung eines nicht beeinflussbaren Marktpreises aufgeworfen. Wie später zu zeigen sein wird, ist diese Bedingung nur in einer sehr spezifischen Marktsituation, nämlich dem homogenen Polypol, erfüllt. In monopolistischen und monopolähnlichen Marktkonstellationen ist statt der speziellen Gewinnmaximierungsbedingung (4.25) wiederum die allgemeine Gewinnmaximierungsbedingung (4.21) anzuwenden. Auf die daraus resultierenden Modifikationen bezüglich der Herleitung der Angebotskurve ist noch zurückzukommen.

II. Die Angebotstheorie als explikative Theorie

1. Zielsetzung und Kalkulationsmethode von Unternehmungen

Sofern die der Theorie zu Grunde liegenden Prämissen in der Realität nicht vorliegen, können die Anbieter die Maximierungsregeln möglicherweise gar nicht befolgen. Die Theorie kann dann ihrem Anspruch, reales Anbieterverhalten zu erklären, nicht gerecht werden. Wenn demgemäß entsprechende Modifikationen der Theorie notwendig werden, so ist andererseits aber zu fragen, ob diese Modifikationen die *zentrale Hypothese der Theorie,* nämlich die *Existenz einer ansteigenden Angebotskurve,* außer Kraft setzen. Bei der Erörterung der produktionstechnischen Prämissen ist bereits gezeigt worden, dass dies nicht notwendigerweise der Fall ist. Wie nunmehr kurz zu zeigen ist, lässt sich auch bei Aufgabe der Annahme der Gewinnmaximierung eine ansteigende Angebotskurve nachweisen.

Bezüglich der Frage, inwieweit die Theorie reales Anbieterverhalten zu erklären vermag, ist es von Belang, ob Unternehmungen tatsächlich das Ziel der Gewinnmaximierung verfolgen. Auf die Probleme einer empirischen Klärung dieser Frage soll hier nicht näher eingegangen werden. Unternehmerbefragungen haben allerdings ergeben, dass einer beträchtlichen Zahl von Unternehmensleitern das zur Gewinnmaximierung notwendige *Konzept der Grenzkosten gar nicht vertraut* ist, dass sie vielmehr auf der Grundlage einer *Stückkostenkalkulation* agieren. Derartige Unternehmensleiter können offenbar gar keine Gewinnmaximierung betreiben, sie fragen vielmehr, ob der am Markt erzielbare Preis ihre Stückkosten deckt und ob er darüber hinaus noch einen *akzeptablen, angemessenen, zufriedenstellenden Stückgewinn* zulässt.

Bei derartigen Unternehmungen kann die (möglicherweise sogar unbekannte) Grenzkostenkurve auch nicht die Angebotskurve sein. Es zeigt sich aber, dass auch bei solchen Unternehmungen eine steigende Angebotskurve vorliegt. Wird auf Stückkostenbasis kalkuliert und lautet die Zielsetzung **Umsatzmaximierung** (Erlösmaximierung) oder **Absatzmengenmaximierung,** dann bietet die Unternehmung bei alternativen Preisen die jeweils maximalen Mengen an, bei denen die Stückkosten gerade noch gedeckt sind. *Ihre Angebotskurve ist dann der ansteigende Ast der Stückkostenkurve* (vgl. Abb. 4.24.). Wird als Nebenbedingung die

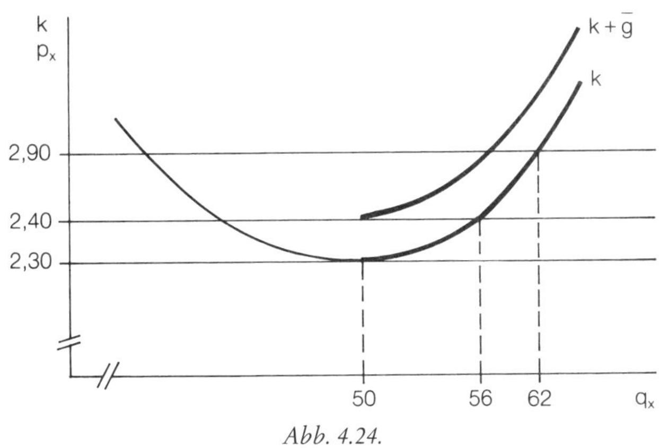

Abb. 4.24.

Erzielung eines bestimmten, konstanten Mindeststückgewinns $\overline{g}$ = 0,10 Euro formuliert, so ist die Kurve (k + g) die Angebotskurve der Unternehmung. Weitere Modifikationen, etwa die Nebenbedingung eines konstanten Mindestgesamtgewinns, sind möglich und führen ebenfalls zu einer steigenden Angebotskurve. Lediglich bei Beschränkungen der verkaufbaren Absatzmenge wird der fallende Ast der Stückkostenkurve relevant.

2. Konkurrenzabhängiges Unternehmungsverhalten

Ebenso wie bei der Nachfrage der Haushalte nach Konsumgütern ist beim Angebot der Unternehmungen nur schwer empirisch überprüfbar, *ob sich die Unternehmungen rational verhalten haben.* Zwar sind einerseits die unternehmensrelevanten Größen wie Kosten und Erlöse leichter zu ermitteln als der Nutzen der Haushalte, andererseits scheint aber die Palette der potenziellen Unternehmenszielsetzungen erheblich breiter zu sein. Ohne genaue Kenntnis der Zielfunktion der Unternehmung, insbesondere der dabei gewählten Zeitdimension, ist es aber nicht möglich, den Grad der Rationalität des Unternehmensverhaltens abzuschätzen und insoweit zu klären, ob und in welchem Ausmaß die Aktivitäten der Unternehmensleitung derjenigen eines *homo oeconomicus* entsprechen.

Zuweilen wird davon ausgegangen, dass der Zwang zum Rationalverhalten bei Unternehmungen viel ausgeprägter ist als bei Haushalten. Wenn Haushalte ihr Nutzenmaximum verfehlen, so seien die Folgen weniger gravierend als beim Verfehlen des Gewinnmaximums durch die Unternehmungen. Diese Aussage gilt aber nur, wenn die Unternehmungen sich im Wettbewerb mit anderen befinden, sie beim Verfehlen des Gewinnmaximums gegenüber der Konkurrenz zurückbleiben und Gefahr laufen, vom Markte verdrängt zu werden.

Damit ist die *Marktsituation der Marktteilnehmer* erneut angesprochen. Bei Haushalten als Nachfrager von Konsumgütern dürfte die Prämisse eines nicht beeinflussbaren Marktpreises weniger problematisch sein, da diese Annahme die reale Situation der Haushalte in der Regel zutreffend abbildet. Demgegenüber ist bei Unternehmungen die Situation viel wahrscheinlicher und vielleicht gar die Regel, dass die *Möglichkeit zur Beeinflussung des Preises* gegeben ist. Diese Möglichkeit steht ohne Zweifel im Zusammenhang mit dem Grad der Konkurrenzbeziehungen auf den Absatzmärkten der Unternehmungen.

Berücksichtigt man diese Konkurrenzbeziehungen, so werden zahlreiche zusätzliche Überlegungen bezüglich des Unternehmensverhaltens notwendig, und die bisher implizit enthaltene Annahme eines von den Konkurrenten unabhängigen Verhaltens kann nicht mehr aufrecht erhalten werden. Auch bei den Unternehmungen sind *Orientierungen am Verhalten anderer Marktteilnehmer* anzutreffen und in vielen Fällen auch rational. Dies mag möglicherweise nicht so sehr für das **Mitläuferverhalten** gelten, unter Umständen aber durchaus für **antizyklisches Verhalten** von Unternehmungen. Während Mitläuferverhalten, wie noch zu zeigen sein wird, zu starken Marktschwankungen und Nachteilen für alle Unternehmungen führen kann, wird sich ein antizyklisch handelnder Anbieter gegenüber seinen Konkurrenten möglicherweise besser stehen. Wenn aber Orientierungen am Verhalten der Konkurrenten sinnvoll sein können und in der Realität auch vorkommen, dann ist auch beim Güterangebot die im 2. Teil als vergleichsweise einfach dargestellte Aggregation der individuellen Angebote zum Marktangebot mit Schwierigkeiten behaftet. Aus alledem ergibt sich aber, dass es im 5. Teil, in dem die Preisbildung auf Gütermärkten darzustellen ist, nunmehr zunächst notwendig ist, die jeweiligen Marktkonstellationen genauer zu analysieren.

Kontrollfragen zum 4. Teil

1. Nennen Sie die Prämissen der Theorie des Güterangebotes, insbesondere die darin unterstellte Zielsetzung der Unternehmung. Zeigen Sie in diesem Zusammenhang auf, welche Analyseschritte vorzunehmen sind, und begründen Sie, warum die Theorie als Marginaltheorie des Angebotes bezeichnet wird.
2. Ist es richtig, dass die vorliegende Angebotstheorie auf Grund ihrer Prämissen nur auf Einproduktunternehmen angewendet werden kann?
3. Was versteht man unter einer Produktionsfunktion? Wann spricht man von einer substitutionalen Produktionsfunktion? Inwieweit liegt in der hier verwendeten Produktionsfunktion auch eine gewisse Komplementarität der Faktoren vor?
4. Beschreiben Sie die drei Arten der Faktorvariation und erläutern Sie die in ihnen enthaltenen betriebswirtschaftlichen Fragestellungen.
5. Erläutern Sie die Begriffe Isoquante, Isokostenlinie und Minimalkostenkombination sowie die ihnen entsprechenden Konzepte der Indifferenzkurvenanalyse. Zeigen Sie generelle Gemeinsamkeiten und Unterschiede zwischen der Indifferenzkurvenanalyse und dem Minimalkostenkonzept auf.
6. Erläutern Sie anhand der Minimalkostenkombination den Zusammenhang zwischen der Grenzproduktivität eines Faktors und seinem Kostensatz. Zeigen Sie dabei auch auf, inwiefern Lohnerhöhungen einen Anstieg der Arbeitslosigkeit auslösen können.
7. Vergleichen Sie die Ausstoßänderungen (die jeweilige Gestalt der Ertragsfunktion) bei proportionaler und partieller Faktorvariation. Welche eher technischen Argumente sprechen für den jeweiligen Kurvenverlauf?
8. Sind bei proportionaler Faktorvariation auch nicht lineare Ertragskurven vorstellbar? Erklären Sie in diesem Zusammenhang den Begriff Skalenerträge.
9. Erläutern Sie den Zusammenhang zwischen der Minimalkostenkombination und der proportionalen Faktorvariation. Kann eine Unternehmung, wenn sie eine Produktionsausdehnung durchführen möchte, immer auf die proportionale Faktorvariation zurückgreifen? Inwiefern betreibt ein Automobilproduzent, der 100 zusätzliche Fahrzeuge verkaufen kann und daher produzieren muss, proportionale Faktorvariation, inwiefern betreibt er partielle Faktorvariation?
10. Stellen Sie dar, wie man von der Produktionsfunktion zur Ertragsfunktion, zur monetären Ertragsfunktion und schließlich zur Kostenfunktion gelangt. Wodurch unterscheiden sich monetäre Kosten von Realkosten?

11. Was versteht man unter variablen Kosten, fixen Kosten, Gesamtkosten, Grenzkosten und Stückkosten?
12. Fertigen Sie eine Zeichnung an, in der Sie für den Fall einer partiellen Faktorvariation die Kurve des Gesamtertrages sowie die entsprechende Gesamt-, Grenz- und Stückkostenkurve abbilden.
13. Bei der Produktion eines Gutes X ergeben sich zunächst degressiv und dann progressiv ansteigende Gesamtkosten. Welche Art von Faktorvariation und welcher Ertragsverlauf liegt vor?
14. Was versteht man unter dem Betriebsoptimum? Warum schneidet die Grenzkostenkurve die Stückkostenkurve im Betriebsoptimum?
15. Erklären Sie den Begriff des Unternehmensgleichgewichts. Leiten Sie in diesem Zusammenhang die generelle und die spezielle Gewinnmaximierungsbedingung ab.
16. Zeichnen Sie eine Gesamterlös-, eine Grenzerlös- und eine Stückerlöskurve für den Spezialfall, dass die Unternehmung keinen Einfluss auf den Marktpreis hat.
17. Verknüpfen Sie die Zeichnungen aus Frage 12 und Frage 14 und ermitteln Sie das Gewinnmaximum.
18. Zeigen Sie vor dem Hintergrund der vorherigen Überlegungen auf, wie eine gewinnmaximierende Unternehmung auf Änderungen des Marktpreises reagiert. Welche Kostenkurve ist als Angebotskurve der Unternehmung zu interpretieren?
19. Wann stimmen Betriebsoptimum und Gewinnmaximum überein? Erläutern Sie in diesem Zusammenhang die sog. Preisuntergrenze.
20. Erklären Sie den Begriff Kapazitätsgrenze. Wie verläuft die Angebotskurve an der Kapazitätsgrenze? Bei welcher Art von Faktorvariation ergibt sich eine Kapazitätsgrenze und bei welcher ergibt sie sich nicht?
21. Stellen Sie anhand von Ertrags- und Kostenkurven dar, wie sich ein technischer Fortschritt sowie Änderungen der Faktorpreise auf die Lage der Angebotskurve auswirken.
22. Zeigen Sie ferner auf, dass eine Kapazitätserweiterung zu einer Rechtsverschiebung der Angebotskurve führt.
23. Verdeutlichen Sie sich noch einmal den Prämissenkatalog der einfachen Marginaltheorie des Güterangebotes und überlegen Sie, was man noch berücksichtigen müsste, wenn man das Angebotsverhalten eines Warenhauskonzerns erklären wollte.
24. Was spricht dafür, dass sich auch bei proportionaler Faktorvariation sinkende Ertragszuwächse, steigende Grenzkosten und damit steigende Angebotskurven einstellen?
25. Wie verläuft die Angebotskurve einer Unternehmung, wenn diese auf der Grundlage einer Stückkostenkalkulation Erlösmaximierung mit bzw. ohne die Bedingung der Erzielung eines Mindestgewinns realisieren möchte?

5. Teil
Die Theorie des Marktgleichgewichts

Nach der Darstellung der Theorie der Nachfrage und der Theorie des Angebotes gilt es nunmehr, die Gesetzmäßigkeiten der Preisbildung auf den Gütermärkten zu erörtern. Dies geschieht zunächst im Rahmen der **Theorie des Marktgleichgewichts.** Diese Theorie basiert auf der Annahme, dass sich die Nachfrage- und die Angebotskurven wegen der *Gültigkeit der ceteris-paribus-Bedingung* im Untersuchungszeitraum nicht verschieben. Nur gelegentlich werden Verschiebungen der Kurven und damit sog. Marktprozesse angedeutet. Eine ausführliche **Theorie der Marktprozesse** folgt im 6. Teil.

Die nunmehr zu behandelnde Marktgleichgewichtstheorie zeigt, wie sich aus Nachfrage- und Angebotsfunktion ein Marktgleichgewicht herleiten lässt, d.h. eine Situation, in der die Pläne der Nachfrager und die Pläne der Anbieter durch die Preisbildung aufeinander abgestimmt sind. Die Marktgleichgewichtstheorie handelt also von der **Ausgleichsfunktion des Preises.**

Wie bereits die Nachfrage- und die Angebotstheorie, so kann auch die Marktgleichgewichtstheorie einmal als *Bedingungstheorie* und zum anderen als *explikative Theorie* verstanden werden. Die Marktgleichgewichtstheorie ist in erster Linie als Bedingungstheorie konzipiert, wobei sie Bedingungen in zweierlei Hinsicht formuliert:

- *erstens Bedingungen für die Existenz (und Stabilität) eines Marktgleichgewichts,*
- *zweitens Bedingungen für eine gesamtwirtschaftlich besonders günstige Lage des Marktgleichgewichts im Hinblick auf Konsumentenversorgung und Faktorallokation.*

Nur wenn die von der Theorie formulierten Bedingungen in der Realität vorliegen, kann die Theorie auch als explikative, d.h. als eine die Realität erklärende Theorie verwendet werden. Sofern die von der Theorie formulierten Bedingungen in der Realität nicht gegeben sind, gibt die Theorie aber zumindest Auskunft darüber, in welcher Weise die Gegebenheiten der Realität zu modifizieren sind, um ein Marktgleichgewicht bzw. das gesamtwirtschaftlich besonders günstige Marktgleichgewicht zu realisieren oder sich ihm anzunähern.

Wie am Ende des 4. Teils mehrfach angedeutet, werden die *Wirtschaftspläne* der Haushalte und Unternehmungen maßgeblich *von der Marktsituation,* in welcher sich die Wirtschaftssubjekte befinden, *beeinflusst.* Bei der Herleitung der Nachfrage- und der Angebotskurve wurde bislang durchweg eine Marktsituation unterstellt, in welcher weder Nachfrager noch Anbieter den Preis des Gutes beeinflussen können. Da aber auch andere Marktsituationen denkbar sind und in der Realität vorkommen, gilt es zunächst, eine *Klassifikation der verschiedenen*

Marktsituationen bzw. Marktgestaltungen (der sog. **Marktformen**) vorzunehmen. Im folgenden Kapitel A werden zunächst der Markt und die Marktformen behandelt. Anschließend wird auf die bislang unterstellte Situation unbeeinflussbarer Marktpreise, d.h. auf die Marktform des homogenen Polypols, ihre Prämissen und ihre gesamtwirtschaftlichen Konsequenzen eingegangen. In Kapitel B wird das Marktgleichgewicht im Monopol, im heterogenen Polypol und im Oligopol erörtert. Dabei werden die Abweichungen in den Prämissen und in den Marktergebnissen gegenüber dem homogenen Polypol besonders herausgestellt. In Kapitel C erfolgt schließlich eine Kritik der Marktgleichgewichtstheorie.

A. Der Markt, die Marktformen und das Marktgleichgewicht im homogenen Polypol

I. Der Markt und die Marktformen

1. Der Markt

In den vorangegangenen Ausführungen ist immer wieder vom *Markt* gesprochen worden, ohne dass dieser Begriff näher erläutert worden ist. Dies schien bislang entbehrlich, weil das Konzept des Marktes auch in der Alltagssprache ständig verwendet wird und daher zweifellos hinreichend sichere Vorstellungen darüber existieren, was ein Markt ist. Dennoch zeigt ein etwas genaueres Nachdenken darüber sofort, dass dieser Begriff sowohl in der Alltagssprache wie möglicherweise auch in der wissenschaftlichen Fachsprache in vielfältiger Weise auftaucht. In der Alltagssprache ist vom Wochenmarkt, vom Weihnachtsmarkt, vom Supermarkt, vom Baumarkt, vom Kaufmarkt oder vom Mediamarkt die Rede. Dabei sind einmal offensichtlich zeitlich und örtlich begrenzte Geschehnisse gemeint, bei denen bestimmte, sachlich zusammengehörende, Gütergruppen angeboten und nachgefragt werden (Wochenmarkt, Weihnachtsmarkt). Es sind andererseits aber auch nur einzelne Anbieter gemeint, welche mehr oder weniger eng zusammengehörende Gütergruppen anbieten (Supermarkt, Baumarkt). Schließlich sind es vereinzelt auch direkt nur Firmenbezeichnungen (Kaufmarkt, Mediamarkt).

Derartige lediglich auf das Güterangebot ausgerichtete Begriffsinhalte kommen in der wissenschaftlichen Fachsprache nicht vor. Der Gütermarkt, der Geldmarkt, der Kassamarkt und der Terminmarkt für Wertpapiere, der Devisenmarkt, der europäische Binnenmarkt, der Weltmarkt u.a. meinen stets *das Zusammentreffen von Angebot und Nachfrage.* Aber auch hier sind die zeitlichen und räumlichen Dimensionen sowie die Enge der sachlichen Zusammengehörigkeit der gehandelten Objekte (eher homogen oder durchaus extrem heterogen) sehr unterschiedlich. Im Folgenden soll eher eine vergleichsweise enge Zusammengehörigkeit unterstellt werden d.h. unter dem Markt wird der *ökonomische Ort des Zusammentreffens von Angebot und Nachfrage für ein bestimmtes Gut X* verstanden. Darin sind letztlich auch zeitliche und räumliche Eingrenzungen enthalten, über die zunächst aber noch nicht nachgedacht werden soll. Auf die sachliche Abgrenzung des Gutes X und damit seines Marktes wird bereits in den folgenden Abschnitten näher eingegangen.

Auch wenn man diese Eingrenzungen vornimmt, lassen sich viele Arten von Märkten unterscheiden. Etwa die verschiedenen *Konsumgütermärkte* und die zahlreichen *Investitionsgütermärkte* bzw. Sachkapitalmärkte. Fasst man den Gutsbegriff extrem weit, so können auch die Faktormärkte, also neben den *Sachkapitalmärkten* auch die *Arbeitsmärkte,* die *Bodenmärkte* und die *Märkte für Know-How,* etwa Patente und Lizenzen, einbezogen werden. Darüber hinaus sind die *Finanzkapitalmärkte,* die *Aktienmärkte,* die *Devisenmärkte* und alle ihre Teilmärkte, etwa der Rentenmarkt oder der Markt für US-Dollar, zu nennen. Im Folgenden wird fast ausschließlich auf Konsumgütermärkte abgestellt. Das immer wieder genannte Gut X möge also irgend ein Konsumgut sein. Im später folgenden Abschnitt II.5. wird zusätzlich auf einige weitere Märkte eingegangen.

2. Die Marktformen: Struktur-, Verhaltens- und Elastizitätenansatz

Der **Markt** als *ökonomischer Ort des Zusammentreffens von Angebot und Nachfrage* kann sich den Marktteilnehmern bzw. einem externen Beobachter in unterschiedlicher Gestalt präsentieren. Diese Gestalt des Marktes ist von Bedeutung für die Art des Zusammentreffens von Angebot und Nachfrage und damit für die Preisbildung. Will man alternative Gestaltungen des Marktes im Hinblick auf ihre Unterschiede bezüglich der Preisbildung klassifizieren, so stellt sich zunächst die Frage nach den Klassifikationskriterien. Prinzipiell ist es möglich, diese Unterschiede in drei verschiedenen Kategorien zu erfassen. Zum einen wird an den denkbaren *marktstrukturellen Ursachen* der Unterschiede in der Preisbildung angeknüpft, zweitens werden die von den Marktteilnehmern *praktizierten Verhaltensweisen* selbst herausgestellt und drittens bezieht man sich auf die Wirkungen, d.h. auf die jeweiligen *Marktergebnisse.*

In der Marktformenlehre hat es sich nun eingebürgert, insbesondere die *Marktstruktur* sowie das *Marktverhalten* hervorzuheben. Bezüglich des Marktverhaltens ist dabei zwischen einem eher verbal vorgetragenen Ansatz, der Lehre von den Verhaltensweisen (i.e.S.), und einem arithmetischen Ansatz, dem Elastizitätenkonzept, zu unterscheiden.

Die **Lehre von den Verhaltensweisen** (insb. R. Frisch, W. Eucken, F. Machlup, E. Schneider) basiert auf dem Grundgedanken, dass objektive marktstrukturelle Gegebenheiten für das tatsächliche Marktverhalten nur teilweise relevant sind, zumal die Marktteilnehmer sie in der Regel nicht genau kennen. Von Bedeutung sei das tatsächliche Verhalten der Marktteilnehmer. Damit wird deutlich, dass dieser Ansatz primär darauf abzielt, reales Marktgeschehen zu beschreiben. Der Frage, inwieweit auch Erklärungen geliefert werden, soll hier nicht weiter nachgegangen werden. Immerhin wird angedeutet, dass die Marktteilnehmer bestimmte Vermutungen oder „Erwartungen“ (Eucken) bezüglich der objektiven Marktgegebenheiten haben bzw. sich von der Marktsituation ein „Bild“ (Machlup) machen. Eine interessante diesbezügliche Formulierung lautet: „Ein Anbieter hat Grund zu der Annahme, ...“ (Machlup). Auf Grund seiner Annahmen über die Existenz von Konkurrenten und deren Reaktionen werden dann beispielsweise die Strategietypen der *elementaren Anpassung* (Mengenanpassung, Preisanpassung, Optionsempfang und Optionsfixierung), der *parametrischen Aktion* (autonome, konjekturale und Überlegenheitsaktion) sowie der *allgemeinen Verhandlung* unterschieden (R. Frisch). Eine andere Klassifikation (E. Schneider) trennt in *Kampf- und Verhandlungsstrategie* und *friedliche Anpassung,* wobei diese wiederum die Unterformen der Mengenanpassung, der Preis-, der Mengen- und der Optionsfixierung enthält. Innerhalb von Preis- und Mengenfixierung wird monopolistische, oligopolistische und polypolistische Fixierung unterschieden, bezüglich der beiden letzten Varianten wird noch einmal zwischen homogener und heterogener Konkurrenz getrennt.

Die Marktformenlehre auf der Basis der Verhaltensweisen trägt der Vielfalt realen Marktgeschehens zwar durchaus Rechnung, führt aber letztlich auch zu einer vergleichsweise unübersichtlichen Klassifikation. Demgegenüber ist das im angelsächsischen Raum entwickelte **Elastizitätenkonzept** (insb. J. Robinson, N. Kaldor) zunächst insoweit vergleichsweise einfach, als es nach Maßgabe der direkten Preiselastizität der Nachfrage nur zwischen *perfect competition* ($\varepsilon = \infty$) und *imperfect competition* ($\varepsilon < \infty$) unterscheidet. Tiefer gehende Klassifikationen nach Maßgabe der Kreuzpreiselastizität der Nachfrage (N. Kaldor, R. Triffin) lassen eine Unterscheidung in *homogene Konkurrenz, heterogene Konkurrenz und Monopol* zu, die Verwendung der Kreuzmengenelastizität (R. Triffin) ermöglicht es schließlich, zwischen *polypolistischer* und *oligopolistischer Konkurrenz* zu unterscheiden.

Auf Grund diverser auch mit dem Elastizitätenkonzept verbundener Probleme (insbesondere bezüglich der Frage der empirischen Ermittlung der Koeffizienten) hat sich in der Marktformenlehre der zuerst erwähnte **Marktstrukturansatz** weitgehend durchgesetzt. Marktformen werden dabei nach marktstrukturellen Gegebenheiten, der sog. *Marktmorphologie,* unterschieden. Die Marktformenklassifikation auf der Basis der Marktstruktur soll im Folgenden näher erläutert werden. Dabei ist aber jetzt schon anzudeuten, dass auch die Verwendung des Strukturkonzepts zahlreiche Probleme aufwirft, welche später das Einbauen von Verhaltens- und möglicherweise von Elastizitätskriterien notwendig machen.

3. Der Marktstrukturansatz

Die Klassifikation von Marktformen auf der Grundlage der Marktstruktur oder Marktmorphologie enthält eine qualitative und eine quantitative Dimension. Die qualitative Dimension kann als der Markttyp, die quantitative Dimension als die Marktbesetzung bezeichnet werden.

a) Der Markttyp

Als Kriterium zur Unterscheidung verschiedener Markttypen werden unter anderem der Organisationsgrad, der Grad der Offenheit sowie vor allem der Vollkommenheitsgrad des Marktes herausgestellt. Nach dem **Organisationsgrad** lässt sich zwischen *stark organisierten und weniger stark organisierten Märkten* unterscheiden. Völlig unorganisierte Märkte kann man in modernen Marktwirtschaften aus der Betrachtung ausschließen, da gewisse Mindestorganisationsgrade in Form gesetzlicher Regelungen (etwa Vertragsnormen, Sicherheitsvorschriften, Ladenöffnungszeiten u.a.) stets gegeben sind. Gesetzliche wie auch durch Konvention festgelegte Regeln können aber mehr oder weniger weitreichend sein und letztlich darin gipfeln, dass für einen Markt Ort, Zeit, Teilnehmerkreis, Art der gehandelten Güter und sogar das Verfahren der Preisbildung präzise festgelegt sind, wie die Beispiele der Wertpapier- und der Produktbörsen zeigen. Der Organisationsgrad des Marktes ist für die Art der Preisbildung und möglicherweise auch für die Höhe des Preises von maßgeblicher Bedeutung.

Nach dem **Grad der Offenheit** des Marktes lassen sich *geschlossene und mehr oder weniger offene Märkte* unterscheiden. Das Kriterium der Offenheit stellt darauf ab, ob und inwieweit es Wirtschaftssubjekten möglich ist, am Marktgeschehen überhaupt teilzunehmen. Ein erstes und nachhaltiges Hindernis zur Marktteilnahme können *rechtliche Zugangsbeschränkungen* sein. So war es potenziellen Anbietern auf dem Telekommunikationsmarkt lange Zeit nicht erlaubt, den Markt zu betreten, weil die Deutsche Bundespost hier eine gesetzlich garantierte Monopolstellung besaß. Auf anderen Märkten ist der Nachweis bestimmter Qualifikationen unabdingbar (etwa Apotheken), während auf rechtlich völlig offenen Märkten der Marktzutritt jederzeit möglich ist. Zum Bereich der rechtlichen Zugangsbeschränkungen zählen auch jene, die sich nur gegen bestimmte Gruppen von Wirtschaftssubjekten richten wie etwa Importverbote gegen ausländische Konkurrenten. Neben rechtlichen Zugangsbeschränkungen existieren möglicherweise auch *wirtschaftliche Hemmnisse,* die den Marktzutritt de facto erschweren oder gar unmöglich machen. Als Eintrittsbarrieren werden insbesondere *economies of scale* genannt, welche dazu führen, dass die am Markt agierenden Unternehmen Massenproduktion bei hoher Unternehmensgröße durchführen. Um in den kostengünstigsten Größenbereich zu gelangen, müsste ein hinzukommender Anbieter sofort erhebliche Produktionskapazitäten errichten, was zu einem hohen und möglicherweise nicht finanzierbaren Bedarf an Sachkapital führt. Inwieweit die Höhe des Kapitalbedarfs aber eine schwerwiegende Eintrittsbarriere darstellt, ist in der Literatur umstritten. Immerhin ist klar, dass die Preisbildung am Markt in erheblichem Maße davon beeinflusst wird, ob *potenzielle Konkurrenz* existiert, ob die Marktteilnehmer also mit dem Zutritt neuer Akteure zu rechnen haben oder nicht. Der Grad der Offenheit von Märkten wird in der neueren Literatur unter dem Schlagwort von der *contestability,* also der Angreifbarkeit von Märkten, erörtert.

Nach dem **Vollkommenheitsgrad des Marktes** lassen sich *vollkommene und mehr oder weniger unvollkommene Märkte* unterscheiden. Was das Kriterium der Vollkommenheit anlangt, so ist zu beachten, dass damit keinerlei Werturteil (besonders gut, besonders günstig usw.) verbunden ist, sondern dass es sich um ein in der ökonomischen Theorie (fast) einheitlich verwendetes Konzept handelt, das durch zwei präzise Definitionsmerkmale gekennzeichnet ist. Ein vollkommener Markt liegt vor, wenn die auf ihm gehandelten Güter homogen sind und wenn vollständige Markttransparenz existiert.

Vollständige Markttransparenz ist gegeben, wenn alle Marktteilnehmer über alle Marktbedingungen vollständig informiert sind. Wie im 3. Teil bereits angesprochen, heißt das bezüglich der Nachfrager, dass ihnen unter anderem die Qualität der Güter, die Preise, aber auch alle Anbieter, bei denen die Güter erworben werden können, bekannt sind. Wie im 4. Teil angedeutet, heißt das bezüglich der Anbieter, dass ihnen alle Marktgegebenheiten, aber auch die Produktions- und Kostenbedingungen bekannt sind.

Die *Homogenität der Güter* ist gegeben, wenn diese von den Anbietern bzw. den Nachfragern als völlig gleichwertig angesehen werden. Im Hinblick auf die hier zu behandelnden Konsumgütermärkte und das Ausmaß der Konkurrenzbeziehungen zwischen den Anbietern ist vor allem die Sichtweise der Nachfrager von Interesse. Nachfrager sehen Güter als homogen an, wenn zwischen ihnen

- *keine sachlichen Unterschiede* bestehen, die Güter also qualitativ gleichartig sind,
- *keine zeitlichen Unterschiede* bestehen, sie also sofort verfügbar sind bzw. gleiche Lieferfristen haben,
- *keine räumlichen Unterschiede* bestehen, sie also am gleichen Raumpunkt oder in gleicher Entfernung vom Nachfrager angeboten werden,
- *keine persönlichen Unterschiede* bestehen, wenn also kein Anbieter aus persönlichen Gründen (etwa verwandtschaftliche Beziehungen) präferiert wird.

Diese Aufzählung ist als erschöpfende Auflistung aller nur denkbaren Möglichkeiten zur Unterscheidung von Gütern zu interpretieren. So zählen Unterschiede im Kundendienst oder in den Lieferungs- und Zahlungsbedingungen zu den sachlichen Unterschieden, freundliche und zuvorkommende Bedienung zu den persönlichen oder möglicherweise auch zu den sachlichen Unterschieden. Man bedenke, dass man beim Kauf von Sachgütern eigentlich auch immer Dienstleistungen mit erwirbt, beispielsweise freundliche Bedienung, gute Beratung, Kulanz und Kundendienst.

Sind alle Bedingungen des vollkommenen Marktes erfüllt, so ergibt sich daraus eine ganz bestimmte Konsequenz: auf einem vollkommenen Markt kann immer nur ein Preis existieren. Es gilt das *law of indifference,* das *Gesetz der Unterschiedslosigkeit der Preise* (Jevons). Würden nämlich einzelne Anbieter höhere Preise verlangen als die anderen, so würde niemand mehr bei ihnen kaufen. Bei völliger Gleichartigkeit der Güter und Markttransparenz (sowie Vorliegen der zuvor bereits erörterten Prämissen, also Nutzenmaximierung und Rationalverhalten der Nachfrager) kann sich immer nur ein Preis durchsetzen, und zwar der niedrigste aus der Sicht der Nachfrager. Daraus folgt nun andererseits, dass immer dann, wenn in der Realität unterschiedliche Preise für (scheinbar) gleichartige Güter beobachtet werden, diese eben doch nicht völlig gleich sein können bzw. es an der Markttransparenz fehlt. Der Markt muss demnach unvollkommen sein, d.h. eines oder mehrere Unvollkommenheitsmerkmale aufweisen.

Diese Überlegungen werfen die Frage auf, *ob es in der Realität überhaupt vollkommene Märkte gibt.* Beispiele für sachliche Gleichartigkeit lassen sich insbesondere bei landwirtschaftlichen Gütern (den einzelnen Getreidearten) sowie bei zahlreichen standardisierten Investitionsgütern, vor allem bei metallischen Rohstoffen, aber auch bei standardisierten Konsumgütern (etwa gemäß festgelegter Handelsklassen) in beachtlicher Zahl finden. Auch das Fehlen persönlicher, zeitlicher und räumlicher Unterschiede (Markt an bestimmten Marktplätzen) ist vielfältig nachweisbar. Zu fragen ist allerdings, ob alle Bedingungen gleichzeitig vorliegen und ob auch jeweils vollständige Markttransparenz besteht. Dies kann offenbar nur in sehr seltenen Fällen unterstellt werden (etwa an Produktbörsen). Andererseits ist zu bedenken, dass die Konsequenz eines einheitlichen Preises sich nicht nur bei Vorliegen objektiver Gleichartigkeit der Güter und Markttransparenz ergibt, sondern auch dann, wenn die Nachfrager subjektiv keine Unterschiede zwischen den Gütern erkennen bzw. wenn diese ihnen gleichgültig sind.

Trotz alledem lässt sich kaum bestreiten, dass insbesondere die hier zu behandelnden Konsumgütermärkte in der Regel unvollkommene Märkte sind. Dennoch ist es aus zwei Gründen sinnvoll, sich in der ökonomischen Theorie mit vollkommenen Märkten zu beschäftigen. Sie dienen einmal als *gedanklicher Fixpunkt,* von welchem ausgehend man den Unvollkommenheitsgrad vieler realer Märkte beschreiben und analysieren kann. Wegen besonderer – noch zu erörternder – positiver Konsequenzen bezüglich Konsumentenversorgung und Faktorallokation dienen sie möglicherweise auch als *wirtschaftspolitisches Idealbild* von Märkten, dem es sich so weit wie nur möglich anzunähern gilt. Zur Definition eines derartigen Leitbildes reichen aber die soeben beschriebenen qualitativen Merkmale von Märkten nicht aus. Es müssen bestimmte quantitative Merkmale hinzukommen, die im Folgenden näher zu erläutern sind.

Bevor auf die quantitative Dimension der Marktbesetzung eingegangen wird, ist eine letzte Bemerkung zur qualitativen Dimension, d.h. zum Markttyp, zu machen: Der Markttyp erscheint hier, im Einklang mit der gängigen Terminologie der Preistheorie, *als Marktstrukturmerkmal.* Diese Terminologie ist sehr unglücklich. Machlup hat den Strukturbegriff, wenn er derartig ungenau verwendet wird, als ein „weaselword", einen Schwafelbegriff, bezeichnet. Der begrifflichen Präzision willen sollte man den Strukturbegriff eigentlich nur verwenden, wenn eine quantitative Dimension gemeint ist. Dieser allein präzise *statistische Strukturbegriff* versteht Struktur als die Zusammensetzung einer Gesamtgröße, darstellbar durch die Zahl und die relative Häufigkeit der Teilgrößen. Genau genommen sind also nur die folgenden quantitativen Merkmale Strukturphänomene.

b) Die Marktbesetzung

Das Kriterium der Marktbesetzung knüpft an der Zahl und an der relativen Größe der Marktteilnehmer an. Was die **Zahl der Marktteilnehmer** betrifft, so können auf jeder Marktseite von einem Marktteilnehmer bis zu unendlich vielen Teilnehmern zahllose Varianten vorkommen. Die Zahl der Marktbesetzungsformen wäre demnach unendlich groß. Im Hinblick auf die zu erörternden Unterschiede in der Preisbildung ist es aber nicht erforderlich, derart viele Marktgestaltungen aufzulisten. Relevante Unterschiede in der Preisbildung dürften lediglich dann nachweisbar sein, wenn man zwischen drei Besetzungsformen differenziert, und zwar die Fälle, in denen *ein* Marktteilnehmer, *wenige* Marktteilnehmer oder aber *viele* Marktteilnehmer auftreten. Da diese Konstellationen auf jeder der beiden Marktseiten vorkommen können, ergibt sich ein Marktbesetzungsschema von $3 \cdot 3 = 9$ Fällen (vgl. Tab. 5.1.). Die Benennungen Monopol, Oligopol und Polypol stehen für die Angebotsseite (Alleinverkauf usw.), die Begriffe Monopson usw. für die Nachfrageseite (Alleineinkauf usw.). In der Regel werden aber auch auf der Nachfrageseite die (eigentlich falschen) Begriffe Monopol, Oligopol und Polypol verwendet (siehe z.B. bilaterales Monopol).

Tab. 5.1.

Zahl der Anbieter \ Zahl der Nachfrager	einer	wenige	viele
einer	bilaterales Monopol	beschränktes Monopol	Monopol
wenige	beschränktes Monopson	bilaterales Oligopol	Oligopol
viele	Monopson	Oligopson	bilaterales Polypol

Das Marktbesetzungsschema der Tab. 5.1. geht implizit von der Annahme aus, dass die Marktteilnehmer einer Marktseite (in etwa) gleich groß sind. Genau genommen werden also die Fälle *ein Großer, wenige Mittelgroße* und *viele Kleine* unterschieden. Damit wäre auch die **relative Größe der Marktteilnehmer,** also ihr jeweiliger Marktanteil, gleich (symmetrische Größenverteilung). Stellt man aber wiederum auf zu erwartende Unterschiede in der Preisbildung ab, so ist es offenbar zweckmäßig, noch zwei Zwischenformen in das Marktbesetzungsschema aufzunehmen, und zwar die Fälle, in denen

– *ein großer sowie weitere mittelgroße und/oder kleine Marktteilnehmer* (Teilmonopol),
– *wenige mittelgroße sowie weitere kleine Marktteilnehmer* (Teiloligopol)

auftreten. Bezieht man diese Fälle unterschiedlicher relativer Größe (asymmetrische Größenverteilung) mit ein, so erweitert sich das 3 · 3-Besetzungsschema der Tab. 5.1. zu einem 5 · 5-Besetzungsschema mit 25 verschiedenen Fällen.

Dieses gängige 3 · 3- bzw. 5 · 5-Besetzungsschema weist einen gravierenden Schwachpunkt auf. Im Gegensatz zur eindeutigen Trennungslinie zwischen einem und wenigen Marktteilnehmern lässt sich die Trennungslinie zwischen wenigen und vielen rein zahlenmäßig nicht präzise festlegen. Zur Abgrenzung zwischen wenigen und vielen müssen daher weitere Kriterien, nämlich Marktergebnis- und Marktverhaltenskriterien, herangezogen werden. Ein Oligopol liegt demnach vor, wenn die Zahl der Marktteilnehmer so niedrig ist, dass jeder einzelne mit seinen Aktivitäten einen Einfluss auf das Marktgeschehen hat, welchen die anderen Marktteilnehmer der gleichen Marktseite spüren und der deshalb möglicherweise ihre Reaktion herausfordert. In diesem Sinne ist das Oligopol als eine Marktsituation mit Interdependenz bzw. Reaktionsverbundenheit zu kennzeichnen. Im Elastizitätenansatz wird dies dadurch ausgedrückt, dass die Kreuzmengenelastizität nicht gleich Null ist. Demgegenüber liegt ein Polypol vor, wenn die Zahl der Marktteilnehmer so groß ist, dass der Einzelne keinen Einfluss auf das Marktgeschehen hat bzw. sich die Wirkungen seiner Aktivitäten auf so viele Andere verteilen, dass niemand sie spürt und es daher auch nicht zu Reaktionen kommt. Die Kreuzmengenelastizität ist gleich Null. Diese etwas vagen Formulierungen machen allerdings deutlich, dass auch bei Einbeziehen von Ergebniskriterien (Markteinfluss) und Verhaltenskriterien (Reaktionen) der Übergang vom Oligopol zum Polypol fließend ist.

c) Die Marktform

Die *Kombination von Markttyp und Marktbesetzung* ergibt die **Marktform.** Geht man vom 5 · 5-Besetzungsschema aus und kombiniert man dieses mit den drei Ausprägungen von Markttypen, nämlich organisiert und nicht organisiert, offen und geschlossen sowie vollkommen und unvollkommen, so resultieren daraus *200 Marktformen.* Bezüglich der qualitativen Merkmale ist aber zu berücksichtigen, dass diese nicht nur als Ja-Nein-Alternativen zu verstehen sind. Wie zuvor angesprochen wurde, können sinnvollerweise verschiedene Organisationsgrade, Offenheitsgrade und Vollkommenheitsgrade von Märkten unterschieden werden. Die Menge an unterscheidbaren Marktformen geht also weit über 200 hinaus.

Will man lediglich die *Grundzüge alternativer Preisbildungsformen* erörtern, so ist es notwendig, sich auf eine deutlich geringere Zahl von Marktformen zu konzentrieren. Bei den weiteren Darstellungen sollen daher die folgenden Vereinfachungen vorgenommen werden:

(1) Es wird vom *symmetrischen Marktbesetzungsschema* ausgegangen, d.h. Teilmonopol und Teiloligopol werden nicht behandelt.

(2) Im Hinblick auf die im Zentrum des Interesses stehenden Konsumgütermärkte wird davon ausgegangen, dass die Zahl der Nachfrager groß ist. Davon abweichend werden bei der Darstellung des Monopols auch das Monopson und das bilaterale Monopol behandelt, also Marktformen mit nur einem Nachfrager.

(3) Der *Organisationsgrad* und der *Grad der Offenheit* von Märkten werden *nicht in allen Variationen durchgespielt,* sondern nur in Einzelfällen in die Analyse einbezogen.

Daraus folgt, dass im Wesentlichen von dem Marktformenschema der Tab. 5.2. ausgegangen wird.

Tab. 5.2.

Markttyp / Zahl der Anbieter	Vollkommener Markt	Unvollkommener Markt
einer	Monopol	(monopolistische Preisdifferenzierung)
wenige	homogenes Oligopol	heterogenes Oligopol
viele	homogenes Polypol	heterogenes Polypol

Unterschieden werden demnach Monopol (ergänzt um Monopson und bilaterales Monopol), Oligopol und Polypol jeweils auf dem vollkommenen und auf dem unvollkommenen Markt, wobei für die einzelnen Marktformen die in Tab. 5.2. eingetragenen Bezeichnungen geläufig sind. Gewisse begriffliche Schwierigkeiten entstehen beim Monopol, da dieses streng genommen nur als Alleinverkauf eines einzigen (homogenen) Gutes verstanden werden kann. Es besteht aber die Möglichkeit, dass der Monopolist dieses Gut heterogenisiert, um es zu unterschiedlichen Preisen verkaufen zu können (als Beispiel sei auf Tag- und Nachtstrom hingewiesen). Dieser Sachverhalt wird als monopolistische Preisdifferenzierung bezeichnet.

Im folgenden zweiten Abschnitt wird zunächst das Marktgleichgewicht im homogenen Polypol behandelt. Im anschließenden Kapitel B werden das Monopol und die übrigen Marktformen angesprochen.

II. Das Marktgleichgewicht im homogenen Polypol

1. Das Marktgleichgewicht auf Konsumgütermärkten

a) Definition und Lage des Marktgleichgewichts

Das *homogene Polypol* wurde kurz zuvor als diejenige Marktform umschrieben, bei der *viele kleine, gleich große Anbieter auf einem vollkommenen Markt* zusammentreffen. Auf die Frage des Organisationsgrades und des Grades der Offenheit des Marktes wird im Augenblick noch nicht eingegangen. Etwas später wird aber darauf zurückzukommen sein. Was die Zahl der Anbieter betrifft, so bedeutet die Aussage „*viele*", dass jeder einzelne von ihnen so klein sein soll, dass von seinen Aktivitäten keinerlei Einfluss auf das Marktgeschehen, d.h. auf die Höhe des Preises, ausgeht. Sehr streng genommen ist das nur dann der Fall, wenn die Zahl der Anbieter unendlich groß und der Marktanteil jedes Einzelnen extrem klein, genau genommen gleich Null ist. Derartig streng und mathematisch exakt soll im Folgenden aber nicht argumentiert werden. Marktsituationen, in welchen der Einfluss des Einzelnen so minimal ist, dass man ihn vernachlässigen kann, sind vorstellbar und auch empirisch nachweisbar.

Damit wird deutlich, dass im homogenen Polypol *jene Konstellation vorliegt, welche im 2., im 3. und im 4. Teil bereits unterstellt worden war.* Auf die Frage, welche Mengen sie bei alternativen, unbeeinflussbaren Preisen nachzufragen wünschen, nennen die Haushalte jene Mengen, die ihrer Grenznutzenkurve entsprechen bzw. die gemäß dem Ausmaß der Einkommensrestriktion links von der Grenznutzenkurve liegen. Die sich ergebende *Nachfragekurve ist eine Abfolge von Haushaltsgleichgewichten.* Die Aggregation aller individuellen Nachfragefunktionen (2.3) ergibt die **Marktnachfragefunktion,** die nunmehr als

(5.1) $N_x = f(p_x)$

erscheint und für welche im Normalfall eine inverse Beziehung zwischen Preis und nachgefragter Menge unterstellt wird. Auf die Frage, welche Mengen sie bei alternativen, unbeeinflussbaren Preisen anzubieten wünschen, nennen die Unternehmungen jene Mengen, die ihrer Grenzkostenkurve entsprechen. Die sich ergebende *Angebotskurve ist eine Abfolge von Unternehmensgleichgewichten.* Die Aggregation aller individuellen Angebotskurven (2.11) bzw. (4.4) ergibt die **Marktangebotsfunktion,** die nunmehr als

(5.2) $A_x = f(p_x)$

erscheint und für welche durch die Aggregation aller Grenzkostenkurven eine direkte Beziehung zwischen Preis und angebotener Menge zu unterstellen ist.

Platziert man die Marktnachfragekurve und die Marktangebotskurve in einem einzigen Preis-Mengen-Diagramm, so zeigt es sich, *dass die Pläne der beiden Marktseiten prinzipiell nicht übereinstimmen* (vgl. Abb. 5.1.).

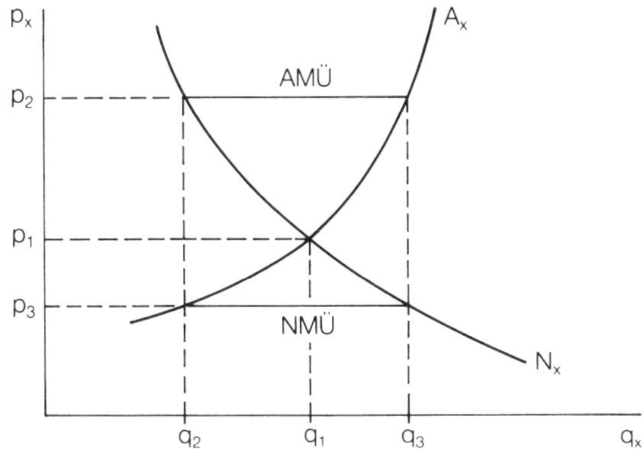

Abb. 5.1.

Bei hohen Preisen (z. B. bei p_2) wünschen die Anbieter viel zu verkaufen (q_3), die Nachfrager hingegen wenig zu kaufen (q_2). Es herrscht ein *Angebotsmengenüberschuss* (AMÜ) $q_3 - q_2$. Bei niedrigen Preisen (z. B. bei p_3) ist es umgekehrt. Es besteht ein *Nachfragemengenüberschuss* (NMÜ) $q_3 - q_2$.

Es zeigt sich andererseits aber auch, dass der Preis als *gemeinsame Determinante von Nachfrage und Angebot das Bindeglied* (das Scharnier) zwischen Nachfrage und Angebot bildet, welches die *ex-post-Koordination von Nachfrage und Angebot* herbeizuführen vermag. Beim Preis p_1 ist die nachgefragte Menge q_1 gleich der angebotenen Menge q_1, es gibt weder Angebots- noch Nachfrageüberschüsse. Der Preis erfüllt die **Ausgleichsfunktion.** Im Schnittpunkt von Nachfragekurve und Angebotskurve herrscht sowohl Haushaltsgleichgewicht als auch Unternehmensgleichgewicht. Dieser Punkt wird als **Marktgleichgewicht** bezeichnet. Es umfasst einen Gleichgewichtspreis p^* (hier p_1) und eine Gleichgewichtsmenge q^* (hier q_1).

Die *Lage des Marktgleichgewichtes* und damit die Höhe des Gleichgewichtspreises ist abhängig von der *Lage der Marktnachfragekurve* und von der *Lage der Marktangebotskurve.* Würde die Nachfragekurve in Abb. 5.1. weiter rechts liegen, so wäre der Gleichgewichtspreis höher, z. B. p_2. Würde die Nachfragekurve weiter links liegen, so wäre der Gleichgewichtspreis niedriger, z. B. p_3. Entsprechend Umgekehrtes gilt für eine weiter rechts oder weiter links liegende Angebotskurve. Die Höhe des Gleichgewichtspreises p^* ist also abhängig von der Lage der Nachfrage- und der Angebotskurve, d. h. es gilt

(5.3) $p_x^* = f(N_x, A_x)$.

Während (5.1) und (5.2) die Abhängigkeit der Nachfrage- bzw. der Angebotsmengen von *hypothetischen Preisen* ausdrücken, beschreibt (5.3) die Abhängigkeit des *tatsächlich realisierten Gleichgewichtspreises* von der Lage der Nachfrage- und der Angebotskurve. (5.1) und (5.2) beschreiben demnach hypothetische Preis-Mengen-Beziehungen und insoweit die Pläne der Marktparteien, (5.3) bezieht sich auf den tatsächlich realisierten markträumenden Preis.

Völlig analoge Schlussfolgerungen gelten für die Höhe der Gleichgewichtsmenge q^*, das heißt es gilt

(5.4) $q_x^* = f(N_x, A_x)$.

Die Höhe der Gleichgewichtsmenge ist abhängig von der Lage der Nachfrage- und der Angebotskurve. Im Hinblick auf die im 6. Teil zu erörternde Marktprozesstheorie kann aber hier schon angedeutet werden, dass sich das Marktgleichgewicht mit Gleichgewichtspreis und Gleichgewichtsmenge verändert, wenn sich die Marktnachfragekurve bzw. die Marktangebotskurve verschiebt.

b) Existenz und Stabilität des Marktgleichgewichts

Voraussetzung für die **Existenz eines Marktgleichgewichts** ist, dass sich Marktnachfrage- und Marktangebotskurve schneiden. Im Fall der *freien Güter,* bei denen das Angebot (möglicherweise preisunabhängig) die Nachfrage bei jedem Preis übersteigt, kommt ein Marktpreis nicht zustande (vgl. Abb. 5.2.a.). Es ergibt sich also eine für die Nachfrager sehr günstige Situation (vgl. dazu bereits Abb. 1.6. im 1. Teil). Auch in einem zweiten Fall mit sehr niedriger Nachfrage und einem Angebot, welches auf Grund hoher Stückkosten erst bei einem hohen Preis und entsprechender Menge (Preisuntergrenze im Betriebsoptimum) einsetzt, *existiert kein Preis, bei dem die Pläne der Nachfrager und die Pläne der Anbieter übereinstimmen* (vgl. Abb. 5.2.b.). In diesem Fall kann die Nachfrage offenbar nicht befriedigt werden. Sie kann erst dann befriedigt werden, wenn sich infolge technischen Fortschritts oder durch staatliche Subventionierung Kostensenkungen realisieren lassen, welche die Angebotskurve genügend weit nach unten verschieben. Ein Marktgleichgewicht ist auch erreichbar, wenn die Nachfrager mit Hilfe von staatlichen Transferzahlungen Einkommenssteigerungen erzielen, welche dazu führen, dass die Nachfragekurve sich entsprechend weit nach rechts verschiebt. Ein dritter Fall fehlenden Marktgleichgewichts ist bei *öffentlichen Gütern* gegeben, bei denen sich trotz der Existenz entsprechender Bedürfnisse keine private Nachfrage und damit auch kein privates Angebot bildet (sog. *Marktversagen*).

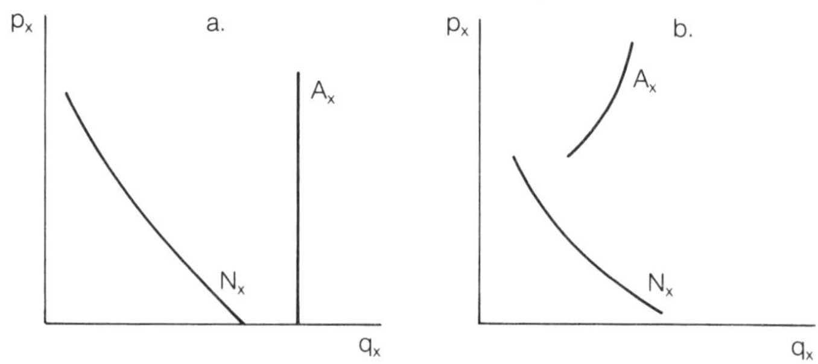

Abb. 5.2.

Die **Stabilität des Marktgleichgewichts** ist gegeben, wenn bei Abweichungen vom Gleichgewicht *Kräfte wirksam werden, welche zum Gleichgewicht zurückführen.* Ob ein Gleichgewicht stabil ist oder nicht, hängt in erster Linie davon ab, *ob die Angebots- und die Nachfragekurven normal verlaufen.* Am Normalfall der Abb. 5.1. soll demonstriert werden, wie das Gleichgewicht bei Abweichungen gefunden werden kann. Dabei sei zunächst angenommen, dass sich die beiden

Marktparteien einer *bestimmten Organisationsform des Marktes,* nämlich eines **Auktionators,** bedienen. Dieser ruft verschiedene Preise aus und lässt sich die Angebots- und die Nachfragemengen nennen. Stellt er (etwa bei p_2) einen Angebotsüberschuss fest, so senkt er den Preis, stellt er (etwa bei p_3) einen Nachfrageüberschuss fest, so erhöht er den Preis. Dies vollzieht er so lange, bis er den Gleichgewichtspreis gefunden hat.

Auch ohne Auktionator ist ein Preisbildungsvorgang denkbar, bei dem die Anbieter bei Angebotsüberschuss gemeinsam oder in gegenseitigem Unterbieten Preiszugeständnisse machen, bis der für alle zu akzeptierende Gleichgewichtspreis gefunden ist. Entsprechend würden sich die Nachfrager bei einem Nachfrageüberhang gegenseitig überbieten, bis der Gleichgewichtspreis gefunden ist. Entscheidend dafür, dass die Preisbewegung in Richtung auf den Gleichgewichtspreis erfolgt, ist offenbar, *dass bei Preisen oberhalb von p* Angebotsüberschüsse und bei Preisen unterhalb von p* Nachfrageüberschüsse bestehen.* Dies ist beim Normalverlauf der Kurven gemäß Abb. 5.1. der Fall. Dies ist sogar bei einer nicht dem Normalverlauf entsprechenden Angebotskurve gemäß Abb. 5.3.a. der Fall. Das Gleichgewicht ist stabil. Lediglich im Fall der Abb. 5.3.b. wäre das Gleichgewicht

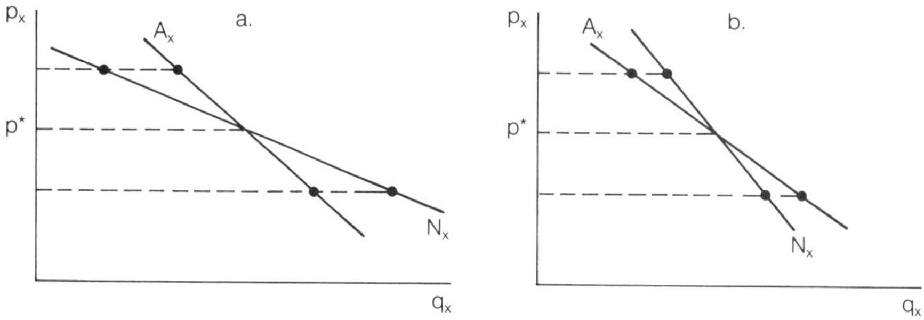

Abb. 5.3.

instabil. Bei Abweichungen vom Gleichgewicht würden die Marktkräfte immer weiter von ihm wegführen. Hier wäre nur der Auktionator wieder in der Lage, den Gleichgewichtspreis zu ermitteln und durchzusetzen. Derartige Situationen sind für die hier zu behandelnden Konsumgütermärkte weniger wahrscheinlich. Sie haben aber erhebliche Relevanz für den Devisenmarkt.

c) Politische Preisfestsetzung

Auch wenn die Bedingungen für die Existenz und die Stabilität eines Marktgleichgewichts erfüllt sind, ist es noch nicht vollkommen sichergestellt, dass dieses Marktgleichgewicht tatsächlich realisiert wird. Weitere Voraussetzung für die Realisierung des Marktgleichgewichts ist nämlich eine **freie Preisbildung,** d.h. ein nach oben und unten frei beweglicher Preis. Ein frei beweglicher Preis ist nicht gegeben, wenn **politische Preise** gesetzt werden.

Sind die politischen Instanzen beispielsweise der Meinung, dass der Preis nicht unter p_2 sinken darf, so werden sie diesen Preis als *Mindestpreis* deklarieren. Ursache für eine derartige Preisfestsetzung ist in der Regel der Versuch, den Anbietern über die Preisgarantie ein gesichertes Einkommen zu gewährleisten. Wie

Abb. 5.4.a. zeigt, entsteht bei p_2 aber ein nicht absetzbarer *Angebotsüberschuss.* Das Ziel der Einkommenssicherung wird also nicht erreicht. Es wird nur dann erreicht, wenn der Staat neben der Preisgarantie auch eine *Mengengarantie* ausspricht, d.h. wenn er den Angebotsüberschuss vom Markt nimmt. Die Nachfrage wird dann beim Preis p_2 durch die hinzukommende Staatsnachfrage N_{St} unendlich elastisch. Agrarmärkte sowie der Devisenmarkt mit stabilen Wechselkursen sind Beispiele für derartige politische Preisbildung.

Sind die politischen Instanzen der Meinung, dass der Preis nicht über p_3 steigen darf, so werden sie diesen Preis als *Höchstpreis* deklarieren. Ursache dafür ist in der Regel das sozialpolitische Motiv, bei lebensnotwendigen Gütern bestimmte Preisobergrenzen nicht zu überschreiten. Wie Abb. 5.4.b. zeigt, ergibt sich bei p_3 aber ein *Nachfrageüberhang* (ein Angebotsdefizit), d.h. die Güter kommen nicht in der gewünschten Menge auf den Markt. Auch hier könnte der Staat durch eigenes Angebot den Ausgleich herbeiführen (A_{St}) oder durch Subventionen an private Anbieter eine Angebotssteigerung (A_2) auslösen. Beispiele für Höchstpreissetzungen finden sich vor allem im Realtyp der Zentralplanwirtschaft. Im Realtyp Marktwirtschaft sind vor allem Mietpreisobergrenzen, generelle Preisstopps zur Inflationsbekämpfung sowie wiederum der Devisenmarkt mit stabilen Wechselkursen zu nennen.

Grundsätzlich ist festzuhalten, dass politisch festgesetzte Preise die marktwirtschaftliche Ausgleichsfunktion nicht erfüllen können. Da sie den marktwirtschaftlichen Preisbildungsprozess außer Kraft setzten, bezeichnet man sie als *marktinkonforme Maßnahmen.* Demgegenüber beeinflussen die zuvor (unter b) beschriebenen Maßnahmen des Staates, also Subventionen an Unternehmen bzw. Transferzahlungen an Haushalte, lediglich die Lage der Angebots- bzw. der Nachfragekurve. Sie setzen die freie Preisbildung selbst nicht außer Kraft. Man bezeichnet sie daher als *marktkonforme Maßnahmen.*

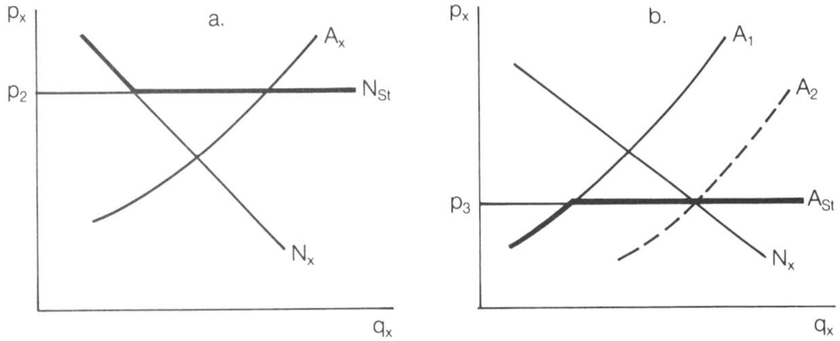

Abb. 5.4.

2. Das individuelle Gleichgewicht des einzelnen Anbieters

Nachdem die Bildung des Marktgleichgewichts durch das Zusammentreffen von Marktnachfrage und Marktangebot beschrieben worden ist, soll im Folgenden noch einmal auf die *Marktsituation des einzelnen Anbieters* eingegangen werden. Sie war im 4. Teil bereits ausführlich erörtert worden. Nunmehr gilt es aber, den *Zusammenhang mit der Marktpreisbildung* herzustellen.

Der Zusammenhang zwischen Marktpreisbildung und dem individuellen Angebot eines einzelnen Anbieters soll mit Hilfe eines einfachen Zahlenbeispiels veranschaulicht werden (vgl. dazu auch die graphische Darstellung in Abb. 5.5.). Dabei wird von folgenden Annahmen ausgegangen:

(1) Die Marktnachfragefunktion habe die Gestalt $N_x = -100p_x + 10.000$.
(2) Die Marktangebotsfunktion muss für die folgende Analyse nicht mathematisch exakt spezifiziert werden. Sie habe die Gestalt A_1 in Abb. 5.5.a.
(3) Die Zahl der Anbieter betrage n = 100, wobei aus Vereinfachungsgründen zunächst unterstellt wird, dass alle Anbieter genau gleich groß sind und mit gleichen Kosten produzieren. Der hier zu behandelnde einzelne Anbieter ist daher repräsentativ für alle anderen.

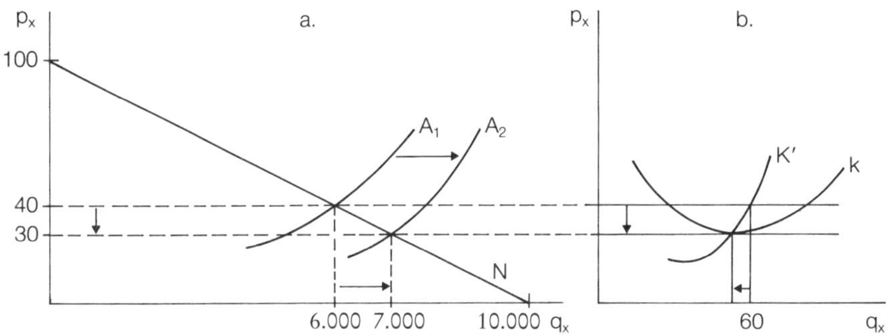

Abb. 5.5.

Aus Marktnachfrage und Marktangebot ergibt sich das Marktgleichgewicht mit dem Gleichgewichtspreis 40 und der Gleichgewichtsmenge 6.000 (vgl. Abb. 5.5.a.). Fragt man nun, welche Position der einzelne Anbieter einnimmt, so sind zwei Möglichkeiten zu erörtern: Der einzelne Anbieter betreibt Preispolitik oder aber er passt sich mit seiner Angebotsmenge an.

Preispolitik zu betreiben ist für den einzelnen Anbieter sinnlos. Würde er statt des Marktpreises von 40 Euro auch nur einen minimal höheren Preis verlangen (z.B. 40,01), so würde er wegen der *Vollkommenheit des Marktes (homogene Güter und vollkommene Markttransparenz)* sofort alle Nachfrager verlieren. Auch eine Preissenkung ist nicht sinnvoll. Zwar würde der Anbieter bereits beim Preis von 39,99 alle Nachfrager auf sich ziehen, aber er könnte diese Nachfrage bei seiner begrenzten Kapazität nicht befriedigen. Würde er innerhalb seiner Kapazität bzw. an der Kapazitätsgrenze zum niedrigeren Preis verkaufen, wäre sein Gewinn stets geringer als in jenem Fall, in dem er sich an den Marktpreis von 40 Euro hält.

Daraus folgt, dass der einzelne Anbieter im homogenen Polypol als **Mengenanpasser** agiert, d.h. er nimmt den *Marktpreis als eine nicht beeinflussbare Größe, als ein Datum,* hin und sucht bei diesem Preis seine gewinnmaximale Menge. Wie im 4. Teil dargestellt, findet er diese Menge durch Realisierung der *speziellen Gewinnmaximierungsbedingung* (4.25), welche die Gleichheit von Preis und Grenzkosten fordert.

Der Zusammenhang zwischen Marktpreisbildung und individuellem Angebot eines repräsentativen Anbieters stellt sich also wie folgt dar: Der Marktpreis von

40 Euro ist als ein Datum aus dem Marktschema (Abb. 5.5.a.) in das Preis-Mengen-Schema des einzelnen Anbieters (Abb. 5.5.b.) zu übertragen. *Im Schnittpunkt dieser Preisgeraden mit der Grenzkostenkurve findet der einzelne Anbieter sein individuelles Gleichgewicht, sein Gewinnmaximum.* Sind, wie hier unterstellt, alle Anbieter bei gleichen Kosten gleich groß, dann liegt dieses Gleichgewicht bei der Menge $q_x = 60$. Gleichgewichtsmenge 60 mal 100 Anbieter ergibt die Marktgleichgewichtsmenge 6.000. Da die Marktangebotskurve A_1 als Aggregation von 100 individuellen Grenzkostenkurven zu interpretieren ist, weist sie beim Preis 40 die Menge 6.000 aus.

3. Marktzutritt und kostenminimale Produktion

In Abb. 5.5.b. ist eine Situation unterstellt worden, in welcher jeder einzelne Anbieter in seinem Gewinnmaximum bei der Menge $q_x = 60$ einen Stückgewinn g erzielt. Dieser Stückgewinn betrage beispielsweise $g = p_x - k = 8$, wenn bei der Menge $q_x = 60$ Stückkosten in Höhe von $k = 32$ anfallen. Demgemäß entsteht ein Gesamtgewinn $G = q_x \cdot g$ in Höhe von 480 Euro.

Auf die *Interpretation dieses Stück- bzw. Gesamtgewinns* ist nunmehr etwas näher einzugehen. Der Gesamtgewinn G ist zu definieren als Differenz zwischen Erlösen und Gesamtkosten. Vgl. dazu (4.19), noch einmal dargestellt als

(5.5) $G = R - K.$

Die Gesamtkosten K setzen sich zusammen aus variablen Kosten K_v und fixen Kosten K_f. Es gilt also

(5.6) $K = K_v + K_f.$

Die fixen Kosten ergeben sich als Produkt aus der eingesetzten Menge des konstanten Faktors v_2 und seinem Faktorpreis l_2, d.h. es gilt

(5.7) $K_f = v_2 \cdot l_2.$

Im 4. Teil ist bereits mehrfach angeklungen, dass die häufig so bezeichneten **Faktorpreise** eigentlich als **Faktorkostensätze** zu verstehen sind, da sie alle in Verbindung mit dem Faktoreinsatz entstehenden Kosten (beispielsweise Löhne und Lohnnebenkosten) enthalten. Bezüglich des Faktorblocks v_2 kann nunmehr angenommen werden, dass er weitgehend den *Produktionsfaktor Sachkapital* umfasst. Demgemäß kann l_2 als **Kapitalkostensatz** interpretiert werden. Ein derartiger Kapitalkostensatz wird unter anderem *Wartungs- und Reparaturkosten,* möglicherweise *spezifische Risikozuschläge,* insbesondere aber die dem Verschleiß des Sachkapitals entsprechenden *Abschreibungen* sowie die *Finanzierungskosten* enthalten. Ist die Finanzierung mit Hilfe von Fremdkapital erfolgt, so sind die mit den Kapitalgebern vereinbarten *Zinsen* in den Kapitalkostensatz einzubauen. Liegt Eigenkapitalfinanzierung vor, so ist die von den Eigenkapitalgebern erwartete *Eigenkapitalverzinsung* zu berücksichtigen. Eigenkapitalgeber wie beispielsweise Aktionäre in Aktiengesellschaften oder Gesellschafter in Personengesellschaften werden ihr Geldkapital der Unternehmung nämlich nur dann zur Verfügung stellen, wenn sie durch diese Anlage mindestens jene Kapitalverzinsung erreichen, die sie bei Alternativanlagen in anderen Unternehmungen oder beim Erwerb von

Staatspapieren realisieren könnten. Diese Verzinsung alternativer Anlageformen kann als **landesübliche Eigenkapitalverzinsung** bzw., da sie den aus der Anlage fließenden Gewinn darstellt, als **landesüblicher Gewinn** oder **Normalgewinn** bezeichnet werden.

Damit wird deutlich: *der Kapitalkostensatz l_2 bzw. die Gesamtkosten K und die Stückkosten k enthalten bereits den von den Kapitalgebern erwarteten landesüblichen Normalgewinn.* Dies bedeutet nun aber, dass der in der X-Produktion entstehende Gesamtgewinn G bzw. Stückgewinn g einen über den landesüblichen Normalgewinn hinausgehenden **Extragewinn** darstellt, welcher in der X-Produktion erzielt wird, welcher in alternativen Produktionsrichtungen W hingegen fehlt. Da dieser Gewinn aus einer für die Anbieter günstigen Marktkonstellation bzw. Marktlage resultiert, kann er auch als **Marktlagengewinn** bezeichnet werden. Aus der Existenz eines derartigen Gewinnes folgt, dass Anbieter in den alternativen W-Produktionen geneigt sein werden, dort anfallende Ersatzinvestitionen zu unterlassen und die über die Abschreibungen frei gewordenen Geldkapitalbeträge in der X-Produktion zu investieren.

Ein *Zustrom von Anbietern* aus alternativen W-Produktionen in die X-Produktion setzt voraus, dass es sich beim Markt des Gutes X um einen **offenen Markt** handelt. Das heißt zunächst einmal, *dass rechtliche Marktzugangsbeschränkungen fehlen müssen.* Eintrittsbarrieren können aber auch als wirtschaftliche Hemmnisse in Form von Größenersparnissen existieren und den neuen Unternehmungen wegen extrem hohen Kapitalbedarfs den Zugang zum Markt erschweren oder ihn sogar verhindern. Derartig *hohe Eintrittsschwellen sind im homogenen Polypol allerdings nicht anzunehmen.* Bei einer Vielzahl von kleinen Anbietern ist davon auszugehen, dass der zur Errichtung neuer Angebotskapazitäten erforderliche *Kapitalbedarf niedrig* ist. In wirtschaftlicher Hinsicht dürfte im homogenen Polypol stets die Situation eines offenen Marktes, eines contestable market, vorliegen.

Der *Zustrom neuer Anbieter bewirkt eine Rechtsverschiebung der Marktangebotskurve* (vgl. Abb. 5.5.a.). Die dabei auftretenden Angebotsüberschüsse können nur durch *Preissenkung* beseitigt werden. Bei fallendem Preis p_x wird sich jeder einzelne Anbieter entlang seiner Grenzkostenkurve anpassen und seine Angebotsmenge entsprechend zurücknehmen (vgl. Abb. 5.5.b.). Durch diesen Vorgang *reduziert sich der am Markte erzielte Extragewinn.* Anbieter werden aber so lange noch zuströmen, wie der Extragewinn positiv ist. Der *Zustrom wird dann aufhören, wenn der Preis auf das Minimum der Stückkosten gesunken ist,* wenn alle Anbieter *im Betriebsoptimum produzieren.* Im Zahlenbeispiel der Abb. 5.5. ist dies bei der Angebotskurve A_2 beim Preise $p_x = 30$ der Fall. Die Zahl der Anbieter möge auf $n = 125$ gestiegen sein, jeder einzelne von ihnen bietet in dem für alle gleich liegenden Betriebsoptimum die Menge $q_x = 56$ an. Das Gesamtangebot beträgt $125 \cdot 56 = 7.000$ Stück.

Im 4. Teil war die nunmehr entstandene Lage, in der jeder einzelne Anbieter sein Gewinnmaximum im Betriebsoptimum findet, als *Nullgewinnsituation* bezeichnet worden. Gemäß der zuvor angestellten Überlegung, dass die Stückkosten den landesüblichen Normalgewinn enthalten, ist jetzt zu folgern, dass alle Anbieter nur den landesüblichen Normalgewinn erzielen, d. h. der zuvor entstandene *Extragewinn ist gleich Null.*

Wird auf allen Märkten der Volkswirtschaft lediglich der landesübliche Normalgewinn und nirgendwo mehr ein Extragewinn erzielt, so besteht für Anbieter kein Anlass mehr, irgendeinen Markt zu verlassen und einen anderen Markt zu betreten. Eine derartige Situation wird als **gesamtwirtschaftliches Mikrogleichgewicht** bezeichnet.

4. Gesamtwirtschaftliches Gleichgewicht und Pareto-Optimum

Die Situation eines gesamtwirtschaftlichen Mikrogleichgewichts ergibt sich unter den Bedingungen des homogenen Polypols und der Offenheit der Märkte. Diese Situation ist im Hinblick auf die Versorgungslage der Konsumenten besonders erwünscht, weil die *Preise auf ihren niedrigst möglichen Stand* gesunken sind, weil die *angebotenen Mengen so groß wie nur möglich* sind und weil alle Anbieter mit *niedrigst möglichen Stückkosten* produzieren. D. h. andererseits, dass die *höchst mögliche Produktivität* erreicht ist, die Produktionsfaktoren also gesamtwirtschaftlich optimal eingesetzt sind.

Eine derartige Situation wird auch als **Pareto-Optimum** bezeichnet (nach V. Pareto, dem Autor, der die nachfolgende Bedingung formuliert hat). Ein Pareto-Optimum ist gegeben, wenn es nicht mehr möglich ist, die Wohlfahrt eines Individuums zu erhöhen, ohne gleichzeitig die Wohlfahrt eines anderen Individuums zu vermindern. Das Pareto-Optimum ist erreicht, wenn drei Bedingungen erfüllt sind:

(1) Alle Haushalte befinden sich im *Haushaltsgleichgewicht* gemäß zweitem Gossenschen Gesetz, und ihre *Grenzraten der Substitution sind* wegen der Anpassung an die für alle gleichen Güterpreise *identisch* (Bedingung des optimalen Konsums).

(2) Alle Unternehmungen produzieren in der *Minimalkostenkombination,* die bei konstanten Skalenerträgen im *Betriebsoptimum* erreicht wird, und ihre *Grenzraten der technischen Substitution sind* wegen der Anpassung an die für alle gleichen Faktorpreise *identisch.* In diesem Fall ist die maximal mögliche Güterproduktion erreicht, d. h. die Volkswirtschaft befindet sich auf der im 1. Teil in Abb. 1.3. dargestellten Transformationskurve (Bedingung der effizienten Produktion).

(3) Nachgefragte und angebotene Gütermengen stimmen überein, d. h. das durch die Steigung der Transformationskurve dargestellte Austauschverhältnis der Güter in der Produktion, die sog. *Grenzrate der Transformation, ist gleich* dem Austauschverhältnis der Güter im Konsum, also *der Grenzrate der Substitution* (Bedingung der optimalen Abstimmung von Konsum und Produktion). Die Volkswirtschaft befindet sich in dem im 1. Teil in Abb. 1.4. dargestellten Tangentialpunkt von Transformationskurve und gesellschaftlicher Indifferenzkurve.

Auf die algebraische bzw. graphische Herleitung dieser Bedingungen, welche üblicherweise in einem Modell mit zwei Haushalten, zwei Unternehmungen, zwei Gütern und zwei Produktionsfaktoren erfolgt, soll an dieser Stelle verzichtet werden. Auf die *Interpretation des Pareto-Optimums als gesamtwirtschaftliche Wunschsituation* ist jedoch noch einzugehen, da sie *mit diversen Problemen be-*

haftet ist. So ist das Pareto-Optimum zunächst immer nur im Hinblick auf die gegebene Nachfragestruktur und damit auf die jeweilige Einkommensverteilung definiert. Darüber hinaus basiert es u.a. auf der Annahme gegebener Nutzen- und Kostensituationen, konstanter (oder abnehmender) Skalenerträge und des Fehlens sog. externer Effekte. Auf diese Probleme ist später noch zurückzukommen.

5. Das Marktgleichgewicht auf Kapital-, Arbeits- und Devisenmärkten

Die bisherige Darstellung des Marktgleichgewichtes auf Konsumgütermärkten und insbesondere die Überlegungen bezüglich politischer Preise geben Anlass, nunmehr kurz auf einige weitere Märkte einzugehen, um die zahlreichen Gemeinsamkeiten mit den Konsumgütermärkten, aber auch einige interessante Besonderheiten herauszustellen. Zunächst lässt sich festhalten, dass die bisherigen, auf das homogene Polypol auf Konsumgütermärkten bezogenen Überlegungen prinzipiell auch für viele andere Märkte Gültigkeit haben. Dementsprechend finden sich grafische Darstellungen wie die vorherige Abb. 5.1. mit ansteigenden Angebotskurven, fallenden Nachfragekurven und mit Marktgleichgewichten in deren Schnittpunkten auch für diese anderen Märkte. Lediglich die Bezeichnungen der Angebots- und Nachfragekurven sind den jeweiligen anderen Märkten entsprechend modifiziert. Dies soll nun an einigen markanten Beispielen erläutert werden. Im Folgenden werden daher Sachkapitalmärkte, Arbeitsmärkte, Finanzkapitalmärkte und Devisenmärkte angesprochen.

Bei der Erläuterung der jeweiligen Marktangebots- und Marktnachfragekurven muss – wie für das Agieren auf Konsumgütermärkten im 3. und im 4. Teil geschehen – auch auf die einzelwirtschaftlichen Entscheidungskalküls der Marktteilnehmer eingegangen werden. Wegen der nunmehr beabsichtigten Kürze der Darstellung werden diese Kalküls im Folgenden in unmittelbarem Zusammenhang mit der jeweiligen Marktpreisbildung behandelt.

a) Sachkapitalmärkte

Auf den *Sachkapitalmärkten*, also den *Investitionsgütermärkten*, d.h. den Märkten für Rohstoffe, Vorprodukte, Vorleistungen, Materialien, Maschinen, Anlagegüter usw., liegen bezüglich des ***Güterangebotes*** die gleichen Gegebenheiten vor wie auf Konsumgütermärkten. Die Produktionsbedingungen, also die Produktionsfunktionen, die aus ihnen resultierenden Kostenfunktionen und damit die Grenzkosten- und die Stückkostensituationen sowie die Gewinnmaximierungsbedingung (4.21) $R' = K'$ führen auch hier zu den im 4. Teil beschriebenen *steigenden Angebotskurven.*

Analog kann die ***Güternachfrage*** durch *fallende Nachfragekurven* dargestellt werden. Diese leiten sich hier allerdings nicht aus fallenden Grenznutzenkurven von Haushalten her, denn die Nachfrager von Investitionsgütern sind produzierende Unternehmungen, deren Kalküls wiederum im Zusammenhang mit ihren Produktionsgegebenheiten und dem Ziel der Gewinnmaximierung zu sehen sind und wie folgt ablaufen.

Die im 4. Teil hergeleitete Gewinnmaximierungsbedingung (4.21) $R' = K'$ bezog sich auf die Frage, ob es sich lohnt, eine zusätzliche Gutseinheit zu produzieren und zu verkaufen. Das lohnte sich so lange, wie die zusätzliche Gutseinheit mehr erbrachte (R´) als sie an Kosten verursachte (K´). Die gleiche Frage lässt sich auch bezüglich des Einsatzes einer zusätzlichen Faktoreinheit und damit der Nachfrage nach einer weiteren Investitionsgütereinheit stellen. Dieser Einsatz lohnt sich so lange, wie das zusätzliche Investitionsgut weniger Kosten verursacht als der Verkauf der durch seinen Einsatz produzierten (Konsum)Gütermenge auf dem Absatzmarkt erbringt. Die *Kosten des zusätzlichen Investitionsgutes* sind zunächst in dem auf dem Investitionsgütermarkt zu zahlenden *Preis des Investitionsgutes* p_I zu sehen. Sofern das Investitionsgut über mehrere Produktionsperioden hinweg einsetzbar ist (etwa eine Maschine), sind die pro Produktionsperiode anfallenden kalkulatorischen Kosten unter Einschluss des für die Bereitstellung von Finanzierungmitteln zu zahlenden Zinssatzes bzw. der zuvor erörterten landesüblichen Kapitalverzinsung zu ermitteln. Auf diese Periodisierung soll in der folgenden Argumentation der Einfachheit halber verzichtet werden. In diesem Fall *entsprechen die Kosten des Investitionsgutes dem Preis* p_I. Dieser zu zahlende Preis stellt dann die der Unternehmung entstehende zusätzliche Ausgabe, die sog. **Grenzausgabe** (GRA) dar.

Verkauft man die mit Hilfe des zusätzlichen Investitionsgutes hergestellten (Konsum)Güter, so erzielt man eine zusätzliche Einnahme, die sog. **Grenzeinnahme** (GRE). Diese Grenzeinnahme ergibt sich aus dem sog. Grenzprodukt, d.h. der Menge der zusätzlich produzierten Güter, multipliziert mit deren Verkaufspreis (gemäß spezieller Gewinnmaximierungsbedingung im Fall eines homogenen Polypols auf dem Absatzmarkt) bzw. mit deren Grenzerlös (gemäß genereller Gewinnmaximierungsbedingung). Es handelt sich demnach um den Wert des Grenzproduktes bzw. den Erlös aus dem Verkauf des Grenzproduktes des zusätzlichen Investitionsgutes. Diese werden in der Literatur sprachlich etwas ungeschickt als Wertgrenzprodukt oder *Grenzwertprodukt* (GWP) bzw. als *Grenzerlösprodukt* (GEP) bezeichnet.

Die auf die Investitionsgüternachfrage bezogene Gewinnmaximierungsbedingung lautet daher

(4.21.a) $GRA = GRE$ oder
$p_I = GWP_I$ bzw. GEP_I.

Die Erfüllung dieser Bedingung sei an einem einfachen Beispiel verdeutlicht. Hat ein zur Produktionsausdehnung notwendiges Material den Preis p_I = 100 Euro und erzeugt man mit seinem Einsatz ein Grenzprodukt von 20 zusätzlichen Gütermengeneinheiten, die man zu einem Preis bzw. Grenzerlös von 5 Euro absetzen kann, so sind die Bedingungen (4.21) und (4.21.a) erfüllt. Die zusätzlich erzeugte Gütermenge erbringt dann gerade so viel wie sie an Kostensteigerung verursacht. Auch der Einsatz des zusätzlichen Materials erbringt gerade so viel wie er an Kostensteigerung verursacht, der Einsatz lohnt sich also gerade noch. Der Einsatz einer weiteren Einheit des Materials mit einem Grenzprodukt von bspw. 19 Stück und/oder dem Verkaufspreis bzw. Grenzerlös von bspw. 4 Euro würde sich nicht mehr lohnen.

Die Umformulierung der für den Absatzmarkt gültigen Gewinnmaximierungsbedingung (4.21) R´ = K´ in die für den Beschaffungsmarkt gültige Gewinnmaximierungsbedingung (4.21.a) GRE = GRA kann auch wie folgt dargestellt werden. Siehe Übersicht 5.1. Darin wird die folgende Sprachregelung gewählt: passend zu p_I, dem Preis des Investitionsgutes I, steht dI für die Änderung (Erhöhung) der Einsatzmenge dieses Investitionsgutes. Da Investitionsgüter in dem hier verwendeten Zwei-Faktoren-Modell identisch sind mit dem Produktionsfaktor Sachkapital, wäre auch die Sprachregelung dC für die Änderung (Erhöhung) des Kapitalstocks möglich.

Übersicht 5.1.

Für den Absatzmarkt gilt (4.21)	$R' = K'$ $R' = dK / dq.$
Bei Zukauf eines Produktionsfaktors und partieller Faktorvariation sind die zusätzlichen Kosten dK gleich der Faktoränderung, multipliziert mit dem Faktorpreis, hier also $dK = dI \cdot p_I$. Es ergibt sich	$R' = dI \cdot p_I/dq.$
Der Ausdruck dI/dq, auf die linke Seite gebracht, ergibt den Kehrwert $dq/dI = GP_I$, die Grenzproduktivität bzw. bei $dI = 1$ das Grenzprodukt des Investitionsgutes. Daraus folgt	$dq/dI \cdot R' = p_I.$
$GP_I \cdot R'$ ist der Erlöszuwachs aus dem Verkauf des GP_I, also das Grenzerlösprodukt des Investitionsgutes, kurz GEP_I.	
Daher gilt für den Beschaffungsmarkt (4.21.a)	$GEP_I = p_I,$
bzw.	GRE = GRA.

Wie im 4. Teil ausführlich dargestellt, *sinkt das Grenzprodukt eines Faktors* unter den hier gegebenen Annahmen *mit steigender Faktoreinsatzmenge*. Steigende Faktoreinsatzmengen erfordern eine steigende Faktornachfrage. Somit führt auch diese zu sinkenden Grenzprodukten. Werden die gesunkenen Grenzprodukte, also gesunkene Gütermengen, auf dem Absatzmarkt zu konstanten oder sogar zu sinkenden Preisen verkauft, so sinkt auch das Grenzwert- bzw. das Grenzerlösprodukt und somit die Grenzeinnahme. Wenn aber steigende Faktoreinsatzmengen sinkende Grenzeinnahmen bewirken, können sie seitens der Unternehmung sinnvollerweise nur zu sinkenden Faktorpreisen nachgefragt werden. Die Nachfrage nach Investitionsgütern nimmt daher nur dann zu, wenn die Preise der Investitionsgüter sinken. Daraus folgt, *dass die Nachfragekurve nach Investitionsgütern* – wie auch diejenige nach Konsumgütern – *einen fallenden Verlauf hat.*

Aus steigenden Angebotskurven und fallenden Nachfragekurven ergeben sich im Falle homogener Polypole daher auch auf Investitionsgütermärkten **Marktgleichgewichte** und markträumende **Gleichgewichtspreise** für Investitionsgüter. Vgl. hierzu die Abb. 5.6.a. Beispiele für entsprechende Preisbildungen auf praktisch vollkommenen Märkten mit vielen kleinen Marktteilnehmern sind die zahlreichen Rohstoffmärkte. Demgegenüber finden sich bei hochspezialisierten Investitionsgütern, etwa bei Spezialmaschinen und -anlagen, eher unvollkommene Märkte und oligopolistische bzw. sogar monopolistische Marktkonstellationen. Auf sie wird später in Kapitel B, Abschnitt I, 5. bei der Erörterung des Monopsons und des bilateralen Monopols zurückzukommen sein.

b) Arbeitsmärkte

Neben dem Produktionsfaktor Sachkapital, also den soeben erörterten Investitionsgütern, ist der Produktionsfaktor Arbeit von höchster Relevanz für unternehmerische Produktions- und Absatzentscheidungen. Demgemäß ist auch die Preisbildung auf den *Arbeitsmärkten* von zentralem Interesse. Auf den Arbeitsmärkten stehen sich die Haushalte als die Anbieter ihrer Arbeitskraft (meist missverständlich Arbeitnehmer genannt) und die Unternehmungen als die Nachfrager von Arbeitskräften (meist missverständlich als Arbeitgeber bezeichnet) gegenüber.

Bezüglich der **Nachfrage nach Arbeitskräften** seitens der Unternehmungen gelten alle zuvor dargestellten Überlegungen bezüglich der Nachfrage nach Investitionsgütern analog. Auch die Übersicht 5.1 ist analog anzuwenden. An die Stelle von dI (bzw. dC) tritt nunmehr die Änderung des Arbeitseinsatzes dL, an die Stelle von p_I tritt der Lohnsatz l, an die Stelle des GP_I tritt das Grenzprodukt der Arbeit GP_L, an die Stelle des GWP_I und des GEP_I treten das Grenzwert- bzw. das Grenzerlösprodukt der Arbeit GWP_L bzw. GEP_L. Im Folgenden wird fast immer auf die *Zahl der Arbeitskräfte (L)* abgestellt. Alternativ, und für einzelne Argumente sogar noch einleuchtender, kann auch die Nachfrage – und anschließend das Angebot – an *Arbeitsstunden (h)* zum Gegenstand der Betrachtung gemacht werden. Es ergeben sich prinzipiell aber die gleichen Überlegungen und Schlussfolgerungen.

Zusätzliche Arbeitskräfte werden nachgefragt und eingestellt, wenn die durch ihren Einsatz erzielbare **Grenzeinnahme** (das Grenzwert- bzw. Grenzerlösprodukt) größer ist als die durch sie verursachte **Grenzausgabe**, also der Lohnsatz l einschließlich aller Lohnnebenkosten. Die auf die Nachfrage nach Arbeit bezogene Gewinnmaximierungsbedingung lautet daher ebenfalls

(4.21.a) GRA = GRE oder
$l = GWP_L$ bzw. GEP_L.

Da auch beim Einsatz von Arbeitskräften deren Grenzprodukt mit steigender Einsatzmenge sinkt, werden zusätzliche Arbeitskräfte von den Unternehmungen nur dann nachgefragt, wenn der Lohnsatz bzw. die Lohnnebenkosten sinken. *Die Nachfragekurve der Unternehmungen nach Arbeitskräften (AN) zeigt daher einen fallenden Verlauf.* Vgl. Abb. 5.6.b. und c..

Bezüglich des **Angebotes an Arbeit** seitens der Haushalte existieren mehrere recht gut begründbare Hypothesen. So ist es vorstellbar, dass das Angebot an Arbeitskräften (bzw. an Arbeitsstunden) unabhängig von der Lohnhöhe gleich bleibt, so dass sich ein vollkommen unelastisches Arbeitsangebot, d.h. eine *senkrecht verlaufende Arbeitsangebotskurve (AA)* ergibt. Plausibel scheint es aber auch zu sein, dass ein steigender Lohnsatz einen Anreiz zur Mehrarbeit zum Zwecke des Mehrkonsums oder der Vermögensbildung liefert bzw. dass er als Kompensation für die zusätzlichen Mühen, die aus einem steigenden Arbeitseinsatz erwachsen (das sog. Grenzleid der Arbeit) angesehen wird. Der steigende

Lohnsatz löst dann ein steigendes Arbeitsangebot aus, d.h. die *Arbeitangebotskurve zeigt einen steigenden Verlauf*. Siehe Abb. 5.6.b. Möglich ist es andererseits sogar, dass das Arbeitsangebot mit steigendem Lohnsatz zurückgeht, weil bei steigendem Lohn ein geringerer Arbeitseinsatz ausreicht, um die angestrebte Einkommenssumme, etwa ein bestimmtes Familieneinkommen, zu sichern, und weil überdies bei sinkender Arbeitszeit die Menge an erwünschter Freizeit zunimmt. Es ergibt sich dann eine *fallende Arbeitsangebotskurve*. Möglicherweise lassen sich, zumindest was die individuellen Angebotskurven einzelner Haushalte betrifft, sogar alle drei Varianten der Arbeitsangebotskurve gleichzeitig beobachten, und zwar bei jeweils verschiedenen Lohnhöhen. Einzelne Arbeitsangebotskurven können dann die Gestalt eines schräg gestellten Z annehmen (sog. Fleischerhakenkurve), wie in Abb. 5.6.c. dargestellt. Auf wiederum plausible Begründungen derartiger im Einzelnen sehr unterschiedlicher Kurven, aus denen sich bei Aggregation aber möglicherweise doch wieder „normale“, d.h. ansteigende Marktangebotskurven ergeben, muss hier verzichtet werden. Es sei auf die einschlägige Arbeitsmarktliteratur verwiesen.

Wie immer die Arbeitsangebotskurve auf dem jeweiligen (Teil)Arbeitsmarkt auch verlaufen mag, so können sich i.d.R. aus Arbeitsangebot und Arbeitsnachfrage ein **Marktgleichgewicht** und ein **Gleichgewichtslohn** bilden. Nur bei eher unwahrscheinlichen, extremen Z-Verlaufs-Konstellationen des Arbeitsangebotes sind mehrere Gleichgewichtspositionen denkbar. In einem derartigen Gleichgewicht entspricht die von den Unternehmungen nachgefragte Arbeitseinsatzmenge genau der von den Haushalten gewünschten Arbeitsangebotsmenge. Folglich wird die von den Haushalten gewünschte Arbeitsangebotsmenge von den Unternehmungen zu 100% nachgefragt und somit voll beschäftigt. Es herrscht also **Vollbeschäftigung** auf diesem Teilmarkt (etwa dem für Elektroingenieure in Baden-Württemberg) bzw. in der gesamten Volkswirtschaft.

Ist ein derart entstandener Gleichgewichtslohn, etwa wegen eines sehr hohen Arbeitsangebotes oder aber wegen niedriger Qualifikation, somit niedriger Grenzproduktivität und entsprechend niedrigem Grenzprodukt der betroffenen Arbeitskräfte derart niedrig, dass er nicht ausreicht, den Lebensunterhalt dieser Arbeitskräfte zu sichern, so wird häufig das Festlegen eines Mindestpreises, hier also eines Mindestlohnes, verlangt und diskutiert. Wie die Ausführungen zu den politischen Mindestpreisen bei Konsumgütern gezeigt haben, ergeben sich bei Mindestpreisen, die oberhalb des Gleichgewichtspreises festgelegt werden, Angebotsmengenüberschüsse, auf jeden Fall bei „normal“ verlaufenden Angebots- und Nachfragekurven bzw. immer dann, wenn die Marktgleichgewichte stabil sind. Vgl. dazu die vorherigen Abbildungen 5.4 und 5.3.a. Der in Abb. 5.3.b. dargestellten instabilen Situation muss nicht weiter nachgegangen werden, da der Preis bei leichtem Überschreiten des Gleichgewichtspreises ohnehin weiter nach oben tendiert. Ein Angebotsmengenüberschuss entsteht auch bei einem Mindestlohn. *Das Arbeitsangebot ist dann größer als die Arbeitsnachfrage, d.h. es entsteht Arbeitslosigkeit im Ausmaß dieses Angebotsmengenüberschusses.* Siehe dazu die fett gezogene Linie in Abb. 5.6.b. und c. *Das Festlegen von nicht marktgerechten Mindestlöhnen führt also dazu, dass Arbeitslosigkeit entsteht, die sog.* **Mindestlohnarbeitslosigkeit**. *Den von der Arbeitslosigkeit betroffenen Arbeitskräften ist*

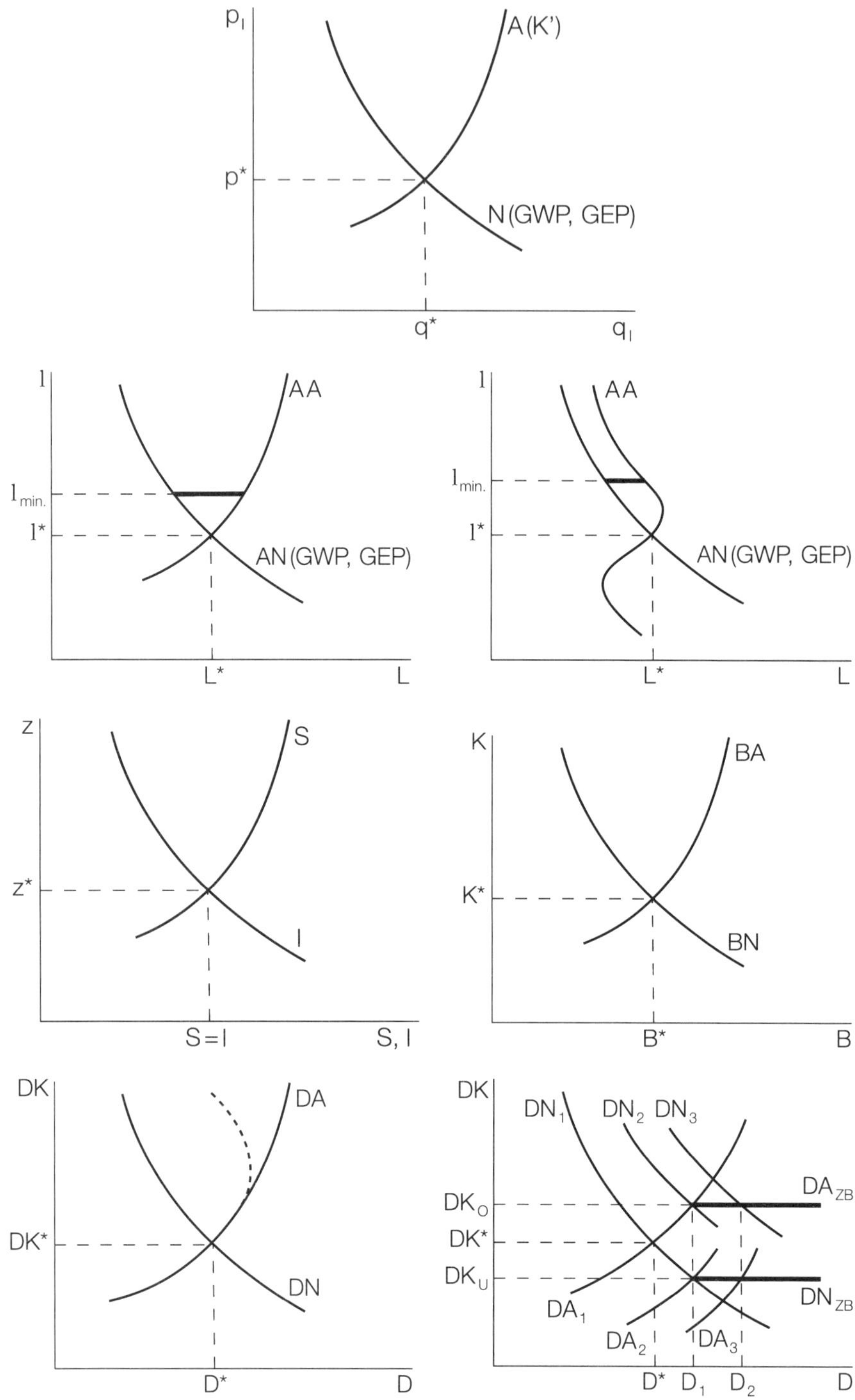
p
A(K')
p*
N(GWP, GEP)
q*
q
l
AA
l min.
l*
AN(GWP, GEP)
L*
L
l
AA
l min.
l*
AN(GWP, GEP)
L*
L
z
S
z*
I
S=I
S, I
K
BA
K*
BN
B*
B
DK
DA
DK*
DN
D*
D
DK
DN1
DN2
DN3
DA ZB
DK O
DK*
DK U
DN ZB
DA1
DA2
DA3
D*
D1
D2
D

Abb. 5.6.

Übersicht 5.2.

Ergänzende Legende zu Abb. 5.6

(a) Sachkapitalmarkt bzw. Investitionsgütermarkt

p_I	=	Preis des Investitionsgutes
q_I	=	Menge des Investitionsgutes
GWP	=	Grenzwertprodukt
GEP	=	Grenzerlösprodukt

(b) und (c) Arbeitsmarkt

l	=	Lohnsatz
l_{min}	=	Mindestlohn
L	=	Arbeitsvolumen (Zahl der Arbeitskräfte bzw. -stunden)
AA	=	Arbeitsangebot
AN	=	Arbeitsnachfrage

GWP, GEP: s. o.

(d) und (e) Finanzkapitalmarkt

z	=	Zinssatz
S	=	Sparangebot
I	=	Investitionsnachfrage (Nachfrage nach Finanzierungsmitteln)
K	=	Kurs
B	=	Wertpapiermenge (Menge an Bonds)
BA	=	Wertpapierangebot (Bondsangebot)
BN	=	Wertpapiernachfrage (Bondsnachfrage)

(f) und (g) Devisenmarkt

DK	=	Devisenkurs
D	=	Devisenmenge
DA	=	Devisenangebot
DN	=	Devisennachfrage
DK_o	=	oberer Interventionskurs bei stabilen Wechselkursen
DK_u	=	unterer Interventionskurs bei stabilen Wechselkursen
ZB	=	Zentralbank

durch den Mindestlohn daher nicht geholfen, denn sie erhalten nun gar keinen Lohn mehr und sie sind auf Arbeitslosenunterstützung angewiesen. Ob eine Erhöhung des Mindestlohnes eine existierende Arbeitslosigkeit noch weiter steigert oder sie konstant lässt oder sie möglicherweise sogar wieder reduziert, hängt vom genauen Verlauf der Arbeitsangebots- und der Arbeitsnachfragekurve ab. Im Spezialfall parallel laufender Arbeitsangebots- und Arbeitsnachfragekurven, wie in Abb. 5.6.c. teilweise unterstellt, würden Veränderungen des Mindestlohnes das Ausmaß an Arbeitslosigkeit nicht verändern.

Abschließend sei aber darauf hingewiesen, dass alle diese Ausführungen nur für die Marktform des homogenen Polypols gelten, also für vollkommene Arbeitsmärkte mit vielen Marktteilnehmern auf beiden Marktseiten. Zahlreiche Teilarbeitsmärkte der Realität, insbesondere einzelne regionale und lokale Märkte sowie Märkte für sehr spezifische Arbeitsqualifikationen, sind aber dadurch gekennzeichnet, dass wenige oder sogar nur ein einziges Unternehmen als Arbeitsnachfrager existieren. Darüber hinaus agieren sehr häufig Gewerkschaften als monopolistische Interessenvertreter der Arbeitnehmer, also der Arbeitsanbieter. Die Mindestlohnthematik erscheint dann möglicherweise in einem etwas anderen Licht. Darauf wird später in Kapitel B, Abschnitt I, 5. bei der Erörterung des Monopsons und des bilateralen Monopols zurückzukommen sein.

c) Finanzkapitalmärkte

Auch für Finanzkapitalmärkte gelten die zuvor dargestellten Gegebenheiten bezüglich Angebot, Nachfrage und Preisbildung. Dabei ist zu bemerken, dass die Preisbildung auf Finanzkapitalmärkten in zwei alternativen Sprachregelungen beschrieben werden kann. Einmal werden diese Märkte als *Märkte für Sparen und Investieren* mit dem Zins als Preis bezeichnet und zum anderen als *Märkte für die dazu verwendeten Finanzierungstitel* (etwa festverzinsliche Wertpapiere, sog. bonds) mit dem Wertpapierkurs als Preis.

In der Darstellung als *S–I-Märkte* kann davon ausgegangen werden, dass die zinsabhängigen **Sparangebote** seitens der Haushalte einer *steigenden Angebotskurve* folgen, da es sich bei steigendem Zins lohnt, mehr zu sparen. Demgegenüber wird die Nachfrage der Unternehmungen nach diesen Sparmitteln zum Zwecke der Finanzierung von Investitionen mit steigendem Zins zurückgehen und mit sinkendem Zins zunehmen. Die zinsabhängige **Nachfrage nach Investitionsfinanzierungsmitteln** kann daher durch eine *fallende Nachfragekurve* dargestellt werden. Die Gründe hierfür wurden zuvor ausführlich behandelt. Zu zahlende Zinsen sind Teil der oben erwähnten Grenzausgabe der Unternehmungen. Angesichts des mit steigenden Einsatzmengen von Investitionsgütern zu beobachtenden Sinkens des Grenzwert- bzw. des Grenzerlösproduktes werden zusätzliche Investitionsgüter und damit auch die zu ihrer Finanzierung notwendigen Finanzierungsmittel nur nachgefragt, wenn der Zinssatz sinkt. Aus einem zinsabhängigen Sparangebot (S) und einer zinsabhängigen Investitionsnachfrage (I) ergibt sich ein **Marktgleichgewicht** bei dem markträumenden **Gleichgewichtszins**. Vgl dazu die Abb. 5.6.d.

In der Darstellung als *Märkte für Finanzierungstitel (Wertpapiere)* tritt als Scharnier zwischen das **Angebot an Wertpapieren** und die **Nachfrage nach Wertpapieren** nunmehr der Preis der Wertpapiere, also ihr Kurs, an die Stelle des Zinses. Da Kurs und Zins in einer inversen Beziehung zueinander stehen, entspricht der zuvor dargestellten zinsabhängigen steigenden Sparangebotskurve eine *kursabhängige fallende Nachfragekurve der Haushalte nach Wertpapieren* (BN für Bondsnachfrage). Es leuchtet ein, dass die Haushalte bei steigenden Kursen geringere Mengen der teurer werdenden Wertpapiere erwerben wollen bzw. dass sie bei sinkenden Kursen größere Mengen der günstiger zu erwerbenden Wertpapiere kaufen wollen. Bezüglich der Unternehmungen, welche die Wertpapiere ausgeben, also anbieten, leuchtet es ein, dass sie bei hohen Kursen, also günstigen Verkaufserlösen für ihre Wertpapiere, viele Papiere anbieten und bei niedrigen Kursen entsprechend wenige. Der zuvor dargestellten zinsabhängigen fallenden Investitionsnachfragekurve entspricht daher eine *kursabhängige steigende Ange-*

botskurve für Wertpapiere seitens der Unternehmungen (BA für Bondsangebot). Aus Angebot und Nachfrage bildet sich wiederum ein **Marktgleichgewicht** auf dem Wertpapiermarkt bei dem dann markträumenden **Gleichgewichtskurs** für das entsprechende Wertpapier. Vgl. dazu die Abb. 5.6.e.

Es sei hier wiederum angemerkt, dass auch diese Darstellungen der Finanzkapitalmärkte zunächst nur für die bislang allein erörterte Marktform des homogenen Polypols Gültigkeit haben. Insoweit entsprechen sie weitgehend den traditionellen Kassamärkten der Wertpapierbörsen. Gerade neuere Entwicklungen bezüglich der Organisation des Wertpapierhandels (etwa der Xetra-Handel), haben aber dazu geführt, dass zunehmend auch andere Marktkonstellationen bis hin zum bilateralen Monopol an Bedeutung zugenommen haben. Darauf kann hier aber nicht mehr näher eingegangen werden.

Darüber hinaus ist bezüglich aller hier behandelter weiterer Märkte, ganz besonders aber bezüglich der Wertpapiermärkte, daran zu erinnern, dass die jeweiligen Nachfragen und Angebote nicht nur von den Preisen, Löhnen, Zinsen und Kursen abhängig sind. Die Produktions- und Absatzgegebenheiten, also Grenzprodukte, Grenzwert- und Grenzerlösprodukte wurden ausführlich erörtert. Ebenso relevant und *die jeweilige Lage der Kurven bestimmend* sind aber beispielsweise auch die *Einkommens- und Vermögenssituation* der Haushalte bezüglich ihrer Sparangebote und ganz grundsätzlich alle Arten von denkbaren *Erwartungen*. So kann es bei steigenden Wertpapierkursen zu einer steigenden statt einer sinkenden Nachfrage nach Wertpapieren kommen, wenn weitere Kurssteigerungen erwartet werden. Die Nachfragekurve nach Wertpapieren verschiebt sich dann nach rechts.

d) Devisenmärkte

Devisenmärkte sind *Märkte, auf denen ausländische Zahlungsmittel (Bar- und in erster Linie Giralgeld) gehandelt werden.* Devisenmärkte sind *praktisch vollkommene Märkte,* da es bezüglich der einzelnen Devisen keine sachlichen und persönlichen Differenzierungen und auch kaum räumliche Differenzierungen gibt, da diese angesichts moderner Informationstechnologien durch Arbitrage rasch ausgeglichen werden. Aufgrund zeitlicher Differenzierungen ist zwischen dem Kassamarkt und verschiedenen Terminmärkten zu unterscheiden. Da die Zahl der Marktteilnehmer in den allermeisten Fällen hoch ist, liegen in der Regel homogene Polypole vor.

Ein **Devisenangebot** (z.B. ein Dollarangebot) entsteht unter anderem dadurch, dass heimische Sachgüter und Dienstleistungen exportiert werden oder aber dass Finanzkapital importiert wird. Im Zuge eines *Güterexportes* erhalten die heimischen Exporteure Zahlungen in ausländischer Währung. Diese bieten sie auf dem Devisenmarkt an, da sie sie i.d.R. im Inland nicht für Zahlungen verwenden können. Die ausländische Währung wird auch dann angeboten, allerdings bereits von dem zahlungspflichtigen ausländischen Importeur, wenn die Zahlung in heimischer Währung (in Euro) vereinbart worden ist. Ebenso bieten ausländische Anleger ihre Währung an (und fragen Euro nach), wenn sie Finanzkapitalanlagen im Euroraum tätigen, wenn aus heimischer Sicht also ein *Kapitalimport* stattfindet. Bei steigendem Devisenkurs erhöht sich im Regelfall das Devisenangebot, d.h. *es* *ergibt sich eine steigende Devisenangebotskurve.* Siehe DA in Abb. 5.6.f. Der Grund hierfür ist unter anderem darin zu sehen, dass durch einen steigenden Devisenkurs, der einem sinkenden Kurs der heimischen Währung entspricht, die heimischen Exportgüter billiger werden, die *Exportmenge* und auch der *Wert der Exporte* (Exportmenge mal Preis) dadurch zunehmen und das Devisenangebot entsprechend größer wird.

Eine allerdings wichtige Ausnahme von diesem „Normalverlauf" des Devisenangebotes ergibt sich dann, wenn mit steigendem Devisenkurs (also sinkendem eigenen Kurs und der Verbilligung der Exportgüter) die Exportmenge gar nicht oder nur unterproportional steigt, was *bei einer unelastischen Nachfrage* des Auslandes nach den heimischen Exportgütern der Fall ist. *Dann geht der Exportwert zurück und das Devisenangebot sinkt mit steigendem Devisenkurs.* Die Devisenangebotskurve zeigt dann einen fallenden Verlauf oder zumindest teilweise einen fallenden Verlauf. Vgl. dazu den gestrichelten Teil der Devisenangebotskurve in Abb. 5.6.f. Ein derartig inverser Verlauf aufgrund der Güterexportsituation kann andererseits aber durch einen Normalverlauf, der von den übrigen außenwirtschaftlichen Transaktionen herrührt (etwa den Übertragungen und insbesondere dem Kapitalverkehr), überlagert und damit kompensiert werden. Bedeutsam sind inverse Devisenangebotskurven für Länder, in denen der Warenhandel die dominante Außenwirtschaftsbeziehung darstellt und bei denen ihre Hauptexportgüter, etwa bestimmte Rohstoffe, auf eine unelastische Weltnachfrage stoßen. Auf weitere Einzelheiten kann hier wiederum nicht eingegangen werden. Vgl. dazu die einschlägige Außenwirtschaftsliteratur.

Eine **Devisennachfrage** entsteht unter anderem dadurch, dass ausländische Sachgüter (z.B. Erdöl) oder Dienstleistungen (z.B. Hotelservice im Auslandsurlaub) importiert werden oder aber dass Finanzkapital exportiert wird (z.B. US-amerikanische Aktien in New York gekauft werden). Sowohl für den *Güterimport* als auch für den *Kapitalexport* benötigen Inländer ausländische Zahlungsmittel und fragen diese daher nach. Bei steigendem Devisenkurs geht die Devisennachfrage im Regelfall zurück, da die zu importierenden Güter sowie die ausländischen Kapitalanlagen teurer werden, d.h. *es ergibt sich eine fallende Devisennachfragekurve* (DN).

Aus Devisenangebot und Devisennachfrage bildet sich ein **Marktgleichgewicht** bei einem markträumenden **Gleichgewichtskurs**. Vgl. Abb. 5.6.f. Da in diesem Fall die Devisenangebotsmenge und die Devisennachfragemenge gleich groß sind, ist auch die *Zahlungsbilanz*, in der alle hereinfließenden und alle hinausfließenden Transaktionen einer Volkswirtschaft bzw. eines Währungsraumes statistisch erfasst werden, ausgeglichen. *Es herrscht außenwirtschaftliches Gleichgewicht.* Dieses ist also, wie gerade ersichtlich, bei freier Marktpreisbildung auf dem Devisenmarkt gegeben. Eine freie Marktpreisbildung auf dem Devisenmarkt ohne irgendwelche Eingriffe staatlicher Instanzen zum Zwecke der Kursmanipulation bezeichnet man auch als *System flexibler Wechselkurse.*

Sind die währungspolitischen Instanzen aber der Meinung, dass ein flexibler Wechselkurs zu stark schwanken könnte und dass dadurch zusätzliche Unsicherheiten für den internationalen Güter- und Kapitalverkehr entstehen könnten, dann ist es möglich, dass sie einen von ihnen für richtig erachteten Wechselkurs administrativ festlegen und allenfalls freie Kursschwankungen innerhalb einer Wechselkursbandbreite zulassen. Eine derartige Regelung bezeichnet man als *System fester bzw. stabiler Wechselkurse.*

Bei stabilen Wechselkursen wird das zuvor erörterte Prinzip politischer Höchst- und Mindestpreise auf den Devisenmarkt übertragen. Die Folgen sind die gleichen. Bei Änderungen außenwirtschaftsrelevanter Determinanten (etwa der Preis- oder der Zinsniveaus in den beteiligten Ländern), welche zu Veränderungen von Devisenangebot und Devisennachfrage, also zu Verschiebungen der jeweiligen Kurven führen, können diese Veränderungen nicht mehr durch Anpassungen des Wechselkurses aufgefangen und ausgeglichen werden. Es entstehen Devisenangebots- oder aber Devisennachfrageüberschüsse. Neben die staatliche Preisgarantie muss daher auch hier eine staatliche Mengengarantie treten. Sie wird in der Weise organisiert, dass die *Zentralbank den Auftrag erhält, Angebotsüberschüsse durch eigenen Devisenankauf und Nachfrageüberschüsse durch eigenen Devisenverkauf zu beseitigen.*

Grafisch können diese Vorgänge wie folgt veranschaulicht werden. Vgl. dazu Abb. 5.6.g. Wenn das autonome Devisenangebot zum Beispiel von DA_1 auf DA_2, DA_3 usw. ansteigt (in der Abb. aus Gründen der Übersichtlichkeit verkürzt gezeichnet), würde ein flexibler Devisenkurs auf und dann unter den Kurs DK_u sinken und damit aus der vereinbarten Bandbreite herausfallen. Dies verhindert die Zentralbank durch einen Devisenankauf spätestens an diesem unteren Interventionskurs DK_u. Siehe die fett gezeichnete, unendlich elastische DN_{ZB}-Kurve in Abb. 5.6.g. Im Falle eines Devisenangebotes DA_3 kauft sie Devisen im Umfang D_1 bis D_2 auf. Da die Zentralbank die angekauften Devisen mit neu geschaffenen heimischen Geldeinheiten bezahlt, kommt es dabei zu einer *inländischen Geldmengenvermehrung mit entsprechenden inflatorischen Effekten.* Wenn in einem anderen Fall die autonome Devisennachfrage von DN_1 auf DN_2, DN_3 usw. ansteigt (aus Gründen der Übersichtlichkeit ebenfalls verkürzt gezeichnet), würde sich ein flexibler Devisenkurs beim Kurs DK_o und dann oberhalb des Kurses DK_o bilden und dabei wiederum aus der vereinbarten Bandbreite herausfallen. Dies verhindert die Zentralbank durch einen Devisenverkauf spätestens am oberen Interventionskurs DK_o. Siehe die fett gezeichnete, unendlich elastische DA_{ZB}-Kurve in Abb. 5.6.g. Im Falle einer Devisennachfrage DN_3 verkauft sie Devisen im Umfang D_1 bis D_2. Da die Zentralbank durch den Devisenverkauf heimische Geldeinheiten, die sie zu früheren Zeitpunkten in Umlauf gebracht hatte, zurückerhält, kommt es zu einer *inländischen Geldmengenreduzierung mit entsprechenden deflatorischen Effekten.* Darüber hinaus ist ein Devisenverkauf seitens der Zentralbank nur dann möglich, wenn sie über Devisenreserven verfügt, die ihr aus vorhergegangenen Zahlungsbilanzüberschüssen entstanden waren. Hat sie keine solchen Devisenreserven, so ist sie international illiquide und auf Währungskredite anderer, etwa des Internationalen Währungsfonds IWF, angewiesen.

Diese Ausführungen zeigen, dass die zuvor nur für Konsumgütermärkte dargestellten Mechanismen auch auf den Devisenmärkten wirken und dass auch hier ein Plädoyer für eine freie Marktpreisbildung, also für flexible Wechselkurse, naheliegt. In diesem Zusammenhang ist dann noch darauf hinzuweisen, *dass die aktuell wichtigsten Weltwährungen, nämlich US-Dollar, Euro, Yen, Schweizer Fran-*

ken und Britisches Pfund, zur Zeit untereinander flexibel sind. Stabile Wechselkurse hat es von 1944 bis 1973 im sog. *Bretton-Woods-System* mit dem US-Dollar als Leitwährung sowie von 1979 bis 1998 im *Europäischen Währungssystem* gegeben. Im Europäischen Währungssystem (EWS) waren stabile Wechselkurse die Vorstufe zu einer endgültigen Fixierung aller Kurse untereinander und damit zur *Europäischen Währungsunion* (EWU) mit dem 1999 eingeführten *Euro als Gemeinschaftswährung*. Während der Euro gegenwärtig also grundsätzlich flexibel ist, hat er einen stabilen Kurs gegenüber einigen wenigen Ländern, nämlich gegenüber dem ursprünglichen EWS-Land Dänemark sowie gegenüber einzelnen neuen Mitgliedern der Europäischen Union, z.B. Estland, Lettland und Litauen (sog. EWS II). Auch hier wird der stabile Wechselkurs als Vorstufe eines Beitritts zur Währungsunion angesehen, wie er inzwischen durch Slowenien, Malta, Zypern und die Slowakei (ab 2009) erfolgt ist. Stabile Wechselkurse finden sich im Weltwährungssystem derzeit noch an anderen Stellen. Beispielsweise sind die Wechselkurse der chinesischen und der saudi-arabischen Währung gegenüber dem US-Dollar festgelegt. Teilweise dienen bewusst niedrig festgelegte Kurse der eigenen Währung dem Ziel, den heimischen Export anzukurbeln, um dadurch Wachstum zu erzeugen und die Arbeitslosigkeit zu reduzieren. Auf weitere Details kann hier nicht näher eingegangen werden. Sie werden in der Außenwirtschaftsliteratur behandelt.

B. Das Marktgleichgewicht im Monopol, im heterogenen Polypol und im Oligopol

I. Das Marktgleichgewicht im Monopol

1. Die Marktsituation des Monopolisten

Nach der Darstellung der Preisbildung auf Sachkapitalmärkten, Arbeitsmärkten, Finanzkapitalmärkten und Devisenmärkten richtet sich das Augenmerk bei der folgenden Analyse der Marktform des Monopols zunächst wieder auf Konsumgütermärkte.

Das *Monopol* ist dadurch gekennzeichnet, dass *ein einziger, großer Anbieter auf einem vollkommenen Markt* agiert. Die Annahme des vollkommenen Marktes wird später (Punkt 4) aufgegeben. Bezüglich der Nachfrager wird weiterhin die für Konsumgütermärkte typische Situation unterstellt, dass ihre Zahl groß ist.

Daraus ergibt sich eine für den Monopolisten sehr spezifische Marktsituation. Er steht den Nachfragern des Gutes X als alleiniger Anbieter gegenüber. Die **Marktnachfragekurve** ist seine **individuelle Preis-Absatz-Kurve.** Eine Differenzierung zwischen Marktgleichgewicht und individuellem Gleichgewicht des Anbieters wie im homogenen Polypol ist nicht gegeben.

Im Gegensatz zum homogenen Polypol (und anderen Marktformen) ist die Marktposition des Monopolisten außerordentlich stark, da der Anbieter *keinerlei aktuelle Konkurrenten* besitzt. Wie noch zu zeigen sein wird, hat er allenfalls auf *potenzielle Konkurrenten* zu achten, die den Markt möglicherweise betreten könnten.

Die starke Stellung des Monopolisten auf dem Markt darf andererseits nicht überinterpretiert werden. So hat er zwar keine Konkurrentenaktivitäten, wohl aber die durch den Verlauf der Marktnachfrage dokumentierten Wirtschaftspläne der Nachfrager in Rechnung zustellen. Er kann also nicht etwa zu einem beliebigen Preis eine beliebige Menge verkaufen, sondern ist an den Verlauf der Marktnachfrage gebunden. Das bedeutet, dass er *entweder Preispolitik oder Mengenpolitik betreiben kann, nicht aber beides zugleich.* Setzt der Monopolist einen bestimmten Preis, so wählen die Nachfrager ihre diesem Preis entsprechende Gleichgewichtsmenge; gibt der Monopolist eine bestimmte Menge vor, so resultiert daraus der den Nachfragern genehme Preis. Daraus folgt nun aber, dass der Monopolist gemäß der Marktnachfragekurve *eine größere Menge nur zu einem niedrigeren Preis verkaufen kann.* Insoweit steht er sich scheinbar sogar schlechter als der Anbieter im homogenen Polypol, denn dieser kann zum Marktpreis alternative, also auch steigende Mengen absetzen. Diese eigentlich paradoxe Schlussfolgerung gilt allerdings nur für geringfügige Mengensteigerungen, da ansonsten die Prämissen des homogenen Polypols verletzt würden.

Immerhin führt die angesprochene Situation des Monopolisten, steigende Mengen nur zu fallenden Preisen verkaufen zu können, dazu, dass für ihn der **Preis** und der **Grenzerlös** nicht übereinstimmen (was im homogenen Polypol der Fall war). *Der Grenzerlös ist niedriger als der Preis.* Dieser Sachverhalt soll zunächst mit einem einfachen Zahlenbeispiel und anschließend allgemein dargestellt werden.

Wie zuvor im homogenen Polypol soll die Marktnachfragefunktion $N_x = -100p_x + 10.000$ zu Grunde gelegt werden. Sie ist so beschaffen, dass mit jeder zusätzlichen Mengeneinheit der Preis um 0,01 Euro zurückgenommen werden muss. Verlangt der Monopolist beispielsweise den Preis $p_{x1} = 60$, so beläuft sich die Nachfragemenge auf $q_{x1} = 4.000$. Will der Monopolist eine zusätzliche Mengeneinheit verkaufen, so muss er den Preis auf $p_{x2} = 59,99$ senken. Daraus resultieren folgende alternative Erlössituationen (vgl. Tab. 5.3.):

Tab. 5.3.

Situation	$q_x \cdot p_x = R$
1	$4.000 \cdot 60,- = 240.000,-$
2	$4.001 \cdot 59,99 = 240.019,99$

Die aus der Mengensteigerung entstehende Erlössteigerung, d.h. der Grenzerlös $R' = \Delta R/\Delta q_x$, beträgt demnach 19,99 Euro und liegt unterhalb des Preises $p_x = 59,99$.

Dieser Grenzerlös kann auch berechnet werden, indem man vom zunächst anfallenden Mehrerlös der einen zusätzlichen Mengeneinheit den Mindererlös aller „vorherigen" Mengeneinheiten abzieht. Zu rechnen ist also

$$\begin{array}{rcl} +\quad 1 \cdot 59,99 &=& +59,99 \\ -4.000 \cdot 0,01 &=& -40,- \\ \hline R' &=& +19,99. \end{array}$$

Der Grenzerlös liegt unterhalb des Preises $p_x = 59,99$.

In allgemeiner Darstellung lässt sich der Grenzerlös wie folgt ermitteln. Es sei ausgegangen von der Marktnachfragefunktion

(5.8) $N_x = -ap_x + b,$

wobei im o.a. Zahlenbeispiel a = 100 und b = 10.000 eingesetzt sind. Diese Funktion ist nach p_x aufzulösen und damit in eine Preisfunktion

(5.9) $p_x = -\frac{1}{a} N_x + \frac{b}{a}$

umzuwandeln. Der Gesamterlös ist das Produkt aus Menge und Preis, also

(5.10) $R = N_x \cdot p_x.$

In Gleichung (5.10) wird nunmehr (5.9) eingesetzt, so dass sich

(5.11) $R = N_x \cdot \left(-\frac{1}{a} N_x + \frac{b}{a}\right)$ bzw.

(5.12) $R = -\frac{1}{a} N_x^2 + \frac{b}{a} N_x$

ergibt. Der Grenzerlös wird durch das Bilden der ersten Ableitung der Gesamterlösfunktion (5.12) ermittelt. Er lautet

(5.13) $R' = -\frac{2}{a} N_x + \frac{b}{a}.$

Aus dem Vergleich der beiden Gleichungen (5.9) und (5.13) lässt sich entnehmen, dass die negative Steigung des Grenzerlöses (bezogen auf die Mengenachse) doppelt so hoch ist wie die negative Steigung des Preises. *Der Grenzerlös fällt demnach doppelt so schnell wie der Preis.*

Will man nunmehr eine der jeweiligen Marktnachfragekurve N_x entsprechende **Grenzerlöskurve R′** graphisch darstellen, so ist diese mit doppeltem Gefälle zu zeichnen (vgl. Abb. 5.7.). Sie schneidet die Mengenachse also bei der halben Sättigungsmenge (im Zahlenbeispiel b/2 = 5.000). Der Abb. 5.7. kann ferner entnommen werden, dass dieser Schnittpunkt zugleich das **Erlösmaximum** des Monopolisten ausweist. Der Gesamterlös ist maximal, wenn der Grenzerlös R′ = 0 ist. Zugleich kann auf die Überlegungen zur **direkten Preiselastizität der Nachfrage** im 2. Teil zurückgegriffen werden (vgl. Abb. 2.8.a.). Bei einer Preissenkung steigt der Erlös, der Grenzerlös ist also positiv, solange $\varepsilon > 1$ ist. Der Erlös sinkt, der Grenzerlös ist also negativ, wenn $\varepsilon < 1$ ist.

Die Beziehung zwischen Grenzerlös und direkter Preiselastizität der Nachfrage wird durch die sog. **Amoroso-Robinson-Relation** ausgedrückt. Ausgangspunkt ist die Erlösgleichung

(5.10.a) $R = q \cdot p$

(auf den Index x sei verzichtet). Die Erlösänderung ergibt sich durch Bildung des totalen Differenzials gemäß Produktregel, also

(5.14) $dR = p \cdot dq + q \cdot dp.$

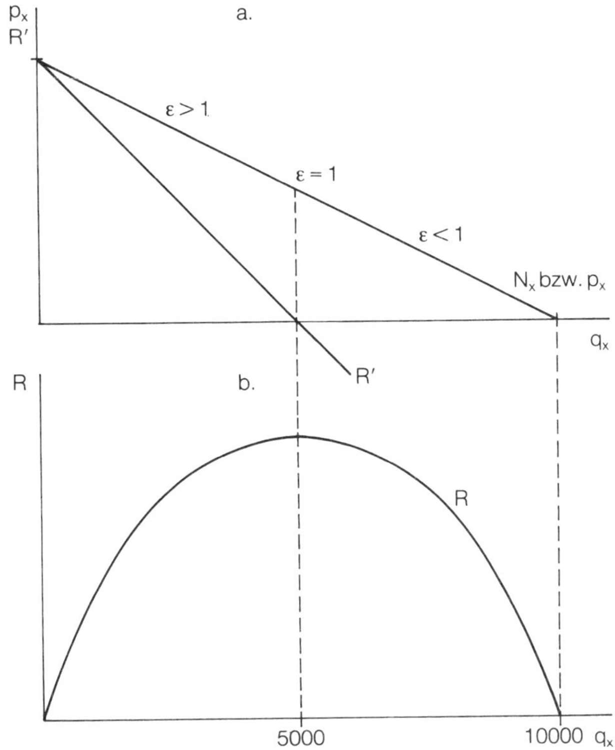

Abb. 5.7.

Nach Division durch dq erhält man den Grenzerlös

$$(5.15) \qquad R' = p + q\frac{dp}{dq}.$$

Ausklammern von p ergibt

$$(5.16) \qquad R' = p \cdot \left(1 + \frac{q}{p} \cdot \frac{dp}{dq}\right).$$

Der Ausdruck dp/dq · q/p ist nichts anderes als der Kehrwert der direkten Preiselastizität der Nachfrage. Vgl. dazu (2.13.a) im 2. Teil. (5.16) lässt sich demnach zu

$$(5.17) \qquad R' = p \cdot \left(1 + \frac{1}{\varepsilon}\right) \text{ bzw.}$$

$$(5.18) \qquad R' = p - \frac{p}{\varepsilon}$$

umformen. Da die direkte Preiselastizität der Nachfrage ein negatives Vorzeichen hat, kann auch geschrieben werden

$$(5.19) \qquad R' = p - \frac{p}{|\varepsilon|}.$$

Es zeigt sich wiederum, *dass der Grenzerlös kleiner* ist als *der Preis.* Bei $\varepsilon = 1$ (dem Gesamterlösmaximum) ist $R' = 0$.

2. Das individuelle Gleichgewicht des Monopolisten

Angesichts der Tatsache, dass der Monopolist Preis- oder Mengenpolitik betreiben, also die für ihn optimale Preis-Mengen-Kombination auf der Marktnachfragekurve frei wählen kann, stellt sich die Frage nach der Lage seines individuellen **Unternehmensgleichgewichts.** Wie in allen vorherigen Überlegungen soll davon ausgegangen werden, dass der Anbieter das Ziel der *Gewinnmaximierung* verfolgt. Demgemäß hat er die im 4. Teil hergeleitete Gewinnmaximierungsbedingung (4.21) $R' = K'$ zu erfüllen, d.h. er hat diejenige Menge zu suchen, bei welcher Grenzerlös und Grenzkosten gleich sind. Insoweit war die Analyse des Grenzerlöses erforderlich, um das individuelle Gleichgewicht des Monopolisten ermitteln zu können.

Zur Herleitung dieses Gleichgewichts und zum Zwecke des Vergleichs der Marktergebnisse mit denen des homogenen Polypols sei von folgenden Annahmen ausgegangen:

(1) Wie im homogenen Polypol habe die Marktnachfragekurve die Gestalt $N_x = -100p_x + 10.000$. Es geht demnach um die *Versorgung des gleichen Marktes* wie zuvor im homogenen Polypol.

(2) Für das Monopol wird *die gleiche Kostensituation* unterstellt wie für das homogene Polypol. Die Grenzkostenkurve des Monopolisten verläuft somit wie die *Angebotskurve* A_2 im homogenen Polypol (vgl. Abb. 5.5. a.). A_2 stellt bekanntlich die *aggregierte Grenzkostenkurve aller 125 Anbieter* dar, ihr entspricht nun die *Grenzkostenkurve des Monopolisten.* Da bei der Menge $q_x = 7.000$ alle 125 Polypolisten im Betriebsoptimum produzieren, liegt hier auch das *Betriebsoptimum des Monopolisten.* Die Grenzkostenkurve und die Stückkostenkurve haben also die in Abb. 5.8. gezeichnete Gestalt.

(3) Noch einmal sei darauf hingewiesen, dass die Zahl der Anbieter nunmehr $n=1$ beträgt. Die *Zahl der Anbieter bildet den einzigen Unterschied* zwischen Monopol und homogenem Polypol.

Das Gewinnmaximum des Monopolisten liegt gemäß (4.21) im *Schnittpunkt von Grenzerlös und Grenzkosten.* Damit ist die *gewinnmaximale Menge* des Monopolisten gefunden worden. Im Zahlenbeispiel möge es die Menge $q_x = 4.500$ sein. Will der Anbieter diese Menge absetzen, so muss er jenen Preis suchen, zu dem die Nachfrager bereit sind, diese Menge zu erwerben. Der *gesuchte Preis* ist $p_x = 55$ und ergibt sich graphisch, indem man von der Gleichgewichtsmenge auf die Marktnachfragekurve hochlotet. Der entsprechende Punkt C auf der Nachfragekurve wird als **Cournotscher Punkt** bezeichnet – zu Ehren von A. Cournot, dem Entdecker der Gleichgewichtslösung im Monopol. Der Gewinn des Monopolisten lässt sich in Abb. 5.8.a. zunächst als *Stückgewinn* ablesen. Er ergibt sich als Differenz von Preis p_x und Stückkosten k und betrage $g = 15$. Demgemäß ist der *Gesamtgewinn* $G = 15 \cdot 4.500 = 67.500$ als schraffierte Fläche G dargestellt. Erneut ist darauf hinzuweisen, dass die schraffierte Gesamtgewinnfläche G sich ausschließlich auf den Preis $p_x = 55$ und die Menge $q_x = 4.500$ bezieht.

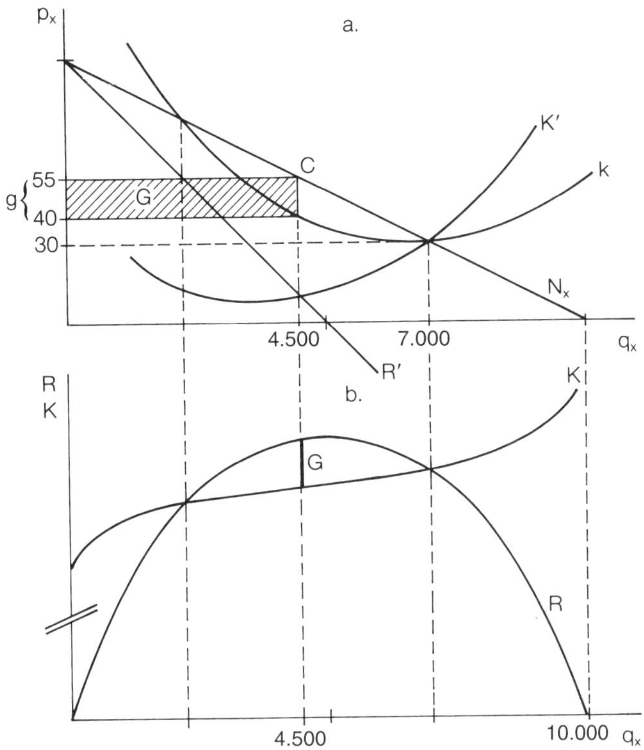

Abb. 5.8.

Die Gleichgewichtslösung im Monopol lässt sich ebenso wie die Polypollösung nicht nur in einer Grenzerlös-Grenzkosten-Analyse, sondern auch mit Hilfe einer *Gesamterlös-Gesamtkosten-Analyse* abbilden (vgl. Abb. 5.8.b.). Bei der Menge q_x = 4.500 ist der positive Abstand zwischen Gesamterlös und Gesamtkosten am größten. Das Gewinnmaximum ist erreicht. Der Gewinn wird durch die Strecke G dargestellt.

Wie bereits im homogenen Polypol stellt G bzw. g einen über den landesüblichen Normalgewinn hinausgehenden **Extragewinn** dar. Es ist demnach zu fragen, ob dieser Extragewinn nicht neue Anbieter anlockt, die in den monopolistischen Markt eindringen und an dem Extragewinn partizipieren wollen. Wenn dies gelänge, wäre die Monopolsituation zerstört. Es wäre ein *Teilmonopol* oder ein *Oligopol* entstanden. Marktnachfragekurve und individuelle Preis-Absatz-Kurve wären nicht mehr identisch. Die individuelle Preis-Absatz-Kurve des ehemaligen Monopolisten wäre nach links verschoben. Der Extragewinn wäre geschmälert oder gar völlig beseitigt.

Eine derartige Entwicklung setzt aber voraus, dass der **Markt offen** ist. Monopolisten können jedoch durch *rechtliche Marktzugangsbeschränkungen* geschützt sein, so dass ein Marktzutritt gar nicht möglich ist. Aber auch wenn der Markt formalrechtlich offen ist, können *wirtschaftliche Hemmnisse* den Marktzutritt erschweren. Im Gegensatz zum homogenen Polypol sind zum Betreten eines

Monopolmarktes unter Umständen hohe Kapitalbeträge aufzubringen, wodurch eine Vielzahl von potenziellen Konkurrenten abgeschreckt wird. Wenn aber der Versuch des Marktzutritts dennoch unternommen wird, so *ist davon auszugehen, dass der Monopolist sich wehrt.* Es fällt ihm leicht, den Preis mindestens auf $p_x = 30$ zu senken, die Menge auf $q_x = 7.000$ zu steigern und sich temporär mit dem landesüblichen Normalgewinn zufrieden zu geben. Da vorher Extragewinne angefallen sind, kann er zeitweilig sogar auf den landesüblichen Normalgewinn verzichten und noch niedrigere Preise setzen. Derartige Niedrigpreise zur Abwehr von potenziellen Konkurrenten werden als **eintrittsverhindernde Preise** bezeichnet. In diese Preise kann ein Marktneuling in der Regel nicht einsteigen. Es spricht also vieles dafür, dass der Marktzutritt abgewehrt wird oder sogar völlig unterbleibt. Folglich kann davon ausgegangen werden, dass die Extragewinnsituation im Monopol sehr viel stabiler ist als im homogenen Polypol, wo sie nur sehr kurzfristig entstehen und kaum überdauern kann.

3. Die Marktergebnisse im Monopol und im homogenen Polypol

Wenn vieles dafür spricht, dass die in Abb. 5.8.a. dargestellte Gleichgewichtsposition des Monopolisten von Dauer ist, dann können die entstandenen *Marktergebnisse mit denen des homogenen Polypols verglichen* werden. Aus der Gegenüberstellung von Abb. 5.5.a. und Abb. 5.8.a. ergeben sich die folgenden vier Konsequenzen (vgl. die neue Abb. 5.9.): Unter sonst gleichen Bedingungen (gleiche Nachfrage, gleiche Kosten, gleiche Zielsetzung der Anbieter)

(1) ist der *Monopolpreis p_M höher als der Polypolpreis p_P,*
(2) ist die *vom Monopolisten angebotene Menge q_M kleiner als die von den Polypolisten angebotene Menge q_P.*

Die Nachfrager werden von einem Monopolisten also schlechter versorgt als von Anbietern im homogenen Polypol. Darüber hinaus ist als gesamtwirtschaftliche Konsequenz zu beachten, dass

(3) der *Monopolist im Gegensatz zu den Polypolisten nicht mit niedrigsten Kosten produziert.*

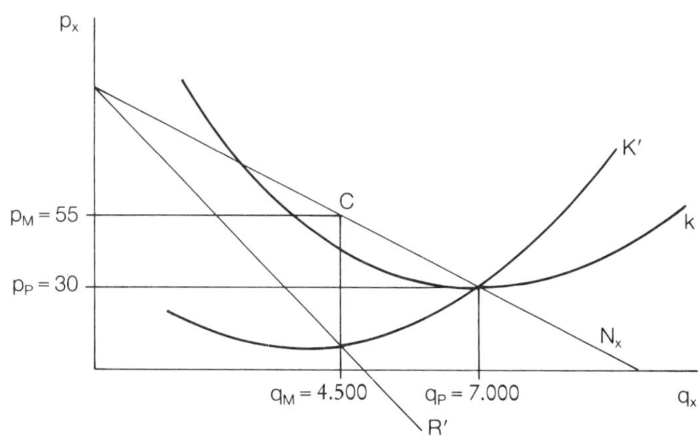

Abb. 5.9.

Der Monopolist produziert nicht im Betriebsoptimum, sondern vor dem Betriebsoptimum. Er arbeitet somit nicht mit der höchst möglichen Produktivität und sctzt die in seiner Unternehmung gebundenen Produktionsfaktoren nicht vollständig ein. Er verschwendet knappe Ressourcen. Schließlich ist noch festzustellen, dass

(4) der *Monopolist einen offenbar dauerhaften Extragewinn erzielt,* dessen Abbau durch Marktzutritt neuer Anbieter vergleichsweise unwahrscheinlich ist.

Angesichts dieser vier weit reichenden Konsequenzen wird deutlich, dass die Ziele einer optimalen Konsumentenversorgung und einer optimalen Faktorallokation im Monopol verfehlt werden, nachdem zuvor bereits dargestellt worden war, dass sie im homogenen Polypol voll erfüllt werden. Daraus kann der Schluss gezogen werden, dass *Monopole in einer Marktwirtschaft als wohlfahrtsmindernde Marktkonstellationen anzusehen sind,* während *homogene Polypole als wohlfahrtsökonomische Wunschsituation und damit als wirtschaftspolitisches Ideal* gelten.

Die Gegenüberstellung von Monopol- und Polypolpreisbildung auf der Grundlage gleicher Bedingungen (insbesondere gleicher Kosten) in der reinen Zustandsbeschreibung einer Gleichgewichtssituation (statische Analyse) und eine auf dieser Basis vorgenommene Aussage über die gesamtwirtschaftlichen Wohlfahrtsverluste durch Monopole sind allerdings nicht unproblematisch. Auf die Problematik dieses Vergleichs ist in Kapitel C bei der Kritik der Marktgleichgewichtstheorie noch zurückzukommen.

4. Monopolistische Angebotskurve und Preisdifferenzierung

Zum Abschluss der Darstellung der Monopolpreisbildung ist auf einige Erweiterungen des zuvor erörterten ursprünglichen Monopolmodells hinzuweisen. So werden in der Preistheorie neben dem reinen Angebotsmonopol entsprechende Gleichgewichtslösungen für das Teilmonopol, das bilaterale Monopol sowie für das Monopson (Nachfragemonopol) erörtert. Auf letztere wird im Anschluss unter Punkt 5. eingegangen. Bezüglich des Angebotsmonopols selbst sind zuvor aber noch zwei Bemerkungen zu machen. Sie betreffen die Angebotskurve des Monopolisten sowie die sog. Preisdifferenzierung.

Die zuvor behandelte Gleichgewichtslösung für den Monopolisten ergab, dass dieser *keine Angebotskurve im bisher definierten Sinn besitzt.* Anders als der Anbieter im homogenen Polypol wählt er keine Angebotsmengen bei alternativen, vorgegebenen Preisen, sondern bestimmt auf der Marktnachfragekurve die für ihn gewinnmaximale Preis-Mengen-Kombination. *Statt einer Angebotskurve existiert nur ein einziger Punkt, der Cournotsche Punkt.* Eine **Art von Angebotskurve** lässt sich allerdings konstruieren, wenn man unterstellt, dass sich die Marktnachfragekurve verschiebt. Verschiebt sich die Marktnachfragekurve, so hat der Monopolist auf jeder Kurve den entsprechenden Cournotschen Punkt zu suchen. Die *Abfolge der Cournotpunkte* (vgl. Abb. 5.10.) kann als *Cournotlinie* oder als Angebotskurve des Monopolisten im Sinne von

(5.20) $A_x = f(N_x)$

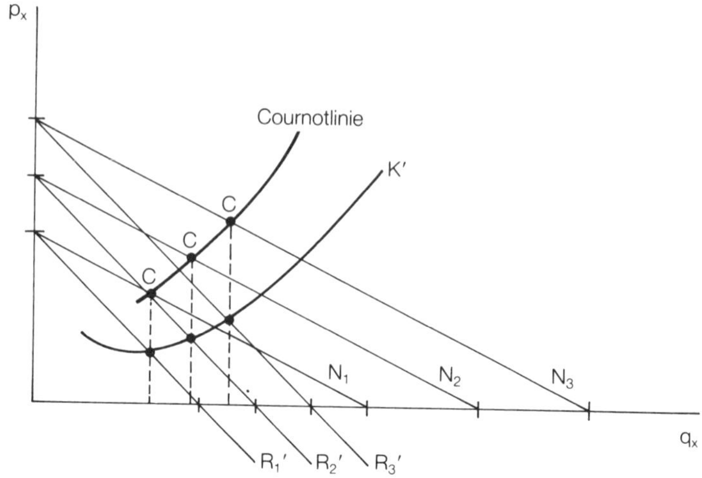

Abb. 5.10.

verstanden werden. Sie ist aber mit der Angebotskurve im homogenen Polypol nicht voll vergleichbar.

Bezieht man derartige Verschiebungen von Marktnachfragekurven in die Monopolanalyse mit ein, so ist zu fragen, inwieweit diese Verschiebungen sich auf Grund autonomer Änderungen des Nachfragerverhaltens ergeben und inwieweit sie vom Monopolisten selbst ausgelöst werden können. Hier wäre der Ort, an dem man *aktive absatzpolitische Maßnahmen des Monopolisten* wie *Werbung, Service, Produktverbesserung* und anderes einbauen kann. Mit ihrer Hilfe kann der Monopolist versuchen, seinen Markt zu erweitern und *seinen bisherigen Gewinn nochmals zu steigern. Zu* beachten ist dabei, dass derartige Maßnahmen *Kosten* verursachen und dass der Gewinn sich nur dann erhöht, wenn die aus der Erweiterung resultierenden Grenzerlöse die Grenzkosten der Erweiterung übersteigen.

Will der Monopolist seinen Gewinn bei gegebener Marktlage (also unveränderter Marktnachfragekurve) noch weiter erhöhen, so kann er eine **monopolistische Preisdifferenzierung** versuchen. Wie der Verlauf der Marktnachfragekurve zeigt, sind offenbar *Konsumenten vorhanden, die bereit sind, noch höhere Preise als den Cournotpreis zu zahlen.* Die Differenz zwischen ihren subjektiven Wertvorstellungen (ihrem Grenznutzen) und dem tatsächlichen Marktpreis wird als **Konsumentenrente** bezeichnet (vgl. die schraffierte Fläche in Abb. 5.11.). Ziel des Monopolisten kann es daher sein, diese Konsumentenrente abzuschöpfen, indem er möglichst bei jedem Nachfrager den Preis verlangt, den dieser maximal zu zahlen bereit wäre. Eine derartige Preisdifferenzierung setzt allerdings voraus, dass der Monopolist mehrere heterogene Güter anbietet bzw. dass es ihm gelingt, *den zunächst vollkommenen Markt zu spalten,* ihn also durch sachliche, räumliche, zeitliche oder persönliche Differenzierung des Gutes bzw. durch Reduzierung der Markttransparenz *in einen unvollkommenen Markt zu verwandeln.* Sofern der Monopolist nicht von vornherein Alleinanbieter verschiedener Güter bzw. Gutsvariationen ist (sog. agglomerative bzw. vertikale Preisdifferenzierung), verursacht die Schaffung von Teilmärkten (sog. deglomerative bzw. horizontale Preisdifferenzierung) wiederum *Kosten.* Sein Gewinn erhöht sich nur dann, wenn die aus der Marktspaltung resultierenden Grenzerlöse die Grenzkosten der Marktspaltung übersteigen.

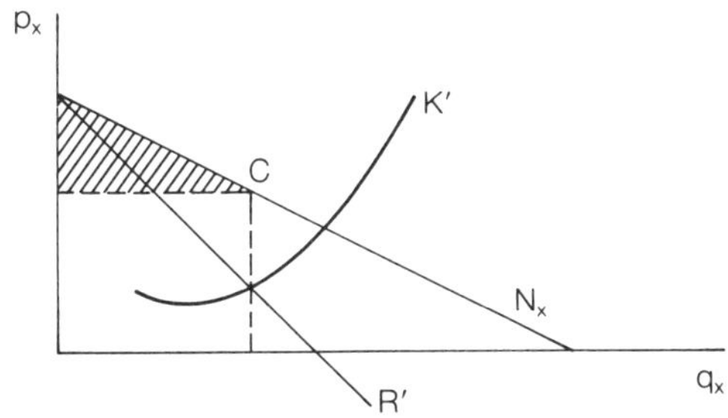

Abb. 5.11.

Auf die Maximierungsbedingungen der Preisdifferenzierung soll an dieser Stelle nicht näher eingegangen werden. Preisdifferenzierung als reales Phänomen lässt sich vielfältig belegen. Beispiele sind unter anderen räumlich differierende Benzinpreise, zeitlich differierende Strompreise und Telefongebühren, sachlich differierende Preise in Kinos und Theatern sowie persönlich (z.B. nach Einkommenshöhe) differierende Preise bei öffentlichen Verkehrsmitteln und Arztrechnungen. Zu beachten ist allerdings, dass einige Fälle von Preisdifferenzierung nicht dem Ziel monopolistischer Gewinnausweitung, sondern anderen Zwecken dienen, so z.B. gleichmäßigerer Kapazitätsauslastung (Tag- und Nachtstrom, Telefongebühren) bzw. sozialpolitischen Zielsetzungen (Schülerfahrkarten).

5. Monopson und bilaterales Monopol

Nicht nur, aber auch im Hinblick auf die zuvor behandelten Investitionsgüter- und Arbeitsmärkte ist eine kurzgefasste Darstellung des Monopsons und des bilateralen Monopols nützlich. Dabei kann auf einzelne der dort vorgetragenen Argumentationen zurückgegriffen werden.

a) Das Monopson

Das Monopson ist dadurch gekennzeichnet, dass es *einen einzigen großen Nachfrager auf dem Markt für ein bestimmtes homogenes Gut gibt.* Da private Haushalte als alleinige Nachfrager einzelner Konsumgüter wohl kaum in Betracht kommen, existieren *Monopsone eher seitens des Staates (z.B. beim Straßenbau) und vor allem auf* **Investitionsgütermärkten,** wobei die dortigen Monopsonisten produzierende Unternehmungen sind. Bei der folgenden Darstellung soll ferner davon ausgegangen werden, dass es *viele kleine gleichgroße Anbieter* gibt, sie also im homogenen Polypol anbieten. Als Näherungsbeispiel einer solchen Marktform könnte die Deutsche Bahn AG als einziger nationaler Nachfrager und die zahlreichen Anbieter von Elektroniksets für Diesellokomotiven oder von Inneneinrichtungsgegenständen für Eisenbahnwaggons dienen.

Bezüglich der Entscheidungssituation des Monopsonisten kann teilweise auf die Ausführungen zum Angebotsmonopol sowie zur Investitionsgüternachfrage zurückgegriffen werden. Analogien zum Angebotsmonopol bestehen zunächst in der folgenden Überlegung: Ebenso wie der Monopolist die Situation vorfindet, dass er steigende Gütermengen nur zu fallenden Güterpreisen verkaufen kann (fallende Nachfragekurve gleich fallende Preis-Absatz-Kurve des Monopolisten), muss auch der Monopsonist davon ausgehen, dass der Preis des von ihm nachgefragten Gutes kein Datum ist, er vielmehr *steigende Mengen seines Beschaffungsgutes nur zu steigenden Preisen erwerben* kann. *Die steigende* **Preis-Beschaffungs-Kurve** *des Monopsonisten ergibt sich aus bzw. ist identisch mit der* **Marktangebotskurve** *der Polypolisten, also deren aggregierter Grenzkostenkurve.* Ebenso wie der Grenzerlös eines Monopolisten unter dem Preis des abzusetzenden Gutes liegt (vgl. zuvor: die R´-Kurve hat das doppelte Gefälle im Vergleich zur Nachfragekurve), liegt die Grenzausgabe des Monopsonisten über dem Preis des zu beschaffenden Gutes, da bei steigendem Preis stets *alle* Beschaffungseinheiten zum gestiegenen Preis eingekauft werden. Analog *weist die Kurve der* **Grenzausgabe** (GRA) *des Monopsonisten gegenüber der Angebotskurve der Polypolisten die doppelte Steigung auf.* Vgl. dazu Abb. 5.12.a.

Wie bei der Erörterung der Investitionsgüternachfrage dargestellt, ist für die Entscheidungsfindung des Nachfragers nicht nur die Grenzausgabe relevant, welche durch den Einkauf des Investitionsgutes entsteht, sondern auch die **Grenzeinnahme** (GRE), also das zuvor beschriebene Grenzwert- bzw. Grenzerlösprodukt (GWP bzw. GEP). Die auf die Investitionsgüternachfrage bezogene Gewinnmaximierungsbedingung lautet bekanntermaßen

(4.21.a) GRA = GRE

und durch ihre Anwendung ist die gewinnmaximale Faktoreinsatzmenge des Monopsonisten q_{IM} gefunden. Der Monopsonist muss jetzt nur noch den Preis p_{IM}

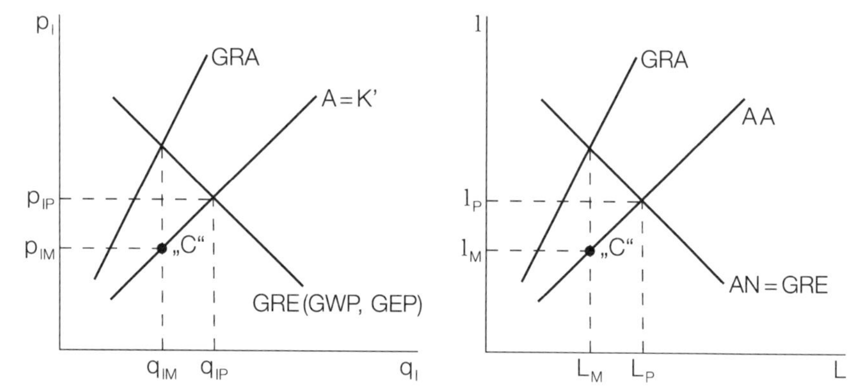

Abb. 5.12.

suchen, zu dem die Anbieter bereit sind, ihm genau diese Menge zu verkaufen. Dieser Preis ergibt sich grafisch, indem man den Schnittpunkt von GRA und GRE auf die Angebotskurve herunterlotet (zur Erinnerung: im Falle des Angebotsmonopols wurde der Schnittpunkt von R´ und K´ auf die Nachfragekurve hochgelotet und es wurde dort der Cournotpunkt gefunden). *Hier ergibt sich völlig analog die Gleichgewichtsposition des Monopsonisten mit einer Art Cour-*

notpunkt „C" auf der Marktangebotskurve der Lieferanten. Zu den Analogien zwischen Monopol- und Monopsonpreisbildung vgl. die Übersicht 5.3.

Übersicht 5.3.

	Monopol	Monopson
Marktsituation	Nachfragekurve der Abnehmer gleich fallende individuelle Preis-Absatz-Kurve des Monopolisten	Angebotskurve der Lieferanten gleich steigende individuelle Preis-Beschaffungs-Kurve des Monopsonisten
Grenzbetrachtung	$R' < p_X$	$GRA > p_I$
Gewinnmaximum	$R' = K'$	GRA = GRE
Preisfindung	Cournotpunkt auf der Preis-Absatz-Kurve	„Cournotpunkt" auf der Preis-Beschaffungs-Kurve

Der Abb. 5.12.a ist ferner zu entnehmen, dass der vom Monopsonisten gezahlte Preis p_{IM} unter jenem Preis p_{IP} liegt, der sich bei einem bilateralen homogenen Polypol ergeben würde und der sich im Schnittpunkt von Faktorangebotskurve $A = K'(aggr)$ und der für das homogene Polypol gültigen Faktornachfragekurve GRE befindet. *Monopsonistische Nachfrager realisieren demnach günstigere Einkaufspreise als polypolistische Nachfrager.* Ferner sind die von ihnen nachgefragten Mengen kleiner als diejenigen, die sich im Falle eines Polypols ergeben würden. Ebenso wie sich die Marktmacht eines Monopolisten auf dem Absatzmarkt im „überhöhten" Monopolpreis zeigt, ist der tiefere Einkaufspreis eines Monopsonisten die Folge seiner Marktmacht auf dem Beschaffungsmarkt.

Liegt die Marktform des Monopsons nicht auf einem Gütermarkt, sondern auf einem **Arbeitsmarkt** vor, wie etwa im Falle eines Großunternehmens, das einen regionalen oder lokalen Arbeitsmarkt beherrscht, da es als alleiniger Nachfrager nach Arbeitskräften einer bestimmten fachlichen Qualifikation oder von fachlich sehr niedrig qualifizierten Arbeitskräften auftritt, so gelten alle vorherigen Aussagen analog. Auch für die Nachfrage des Monopsonisten nach Arbeitskräften gilt die Gewinnmaximierungsbedingung (4.21.a) GRE = GRA. Im Falle einer steigenden Arbeitsangebotskurve AA der Haushalte kann der Monopsonist steigende Mengen an Arbeitskräften nur zu einem steigenden Lohnsatz nachfragen und einstellen. Die Folge ist, dass die Grenzausgabe GRA über dem zu zahlenden Lohnsatz liegt. Die Kurve der Grenzausgabe weist gegenüber der Arbeitsangebotskurve die doppelte Steigung auf. Gemäß der grafischen Darstellung in Abb. 5.12.b. findet der Monopsonist seine gewinnmaximierende Nachfragemenge nach Arbeitskräften L_M im Schnittpunkt von steigender GRA-Kurve und fallender GRE-Kurve. Er lotet diesen Schnittpunkt herunter auf die Arbeitsangebotskurve und findet auf diese Weise den Lohnsatz l_M, der gezahlt werden muss, damit die von ihm gewünschte Nachfragemenge an Arbeit L_M auch angeboten wird.

Dabei zeigt sich nun, dass *der vom Monopsonisten gezahlte Lohn unter jenem Lohnsatz l_P liegt, der sich in einem bilateralen Polypol ergeben würde* und der sich im Schnittpunkt von Arbeitsangebotskurve und jener Faktornachfragekurve GRE ablesen lässt, welche im homogenen Polypol Gültigkeit gehabt hätte. Auch das *Beschäftigungsvolumen L_M ist niedriger als es im Falle eines homogenen Polypols* (nämlich bei L_P) wäre. Darüber hinaus kann diese Situation in der Weise interpretiert werden, dass bei dem monopsonistischen Niedriglohnsatz l_M eine polypolistische Arbeitsnachfragemenge gemäß GRE und damit auch das Beschäftigungsvolumen größer wären als L_M und auch L_P.

Was die **Mindestlohnthematik** betrifft, so kann der folgende Schluss gezogen werden: würde ein über dem monopsonistische Niedriglohn liegender Mindestlohn gesetzt, welcher den polypolistischen Lohnsatz l_P noch nicht übersteigt, entstünde durch ihn keine Mindestlohnarbeitslosigkeit, sondern es würde nur ein potenzieller Nachfrageüberhang nach Arbeit reduziert bzw. beseitigt. Es zeigt sich demgemäß, dass sich die Mindestlohnproblematik in der Realität möglicherweise sehr viel komplexer darstellt, als es bei ausschließlicher Betrachtung von homogenen Polypolen auf Arbeitsmärkten erscheinen mag.

b) Das bilaterale Monopol

Das bilaterale Monopol ist diejenige *Marktform, in der ein einziger Anbieter, der Monopolist, einem einzigen Nachfrager, dem Monopsonisten, gegenübersteht.* Beispiele für diese Marktform findet man vor allem auf **Investitionsgütermärkten**, auf denen Unternehmungen als alleinige Anbieter von Spezialmaschinen anderen Unternehmungen als den alleinigen Nachfragern dieser Spezialmaschinen gegenüberstehen, vor allem dann, wenn die Anbieter diese Maschinen in Auftragsproduktion genau nach den Wünschen der Nachfrager anfertigen.

Was die Preisbildung auf derartigen Märkten betrifft, so können alle vorherigen Ausführungen zum Monopol und zum Monopson zusammengeführt werden. Gelten alle bislang erörterten produktionstechnischen Bedingungen und sind beide Akteure Gewinnmaximierer, so wird der Anbieter gemäß der Gewinnmaximierungsbedingung (4.21) R´ = K´ seine gewinnmaximale Menge q_M und (hochgelotet zum Cournotpunkt auf der Nachfragekurve) den hohen Monopolpreis p_{Mmax} durchsetzen wollen. Der Nachfrager wird gemäß der Gewinnmaximierungsbedingung (4.21.a) GRE = GRA seine gewinnmaximale Menge q_M und (heruntergelotet zum „Cournotpunkt" auf der Angebotskurve) den niedrigeren Monopsonpreis p_{Mmin} durchsetzen wollen. Es zeigt sich demnach, dass *sich im bilateralen Monopol kein für beide Akteure einheitlicher Gleichgewichtspreis ergibt, sondern lediglich eine Preisspanne mit einem Maximal- und einem Minimalpreis.* Welcher Preis tatsächlich zustande kommt, hängt von der relativen Machtposition (z.B. in Abhängigkeit von der konjunkturellen Lage) bzw. vom Verhandlungsgeschick der beiden Akteure ab. Ist der Anbieter stärker, so wird der Preis in der Nähe des Maximalpreises liegen, ist der Nachfrager stärker, so wird der Preis in Richtung auf den Minimalpreis tendieren. Vgl. dazu die Abb. 5.13.a., in der die individuellen Gleichgewichte der beiden Akteure aus Gründen der Übersichtlichkeit so festgelegt worden sind, dass die vom Anbieter gewünschte Gütermenge und die vom Nachfrager gewünschte Gütermenge gleich sind, nämlich jeweils q_M.

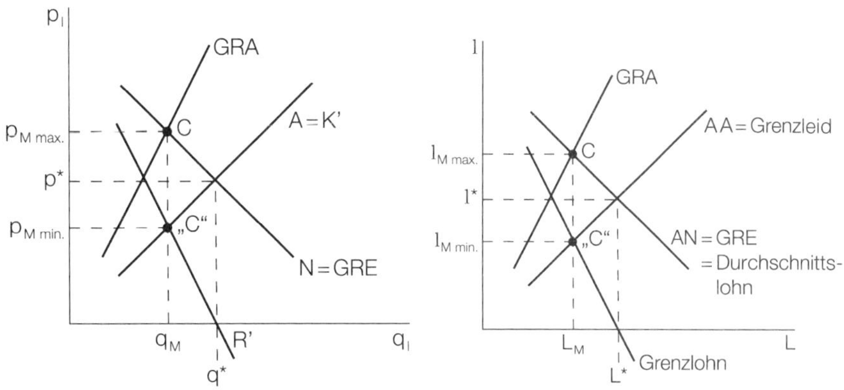

Abb. 5.13.

Neben Investitionsgütermärkten sind es vor allem **Arbeitsmärkte**, auf denen sich die Marktform des bilateralen Monopols findet, und zwar sind es solche Arbeitsmärkte, auf denen die sog. *Tarifparteien*, d.h. eine *Gewerkschaft* als Interessenvertretung der Arbeitnehmer, also der Arbeitsanbieter, und ein *Unternehmensverband* als Interessenvertretung der Arbeitgeber, also der Arbeitsnachfrager, agieren und die Lohnverhandlungen führen. Auch auf diesen Märkten lässt sich unter Verwendung der zuvor erörterten Maximierungskalküls das Entstehen einer Preisspanne, hier also einer Lohnspanne, nachweisen. Was die realen Tarifverhandlungen betrifft, so kann zwar nicht zwingend davon ausgegangen werden, dass die ersten Forderungen der Gewerkschaften und die ersten Angebote der Arbeitgeber genau nach diesem Kalkül zustande kommen, aber es ist beachtenswert, dass sich das Entstehen der Lohnspanne eben auch mit Hilfe des auf der Grundlage der Marginalanalyse basierenden Maximierungskalküls erklären lässt. Dies soll im Folgenden kurz dargestellt werden. Tiefergehende Details müssen der einschlägigen Arbeitsmarktliteratur entnommen werden.

Aus gewerkschaftlicher Sicht ist die Kurve der Arbeitsnachfrage auch als *Kurve des jeweiligen Durchschnittslohnes* oder *Durchschnittseinkommens* interpretierbar, aus der sich dann eine *Grenzlohn- oder Grenzeinkommenskurve* mit doppeltem Gefälle herleiten lässt. (Die analogen Konzepte beim Angebotsmonopol auf einem Gütermarkt waren Güternachfragekurve, Preis bzw. Stück- oder Durchschnittserlös und Grenzerlös.) Zu den folgenden Ausführungen vgl. die Abb. 5.13.b. Da ein zusätzlicher Arbeitseinsatz dann nutzensteigernd ist, wenn der daraus resultierende zusätzliche Lohn (der Grenzlohn) die aus der zusätzlichen Arbeit erwachsenden Mühen (das sog. Grenzleid der Arbeit) übersteigt, lässt sich mit Hilfe der Maximierungsbedingung *„Grenzlohn gleich Grenzleid"* die optimale monopolistische Arbeitsmenge L_M festlegen. Ist diese Arbeitsmenge bekannt, so lässt sich durch Hochloten auf die Arbeitsnachfragekurve der von der Gewerkschaft präferierte *Maximallohn* l_{Mmax} *am Cournotpunkt C* ermitteln.

Demgegenüber legt der beteiligte Arbeitgeberverband gemäß dem zuvor erörterten Kalkül GRE = GRA die optimale monopsonistische Arbeitsmenge L_M fest und ermittelt durch Herunterloten auf die Arbeitsangebotskurve den von ihm präferierten *Minimallohn* l_{Mmin} *am Cournotpunkt „C"*. Auch in Abb. 5.13.b. wurden die individuellen Gleichgewichte der beiden Akteure aus Gründen der Übersichtlichkeit so festgelegt, dass die von ihnen gewünschten Arbeitseinsatzmengen L_M gleich sind.

Welcher dieser beiden Löhne durchgesetzt wird bzw. an welcher Stelle innerhalb der Lohnspanne der Lohnabschluss zustande kommt, hängt auch hier von der jeweiligen relativen Verhandlungsstärke der beiden Akteure ab. Ist die machtbedingte Verhandlungsposition der Gewerkschaft besser, dann wird es zu einem Lohnabschluss in der Nähe des Maximallohnes l_{Mmax} kommen. Dies dürfte z.B. dann der Fall sein, wenn angesichts eines niedrigen Arbeitsangebotes oder einer konjunkturell bedingten hohen Arbeitsnachfrage auch jener Gleichgewichtslohn l^*, der sich im bilateralen homogenen Polypol gebildet hätte, tendenziell höher gewesen wäre. Bei einem derartig hohen Lohnabschluss werden die Unternehmungen anschließend aber versuchen, diesen Lohn auf ihre Verkaufspreise aufzuschlagen und ihn insoweit auf die Konsumenten zu überwälzen. Außerdem ist noch festzustellen, dass ein oberhalb von l^* festgelegter Lohn, ähnlich einem gesetzlichen *Mindestlohn*, zu der Situation führt, dass das für den Fall des Polypols geltende Arbeitsangebot AA größer ist als die Arbeitsnachfrage AN und auch größer ist als das tatsächlich realisierte Beschäftigungsvolumen L_M, d.h. es ist auch hier eine *Mindestlohnarbeitslosigkeit* entstanden.

Ist in einer anderen Situation die machtbedingte Verhandlungsposition des Arbeitgeberverbandes besser, dann wird ein Lohnsatz in der Nähe des Minimallohnes l_{Mmin} zustande kommen. Dies dürfte z.B. dann der Fall sein, wenn angesichts eines sehr hohen Arbeitsangebotes oder aber einer niedrigen Arbeitnachfrage in einem konjunkturellen Tief auch der Gleichgewichtslohn l^*, der sich im bilateralen Polypol gebildet hätte, eher niedrig gewesen wäre. Liegt der entstandene Lohnsatz extrem niedrig, so kann es wiederum vorkommen, dass ein darüber liegender *Mindestlohn* gefordert und auch gewährt wird. Auch hier hängen die weiteren Folgen davon ab, ob dieser Mindestlohn noch unter dem polypolistischen Gleichgewichtslohn l^* liegt oder ob er darüber hinaus angehoben wird. Erneut zeigt es sich demnach, dass eine fundierte Stellungnahme zur Mindestlohnthematik nur unter Berücksichtigung zumindest der Marktform und der Marktlage auf dem jeweiligen Arbeitsmarkt sowie der Höhe des beabsichtigten Mindestlohnes abgegeben werden kann.

Zu der in Abb. 5.13. dargestellten Situation ist noch die folgende Anmerkung zu machen. Die dort eingezeichneten Marktgleichgewichte bei p^* und q^* bzw. bei l^* und L^*, welche sich in der Marktform des bilateralen homogenen Polypols ergeben hätten, liegen nur zufällig dort, wo der Grenzerlös R´ bzw. der Grenzlohn gleich Null sind. Dies ist allein darauf zurückzuführen, dass – wiederum aus Gründen der Übersichtlichkeit – für die jeweiligen Angebots- und Nachfragekurven die gleiche Steigung unterstellt worden ist.

Abschließend ist noch einmal darauf hinzuweisen, dass die Spanne, innerhalb derer der Lohnabschluss zustande kommen kann, und wohl auch derjenige Lohnsatz, der sich als das Ergebnis der Tarifverhandlungen schließlich herausbildet, sich in die gleiche Richtung bewegen wie jener Gleichgewichtslohn, der sich in einem bilateralen homogenen Polypol gebildet hätte. Damit ist jene alte Diskussion unter Ökonomen und Wirtschaftspolitikern angesprochen, die sich der Frage widmet, ob eher wirtschaftliche Macht oder eher ökonomische Gesetze die Preis- bzw. die Lohnbildung bestimmen. Die Antwort kann nur lauten, dass beide Einflüsse gegeben sind. Der Lohn kann einerseits machtbedingt zustande kommen, er bewegt sich andererseits aber nicht losgelöst von den ökonomischen Gesetzmäßigkeiten.

II. Das Gleichgewicht im heterogenen Polypol

Nachdem bei der Analyse des Monopsons und des bilateralen Monopols vornehmlich auf Investitionsgütermärkte und auf Arbeitsmärkte abgestellt wurde, richtet sich das Augenmerk im Folgenden wieder auf Konsumgütermärkte.

Als *heterogenes Polypol* wird jene Marktform bezeichnet, in der *viele kleine, gleich große Anbieter auf einem unvollkommenen Markt agieren.* Die Unvollkommenheit des Marktes dokumentiert sich darin, dass die Güter heterogen sind bzw. dass die vollständige Markttransparenz fehlt.

Wie oben angedeutet wurde, kann davon ausgegangen werden, dass die *meisten Konsumgütermärkte unvollkommene Märkte* sind. So dürften viele Güter mehr oder weniger große Unterschiede in sachlicher, zeitlicher, räumlicher oder persönlicher Hinsicht aufweisen, also heterogen sein. Derartige Unterschiede sind u.a. darauf zurückzuführen, dass es den einzelnen Anbietern gelungen ist, sich durch qualitative Differenzierung ihres Angebotes, durch besonders rasche Lieferung, durch die Wahl eines für bestimmte Nachfrager besonders günstigen Standortes oder durch besonderen Service von den Konkurrenten abzuheben. Daraus folgt nun aber, dass der *einzelne Anbieter* bezüglich seiner Möglichkeiten zu preispolitischer Aktivität *nicht so ohnmächtig ist wie ein Anbieter im homogenen Polypol.* Während diesem alle preispolitischen Aktivitäten verwehrt sind, weil es auf dem vollkommenen Markt nur einen einzigen Preis geben kann (Gesetz der Unterschiedslosigkeit der Preise), muss ein Anbieter im heterogenen Polypol bei preispolitischen Aktivitäten nicht mit derart extremen Nachfragerreaktionen rechnen. Bei Preiserhöhungen wird er wegen der auf ihn entfallenden Präferenzen nicht sofort alle Nachfrager verlieren, bei Preissenkungen wird er auf Grund der auf die Konkurrenten entfallenden Präferenzen nicht alle ihre Kunden gewinnen. Dies bedeutet, dass *die individuelle Preis-Absatz-Kurve eines Anbieters fallend verläuft.* Über die genaue Gestalt der individuellen Preis-Absatz-Kurve eines einzelnen Anbieters sind zwei unterschiedliche Positionen entwickelt worden, nämlich das **Konzept der monopolistischen Konkurrenz** (E.H. Chamberlin und J. Robinson, beide 1933) sowie das **Konzept des monopolistischen Spielraumes** (E. Gutenberg, 1955).

1. Das Konzept der monopolistischen Konkurrenz

Das Konzept der monopolistischen Konkurrenz basiert auf der Annahme, dass sich wie im homogenen Polypol aus Gesamtangebot und Gesamtnachfrage vieler Marktteilnehmer ein **Marktgleichgewicht** mit Gleichgewichtspreis und Gleichgewichtsmenge ergibt (vgl. Abb. 5.14.a.). Dieser *Gleichgewichtspreis ist aber nur als Durchschnittspreis* $\hat{p}$ *zu verstehen.* Der einzelne Anbieter ist an diesen Durchschnittspreis nicht vollkommen gebunden. Er kann ihn in Grenzen erhöhen oder aber senken. Erhöht er ihn, so wird er erst bei einem gewissen Maximalpreis p_{max} den letzten Kunden verlieren, der dann zur Konkurrenz abwandert. Senkt er ihn, so werden Kunden hinzukommen, aber selbst beim Preis $p_x = 0$ wird er nicht alle Nachfrager gewinnen. Die sog. *dd'-Kurve* in Abb. 5.14.b. stellt *demgemäß die individuelle Preis-Absatz-Kurve eines einzelnen Anbieters dar, wenn dieser Anbieter den Preis allein variiert* (d.h. alle anderen ihn konstant halten).

Die individuelle Preis-Absatz-Kurve des einzelnen Anbieters hat also *prinzipiell die gleiche Gestalt wie die individuelle Preis-Absatz-Kurve eines Monopolisten.* Dies ist das **Monopolelement** in der Marktform des heterogenen Polypols. Im Gegensatz zum Monopol ist die quantitative Dimension aber sehr viel geringer,

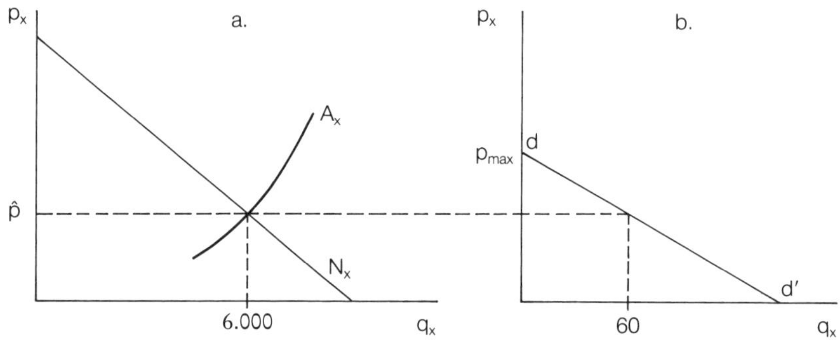

Abb. 5.14.

da der einzelne Anbieter einer von vielen ist. Dies ist das **Konkurrenzelement** in der Marktform des heterogenen Polypols. Aus der Kombination von Monopol- und Konkurrenzelement erklärt sich auch die Bezeichnung „monopolistische Konkurrenz".

Das Monopolelement dieser Marktform wird auch in der Ermittlung des individuellen Gleichgewichts des einzelnen Anbieters deutlich. *Dieser findet sein Gewinnmaximum nämlich wie ein Monopolist nach Maßgabe der Grenzerlös-Grenzkosten-Regel (4.21).* Alle zuvor für das Monopol beschriebenen Überlegungen gelten auch hier (vgl. Abb. 5.15.a., die vollkommen der Abb. 5.8.a. entspricht). Die gewinnmaximale Preis-Mengen-Kombination liegt im Cournotschen Punkt.

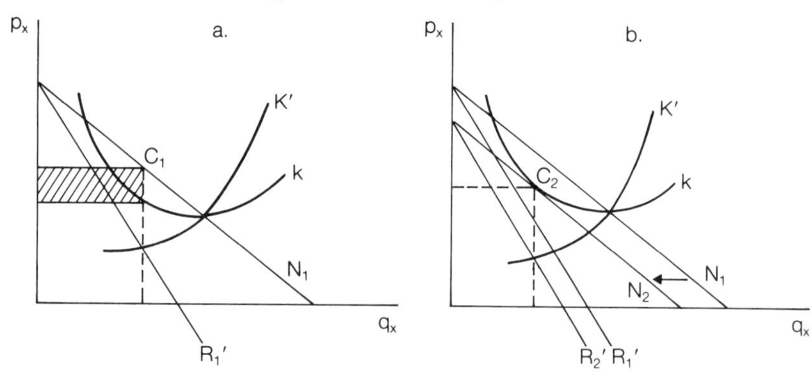

Abb. 5.15.

Das Konkurrenzelement dieser Marktform zeigt sich nun nicht allein darin, dass viele andere Anbieter auf dem gleichen unvollkommenen Markt anbieten, sondern noch in einem weiteren Aspekt: Im Gegensatz zum Monopol ist nämlich davon auszugehen, dass der *Marktzutritt in den hier beschriebenen Markt leicht* ist. Wenn aber der wie im Monopol entstehende *Extragewinn* neue Anbieter anlockt, so verteilt sich die vorhandene Nachfrage auf mehr Anbieter. *Die individuellen Preis-Absatz-Kurven der einzelnen Anbieter verschieben sich nach links.* Die Preis-Absatz-Kurve des einzelnen Anbieters verschiebt sich so lange nach links, wie noch ein Extragewinn vorhanden ist. Wenn die Preis-Absatz-Kurve die Stückkostenkurve nicht mehr schneidet, sondern nur noch berührt, ist der Extragewinn abgebaut und der Zustrom weiterer Anbieter hört auf (vgl. Abb. 5.15.b.). Wie im homogenen Polypol ergibt sich somit eine **Tangentensituation** mit einem **Extragewinn von Null.** Im Gegensatz zum homogenen Polypol berührt die Preisgerade die Stückkostenkurve aber nicht in deren Minimum, sondern links davon. Wie ein Monopolist produzieren auch die Anbieter im heterogenen Polypol mit *Überkapazität,* also nicht im Betriebsoptimum und somit *nicht mit niedrigsten Kosten.*

Das Konzept der monopolistischen Konkurrenz erlaubt einige interessante Schlussfolgerungen im Vergleich zum homogenen Polypol und zum Monopol.

- Es zeigt zunächst, in welcher Weise sich Monopol- und Konkurrenzelemente verbinden lassen. Insbesondere belegt es erneut die *Wirksamkeit des Marktzutritts potenzieller Konkurrenten* und zeigt, wie auf offenen Märkten trotz gewisser Monopolelemente der Abbau von Extragewinnen herbeigeführt wird.
- Ferner bietet das Konzept einen Beleg für die These, dass auch bei weniger gravierenden Abweichungen vom homogenen Polypol *gesamtwirtschaftliche Nachteile in Form von höheren Preisen und suboptimaler Faktorallokation* auftreten. Dabei ist allerdings zu berücksichtigen, dass diese Nachteile durch die Unvollkommenheit des Marktes bewirkt werden, welche in der Gestalt der *Produktdifferenzierung* von den Nachfragern *möglicherweise sogar als Vorteil angesehen* wird. Die These von der gesamtwirtschaftlichen Suboptimalität ist insoweit zu relativieren.
- Darüber hinaus liefert das Konzept einen Beleg für das sog. **Second-Best-Argument.** Wenn von n Bedingungen für ein gesamtwirtschaftliches Optimum eine nicht erfüllt ist (z.B. die Homogenität der Güter), so führt die Erfüllung einer anderen Bedingung (offener Markt) möglicherweise nicht zur Verbesserung der Marktergebnisse, sondern zu weiterer Verschlechterung (zunehmende Überkapazität und Produktion mit höheren Stückkosten).

2. Das Konzept des monopolistischen Spielraumes

Auch das Konzept des monopolistischen Spielraumes basiert auf der Grundidee, Monopolelemente und Konkurrenzelemente miteinander zu verbinden. Im Gegensatz zum Konzept der monopolistischen Konkurrenz wird hierbei aber *auf die Darstellung eines Marktgleichgewichts völlig verzichtet.* Damit wird die zweifellos problematische Formulierung einer Marktnachfragekurve für heterogene Güter vermieden. *Der unvollkommene Markt wird in Teilmärkte für einzelne homogene Güter bzw. deren Anbieter aufgelöst.* Es werden lediglich die individuellen Preis-Absatz-Kurven der einzelnen Anbieter betrachtet.

Infolge des Fehlens einer Gesamtmarktanalyse wird auch die *Frage des Marktzutritts und des Verschwindens von Extragewinnen gar nicht thematisiert.* In einer letztlich rein betriebswirtschaftlichen Analyse wird auch auf die Untersuchung gesamtwirtschaftlicher Wohlfahrtseffekte verzichtet. Es wird lediglich nach dem *individuellen Gleichgewicht des einzelnen Anbieters* gefragt. Diese möglicherweise nachteiligen Einschränkungen der Fragestellung werden allerdings durch einen Vorteil kompensiert: die Verbindung von Monopol- und Konkurrenzelementen in der jeweils kurzfristig existierenden Preis-Absatz-Kurve wird noch deutlicher herausgearbeitet. Dies geschieht durch die Vorstellung eines **akquisitorischen Potenzials** der Anbieter und einer **Qualitäts- und Preisklasse** der Güter.

Mit dem Konzept des akquisitorischen Potenzials wird die Tatsache ausgedrückt, dass jeder Anbieter im heterogenen Polypol eine Stammkundschaft besitzt, die ihn etwa wegen seines günstigen Standortes oder wegen spezifischer Eigenschaften seines Gutes präferiert. Bezüglich der einzelnen Güter ist festzustellen, dass diese in der Vorstellung der Nachfrager in verschiedene Qualitäts- bzw. Preisklassen fallen. So haben die Nachfrager zu einem bestimmten Zeitpunkt beispielsweise die Vorstellung, dass Mäntel einer mittleren Qualitätsklasse zwischen 200,– Euro und 300,– Euro kosten dürfen oder dass Vollkornbrot im Preis zwischen 2,50 Euro und 3,– Euro liegen muss.

Variiert der einzelne Anbieter seinen Preis innerhalb der Grenzen der Preisklasse bzw. seines akquisitorischen Potenzials, so werden keine gravierenden Reaktionen der Nachfrager erfolgen. Die Preis-Absatz-Kurve verläuft hier fallend wie im Monopol. Wenn der Anbieter mit seiner Preisforderung aber den oberen Grenzpreis der Preisklasse überschreitet, so verliert er plötzlich in starkem Maße Kundschaft. Die Nachfrager weichen auf die Güter der darüber liegenden Qualitätsklasse bzw. auf andere Anbieter aus. Wenn der Anbieter den unteren Grenzpreis der Preisklasse unterschreitet, so strömen ihm in erheblichem Maße Nachfrager zu. Er gewinnt jetzt viele Nachfrager, die bisher Güter der darunter liegenden Qualitätsklasse gekauft haben bzw. die auf Grund entsprechender Präferenzen Kunden anderer Anbieter waren.

Diese Art von Nachfragerreaktion kann durch eine **doppelt geknickte individuelle Preis-Absatz-Kurve** des einzelnen Anbieters abgebildet werden, welche in Abb. 5.16. zunächst stilisiert mit zwei scharfen Knicken dargestellt ist. *Zwischen dem oberen und dem unteren Grenzpreis liegt der monopolistische Spielraum* des Anbieters, in dem keine starken Nachfragerreaktionen erfolgen. Oberhalb und unterhalb der Grenzpreise liegen *die polypolistischen Bereiche,* in denen die Nachfrager überaus stark reagieren.

In der stilisierten Darstellung der Abb. 5.16. wurde unterstellt, dass bei Überschreiten des oberen Grenzpreises p_o sofort alle Nachfrager weg bleiben und bei Unterschreiten des unteren Grenzpreises p_u praktisch alle Nachfrager zuströmen. Damit wird deutlich, dass das heterogene Polypol die *Elemente des homogenen Polypols und des Monopols in sich vereinigt.* Oben und unten verläuft die individuelle Preis-Absatz-Kurve wie die Preisgerade im homogenen Polypol, in der Mitte verläuft sie wie die Preis-Absatz-Kurve des Monopolisten.

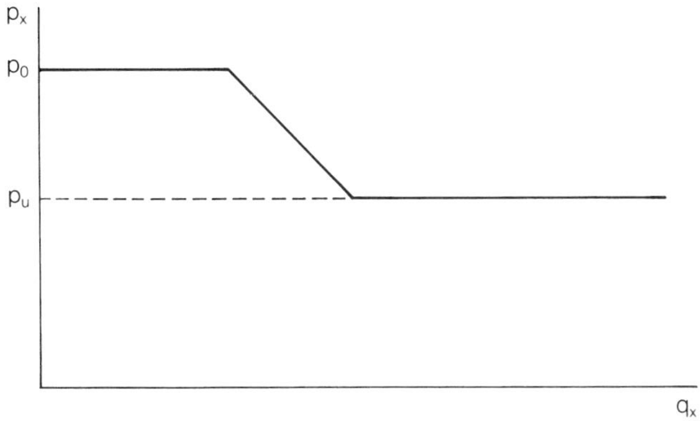

Abb. 5.16.

In der stilisierten Darstellung der Abb. 5.16. soll nun auch das *individuelle Gleichgewicht des Anbieters* hergeleitet werden. Dazu ist es zunächst erforderlich, den Verlauf der Grenzerlöskurve kennen zu lernen. Hier hilft wiederum der Rückgriff auf das homogene Polypol und auf das Monopol. In den beiden polypolistischen Bereichen sind Preis und Grenzerlös identisch, im monopolistischen Bereich liegt der Grenzerlös unterhalb des Preises und er fällt doppelt so stark wie der Preis. Die *Grenzerlöskurve* ist demgemäß die in Abb. 5.17.a. dargestellte gestrichelte Linie *mit zwei Sprungstellen.* Die gewinnmaximale Menge q_{x1} findet der Anbieter wiederum im Schnittpunkt von Grenzerlös und Grenzkosten, den dazu gehörenden Preis durch Hochloten auf die Preis-Absatz-Kurve im Cournotschen Punkt.

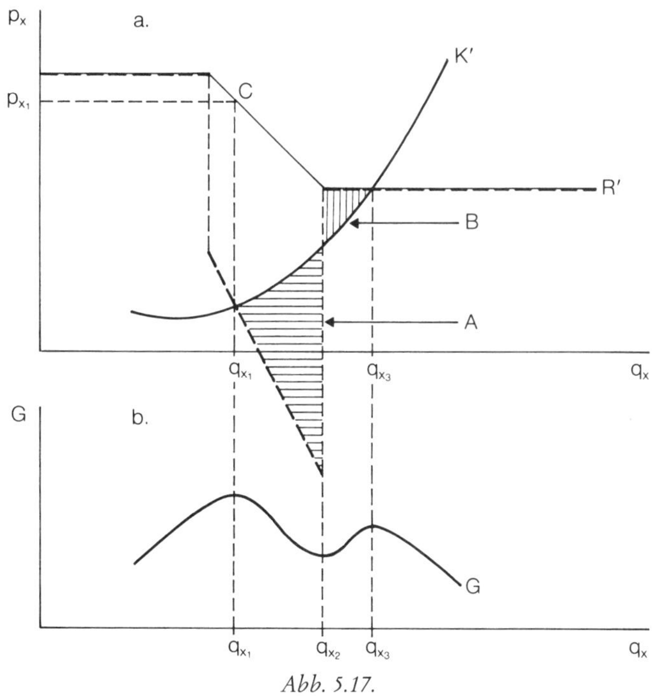

Abb. 5.17.

Wie Abb. 5.17.a. zeigt, existiert möglicherweise ein *zweiter Schnittpunkt von Grenzerlös und Grenzkosten* bei der Menge q_{x3}. Auch dieser Punkt ist im Vergleich mit den unmittelbar daneben liegenden Mengen ein Gewinnmaximum. In der Regel dürfte er jedoch einen niedrigeren Gewinn aufweisen als das Maximum bei q_{x1}. Dies kann wie folgt verdeutlicht werden. Bis zur Menge q_{x1} liegt der Grenzerlös über den Grenzkosten, der Gewinn steigt (vgl. Abb. 5.17.b.). Zwischen q_{x1} und q_{x2} liegt der Grenzerlös unter den Grenzkosten, der Gewinn schrumpft. Zwischen q_{x2} und q_{x3} liegt der Grenzerlös wieder über den Grenzkosten, der Gewinn steigt wieder. Jenseits von q_{x3} fällt der Gewinn mit zunehmender Ausbringungsmenge. Die Gewinnschrumpfung zwischen q_{x1} und q_{x2} wird durch die schraffierte Fläche A, die Gewinnsteigerung zwischen q_{x2} und q_{x3} durch die schraffierte Fläche B abgebildet. Wenn, wie hier als Normalfall unterstellt, die Fläche A größer ist als die Fläche B, so weist das erste Gewinnmaximum einen höheren Gewinn auf als das zweite.

Die Vermutung, dass dies den Normalfall darstellt, wird durch die folgende Überlegung gestützt. Entgegen der bisherigen stilisierten Darstellung kann davon ausgegangen werden, dass *in der Realität*

- *die beiden Knicke der Preis-Absatz-Kurve abgerundet sind und*
- *die beiden polypolistischen Bereiche der Preis-Absatz-Kurve nicht völlig horizontal verlaufen.*

Die Abb. 5.18. dürfte demgemäß die reale Marktsituation eines Anbieters im heterogenen Polypol noch zutreffender wiedergeben. Auf die Erörterung weiterer Einzelheiten und Komplikationen soll an dieser Stelle verzichtet werden.

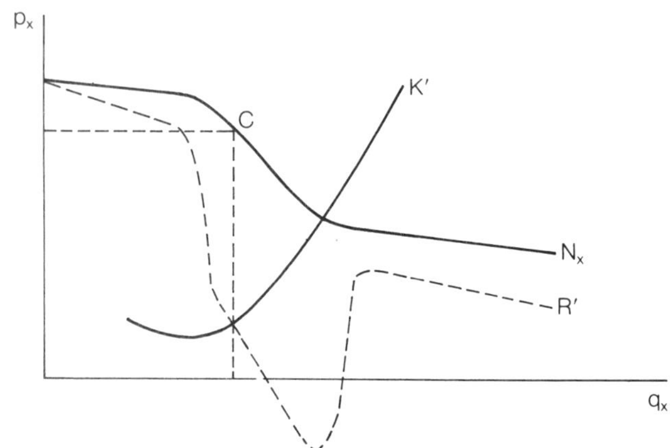

Abb. 5.18.

III. Das Gleichgewicht im Oligopol

1. Die Oligopolsituation

Als *Oligopol* wird jene Marktform bezeichnet, in der *wenige gleich große Anbieter auf einem vollkommenen oder unvollkommenen Markt* agieren. Wie zuvor bereits angedeutet, reicht zur Kennzeichnung des Oligopols der marktstrukturelle Definitionsansatz nicht aus, da die Trennungslinie zwischen vielen (Polypol) und wenigen Anbietern (Oligopol) nicht präzise festzulegen ist. Die Besonderheit der Oligopolsituation kann daher nur herausgearbeitet werden, wenn zusätzliche Überlegungen bezüglich des Marktverhaltens und möglicherweise bezüglich der Marktergebnisse angestellt werden.

Was das Verhalten der Marktteilnehmer betrifft, so ist ein Rückgriff auf die bisher behandelten Marktformen nützlich.

- Der *Monopolist* ist der einzige Anbieter auf dem Markt. Er kann Preis- oder Mengenpolitik betreiben und muss bei seinen Aktivitäten allein das Nachfrageverhalten in Rechnung stellen. Auf aktuelle Konkurrenten muss er nicht achten (allenfalls auf potenzielle).
- Der *Anbieter im heterogenen Polypol* kann ebenfalls Preis- oder Mengenpolitik betreiben. Er hat wegen seiner geringen Größe aber keinerlei Einfluss auf das Marktgeschehen. Seine Aktivitäten werden von den anderen Polypolisten daher auch nicht wahrgenommen. Trotz der Existenz von Konkurrenten orientiert sich folglich kein Anbieter am Verhalten der Konkurrenten, sondern ausschließlich am Verhalten der Nachfrager.
- Der *Anbieter im homogenen Polypol* ist reiner Mengenanpasser. Auch er hat keinen Einfluss auf das Marktgeschehen. Er orientiert sich ausschließlich am anonym gebildeten Preis und achtet ebenfalls nicht auf das Verhalten von Konkurrenten.

Allen bisher erörterten Marktformen ist somit gemeinsam, dass eine *Orientierung am Verhalten von Konkurrenten nicht erfolgt.* Demgegenüber ist das Oligopol in der Weise zu definieren, dass *jeder der Oligopolisten Einfluss auf das Marktgeschehen hat.* Dieser Einfluss resultiert aus der *geringen Zahl* der Anbieter und damit aus dem *Gewicht* des Einzelnen. Bei welcher Zahl ein solches Gewicht gegeben ist, kann nicht einheitlich beantwortet werden, da es letztlich auch von der Selbsteinschätzung der Anbieter und damit von der Art und vom Umfang ihrer marktpolitischen Aktivitäten abhängt. So werden geringfügige und zaghafte Aktivitäten das Marktgeschehen kaum beeinflussen, deutliche Aktivitäten möglicherweise sehr stark. Wenn ein Einfluss auf das Marktgeschehen aber vorliegt, dann *wirken sich die Aktivitäten eines Anbieters spürbar auf andere Anbieter aus.* Jeder Anbieter muss daher neben dem Verhalten der Nachfrager auch das *Verhalten der Konkurrenten beachten.* Auf potentielle Aktionen einzelner Konkurrenten muss er vorbereitet sein, um reagieren zu können. Bei eigenen Aktionen muss er die mutmaßliche Reaktion der Konkurrenten in Rechnung stellen. Im Oligopol herrscht also **Interdependenz** und **Reaktionsverbundenheit.** Das Kernproblem des Oligopols besteht demnach in der *Bildung sinnvoller Aktions- und Reaktionshypothesen* über das Konkurrentenverhalten sowie in der *Entwicklung geeigneter Strategien,* um die eigenen unternehmenspolitischen Ziele zu erreichen. Bei jedem Einsatz marktpolitischer Instrumente ist so vorzugehen, dass man sich auch *nach* der Reaktion der Konkurrenten besser steht.

Die Hypothesen über die erwarteten Konkurrentenreaktionen werden in sog. **Reaktionskoeffizienten,** bezüglich der Mengenreaktionen beispielsweise in einem Koeffizienten

(5.21) $$c = \frac{dq_A}{dq_B},$$

oder aber in **Reaktionselastizitäten** (sog. konjekturalen Elastizitäten)

(5.22) $$z = \frac{dz_A}{z_A} : \frac{dz_B}{z_B}$$

ausgedrückt. Dabei steht der Ausdruck z für einen beliebigen Aktionsparameter (etwa den Preis, die Menge, die Qualität u.a.) und die Symbole A und B für die einzelnen Oligopolisten. In diesem Sinne finden hier auch Kreuzpreis- und Kreuzmengenelastizitäten Verwendung.

Auf Grund der Komplexität der Marktsituation im Oligopol ist eine *Vielzahl von Reaktionshypothesen und Strategien* gedanklich möglich und empirisch nachweisbar. In diversen Oligopolmodellen ist versucht worden, einzelne Reaktionshypothesen und Strategien abzubilden und durchzuspielen. Obwohl in zahlreichen Modellen nur sehr einfache Reaktionshypothesen und Strategien behandelt werden, die sich in der Regel auch nur auf ein Zwei-Anbieter-Oligopol (ein Dyopol) beziehen, so ist die Vielzahl und Komplexität der Modelle doch beachtlich. Erste Modelle für derartige Aktions-Reaktions-Abläufe sind historisch sehr früh entwickelt worden, beispielsweise von A. Cournot (1838). In jüngerer Zeit wird die auf den Mathematiker J. v. Neumann (1928) zurückgehende **Spieltheorie** als die Lehre vom strategischen Denken in verstärktem Maße zur Darstellung und Lösung von Oligopolproblemen eingesetzt. Angesichts der Komplexität der Materie und des einführenden Charakters dieses Lehrbuches kann auf die Einzelheiten nicht näher eingegangen werden. Einige wenige Bemerkungen zum homogenen sowie zum heterogenen Oligopol müssen daher genügen.

2. Strategien und Gleichgewichte im Oligopol

In den historisch ersten Oligopolmodellen für den **vollkommenen Markt** sind zunächst sog. **autonome Strategien** behandelt worden. Dabei wird – eigentlich für das Oligopol untypisch – unterstellt, dass der Konkurrent auf die eigene Aktion überhaupt nicht reagiert. Gemäß *Cournotscher Mengenstrategie* kennt jeder der Dyopolisten die Marktnachfrage sowie die Angebotsmenge des Konkurrenten. Er realisiert daraufhin bezüglich der Restnachfrage sein Gewinnmaximum. Wenn beide so handeln, kommt es zu einem Reaktionsprozess, der in einer *stabilen Gleichgewichtssituation* endet. *Preisstrategien* sind auf dem vollkommenen Markt genau genommen nicht sinnvoll, weil das Gesetz der Unterschiedslosigkeit der Preise gilt. Werden sie dennoch praktiziert, so führen sie zur wechselseitigen Preisunterbietung bis ins Betriebsoptimum (Bertrand-Modell) bzw. bei weiterer Unterbietung zur ruinösen Konkurrenz.

Bei **autonom-konjekturalen Strategien** nehmen die Oligopolisten zwar nicht an, dass der Konkurrent seine Angebotsmenge konstant hält, sie glauben aber, dass er sich ihnen unterordnet, und bieten ihre sog. *Unabhängigkeitsmenge* an. Entspricht der Konkurrent dieser Erwartung, so entsteht ein *asymmetrisches Dyopol* (Stackelberg-Modell). Wollen hingegen beide die Unabhängigkeitsposition, so bricht ein *Machtkampf* aus, bei dem einer der Dyopolisten verdrängt wird (Bowley-Modell) oder bei dem man sich schließlich auf eine *gemeinsame Gewinnmaximierung* einigt (Chamberlin-Fellner-Modell).

Erst durch sog. **konjekturale Strategien** wird der Oligopolproblematik angemessen Rechnung getragen, als mit konkreten (konstanten oder variablen) Reaktionskoeffizienten und -elastizitäten operiert wird. Angesichts der Vollkommenheit des Marktes, die letztlich nur Mengenstrategien erlaubt, ist der Erkenntniswert der Modelle jedoch außerordentlich gering.

Im Oligopol auf dem **unvollkommenen Markt** ist die oligopolistische Interdependenz wegen der Heterogenität der Güter bzw. der unvollständigen Markttransparenz abgeschwächt. Dies bedeutet, dass jeder Oligopolist wie der Anbieter im heterogenen Polypol eine *individuelle Preis-Absatz-Kurve mit einem monopolistischen Spielraum* besitzt, die es ihm ermöglicht, in gewissen Grenzen Preispolitik zu betreiben. Da die Nachfrager innerhalb dieses monopolistischen Spielraumes keine starken Reaktionen zeigen, werden durch ihr Verhalten auch die übrigen Oligopolisten nicht betroffen. Sie haben daher auch keinen Anlass zu reagieren. Der monopolistische Spielraum im heterogenen Oligopol kann daher auch als *reaktionsfreier Bereich* (Gutenberg) bezeichnet werden. Wenn ein Oligopolist den reaktionsfreien Bereich hingegen verlässt, reagieren die Konkurrenten und es kommt zu Verschiebungen des gesamten Kurvengefüges.

Ebenso wie im heterogenen Polypol kann es also auch im heterogenen Oligopol sinnvoll sein, *von der Definition einer Marktnachfragefunktion abzusehen und lediglich die individuellen Preis-Absatz-Kurven der Oligopolisten zu erörtern.* Über ihre Gestalt bestehen unterschiedliche Vorstellungen, insbesondere wird zwischen *einfach geknickten* (Sweezy) *und doppelt geknickten Kurven* (Gutenberg) unterschieden.

Was die Strategien der Oligopolisten betrifft, so ist auch hier die Unterscheidung in **autonome, autonom-konjekturale** und **konjekturale Strategien** möglich. Was die Aktionsparameter anlangt, so sind neben **Preis- und Mengenstrategien** nunmehr auch Strategien bezüglich aller anderen Parameter (**Qualität, Service, Konditionen, Sortiment** u. a.) denkbar. In den gängigen Oligopolmodellen sind vorrangig Preis- und Mengenstrategien erörtert worden.

Bei der Erörterung der Preisstrategien hat es sich verschiedentlich gezeigt, dass nicht nur *stabile Gleichgewichtspunkte,* sondern offenbar *größere Gleichgewichtsbereiche* existieren, in denen keiner der Oligopolisten mehr einen Anlass hat, den Preis zu verändern (Krelle, Ott). Diese Modelle liefern gewisse Belege für die empirisch so häufig beobachtete *Preisstarrheit* auf Oligopolmärkten. Wenn jeder Oligopolist bei eigenen Preisaktivitäten befürchten muss, dass er sich nach der Reaktion seiner Konkurrenten schlechter steht, so wird die Neigung zu preispolitischen Aktivitäten sinken. Daraus folgt, dass Preisänderungen nur gemeinsam durchzuführen sind. Gemeinsame Preisänderungen können in Gestalt eines *bewussten Parallelverhaltens* erfolgen, bei dem sich die Oligopolisten jeweils einem *Preisführer* anschließen. Sie können ferner die Form des *abgestimmten Verhaltens* annehmen, bei welchem gewisse Verständigungshandlungen (z.B. gegenseitige Information) unternommen werden. Sie können schließlich durch *vertragliche Absprachen* (Kartelle) zustande kommen. Da abgestimmtes Verhalten und Absprachen in der Regel durch Kartellgesetze verboten sind und weil Preisführerschaft bzw. die Orientierung an einem Preisführer gewisse Risiken birgt, weichen zahlreiche Oligopolisten in Aktivitäten des *Nichtpreiswettbewerbs* (Qualität, Service usw.) aus.

C. Kritik und Erweiterungen der Theorie des Marktgleichgewichts

I. Die Gleichgewichtstheorie als Bedingungstheorie

Bezüglich der Theorie des Marktgleichgewichts ist nunmehr zu fragen, ob sie ihre Aufgaben als explikative Theorie bzw. als Bedingungstheorie erfüllt. Was die Eignung der Theorie als Bedingungstheorie anlangt, so soll auf die **Bedingungen für die Realisierung individueller Gleichgewichte** nicht mehr eingegangen werden. Der Frage, ob es den Haushalten bzw. den Unternehmungen möglich ist, die in der Theorie dargelegten Handlungsanweisungen zu befolgen, ist am Ende des 3. und des 4. Teils nachgegangen worden. Auch wenn in der Marktgleichgewichtstheorie nunmehr Marktformen erörtert worden sind, in denen die Unternehmen den Marktpreis beeinflussen können, so ergeben die Analysen dieser Marktformen bezüglich der Regeln der Gewinnmaximierung nichts Neues. Die allgemeine Gewinnmaximierungsbedingung (4.21) war bereits im 4. Teil hergeleitet worden. Im Folgenden ist ausschließlich auf die Bedingungen für die Existenz und Stabilität des Marktgleichgewichts sowie auf die Bedingungen für ein gesamtwirtschaftliches Optimum einzugehen.

1. Die Bedingungen für die Existenz und die Stabilität des Gleichgewichts

Was die Bedingungen für die **Existenz des Marktgleichgewichts** im homogenen Polypol anlangt, so sind diese vergleichsweise unproblematisch. Die Existenz eines Schnittpunktes von Nachfrage- und Angebotskurve ist selbstverständlich und ruft noch einmal die seltene Sondersituation *freier Güter* sowie das nicht so seltene Phänomen *öffentlicher Güter* (Fehlen einer privaten Marktnachfrage trotz Existenz entsprechender Bedürfnisse) in Erinnerung. Bezüglich der Existenz eines Marktgleichgewichts auf unvollkommenen Märkten ist auf die Probleme der Herleitung von Marktnachfrage- und Marktangebotskurven für *heterogene Güter* hinzuweisen. Es wurde bereits angedeutet, dass es hier notwendig sein könnte, die Gesamtmarktanalyse aufzugeben und nur individuelle Unternehmungsgleichgewichte zu betrachten. Auf diesen Punkt ist später noch einmal zurückzukommen.

Auch die Bedingungen für die **Stabilität des Marktgleichgewichts** verstehen sich weitgehend von selbst. Die Frage der Stabilität berührt insbesondere die *Organisationsform* des Marktes bzw. die Art der Findung des Gleichgewichtspreises. Mit dem *Auktionatormodell* wird ein Weg aufgezeigt, das Marktgleichgewicht auch bei inversen Verläufen von Marktangebot und Marktnachfrage zu finden.

Von außerordentlicher wirtschaftspolitischer Bedeutung ist schließlich die von der Theorie vermittelte Erkenntnis, dass eine *freie Preisbildung* für den Marktausgleich unabdingbar ist und dass politisch festgelegte Höchst- und Mindestpreise diesen verhindern, was sich in der Realität vor allem auf Agrarmärkten und sehr eindrucksvoll auch auf Arbeitsmärkten mit dem denkbaren Entstehen von Mindestlohnarbeitslosigkeit und auf Devisenmärkten z.B. mit dem Phänomen der importierten Inflation bei stabilen Wechselkursen zeigt.

2. Die Bedingungen für ein gesamtwirtschaftliches Optimum

Die Marktgleichgewichtstheorie behauptet die Existenz eines gesamtwirtschaftlichen Optimums, wenn auf allen Märkten der Volkswirtschaft homogene Polypole realisiert sind. Gegen diese Behauptung richten sich verschiedene schwerwiegende Einwände, die hier nicht alle im Einzelnen erörtert werden können. Insbesondere den zuvor schon angesprochenen Gedanken, dass die Nachfrager möglicherweise gar keine völlig identischen Güter wünschen, sondern einen bestimmten Grad an *Produktdifferenzierung* präferieren (E.H. Chamberlin, J.M. Clark), soll nicht weiter nachgegangen werden. Er schließt logisch nicht aus, dass jede Produktvariante von vielen Unternehmungen angeboten wird. Im Folgenden sollen vier maßgebliche Einwände kurz angesprochen werden, und zwar das *Second-Best-Problem*, das *Problem der externen Effekte*, das *Problem der Größendegression* und *das Problem der Fortschrittsaktivitäten.*

a) Das Second-Best-Problem

Ein häufig geäußerter Einwand gegen das vorgetragene Optimumkonzept lautet, dass die Bedingungen des homogenen Polypols derartig extrem sind, dass sie in der Praxis gar nicht realisierbar seien. Für die Eignung der Theorie als Bedingungstheorie ist dieser Einwand zunächst insoweit nicht relevant, als auch eine gar nicht oder nur schwer erreichbare Idealsituation als Leitbild und Zielgröße fungieren kann.

Relevant in diesem Zusammenhang ist allerdings die wiederum auf Cournot zurückgehende These, dass eine *Annäherung an die Prämissen* des homogenen Polypols zu einer entsprechenden *Annäherung an die optimalen Marktergebnisse* führt. Cournot hatte in seinem Oligopolmodell mit Mengenstrategie gezeigt, dass mit steigender Zahl der Anbieter eine Annäherung an die im homogenen Polypol realisierte Angebotsmenge erfolgt. Die generelle Gültigkeit dieser These ist inzwischen nachhaltig in Frage gestellt worden. In zahlreichen Beispielen ist u.a. von N. Kaldor, J.M. Clark sowie R.G. Lipsey und K. Lancaster gezeigt worden, dass Annäherungen an die Prämissen des homogenen Polypols die Marktergebnisse nicht in jedem Fall verbessern (vgl. auch das zuvor erörterte Beispiel der Überschusskapazität durch Marktzutritt im heterogenen Polypol). Eine geschlossene Theorie bezüglich der dann **zweitbesten Lösung** (Second Best), wenn das Optimum nicht erreichbar ist, konnte aber bislang nicht entwickelt werden.

b) Das Problem der externen Effekte

Die These von der Existenz eines gesamtwirtschaftlichen Optimums bei homogenen Polypolen wird auch durch die Problematik der sog. **externen Effekte** berührt.

Externe Effekte im weiteren Sinn sind definiert als Vor- oder Nachteile, die einem Wirtschaftssubjekt durch die Aktivitäten anderer Wirtschaftssubjekte entstehen. Soweit sie sich in den Preisen der Güter niederschlagen (z.B. technischer Fortschritt in sinkenden Güterpreisen), werden sie als *pekuniäre externe Effekte* bezeichnet und berühren die Ergebnisse der bisherigen Analyse nicht. Demgegenüber bewirken die sog. *technischen externen Effekte* (externe Effekte im engeren Sinn) eine *Differenz zwischen privater und sozialer Grenzproduktivität bzw. zwischen privaten und sozialen Grenzkosten, welche sich nicht in den Preisen der Güter niederschlägt.*

Das Standardlehrbuchbeispiel eines **positiven externen Effekts** zwischen zwei Unternehmungen ist der Fall eines Obstbauern und eines Imkers, deren Produktionen sich, ohne dass sie miteinander in Geschäftsbeziehungen stehen, gegenseitig positiv beeinflussen. Die Produktion jedes der beiden steigert die Produktivität des Anderen. **Negative externe Effekte** von erheblicher empirischer Relevanz bilden alle Arten von *Umweltverschmutzung* durch Unternehmungen, aber auch durch Haushalte. Treten bei der Produktion eines Gutes gesundheitsschädigende Emissionen auf, so entstehen den Unternehmungen allein die privaten (Grenz)-kosten dieser Produktion in Höhe der mit ihren Preisen bewerteten Faktoreinsatzmengen. Die von der (Mehr)produktion ausgehenden Schäden für andere stellen soziale (Grenz)kosten dar, die von den verursachenden Unternehmungen nicht getragen werden. Orientiert sich die Preisbildung an den (zu niedrigen) privaten Grenzkosten, so wird von dem schädigenden Gut eine zu große Menge zu einem zu niedrigen Preis abgesetzt. Das gesamtwirtschaftliche Optimum wird bei Existenz von externen Effekten daher selbst im homogenen Polypol nicht erreicht. Es liegt dann sogar in dieser Marktform ein **Marktversagen** vor.

Angesichts dieser Erkenntnis stellt sich die Frage nach den wirtschaftspolitischen Konsequenzen. Sie wird unterschiedlich beantwortet. Zum einen wird darauf hingewiesen, dass *privatwirtschaftlich organisierte Internalisierungen* von (erkannten) externen Effekten möglich sind (Coase-Theorem). So können sich die betroffenen Unternehmen etwa auf eine gemeinsame Gewinnmaximierung verständigen oder sich sogar zusammenschließen. Zu bedenken ist allerdings, dass die dabei auftretenden Monopolisierungstendenzen möglicherweise neue Abweichungen vom gesamtwirtschaftlichen Optimum auslösen. Soweit man geneigt ist, den privatwirtschaftlichen Lösungen weniger zu vertrauen, werden *staatliche Eingriffe in das Marktgeschehen* propagiert. Staatliche Eingriffe können insbesondere in der Form von **Produktionsverboten** bzw. **technischen Auflagen** bei der Produktion ergriffen werden. Ferner ist daran zu denken, Verursachern positiver externer Effekte **Subventionen** zu zahlen und die Verursacher negativer externer Effekte mit **Steuern** zu belegen (Pigou-Lösung). Durch eine Steuer kann beispielsweise versucht werden, die privaten Grenzkosten auf die Höhe der sozialen Grenzkosten anzuheben und dadurch die Menge des Gutes zu reduzieren und seinen Preis zu erhöhen. Hierbei wirft die Ermittlung der sozialen Grenzkosten und damit des kompensierenden Steuersatzes aber kaum lösbare Probleme auf.

Im Übrigen dürfen die wenigen, immer wieder zitierten Standardbeispiele für externe Effekte den Blick dafür nicht verstellen, dass *externe Effekte fast allgegenwärtig* sind. Sie durch private oder staatliche Maßnahmen total kompensieren zu wollen, ist daher eine Illusion. Zudem führen auch staatliche Versuche, externe Effekte auszugleichen, zu Folgewirkungen – also möglicherweise neuen negativen externen Effekten –, so dass an die Stelle von Marktversagen **Staatsversagen** tritt. Insoweit kann es nur darum gehen, in den besonders schwerwiegenden Fällen externer Effekte, insbesondere bei der Umweltverschmutzung, kompensierende bzw. verhindernde Maßnahmen durchzusetzen.

c) Das Problem der Größendegression

Die These von der Existenz eines gesamtwirtschaftlichen Optimums im homogenen Polypol wird ferner durch das Phänomen der **Größendegression** erschüttert. Der zuvor behandelte Vergleich der Preisbildung im Monopol und im homogenen Polypol basierte auf der Annahme gleicher Kosten. Gleiche Kosten in kleinen (polypolistischen) und großen (monopolistischen) Unternehmungen ergeben sich jedoch nur dann, wenn Größenvorteile fehlen, die Produktionsbedingungen also durch konstante Skalenerträge gekennzeichnet sind. Existieren demgegenüber **steigende Skalenerträge**, d.h. *führen Erhöhungen der Einsatzmengen aller Faktoren (proportionale Faktorvariation) zu überproportionalen Ertragssteigerungen, so* liegen die Stückkostenminima größerer Unternehmungen niedriger als die Stückkostenminima kleinerer Unternehmungen. Eine die (kurzfristigen) Stückkostenkurven $k_1, \ldots, k_n$ umhüllende Linie (langfristige Stückkostenkurve k_l) weist dann eine fallende Tendenz auf (vgl. zuvor Abb. 4.18.). Eine entsprechende langfristige Gesamtkostenkurve verläuft degressiv (Größendegression).

Auf die Ursachen und das Ausmaß von Größenvorteilen kann hier nicht vertieft eingegangen werden. Prinzipiell resultieren Größenvorteile daraus, dass größere Unternehmungen in verschiedenen Unternehmensbereichen (Fertigung, Organisation, Beschaffung, Finanzierung, Absatz) *höhere Grade an Arbeitsteilung* in Verbindung mit *qualitativ höherwertigem Kapitaleinsatz* realisieren können (**Massenproduktionsgesetz** nach K. Bücher). Sind bei einer bestimmten Unternehmensgröße alle dem gegenwärtigen technologischen Stand entsprechenden Kostenvorteile ausgeschöpft, so bewirken weitere Erhöhungen der Unternehmensgröße keine weiteren Kostensenkungen. Da dann nur noch multiple Unternehmenserweiterungen möglich sind, verläuft die langfristige Stückkostenkurve horizontal (vgl. zuvor Abb. 4.19.). Da Größenvorteile in einem gewissen Umfang stets existieren und da sie sich andererseits nicht unbegrenzt fortsetzen dürften, können Abb. 4.18. und Abb. 4.19. nunmehr zu einer neuen Abb. 5.19. zusammengefügt werden, in welcher q_{x1} die sog. **mindestoptimale Größe** (MOG) ausweist.

Die Existenz einer solchen mindestoptimalen Unternehmensgröße hat nun weitreichende Konsequenzen *für die in allokationstechnischer Hinsicht optimale Marktform.* Liegt die MOG in Höhe oder gar jenseits der Höhe der jeweils nachgefragten Menge, so ist es – um mit niedrigst möglichen Stückkosten k_{min} zu produzieren – sinnvoll, die gesamte Produktion eines Gutes einem einzigen Unternehmen zu übertragen. Es liegt der Fall eines *natürlichen Monopols* vor. Aber auch wenn die Größenvorteile mehr oder weniger früh enden, ist es denkbar, dass ein Markt nur von einer relativ geringen Zahl kostenoptimal produzierender Unternehmungen versorgt werden kann. *Der aus Allokationsgründen notwendige Konzentrationsgrad liegt dann entsprechend hoch.* Bei einer polypolistischen

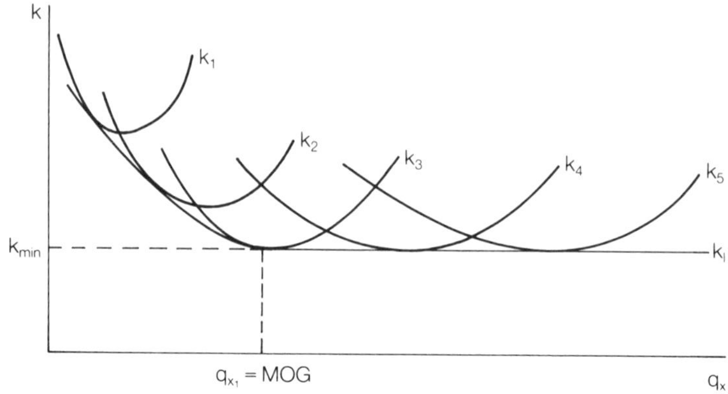

Abb. 5.19.

Marktstruktur würden die Nachfrager also möglicherweise schlechter versorgt, obwohl im homogenen Polypol im jeweiligen Betriebsoptimum produziert wird und dieses bei Abweichungen vom homogenen Polypol verfehlt wird.

Wie viele kostenoptimal produzierende Unternehmungen auf einem Markt agieren können, hängt nun nicht nur von der Lage der mindestoptimalen Größe der Unternehmungen, sondern auch von der **Größe des Marktes** ab. *Auf entsprechend großen Märkten können auch bei Vorliegen erheblicher Größenvorteile polypolistische Marktstrukturen realisiert sein.* Sofern die mindestoptimale Unternehmensgröße also hoch liegt oder sogar steigt, kommt der Erweiterung des Marktes durch den Abbau von Handelshemmnissen (etwa im europäischen Binnenmarkt) erhebliche Bedeutung zu.

d) Das Problem der Fortschrittsaktivitäten

Ein letzter zentraler Kritikpunkt an der Marktgleichgewichtstheorie und dem Konzept des homogenen Polypols bezieht sich auf den **statischen Charakter der Analyse** und damit insbesondere auf die Vernachlässigung des technischen und organisatorischen Fortschritts. Die Marktgleichgewichtstheorie und die ihr vorgelagerte Nachfrage- und Angebotstheorie basieren auf der Annahme, dass die *Nutzenvorstellungen, die Einkommen, der Stand der Technik und die Kosten sich nicht ändern,* im Übrigen auch darauf, dass das auf dem Markte befindliche *Gut X vorgegeben und unveränderbar* ist. Auf der Grundlage derart konstanter Daten werden die Bedingungen für ein gesamtwirtschaftliches Optimum hergeleitet. Sie beziehen sich auf jenen Zeitraum, in dem sich die Daten nicht ändern, also möglicherweise nur auf einen *einzigen Zeitpunkt.* Auch wenn die Erkenntnisse einer derart statischen Analyse zunächst durchaus nützlich sind, so fragt es sich doch, welche Relevanz die Bedingungen für ein derartiges Optimum in einer realen Welt haben, in welcher sich die ökonomischen Daten permanent ändern. Die Zweifel gipfeln schließlich in der These, dass ein System, das zu jedem beliebigen *Zeitpunkt* sein Optimum erreicht, dieses im *Zeitablauf* verfehlt (J. A. Schumpeter).

In diesem Zusammenhang wird vor allem gefragt, ob und in welchem Umfang sich auf den jeweiligen Märkten Kräfte entwickeln, die zu einer positiven Veränderung der Marktgegebenheiten im Sinne einer Realisierung von **Produkt- und**

Verfahrensfortschritt führen. Gerade bezüglich der Fähigkeit, Fortschrittsaktivitäten zu entfalten, ist die Marktform des homogenen Polypols aber erheblichen Zweifeln ausgesetzt. Es wird gefragt, ob in einer Marktkonstellation, in welcher letztlich alle Unternehmen nur noch den landesüblichen Normalgewinn erzielen, das zur Finanzierung von Forschung und Entwicklung notwendige *Risikokapital* verfügbar ist. Entsprechend ist formuliert worden, dass es zur Realisierung von Fortschritt *gewisser Mindestgrößen* von Unternehmungen, *gewisser Monopolgrade* und damit *gewisser Extragewinne* bedarf (J. A. Schumpeter). Neben die Frage nach der allokationsoptimalen Unternehmergröße und dem allokationsoptimalen Konzentrationsgrad ist demnach die *Frage nach der fortschrittsoptimalen Größe und dem fortschrittsoptimalen Konzentrationsgrad* getreten.

Auf die zahlreichen Untersuchungen zur Lage einer fortschrittsoptimalen Unternehmensgröße und einer fortschrittsoptimalen Marktform kann an dieser Stelle nicht näher eingegangen werden. Immerhin ist anzumerken, dass eindeutige Erkenntnisse nicht vorliegen. Empirisch belegen lässt sich, dass der Fortschrittsprozess in verschiedene Teilprozesse zerfällt – *Grundlagenforschung, angewandte Forschung, Erfindung, Innovation, Diffusion* – und dass in den einzelnen Phasen möglicherweise unterschiedliche Unternehmensgrößen und Marktformen dominieren. Die Hypothese, dass große und monopolistische Unternehmen durchweg fortschrittsaktiver sind als kleine und polypolistische, hat sich als falsch erwiesen. Außerordentlich bedeutsam für das Ausmaß an Fortschrittsaktivität auf einem Markt dürfte das Ausmaß an **Wettbewerb** sein. Auf die *Frage, ob es eine wettbewerbsoptimale Marktform gibt* und wie die häufig anzutreffende Gleichsetzung von **homogenem Polypol** und **vollständiger Konkurrenz** zu beurteilen ist, wird im 6. Teil noch zurückzukommen sein.

II. Die Gleichgewichtstheorie als explikative Theorie

Was die Eignung der Theorie des Marktgleichgewichts als explikative Theorie betrifft, so stehen drei Fragestellungen im Zentrum des Interesses.

(1) Lassen sich aus den marktstrukturell definierten Marktformen die entsprechenden Verhaltensweisen tatsächlich deterministisch herleiten und auch empirisch präzise belegen?

(2) Welche empirische Relevanz haben die einzelnen Marktformen?

(3) Lassen sich die einzelnen Marktformen (und Märkte) theoretisch und empirisch präzise abgrenzen?

Diese drei Fragen sind im Folgenden kurz zu erörtern.

1. Marktform und Verhaltensweise

Bezüglich der Frage, ob die jeweilige strukturell definierte Marktform ein entsprechendes Marktverhalten *determiniert* oder zumindest *deutlich nahe legt,* ist Skepsis angebracht. Zunächst kann auf die Überlegungen am Ende des 3. und 4. Teils zurückgegriffen werden. Dort wurde gezeigt, dass selbst in der Situation von Marktteilnehmern, die den Marktpreis nicht beeinflussen können, Verhaltensweisen denkbar und empirisch belegbar sind, die vom Prinzip der Nutzenmaximierung bzw. der Gewinnmaximierung abweichen. Diese Überlegungen brauchen nicht wiederholt zu werden.

Die Gesamtmarktanalyse der Marktgleichgewichtstheorie hat allerdings gezeigt, dass im **homogenen Polypol** (dem Fall, in dem der einzelne Anbieter den Preis nicht beeinflussen kann) *sehr viel für die Verhaltensweise der Gewinnmaximierung* spricht. Angesichts der Offenheit des Marktes bleibt dem einzelnen Anbieter eigentlich gar nichts anderes übrig als im Gewinnmaximum, das dann dem Betriebsoptimum entspricht, zu produzieren. Jede andere Ausbringungsmenge bedeutet Verlust bzw. zieht einen Gewinn nach sich, der unter der für die Aufnahme von Unternehmertätigkeit erforderlichen landesüblichen Verzinsung des Eigenkapitals liegt.

Ähnlich ist die Situation im **heterogenen Polypol,** sofern man auch hier mit E.H. Chamberlin von der Offenheit des Marktes ausgeht. Wie im homogenen Polypol resultiert aus dem Marktzutritt neuer Anbieter eine *Tangentensituation,* die dem einzelnen Anbieter den landesüblichen Gewinn nur dann sichert, *wenn er genau im Gewinnmaximum anbietet.* Unterstellt man demgegenüber für beide polypolistische Marktformen, dass der Markt doch nicht völlig offen (contestable) ist, so sind von der Gewinnmaximierung abweichende Verhaltensweisen denkbar und auch empirisch zu belegen.

Dementsprechend weist die Marktgleichgewichtstheorie für das Monopol und für das Oligopol nach, dass verschiedene Zielsetzungen und Strategien möglich sind. Was das **Monopol** betrifft, so lässt sich mit Hilfe des Instrumentariums der Theorie zeigen, welches die Vorgehensweisen bei *Umsatzmaximierung, Absatzmaximierung, Preisdifferenzierung, Eintrittsverhinderung usw.* sind. Insoweit ist die Theorie zunächst in der Lage, real beobachtbare Verhaltensweisen *zu beschreiben.* Inwieweit es ihr allerdings gelingt, diese Verhaltensformen auch zu *erklären,* muss offen bleiben. Von Einzelfällen abgesehen (Furcht vor Marktzutritt lässt das Setzen eines eintrittsverhindernden Preises erwarten) zeigt sie nicht genau genug auf, unter welchen Bedingungen der Monopolist die eine oder die andere Verhaltensweise wählt. Eine nützliche Erweiterung der Monopoltheorie geht dahin, zwischen *dauerhaft gesicherten,* möglicherweise über einen *exklusiven Zugang zu bestimmten Ressourcen verfügenden Monopolisten* (A. Cournot) und *temporären Monopolisten* im Sinne von *Pionierunternehmen,* die lediglich kurzfristige und stets gefährdete *Vorsprungspositionen* besitzen (J.A. Schumpeter, H. Arndt), zu unterscheiden.

Entsprechende Verhaltensalternativen wie für das Monopol ergeben sich auch für das **Monopson.** Für das Zusammentreffen von Monopol und Monopson, das sog. **bilaterale Monopol,** kann gezeigt werden, dass bei rationalem Verhalten beider Akteure lediglich eine Preisspanne nachweisbar ist und dass der tatsächlich ausgehandelte Preis nicht zuletzt vom Verhandlungsgeschick der Akteure abhängt, was mit dem Einsatz unterschiedlichster Verhaltensweisen begründbar ist.

Bezüglich des **Oligopols** zeigt die Marktgleichgewichtstheorie, dass der Katalog an denkbaren Verhaltensweisen noch viel breiter ist. Auch hierbei kann die Theorie zunächst nur *beschreiben,* welche Verhaltensweisen möglich sind und empirisch vorkommen. Auch hier bleiben die *Erklärungsansätze sehr vage,* d.h. die Theorie zeigt nicht genau genug auf, unter welchen Bedingungen welche Strategie gewählt wird. Andererseits soll nicht verkannt werden, dass die Grundaussage der Theorie, nach der das Oligopol *Preisstarrheit, Nichtpreiswettbewerb* und *bewusstes Parallelverhalten* nahe legt sowie *wettbewerbsbeschränkendes Marktverhalten* – etwa abgestimmtes Verhalten und Kartelle – besonders begünstigt, von erheblichem Erklärungswert und damit von Nutzen für die Wirtschaftspolitik ist.

Letztlich lässt sich allerdings zeigen, *dass in jeder strukturell definierten Marktform jede Art von Marktverhalten möglich* (wenn auch vielleicht nicht immer sinnvoll) *ist.* Diese Erkenntnis hat bekanntlich dazu geführt, dass man den marktstrukturellen Ansatz zum Teil völlig ablehnt und dazu übergeht, Marktformen nur nach dem praktizierten Verhalten einzuteilen (siehe den zuvor dargestellten Verhaltensansatz). Bei einem derartigen Vorgehen wird jedoch auf den Versuch einer Erklärung des jeweiligen Verhaltens aus ökonomischen und objektiv nachvollziehbaren Phänomenen praktisch verzichtet.

2. Zur empirischen Relevanz der einzelnen Marktformen

Nachdem festzustellen war, dass die Marktgleichgewichtstheorie unterschiedliches Marktverhalten in unterschiedlichen Marktformen zwar nicht im Einzelnen, wohl aber in der groben Tendenz nachzuweisen vermag, stellt sich die Frage nach der empirischen Relevanz der einzelnen Marktformen.

Insbesondere bezüglich des **homogenen Polypols** sind erhebliche Zweifel angebracht. Es wurde schon darauf hingewiesen, *dass die Bedingungen* dieser Marktform so streng formuliert sind (homogene Güter, vollständige Markttransparenz, unendlich viele Anbieter), dass sie insbesondere auf Konsum- und auf Investitionsgütermärkten *genau genommen gar nicht realisiert sein können* und dass sie näherungsweise allenfalls auf Devisenmärkten vorkommen. Andererseits ist zu bedenken, dass die relevante Folge dieser Marktform, nämlich der fehlende individuelle Einfluss auf den Preis, bereits eintritt, *wenn diese Prämissen nur annäherungsweise erfüllt sind.* Demgemäß lassen sich in der Realität Märkte mit Mengenanpasserverhalten durchaus finden, insbesondere Börsen und börsenähnlich funktionierende Märkte mit fast homogenen Massenprodukten, also z.B. wiederum Devisenmärkte. Wenn man andererseits in Rechnung stellt, dass derartige Märkte doch relativ selten vorkommen, so folgt daraus eine wichtige wirtschaftspolitische Einsicht. Die dem homogenen Polypol nachgesagten – wenn auch teilweise anzweifelbaren – *gesamtwirtschaftlich optimalen Marktergebnisse stellen sich in der Realität nur selten bzw. nur annäherungsweise ein.* Die – wiederum umstrittene – wirtschaftspolitische Konsequenz lautet dann, die Gegebenheiten der Realität den von der Theorie aufgezeigten Prämissen so weit wie möglich anzunähern (vgl. dazu die vorherigen kritischen Anmerkungen).

Die Frage nach der empirischen Relevanz des **Monopols** mag zunächst überraschen, nachdem sich offenbar zahllose Belege für die reale Existenz von Monopolisten finden lassen. Man denke nur an einzelne Angebote der Deutschen Bahn AG und der Deutschen Telekom sowie an viele tausend (insbesondere durch

Patente geschützte) Alleinanbieter von spezifischen Gütern, insbesondere von Investitionsgütern. Insoweit *scheint das Monopol ein real sehr häufig vorkommendes Phänomen zu sein.*

Die Krux einer derartigen Schlussfolgerung liegt allerdings in einem bislang nicht weiter hinterfragten Sachverhalt, nämlich der **Definition und Abgrenzung des Gutes X.** Der Monopolist wurde zuvor definiert als Alleinanbieter auf einem vollkommenen Markt, also eines einzigen (homogenen) Gutes X. Wenn es nun aber, wie mehrfach angeklungen, kaum vorkommt, dass homogene Güter von verschiedenen Anbietern angeboten werden, da zumindest räumliche, in der Regel auch sachliche, zeitliche und persönliche Unterschiede bestehen, dann ist praktisch *jede Unternehmung Alleinanbieter ihres eigenen (homogenen) Gutes X. Das Monopol ist dann allgegenwärtig.* Wir leben in einer *„world of monopolies"* (J. Robinson).

Demgegenüber ist zu bedenken, dass offenbar die meisten dieser Monopolisten Konkurrenten besitzen, da es bezüglich des Gutes X in der Regel mehr oder weniger enge Substitutionsgüter gibt, auf welche die Nachfrager auszuweichen vermögen. Auch die Deutsche Bahn AG hat diesbezüglich der von ihr angebotenen Beförderungsleistungen die Konkurrenzangebote von Schifffahrt, Flugzeug- und Automobiltransportunternehmungen in Rechnung zu stellen. In einer derartigen Situation befinden sich letztlich die meisten Unternehmen. Wiederum streng genommen und genau entgegengesetzt argumentiert kann man die These vertreten, *dass es in der Realität überhaupt keine Monopole gibt,* da jeder Anbieter von Gütern mit jedem anderen Anbieter um die Kaufkraft der Nachfrager konkurriert. Man denke an die Überlegung eines Haushalts, ob er einen bestimmten Geldbetrag zum Erwerb eines Pelzmantels, einer Stereoanlage, einer Polstergarnitur, eines Gebrauchtwagens oder zur Finanzierung einer Urlaubsreise verwenden soll.

Die beiden Auffassungen von der Allgegenwart bzw. der Nichtexistenz von Monopolen sind offenbar Extrempositionen, welche den empirisch beobachtbaren Unterschieden im Marktverhalten bzw. der Preispolitik auf Märkten nicht hinreichend Rechnung tragen. Die empirisch relevante Frage lautet offensichtlich, *wie viele enge Substitutionsgüter* (d.h. mäßig heterogene Güter) *bezüglich eines Gutes X existieren* bzw. *wie viele Konkurrenten der „Monopolist" des Gutes X zu beachten hat.* Da in der Regel Substitutionsgüter und damit Konkurrenten vorhanden sind, kommt den Marktformen des **heterogenen Polypols** und des **heterogenen Oligopols** erhebliche empirische Bedeutung zu. Auf Grund des Zusammentreffens von Monopol- und Konkurrenzelementen auf realen Märkten hat die von der Theorie für das heterogene Polypol und das heterogene Oligopol formulierte *doppelt geknickte Preis-Absatz-Kurve beachtlichen Erklärungswert.* Besitzt ein Anbieter wenige und zudem schwache Konkurrenten, so wird der monopolistische Spielraum seiner Preis-Absatz-Kurve lang sein. Seine Marktposition wird sich der des reinen Monopolisten annähern (vgl. Abb. 5.20.a.). Besitzt ein Anbieter viele und zudem starke Konkurrenten, so wird der monopolistische Spielraum seiner Preis-Absatz-Kurve nur kurz sein (vgl. Abb. 5.20.b.) und im Extremfall auf Null schrumpfen, so dass die Preis-Absatz-Kurve zur Preisgeraden wird (homogenes Polypol).

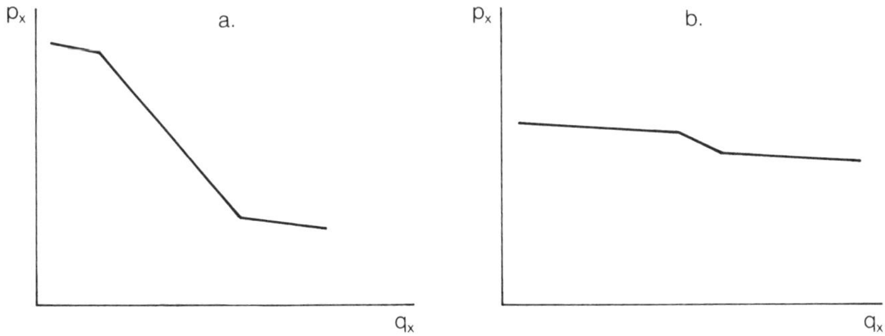

Abb. 5.20.

Die zuvor angesprochene These von der Allgegenwart der Monopole, welche sich aus der fast allgegenwärtigen Heterogenität der Güter herleitet, findet eine weitere Stütze, wenn man nicht so sehr auf Konsumgütermärkte, sondern auf Investitionsgütermärkte abstellt, da gerade Investitionsgüter häufig beachtenswerte Spezifika aufweisen. Diese Spezifika können derart ausgeprägt sein, dass sie letzlich sogar nur auf einen einzigen Nachfrager hin ausgerichtet sind, wie es etwa bei Spezialmaschinen oder bei sehr individuellen Accessoires (z.B. Daimlerstern) der Fall ist. Daraus folgt, dass das **bilaterale Monopol** gerade auf Investitionsgütermärkten eine sehr häufig vorkommende Marktform ist. Auf die Bedeutung des bilateralen Monopols für zahlreiche Arbeitsmärkte wurde zuvor bereits hingewiesen.

Ein weiterer Aspekt, welcher die Frage der empirischen Relevanz der einzelnen Marktformen berührt, erwächst aus der allen bisherigen Ausführungen zu Grunde liegenden Symmetrieannahme (alle Anbieter eines Marktes sind gleich groß). Mit dieser Annahme wurden die empirisch zweifellos höchst relevanten Marktformen des **Teilmonopols** und des **Teiloligopols** ausgeschlossen. Bezüglich des homogenen und des heterogenen Polypols wurde gar unterstellt, dass alle Anbieter mit gleichen Kosten produzieren. In der Realität dürfte häufig aber bereits die mangelnde Markttransparenz der Anbieter bewirken, dass nicht alle die gegenwärtig technisch optimale Produktionsfunktion kennen und dass sie folglich nicht alle mit den günstigsten Kosten produzieren. Wenn aber die Betriebsoptima der einzelnen Anbieter unterschiedlich hoch liegen, dann wird es nebeneinander sog. **Grenzanbieter** (mit lediglich landesüblichem Normalgewinn) und kostengünstigere **intramarginale Anbieter** (mit längerfristigem Extragewinn) geben. In einer solchen Situation fragt es sich, ob die intramarginalen Anbieter ihre Extragewinne dazu verwenden, um ihre Position weiter auszubauen, und ob dann nicht Teiloligopole oder bei Ausscheiden der Grenzanbieter Oligopole entstehen.

Unabhängig von der Frage der empirischen Relevanz asymmetrischer Marktformen war zuvor die Bedeutung *unvollkommener Märkte mit vielen oder aber mit wenigen Anbietern* aufgezeigt worden. Damit stellt sich nunmehr die Frage, ob heterogene Polypole oder heterogene Oligopole in der Realität überwiegen. Diese Frage führt zurück zum zuvor verwendeten Begriff der „engen Substitutionsgüter" bzw. der „mäßig heterogenen Güter" und damit zum Marktabgrenzungsproblem.

3. Das Marktabgrenzungsproblem

Bisher wurde das Problem der Definition und damit der Abgrenzung des Gutes X nicht besonders behandelt. Diese *Abgrenzung ist jedoch nur eindeutig bei homogenen Gütern,* die es aber – von verschiedenen Unternehmungen angeboten – in der Praxis kaum geben dürfte. Daher stellt sich die Frage, *bis zu welchem Heterogenitätsgrad Güter noch dem gleichen Markt, dem sog.* **relevanten Markt,** *zugerechnet werden können.*

Dies sei an einem Beispiel demonstriert: Ist es sinnvoll, einen Markt für Straßenfahrzeuge zu definieren? Dann wären Automobile, Traktoren, Motorräder, Fahrräder und Kinderwagen auf diesem Markt. Hält man das nicht für sinnvoll und teilt man diesen Markt in fünf Märkte auf, so gäbe es unter anderem einen Automobilmarkt, auf dem PKW, LKW, Sattelschlepper und Autobusse angeboten werden. Hält man auch das nicht für sinnvoll und gliedert man ihn in vier Märkte auf, so gäbe es unter anderem einen PKW-Markt, auf dem Kleinwagen, Mittelklassewagen, Wagen der gehobenen Klasse, Sportwagen und Cabrios angeboten werden. Hält man auch das nicht für sinnvoll, so kann man wiederum fünf Märkte unterscheiden, wobei dann zu klären wäre, wo die Grenze zwischen Klein- und Mittelklassewagen zu ziehen ist. Überdies mag gefragt werden, ob nicht noch weiter zwischen Otto- und Dieselmotoren, zwischen Schaltgetriebe- und Automatikwagen, zwischen zweirad- und allradangetriebenen Wagen sowie zwischen Stufenheckwagen, Coupés und Caravans zu differenzieren ist. Nur nebenbei sei noch gefragt, ob es nicht Konkurrenzbeziehungen zwischen Cabrios und Motorrädern gibt. Zudem ist neben *der sachlichen Abgrenzung* zumindest noch die *räumliche Abgrenzung* des relevanten Marktes vorzunehmen.

Die Frage der sachgerechten Abgrenzung des relevanten Marktes ist Gegenstand einer über den engeren Rahmen der Mikroökonomik hinausgehenden Disziplin, der **Wettbewerbstheorie** und der **Wettbewerbspolitik.** Die dort entwickelten Marktabgrenzungskonzepte können hier nicht vertieft dargestellt werden. Im Wesentlichen laufen sie darauf hinaus, den Markt von der Nachfrageseite her als sog. **Bedarfsmarkt** zu definieren. Dabei werden jene Güter dem gleichen Markt zugeschrieben, *die von der Mehrzahl der Nachfrager als substituierbar empfunden werden bzw. die bei Preisänderungen tatsächlich gegeneinander substituiert werden.* Dabei treten in der Regel erhebliche Ungenauigkeiten auf, so dass die letztlich verwendete Marktgrenze nur zu oft durch ein Werturteil festzulegen ist.

In gewissen Fällen lassen sich – durch entsprechend niedrige Kreuzpreiselastizitäten der Nachfrage gemessene – **Substitutionslücken** (J. Robinson) zwischen Gütern nachweisen. Dann ist es möglich, klare und für mehrere Güter auch gleiche Marktgrenzen festzulegen (etwa zwischen allen PKW und allen Motorrädern). Allzu oft wird man aber feststellen müssen, dass eindeutige und für mehrere Güter gleiche Substitutionslücken nicht nachweisbar sind. Dies sei am bekannten *Streckenmodell* (z.B. der Autobahntankstellen) sowie am *Bienenwabenmodell* demonstriert.

An einer Autobahn konkurriert offenbar jede Tankstelle mit den zwei (oder vier) nächst gelegenen, und offenbar konkurriert jede mit zwei anderen (vgl. Abb. 5.21.a.). Das heißt, eine für mehrere Unternehmungen gleiche Substitu-

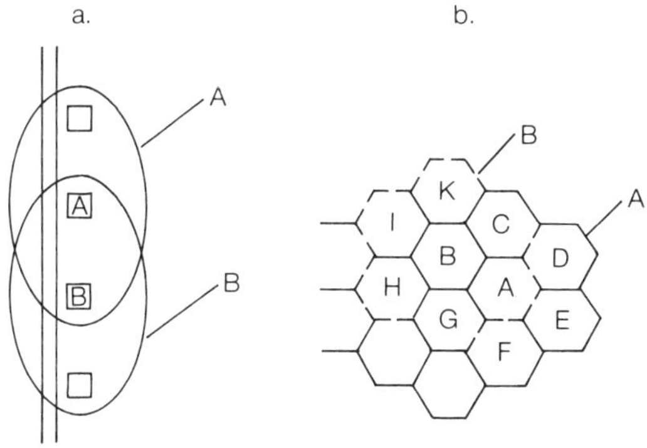

A bb. 5.21.

tionslücke und damit ein einheitlicher Markt für mehrere Anbieter lässt sich nicht nachweisen. Entsprechendes gilt im zweidimensionalen Raum. Anbieter A in Abb. 5.21.b. – etwa ein Einzelhändler – konkurriert offenbar am intensivsten mit den sechs räumlich benachbarten Anbietern B, C, D, E, F und G. Danach werden die Konkurrenzbeziehungen schwächer, bis sie sich schließlich ganz verflüchtigen. Anbieter B konkurriert am intensivsten mit A, G, H, I, K und C. *Jeder Anbieter operiert also auf einem Markt mit anderen Grenzen;* jedes Unternehmen hat einen eigenen Markt.

Die Herleitung sog. *unternehmungsbezogener Märkte* sei noch einmal wie folgt verdeutlicht: An die Stelle des bislang implizit verwendeten Verfahrens einer **Partialanalyse,** bei der eine Gruppe von Unternehmungen aus dem volkswirtschaftlichen Gesamtzusammenhang herausgenommen und zu einem einheitlichen Markt zusammengefasst wird (A. Marshall, E.H. Chamberlin, J. Robinson), tritt zunächst eine **Totalanalyse.** Hierbei wird jedes Unternehmen bezüglich seiner Beziehungen zu allen anderen Unternehmen untersucht (N. Kaldor, H. v. Stackelberg, R. Triffin). Zieht man dort, wo sich die Substitutionsbeziehungen verflüchtigen, wieder eine Marktgrenze, so kehrt man zur Partialanalyse zurück. Man bildet für jede einzelne Unternehmung einen *unternehmungsbezogenen Markt* (eine firmcentered industry nach A.G. Papandreou). Da ein solcher Markt neben der räumlichen Dimension noch eine sachliche, eine zeitliche und eine personelle Dimension besitzt, ist er nur *als ein komplexes, multidimensionales Gebilde* zu begreifen.

Damit führen die Überlegungen zurück zu der Frage, ob in der Realität Polypole oder Oligopole vorherrschen. Sie zu beantworten ist genau genommen gar nicht möglich, da die Antwort von der Abgrenzung des Marktes abhängt. *Grenzt man den Markt weiter ab, so sind definitionsgemäß mehr Marktteilnehmer auf ihm vertreten und umgekehrt.* Stellt man überdies den Gedanken des unternehmungsbezogenen Marktes in Rechnung, so ergibt sich daraus eine weitere Konsequenz. Polypole – etwa alle Einzelhändler in der Bundesrepublik – lassen sich offenbar in eine Kette von miteinander verbundenen Oligopolbeziehungen aufgliedern, etwa Einzelhändler A und seine sechs engsten Konkurrenten, Einzelhändler B und seine sechs engsten Konkurrenten usw. (vgl. Abb. 5.21.b.). Es entstehen sog. **Kettenoligopole** nach A. Henderson und A. Philipps. Ob man nunmehr von Polypolen oder aber von Oligopolen spricht, ist fast schon Geschmackssache.

Aus alledem wird deutlich, dass die *Marktgleichgewichtstheorie* mit ihrer Unterscheidung und Analyse elementarer Marktformen nur erste – wenn auch wichtige – Ansätze zu einer umfassenden allgemeinen Markttheorie liefert. Dementsprechend ist sie auch *nur im Ansatz geeignet, reales Marktgeschehen zu erklären.* Hinzu kommt, dass die Gleichgewichtstheorie ein weiteres Phänomen realen Marktgeschehens noch nicht bzw. nur in Ansätzen thematisiert: *die Variabilität von Märkten und Marktformen.* Die bei Aufhebung der ceteris-paribus-Bedingung auftretenden **Marktprozesse** sind Gegenstand des folgenden 6. Teils.

Kontrollfragen zum 5. Teil

1. Nach welchen Kriterien werden Marktformen abgegrenzt? Erläutern Sie insbesondere die Kriterien des Marktstrukturansatzes.
2. Nennen Sie die Bedingungen für die Existenz eines vollkommenen Marktes. Welche Folge für die Preisbildung ergibt sich auf einem vollkommenen Markt?
3. Warum befasst sich die Mikroökonomik so intensiv mit vollkommenen Märkten, obwohl diese in der Realität kaum vorkommen?
4. Erläutern Sie für die Marktform des homogenen Polypols die Begriffe Haushaltsgleichgewicht, Unternehmensgleichgewicht und Marktgleichgewicht. Nennen und erläutern Sie Fälle, in denen kein Marktgleichgewicht zustande kommt. Wann ist das Marktgleichgewicht stabil?
5. Die Marktnachfragefunktion laute $N_x = -100\ p_x + 10.000$, die Marktangebotsfunktion laute $A, = 50\ p_x + 4.000$. Wie hoch ist der Gleichgewichtspreis? Wie hoch ist der Angebotsüberschuss, wenn ein politischer Mindestpreis $p = 60$ gesetzt wird?
6. Zwei Jungökonomen streiten sich. A behauptet: „Der Preis ist abhängig von der Nachfrage". B widerspricht: „Die Nachfrage ist abhängig vom Preis". Wer hat recht?
7. Erläutern Sie für das homogene Polypol die Begriffe Marktnachfragefunktion und individuelle Preis-Absatz-Funktion. Erläutern Sie in diesem Zusammenhang die Aussage, dass der einzelne Anbieter in dieser Marktform ein Mengenanpasser sei.
8. Erläutern Sie die Konzepte des landesüblichen Normalgewinns und des Extragewinns. Zeigen Sie auf, wie durch Marktzutritt im homogenen Polypol eine Situation eintritt, in der alle Anbieter mit Normalgewinn im Betriebsoptimum produzieren. Was ist ein gesamtwirtschaftliches Mikrogleichgewicht und wann liegt es vor?
9. Zeigen Sie für die Marktform des Monopols die Beziehungen zwischen Nachfragemenge, Preis, Gesamterlös, Grenzerlös und direkter Preiselastizität der Nachfrage auf.
10. Stellen Sie dar, wie ein gewinnmaximierender Monopolist sein individuelles Gleichgewicht ermittelt. Kann dieses Gleichgewicht auf einem Punkt der Nachfragekurve liegen, wo diese unelastisch ist? Was kann der Monopolist tun, wenn er seinen Gewinn über das soeben ermittelte Maximum hinaus noch weiter steigern möchte?

11. Welche Art von Abwehrstrategie kann ein Monopolist gegen den Marktzutritt potenzieller Konkurrenten entwickeln?
12. Erläutern und diskutieren Sie die These, dass die Nachfrager im Falle eines homogenen Polypols auf der Anbieterseite besser versorgt werden als im Fall eines Angebotsmonopols. Warum wird das homogene Polypol auch als vollständige Konkurrenz bezeichnet?
13. Inwiefern ist es gerechtfertigt, die Marktform des heterogenen Polypols als monopolistische Konkurrenz zu bezeichnen?
14. Was versteht man unter einer Tangentensituation? Zeigen Sie auf, wie es im heterogenen Polypol zu einer Tangentensituation kommt. Inwiefern gibt es auch im homogenen Polypol eine Tangentensituation? Welcher Unterschied besteht zwischen beiden Situationen?
15. Begründen Sie den Verlauf einer doppelt geknickten Preis-Absatz-Kurve für das heterogene Polypol. Erläutern Sie dabei die Begriffe Preisklasse und akquisitorisches Potenzial. Stellen Sie das Gewinnmaximum eines Anbieters graphisch dar.
16. Beschreiben Sie die Besonderheit der Oligopolsituation. Warum lässt sich das Oligopol vom Polypol nicht eindeutig anhand der Zahl der Marktteilnehmer abgrenzen?
17. Was versteht man unter Reaktionskoeffizienten bzw. unter Reaktionselastizitäten? Erläutern Sie in diesem Zusammenhang den Unterschied zwischen autonomen, autonom-konjekturalen und konjekturalen Strategien?
18. Wie lassen sich Preisstarrheit und Preisführerschaft auf oligopolistischen Märkten erklären?
19. Was versteht man unter externen Effekten? Nennen Sie Beispiele für positive und für negative externe Effekte.
20. In Zusammenhang mit Frage 12 wird das Phänomen der steigenden Skalenerträge diskutiert. Erläutern Sie die Begriffe Größendegression, mindestoptimale Größe und natürliches Monopol. Welche volkswirtschaftlichen Konsequenzen ergeben sich bei unbegrenzt steigenden Skalenerträgen?
21. Erörtern Sie die These, dass Großunternehmen bzw. Monopole mehr Fortschrittsdynamik zeigen.
22. Erörtern Sie die These, dass die durch die jeweilige Marktstruktur festgelegte Marktform das Marktverhalten determiniere.
23. Nennen Sie Beispiele für reale Märkte mit Mengenanpasserverhalten.
24. Wie erklären Sie sich die beiden konträren Hypothesen, dass es in der Realität praktisch überhaupt keine Monopole gebe bzw. dass praktisch jeder Anbieter ein Monopolist sei?
25. Erläutern Sie das Marktabgrenzungsproblem sowie den Begriff der Substitutionslücke. Zeigen Sie anhand von Beispielen, dass Polypole sich unter Umständen in sog. Kettenoligopole aufteilen lassen. Erläutern Sie in diesem Zusammenhang das Konzept eines unternehmungsbezogenen Marktes.

6. Teil
Die Theorie der Marktprozesse

Im vorangegangenen 5. Teil wurde dargelegt, wie sich aus Nachfrage- und Angebotsfunktion ein Marktgleichgewicht bzw. individuelle Gleichgewichte für einzelne Anbieter in den Marktformen des homogenen Polypols, des Monopols, des heterogenen Polypols sowie des Oligopols bilden. Diese Theorie des Marktgleichgewichts basierte auf der Annahme, dass sich die jeweiligen Nachfrage- und Angebotsbedingungen nicht verändern, d.h., dass sich die Nachfrage- und die Angebotskurven im Untersuchungszeitraum nicht verschieben. Es wurde also die *Gültigkeit der ceteris-paribus-Bedingung* unterstellt. Verschiebungen von Kurven wurden andererseits bereits angedeutet und zum Teil auch schon näher erläutert. Im Monopol wurde bei der Herleitung der Cournotlinie eine Verschiebung der Nachfragekurve unterstellt. Im Oligopol wurde auf marktstrategische Prozesse zwischen den Oligopolisten hingewiesen. Insbesondere bei der Darstellung des homogenen und des heterogenen Polypols wurde auf einen durch Gewinnanreize induzierten Marktzutritt und die daraus resultierenden *Verschiebungen von Angebots- und Nachfragekurven bzw. individuellen Preis-Absatz-Kurven* eingegangen.

In der folgenden Theorie der Marktprozesse soll das Phänomen der Verschiebung von Nachfrage- und Angebotskurven etwas genauer erörtert werden. In Kapitel A werden zunächst der *Gegenstand der Marktprozesstheorie* und die verschiedenen *Arten von Marktprozessen* vorgestellt. Anschließend werden die wichtigsten Marktprozesse, nämlich *Anpassungs- und Fortschrittsprozesse,* in reiner, ungestörter Form behandelt. In Kapitel B erfolgt eine *Kritik dieser einfachen Theorie der Marktprozesse.* Dabei wird wiederum die Eignung der Theorie als Bedingungstheorie sowie als explikative Theorie diskutiert und es werden *notwendige Erweiterungen* der Theorie im Hinblick auf die evolutorischen Elemente des Marktsystems aufgezeigt. Den Abschluss bilden *wettbewerbspolitische Schlussfolgerungen.*

A. Die einfache Theorie der Marktprozesse

I. Gegenstand der Marktprozesstheorie und Prozessarten

1. Der Gegenstand der Marktprozesstheorie

Gegenstand der mikroökonomischen Marktprozesstheorie ist die Analyse der Veränderung von Gleichgewichtslagen auf Gütermärkten infolge der Aufhebung der ceteris-paribus-Bedingung. Ihre Aufhebung impliziert, dass sich Nachfrage- und Angebotskurven verschieben.

(1) *Es verschieben sich Marktnachfrage- und Marktangebotskurven,* wobei die Verschiebung der Kurven so weit gehen kann, dass neue Märkte entstehen und alte Märkte verschwinden. In jedem Fall ändert sich die Zusammensetzung der Güterproduktion der Volkswirtschaft, also die Güterstruktur. Es findet ein Wandel der Güterstruktur statt.

(2) *Es verschieben sich die Preis-Absatz-Kurven und die individuellen Angebotskurven* der einzelnen Anbieter (etwa die Cournotlinien) innerhalb eines Marktes. Dabei kann die Verschiebung der Kurven so weit gehen, dass neue Marktteilnehmer hinzukommen und alte ausscheiden. Es ändern sich dann die Marktanteile der einzelnen Anbieter, unter Umständen sogar die Marktform, wenn sich beispielsweise Polypole in Teiloligopole, Oligopole, Teilmonopole oder sogar in Monopole verwandeln. Es findet ein Wandel der Marktstruktur statt.

Wenn sich die Nachfrage- und Angebotskurven verschieben, so sind die ursprünglich bestehenden *Gleichgewichtspositionen aufgehoben.* Die Preise müssen sich dann ändern, wenn sie ihre **Ausgleichsfunktion** weiterhin erfüllen sollen. Wie schon in der Marktgleichgewichtstheorie, so steht auch in der Marktprozesstheorie die Ausgleichsfunktion der Preise im Zentrum des Interesses. Darüber hinaus zeigt die Marktprozesstheorie, ob und inwieweit die Preise auch die **Informations-** und die **Lenkungsfunktion** erfüllen, d.h. ob und inwieweit sie über geänderte Knappheitsgrade informieren und die Produktionsfaktoren in die jeweils besten Verwendungen lenken. Die Marktprozesstheorie fragt demnach nach der *Funktionsfähigkeit des Marktmechanismus.*

2. Prozessauslösende Faktoren und Prozessarten

Die Ursachen für Verschiebungen von Nachfrage- und Angebotskurven und damit prozessauslösenden Faktoren wurden erstmals im 2. Teil und danach noch mehrfach angesprochen.

Individuelle Nachfragekurven einzelner Nachfrager und Marktnachfragekurven verschieben sich, wenn sich die Zielsetzungen, die Nutzenvorstellungen, die Einkommen und die Erwartungen der Nachfrager sowie die Preisrelationen zwischen den einzelnen Gütern verändern. Marktnachfragekurven verschieben sich ferner, wenn Änderungen in der Zahl der Nachfrager eintreten. *Preis-Absatz-Kurven* einzelner Anbieter verschieben sich, wenn sich die Präferenzen der Nachfrager für die einzelnen Anbieter und damit die akquisitorischen Potenziale der Anbieter verändern.

Die Änderung von Zielsetzungen, Nutzenvorstellungen, Präferenzen und Erwartungen der Nachfrager sowie der Preisrelationen zwischen den Gütern können ihrerseits auf *Aktivitäten der Anbieter* wie Werbung, Standortveränderungen, Produkt- und Verfahrensinnovationen und anderes zurückzuführen sein. Insbesondere die Änderungen von Zielsetzungen, Nutzenvorstellungen und verfügbaren Einkommen der Nachfrager können ihre Ursache auch in Änderungen der vom Staat gesetzten Daten (z.B. Steueränderungen) sowie in Änderungen der Marktgegebenheiten auf den Faktormärkten haben.

Individuelle Angebotskurven von Anbietern und Marktangebotskurven verschieben sich, wenn sich die Zielsetzungen sowie die Erwartungen der Anbieter verändern. Sie verschieben sich ferner, wenn Änderungen in den Preisrelationen zwischen den Gütern, in den Produktionskosten der einzelnen Güter und damit in den Gewinnrelationen zwischen den Gütern eintreten, insbesondere wenn dadurch Kapazitätsänderungen bei den Unternehmungen ausgelöst werden. Änderungen in den Produktionskosten der Güter ergeben sich unter anderem durch technologische Veränderungen in Form von Verfahrensfortschritt. Technischer Fortschritt im Sinne der Bereitstellung neuer Güter, also Produktfortschritt, bewirkt das Entstehen neuer und die Verschiebung alter Angebotskurven.

Die Änderungen von Zielsetzungen und Erwartungen der Anbieter sowie der Preisrelationen zwischen den Gütern können ihrerseits auf *Änderungen im Nachfragerverhalten* zurückzuführen sein. Auch technische Veränderungen können von den Nachfragern induziert sein, insbesondere bei Auftragsproduktion auf Investitionsgütermärkten. Änderungen von Zielsetzungen und Erwartungen und daran anschließende Aktivitäten können aber auch durch Konkurrentenaktionen ausgelöst werden. Sie haben ihre Ursache ferner in Änderungen der vom Staat gesetzten Daten (z.B. in Steueränderungen oder Änderungen staatlicher Auflagen oder Verbote). Insbesondere Änderungen der Produktionskosten sind auf staatliche Einflussnahme in den Produktionsprozess (etwa Umweltschutzauflagen) sowie auf Änderungen in den Faktorpreisen zurückzuführen.

Die angedeuteten Ursachen von Verschiebungen der Nachfrage- und Angebotskurven machen die *interdependenten Beziehungen zwischen Nachfrage- und Angebotsfaktoren* sowie die zusätzlichen *Abhängigkeiten von weiteren ökonomischen Einflussbereichen* (Staat, Faktormärkte) deutlich. Es ist im Folgenden nicht möglich, alle angedeuteten und weitere denkbare Prozessabläufe zu diskutieren. Im Rahmen einer *„einfachen Theorie der Marktprozesse“* sollen nur zwei Arten von Marktprozessen erörtert werden, und zwar

- **Anpassungsprozesse** im Sinne von Anpassungen der Anbieter an autonome Änderungen der Nachfrage sowie
- **Fortschrittsprozesse,** in denen neue Produkte angeboten werden oder aber neue Produktionsverfahren zum Einsatz kommen.

Im Rahmen der einfachen Theorie der Marktprozesse wird davon abgesehen, nach den verschiedenen Marktformen zu differenzieren. Für die folgenden Überlegungen wird die Marktform des **homogenen Polypols** unterstellt. Durch diese Annahme soll *sichergestellt werden, dass die Prozesse ungestört, also in reiner, idealtypischer Form ablaufen.* Diese Annahme impliziert, dass alle zuvor in der Nachfrage-, der Angebots- und der Marktgleichgewichtstheorie genannten Prämissen (etwa bezüglich Zielsetzungen, Verhaltensweisen und produktionstechnischen Bedingungen) weiterhin Gültigkeit besitzen. Insbesondere der Prämisse der **vollständigen Markttransparenz** kommt erhebliche Bedeutung zu. Darüber hinaus wird für den Ablauf reiner Marktprozesse eine **vollständige Angebotsflexibilität** sowie das **Fehlen von Wettbewerbsbeschränkungen** unterstellt, also vor allem auch offene Märkte, d.h. das Fehlen jeglicher Marktzugangsbeschränkungen. Auf die Relevanz dieser Prämissen und auf Störungen von Marktprozessen wird im Kapitel B einzugehen sein.

II. Ungestörte Marktprozesse

1. Der reine Anpassungsprozess

a) Der Expansions- und der Kontraktionsprozess

Die Darstellung eines reinen Anpassungsprozesses soll zunächst in einem *Zwei-Güter-Modell* erfolgen. Ausgangspunkt der Analyse ist ein Marktgleichgewicht auf den Märkten der beiden Güter X und W, das sich jeweils im Schnittpunkt von Angebotskurve A_1 und Nachfragekurve N_1 ergibt (vgl. Abb. 6.1.a. und 6.1.c.). Der Preis p_1, der sich auf beiden Märkten gebildet hat, möge so hoch sein, dass jeder einzelne Anbieter bei gleichen Kosten aller Anbieter auf den beiden Märkten sein Gewinnmaximum im Betriebsoptimum findet (vgl. Abb. 6.1.b. und 6.1.d.).

Jeder Anbieter erzielt somit nur den in den Stückkosten enthaltenen landesüblichen Normalgewinn. Es liegt demnach, wie zuvor im 5. Teil in Kapitel A II 3 dargestellt, ein **gesamtwirtschaftliches Mikrogleichgewicht** vor. Diese Gleichgewichtslage möge nun dadurch aufgehoben werden, dass *sich die Nachfragestruktur wandelt.* Es sei angenommen, dass die *Nachfrage nach X steigt* und dass die *Nachfrage nach W sinkt.* N_x steigt somit von N_1 auf N_2, N_w sinkt von N_1 auf N_2.

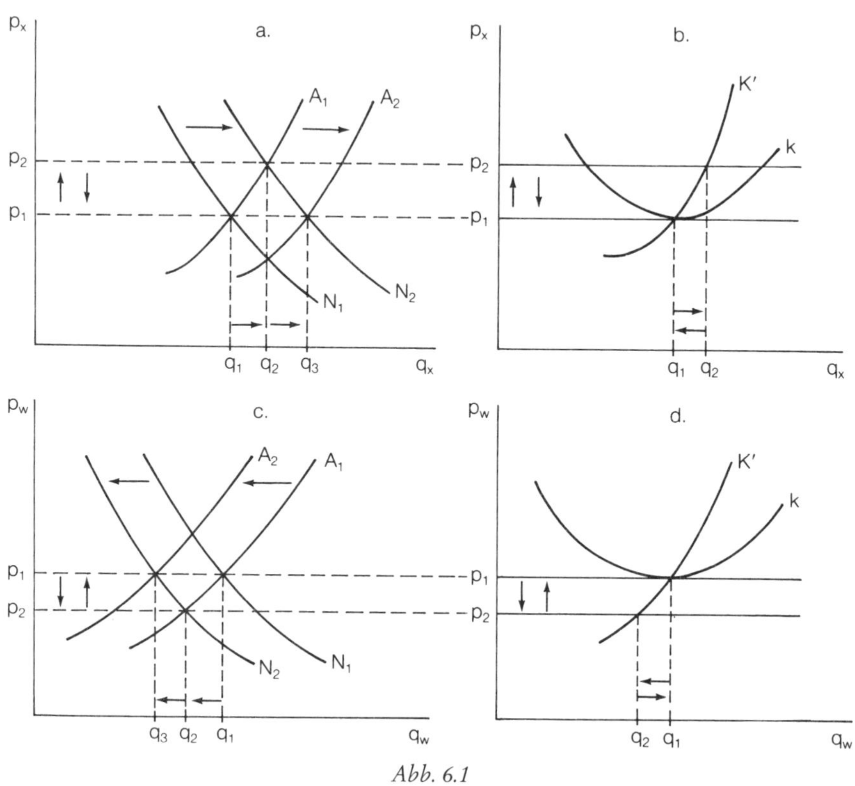

Abb. 6.1

Auf dem Markt X ergibt sich nun der folgende **Expansionsprozess.** Da beim Preis p_1 jetzt ein Nachfrageüberhang besteht, *steigt der Preis* auf p_2 und gleicht Angebot und Nachfrage wieder aus *(Ausgleichsfunktion).* Zugleich informiert der gestiegene Preis über die gestiegene Knappheit beim Gut X *(Informationsfunktion).* Das *neue Marktgleichgewicht* bei p_2 ist zugleich durch eine höhere Nachfrage- und Angebotsmenge q_2 gekennzeichnet. Die dazu notwendige Steigerung der Angebotsmenge ist als Bewegung auf der Angebotskurve A_1 zu interpretieren, also als *Anpassung bei gegebener Kapazität* im Zuge einer partiellen Faktorvariation. Der einzelne Anbieter findet bei gestiegenem Preis p_2 im Schnittpunkt von Preis p_2 und Grenzkosten K′ sein neues Gewinnmaximum bei der Menge q_2 (Abb. 6.1.b.). Da der Preis p_2 die Stückkosten k nunmehr übersteigt, erzielt jeder einzelne Anbieter jetzt einen Extragewinn. Die Situation entspricht jetzt der im 5. Teil in Kapitel A II 2 dargestellten Ausgangslage beim Preis p = 40 (vgl. Abb. 5.5.b.), d.h., die Unternehmungen dieses Marktes erzielen einen aus einer günstigen Nachfrageentwicklung resultierenden Marktlagen- bzw. Extragewinn.

Auf dem Markt W läuft ein **Kontraktionsprozess** ab. Da beim Preis p_1 jetzt ein Angebotsüberhang *besteht, fällt der Preis* auf p_2 und gleicht Angebot und Nachfrage wieder aus *(Ausgleichsfunktion).* Zugleich informiert der gesunkene Preis über die gesunkene Knappheit beim Gut W *(Informationsfunktion).* Das *neue Marktgleichgewicht* bei p_2 ist durch eine niedrigere Gleichgewichtsmenge q_2 gekennzeichnet. Die dazu notwendige Reduzierung der Angebotsmenge ist als Bewegung auf der Angebotskurve A_1 zu interpretieren, also als *Anpassung bei gegebener Kapazität* durch partielle Faktorvariation. Es wird unterstellt, dass der einzelne Anbieter seine langfristige Preisuntergrenze p_1 kurzfristig zu unterschreiten bereit ist und beim gesunkenen Preis p_2 im Schnittpunkt von Preis p_2 und Grenzkosten K′ sein Unternehmensgleichgewicht bei der Menge q_2 findet (vgl. Abb. 6.1.d.). Da der Preis p_2 die Stückkosten k nicht mehr deckt, ist der *Gewinn geschmälert.* Er erzielt jetzt nicht mehr den landesüblichen Normalgewinn, möglicherweise macht er bereits Verlust. Genaueres kann nicht gesagt werden, da die Höhe des landesüblichen Normalgewinns in Abb. 6.1. nicht spezifiziert worden ist. Zunächst mögen alle Anbieter die Gewinnschmälerung bzw. den Verlust in Kauf nehmen, da sie darauf hoffen, dass der Preis in Kürze wieder steigt, oder weil sie sich intensiv um Kostenreduzierung bemühen. Tritt dies aber nicht ein, so ist ein Verbleiben auf diesem Markt nicht mehr sinnvoll.

Das *Entstehen eines Extragewinns auf dem Markt X* und die *Gewinnreduzierung auf dem Markt W* wird die auf dem Markt W befindlichen Anbieter veranlassen, über einen Wechsel hinüber in den lukrativeren Markt X nachzudenken. Insbesondere denjenigen Anbietern wird ein derartiger Wechsel leicht möglich sein, die ihre gesamten Anlagen oder Teile ihrer Anlagen gerade abgeschrieben haben und vor der Frage stehen, ob sie *Ersatzinvestitionen im Markt W oder neue Investitionen in lukrativeren Märkten* tätigen sollen. Es sei davon ausgegangen, dass sie sich für Investitionen auf dem Markt X entscheiden. Dadurch kommt es zum *Marktaustritt aus dem Markt W* und zum *Marktzutritt auf dem Markt X.*

Marktzutritt auf dem Markt X bewirkt eine *Rechtsverschiebung der Marktangebotskurve.* Wie im 5. Teil in Kapitel A II 3 bereits dargestellt, führt dies zur *Preissenkung.* Bei fallendem Preis p_x wird sich jeder einzelne Anbieter entlang seiner

Grenzkostenkurve anpassen und seine Angebotsmenge reduzieren. Durch diesen Vorgang *vermindert sich der Extragewinn.* Der Zustrom von Anbietern wird dann aufhören, wenn der Preis zurück auf p_1 gesunken ist und alle Anbieter *wie in der Ausgangssituation wieder im Betriebsoptimum* bei q_1 produzieren, wo sie lediglich wieder den Normalgewinn erzielen. Das Marktangebot hat sich infolge der gestiegenen Zahl der Anbieter auf A_2 erhöht. Die Gleichgewichtsmenge auf dem Markt liegt bei q_3.

Marktaustritt aus dem Markt W bewirkt eine *Linksverschiebung der Marktangebotskurve.* Beim Preis p_2 entsteht jetzt ein Nachfrageüberschuss. Der Nachfrageüberschuss wird durch *Preisanstieg* abgebaut. Bei steigendem Preis p_w wird sich jeder einzelne der am Markt W verbliebenen Anbieter entlang seiner Grenzkostenkurve anpassen und seine Angebotsmenge erhöhen. Durch diesen Vorgang *verbessert sich seine Gewinnsituation* wieder. Der Marktaustritt von Anbietern wird dann aufhören, wenn der alte Preis p_1 wieder erreicht worden ist und die am Markt W verbliebenen Anbieter *wie in der Ausgangssituation wieder im Betriebsoptimum* bei q_1 produzieren. Hier erzielen sie nun auch wieder den *Normalgewinn.* Das Marktangebot hat sich infolge der gesunkenen Zahl der Anbieter auf A_2 reduziert. Die Gleichgewichtsmenge auf dem Markt liegt jetzt bei q_3.

b) Preisfunktionen und gesamtwirtschaftliches Mikrogleichgewicht

Die Anpassung des Güterangebotes an eine autonome Änderung der Nachfragestruktur wurde in einem einfachen Zwei-Güter-Modell dargestellt. Das Angebot des Gutes X ist gestiegen, das Angebot des Gutes W ist gesunken. Die *Preise haben in diesem Prozess ihre Funktionen erfüllt.* Die Preise p_1, p_2 und später wieder p_1 erfüllen die **Ausgleichsfunktion.** Die zwischenzeitlich gebildeten Preise p_2 informieren über die geänderte Knappheitssituation. Die auf das Ausgangsniveau zurückgekehrten Preise p_1 informieren darüber, dass auf dem Markt X die Knappheit wieder gesunken und dass sie auf dem Markt W wieder gestiegen ist, d.h. dass die ursprüngliche Knappheitsrelation wieder erreicht worden ist. Alle Preise erfüllen somit auch die **Informationsfunktion.**

Die Preise erfüllen schließlich die **Lenkungsfunktion.** Die veränderten Preise p_2 bewirken, dass Produktionsfaktoren aus dem Markt W abgezogen und in den Markt X gelenkt werden. Bei Wiedererreichen der Ausgangspreise p_1 ist dieser Lenkungsprozess abgeschlossen, da bei gleicher Gewinnsituation auf beiden Märkten kein Anlass mehr besteht, den Markt zu wechseln und Produktionsfaktoren auf den anderen Markt zu transferieren. Das **gesamtwirtschaftliche Mikrogleichgewicht** ist wieder erreicht.

Das beschriebene Modell mit zwei Märkten, von denen der eine Markt expandiert und der andere Markt schrumpft, kann ohne Schwierigkeiten zu einem *Modell mit beliebig vielen Märkten* erweitert werden, das den Gegebenheiten realer Volkswirtschaften entspricht. Auch dann kann davon ausgegangen werden, dass Nachfrageverschiebungen stattfinden, an welche die Anbieter sich anzupassen haben. Auch dann kann die Vorstellung entwickelt werden, dass nach Ablauf der Anpassungsprozesse eine Situation eintritt, in der – wie zuvor in der Ausgangssituation – auf allen Märkten der Volkswirtschaft nur noch der landesübliche

Normalgewinn erzielt wird und für Unternehmer kein Anlass mehr besteht, den Markt zu wechseln. Wiederum wäre das **gesamtwirtschaftliche Mikrogleichgewicht** erreicht. Es stellt eine Situation dar, in der alle *Güterpreise auf ihr langfristig niedrigstes Niveau gesunken* sind, weil alle Unternehmungen im *Betriebsoptimum* bzw. in der *Minimalkostenkombination* produzieren. Hier ist die *Produktivität der Produktionsfaktoren am höchsten.* Die Produktionsfaktoren sind demnach volkswirtschaftlich optimal eingesetzt. Es ist die Situation eines **Pareto-Optimums** mit nachfragegerechter und effizienter Produktion erreicht.

In dem dargestellten Prozess der Anpassung des Güterangebotes an Änderungen der Nachfrage, dem Spiel der Preise, welche ihre Ausgleichs-, ihre Informations- und schließlich auch ihre Lenkungsfunktion erfüllen, indem sie permanent die jeweils optimale Faktorallokation sicherstellen, erweist sich die *Marktwirtschaft als ein sich permanent selbst regulierendes homöostatisches System,* also als ein System, das sich in einem stabilen Zustand zu halten vermag. Was die Interpretation der beschriebenen Anpassungsprozesse und des resultierenden gesamtwirtschaftlichen Mikrogleichgewichts betrifft, so ist zunächst aber noch einmal zu betonen, dass bislang nur reine, ungestörte Marktprozesse dargestellt worden sind. Auf Störungen und auf die Beurteilung des gesamtwirtschaftlichen Mikrogleichgewichts ist später noch genauer einzugehen.

2. Der reine Fortschrittsprozess

Im zuvor dargestellten Anpassungsprozess wurde der Einfachheit halber davon ausgegangen, dass im Zuge des von den Unternehmungen vollzogenen Kapazitätsaufbaus und -abbaus keinerlei Änderungen in der Kostensituation auftreten. Auch qualitative Änderungen der Güter wurden ausgeschlossen. *Kostenänderungen und qualitative Änderungen der Güter* sind aber durchaus möglich; sie können auch unabhängig von Anpassungsprozessen, insbesondere in der Gestalt von *technischem Fortschritt,* auftreten. Demgemäß ist nunmehr auf Fortschrittsprozesse einzugehen.

Bei der Diskussion des technischen Fortschritts hat es sich als zweckmäßig erwiesen, zwei Erscheinungsformen von Fortschritt analytisch zu trennen, und zwar

- die Produktion neuer, besserer Güter, den **Produktfortschritt,**
- die Produktion der alten, bekannten Güter mit Hilfe verbesserter und insoweit kostengünstigerer Produktionsverfahren, den **Verfahrensfortschritt.**

Die Trennung von Produkt- und Verfahrensfortschritt ist nicht unproblematisch, da Verfahrensfortschritt in der Regel dann zustande kommt, wenn neue bzw. verbesserte Kapitalgüter (z.B. neue Maschinen) eingesetzt werden, was Produktfortschritt auf der Vorproduktstufe voraussetzt. Lediglich bei rein organisatorischen Verbesserungen oder bei Lernprozessen der Arbeitskräfte tritt Verfahrensfortschritt ohne gleichzeitigen Produktfortschritt auf. Die diesbezüglichen Überlegungen sollen hier aber nicht weiter verfolgt werden. Die Trennung in Produkt- und Verfahrensfortschritt soll aus analytischen Gründen beibehalten werden.

a) Der Produktfortschrittsprozess

Bei der Erörterung des Produktfortschritts kann weitgehend auf die Überlegungen bezüglich der Anpassungsprozesse zurückgegriffen werden. Gegeben sei zunächst ausschließlich ein Markt W (z.B. Rechenschieber) mit dem Angebot A_1, der Nachfrage N_1, dem Preis p_1 und der Menge q_1 (vgl. Abb. 6.1.). Nach Erfindung eines Alternativgutes X (z.B. Taschenrechner) wird dieses Gut im Zuge einer **Innovation** auf dem neuen Markt X angeboten. Es entsteht dort eine Angebotskurve A_1. Sofern den Nachfragern das neue Gut zusagt, bildet sich eine Nachfragekurve N_1, ein Preis p_1 und eine Menge q_1. Entsprechend reduziert sich die Nachfrage nach dem Gut W. Bei steigender Akzeptanz des neuen Gutes X durch die Nachfrager entwickelt sich *auf dem Markt X ein Expansions- und auf dem Markt W ein Kontraktionsprozess,* der letztlich so weit führen kann, dass der alte Markt W mangels Nachfrage völlig verschwindet. Alle bei der Darstellung der Anpassungsprozesse eintretenden Wirkungen bezüglich Preis- und Gewinnentwicklung gelten entsprechend.

Es ist allerdings darauf hinzuweisen, dass die Annahme homogener Polypole auf beiden Märkten in allen Phasen des Prozessablaufes kaum aufrechterhalten werden kann. In der Regel dürfte das neue Gut X zunächst von einem einzigen Unternehmen angeboten werden, dem *Innovator* oder *Pionier.* Ihm folgen dann *Imitatoren, so* dass sich später oligopolistische bzw. polypolistische Konstellationen einstellen. Auf dem schrumpfenden Markt dürfe sich die Zahl der Anbieter reduzieren, was so weit gehen kann, dass auch hier ein Wechsel in der Marktform eintritt.

b) Der Verfahrensfortschrittsprozess

Verfahrensfortschritt als *produktivitätssteigernder bzw. kostensenkender Vorgang* ist in der Theorie des Angebotes bereits ausführlich behandelt worden (vgl. 3. Teil, B. II. 2 mit den Abbildungen 4.16., 4.17. und 4.18.). Diese Ausführungen sollen an dieser Stelle nicht im Detail wiederholt werden. Es ist nur noch einmal darauf hinzuweisen, dass Verfahrensfortschritt bezüglich des Verlaufs der Grenzkostenkurve unterschiedlich wirken kann. Die Grenzkostenkurve kann unverändert bleiben (Abb. 4.17.), sie dürfte sich in der Regel aber nach unten – im relevanten Bereich nach rechts – verschieben (Abb. 4.16. und 4.18.). In jedem Fall reduzieren sich die Stückkosten. Verschiebt sich gemäß Abb. 4.16. die Stückkostenkurve nach unten und die Grenzkostenkurve nach rechts (vgl. die neue Abb. 6.2.), so bewirkt die resultierende *Angebotssteigerung* auf dem Markt (A_2) eine Preissenkung auf p_2. Der trotz Preissenkung entstehende *Extragewinn* g lockt neue Anbieter an, woraus weitere Angebotsausdehnung (A_3), Preissenkung (p_3) und das Verschwinden des Extragewinns resultiert. Am Ende des Prozesses ergibt sich ein *neues Marktgleichgewicht* bei gesunkenem Preis p_3, gestiegener Menge q_3 und *Wiederherstellung der ursprünglichen Normalgewinnsituation* und des *gesamtwirtschaftlichen Gleichgewichts.* Der einzelne Anbieter hat beim Preis p_2 zunächst die Menge q_2 angeboten. Das Fallen des Preises auf p_3 bewirkt, dass er sein Angebot auf seine Ausgangsmenge q_1 zurücknimmt, also in das Betriebsoptimum zurückkehrt.

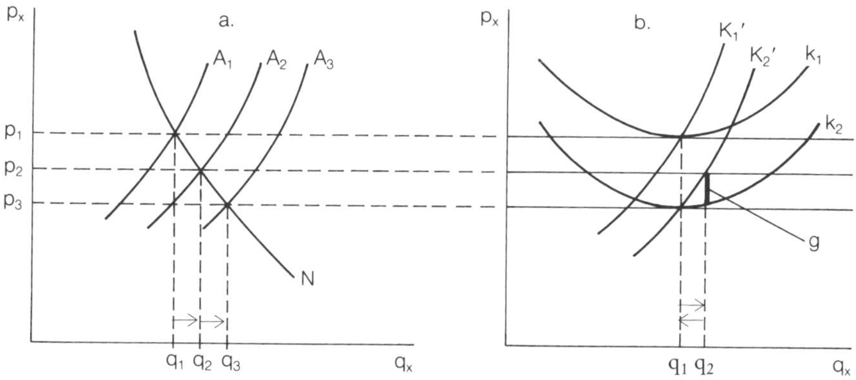

Abb. 6.2.

Auch was die Interpretation der Produkt- und Verfahrensfortschrittsprozesse betrifft, so ist noch einmal darauf hinzuweisen, dass bislang nur reine, also ungestörte Prozesse behandelt worden sind. Auf Störungen von Marktprozessen ist im folgenden Kapitel B einzugehen.

B. Kritik und Erweiterungen der Theorie der Marktprozesse

In Kapitel A wurde das *Konzept einer perfekt funktionierenden Marktwirtschaft* dargestellt, in welcher die Preise ihre Ausgleichs-, ihre Informations- und ihre Lenkungsfunktion im Rahmen von Anpassungsprozessen in vollkommener Weise erfüllen und in welcher technischer Fortschritt in Form neuer Güter bzw. kosten- und preissenkender Produktionsverfahren ohne Verzögerung eingeführt wird. Es ist nunmehr die Frage zu stellen, ob diese Theorie der Marktprozesse ihre Aufgabe als Bedingungstheorie bzw. als explikative Theorie erfüllt.

I. Die Prozesstheorie als Bedingungstheorie

Bei der Darstellung der Theorie der Marktprozesse wurde von der Marktform des homogenen Polypols ausgegangen. Damit ging unter anderem die Prämisse der **vollständigen Markttransparenz** in die Analyse ein. Ferner wurden eine **vollständige Angebotsflexibilität** und das **Fehlen von Wettbewerbsbeschränkungen** unterstellt. Es ist nunmehr abzuklären, welche Bedeutung diesen Bedingungen für den Ablauf von Marktprozessen zukommt. Insbesondere ist auf die Frage nach dem Zusammenhang zwischen der Marktform des homogenen Polypols und dem Wettbewerb auf dem Markt zurückzukommen.

Wenn nunmehr diverse Störungen erörtert werden, welche sich bei Nichterfüllung der genannten Prämissen ergeben können, so kann dies weitgehend schon mit real existierenden Abweichungen von den optimalen Prozessabläufen illustriert werden. Insoweit werden hier schon *Erklärungen* für derartige Abweichungen geliefert.

1. Störungen durch fehlende Markttransparenz

Die bisherigen Überlegungen zum Nachfrage- und Angebotsverhalten sowie zum Marktgleichgewicht und zu den Marktprozessen basieren auf der Annahme der vollkommenen Markttransparenz. Demgemäß sind allen Marktteilnehmern die *gegenwärtigen Marktbedingungen* und ihre Determinanten bekannt. Was *die zukünftigen Marktbedingungen* betrifft, so wurde darauf hingewiesen, dass alle Marktteilnehmer bestimmte Erwartungen haben, welche die Lage der gegenwärtigen Nachfrage- und Angebotskurven mitbestimmen. Die Existenz von Erwartungen bedeutet jedoch nicht, dass die Marktteilnehmer die gegenwärtigen Marktgegebenheiten fehl interpretieren. Fehlinterpretationen wurden durch die Annahme der vollkommenen Markttransparenz bislang ausgeschlossen.

Die Existenz von Markttransparenz ist für einen störungsfreien Ablauf von Marktprozessen notwendig. Dies soll am Beispiel eines **durch Fehlprognosen gestörten Anpassungsprozesses** aufgezeigt werden. Es sei angenommen, dass sich die Nachfrage nach einem Gut X erhöht. Die Nachfragekurve verschiebt sich von N_1 nach N_2 (vgl. Abb. 6.3.). Daraufhin steigt der Preis auf p_2. Sind die Anbieter nunmehr der (falschen) Meinung, dass diese Nachfragesteigerung nur vorübergehend ist und dass die Nachfrage nach kurzer Zeit wieder auf N_1 zurückfallen wird, so werden sie den Kapazitätsausbau, der zur Angebotssteigerung auf A_2 und zur Preissenkung auf p_2 führt, unterlassen. Der Preis verharrt daraufhin bei p_2. Eine derartige, länger andauernde Preissteigerung kann nun bei den Nachfragern die Vermutung einer dauerhaft gestiegenen Knappheit und die Erwartung weiterer Preissteigerung auslösen. Es möge daraufhin zu Hamsterkäufen kommen, also zu einer Verschiebung der Nachfragekurve nach N_3 und zum Preisanstieg auf p_3. Der befürchtete Preisanstieg tritt im Zuge einer *self-fulfilling prophecy* also tatsächlich ein. Wenn dieser Nachfrage- und Preisanstieg die Anbieter jetzt veranlasst, an eine dauerhafte Nachfrageexpansion zu glauben, so werden sie das Angebot möglicherweise auf A_3 erhöhen. Da durch die Hamsterkäufe bei den Nachfragern aber Lagerbestände aufgebaut worden sind, wird die Nachfrage zwischenzeitlich wieder auf N_1 zurückgehen, wodurch der Preis auf p_4 fällt. Löst diese Nachfragesenkung jetzt bei den Anbietern die (falsche) Vermutung aus, dass sie von Dauer ist, so werden sie das Angebot auf A_1 zurücknehmen. Wenn daraufhin die Nachfrage nach Abbau der Lagerbestände der Konsumenten wieder

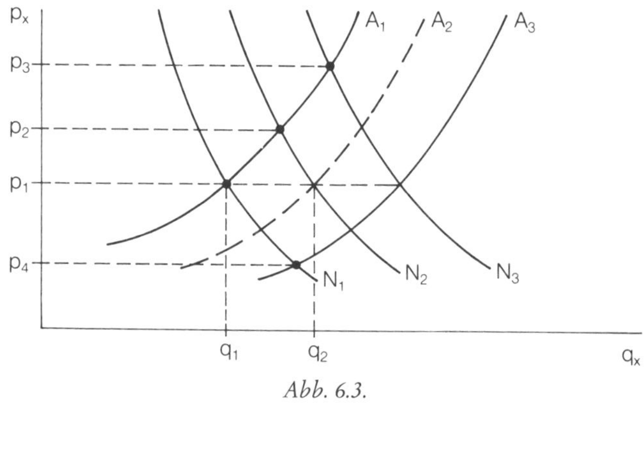

Abb. 6.3.

auf N_2 steigt, beginnt ein neuer Prozess, in welchem der eigentlich richtige Gleichgewichtspreis p_1 und die richtige Gleichgewichtsmenge q_2 möglicherweise erneut nicht erreicht werden.

Störungen von Marktprozessen, welche so weit gehen können, dass Preise und Mengen immer wieder „falsche" Werte annehmen und um den langfristigen Gleichgewichtswert oszillieren, können ihre Ursache also in einer zu niedrigen Markttransparenz und den damit verbundenen Fehlinterpretationen und Fehlprognosen der Marktgegebenheiten haben. Insoweit ist *Markttransparenz eine für das Funktionieren des Marktmechanismus notwendige Bedingung.* Auf die Frage, ob es sich wirklich um eine „vollkommene" Markttransparenz handeln muss, ist in Kürze noch einmal zurückzukommen.

Fehlende Markttransparenz, übersteigerte Erwartungen und die kumulative Verschärfung durch Mitläuferverhalten sind auch die Auslöser von sog. *Spekulationsblasen.* Die homöostatischen, d.h. sich selbst regulierenden Ausgleichsmechanismen funktionierender Märkte sind vor allem dann nicht mehr gegeben, wenn Scheininformationen gegeben werden und wenn ein blindes Vertrauen in die Qualität dieser Information sowie ein übersteigertes Selbstvertrauen in die eigenen Fähigkeiten dazu führen, dass Erfolge der Vergangenheit in die Zukunft projiziert und Risiken unterschätzt werden. So geschieht es, dass sich Märkte über längere Zeit hinweg von ihren fundamental gerechtfertigten Werten lösen und die Preise in Bereiche hochschnellen, welche die langfristig geltenden Knappheitsgrade überhaupt nicht mehr widerspiegeln. Spektakuläre historische Beispiele sind der Anstieg der Tulpenpreise im 17. Jahrhundert in Holland, der Run auf Aktien der Mississippi Company im 18. Jahrhundert in Frankreich, der allgemeine Aktienboom zwischen 1925 und 1929 in den USA, der dramatische Anstieg der Immobilienpreise in den 1980er Jahren in Japan sowie der New Economy Boom zwischen 1997 und 2000. In allen Fällen kam es zum Platzen der Blase und zum Absturz, 1929 sogar zur Weltwirtschaftskrise. Auch wenn einige dieser Fälle nicht Gütermärkte, sondern Finanzmärkte betreffen, so sind sie doch Belege für die generellen Wirkungen von destabilisierender Spekulation.

Wie zuvor schon einmal dargestellt, kann eine Folge fehlender Markttransparenz bei Anbietern auch darin bestehen, dass sie die technisch optimale Produktionsfunktion nicht kennen und daher mit höheren Kosten produzieren als ihre Konkurrenten. Als *Grenzanbieter* werden sie in einem Kontraktionsprozess mit sinkendem Güterpreis als erste ausscheiden müssen. Es zeigt sich also, dass ein ansonsten funktionierender Marktprozess einzelne Störungen auch wieder beseitigen kann, indem er ineffiziente Anbieter zum Ausscheiden bringt. Das Gleiche gilt, wenn die Ineffizienz eines Anbieters darauf zurückzuführen ist, dass er den von anderen realisierten Verfahrensfortschritt, obwohl er ihn kennt, infolge eigener Inflexibilität noch nicht umgesetzt hat. Damit sind Störungen durch mangelnde Angebotsflexibilität angesprochen.

2. Störungen durch mangelnde Angebotsflexibilität

Als weitere Bedingung für den störungsfreien Ablauf von Marktprozessen war das Bestehen von vollkommener Angebotsflexibilität hervorgehoben worden. Eine vollkommene Angebotsflexibilität impliziert unter anderem, dass die *Güter prinzipiell und ohne Zeitverzögerung reproduzierbar sind.* Dies setzt wiederum voraus, dass die *Produktionsfaktoren beliebig teilbar und flexibel sind,* also *im erforderlichen Umfang* von einer Verwendungsrichtung in die andere wandern können. Am Beispiel von Anpassungsprozessen kann wiederum gezeigt werden, welche Folgen sich aus einem Mangel an Angebotsflexibilität ergeben.

Handelt es sich bei dem Gut um ein **nicht reproduzierbares Gut** (etwa um einen Kunstgegenstand, u. U. um den Produktionsfaktor Boden), so kann die durch Nachfrageerhöhung gestiegene Knappheit nicht durch Angebotsausweitung wieder abgebaut werden. Im Falle ständiger Nachfragesteigerungen ist demnach mit permanent steigenden Preisen zu rechnen. Da steigende Preise möglicherweise die (richtige) Erwartung weiter steigender Preise auslösen, ist mit weiteren Nachfrage- und Preiserhöhungen zu rechnen. Der Preis erfüllt seine Ausgleichs- und Informationsfunktion, er ist mangels der zur Reproduktion des Gutes geeigneten Produktionsfaktoren aber nicht in der Lage, die Lenkungsfunktion zu erfüllen und die Knappheit wieder zu reduzieren. Er kann allerdings eine verstärkte Suche nach Substitutionsgütern auslösen, welche dann doch wieder dem Abbau von Knappheit dient.

Handelt es sich bei dem Gut um ein **beschränkt reproduzierbares Gut,** dessen Reproduktion zwar prinzipiell, aber nur mit größerer Zeitverzögerung möglich ist, so sind ebenfalls Störungen im Marktprozess die Folge. Vor allem bei Agrarprodukten, bei denen naturbedingte längere Ausreifungszeiten existieren, ist eine unverzögerte Anpassung des Angebotes an Nachfrageänderungen nicht möglich. Die daraus erwachsenden gestörten Marktprozesse werden in der Literatur häufig mit Hilfe des sog. **Spinnweb-Modells** abgebildet. Darin werden ein *kurzfristig völlig starres Güterangebot A_k* und ein *langfristiges Güterangebot A_l, das sich am Preis der Vorperiode orientiert,* unterstellt (vgl. Abb. 6.4.).

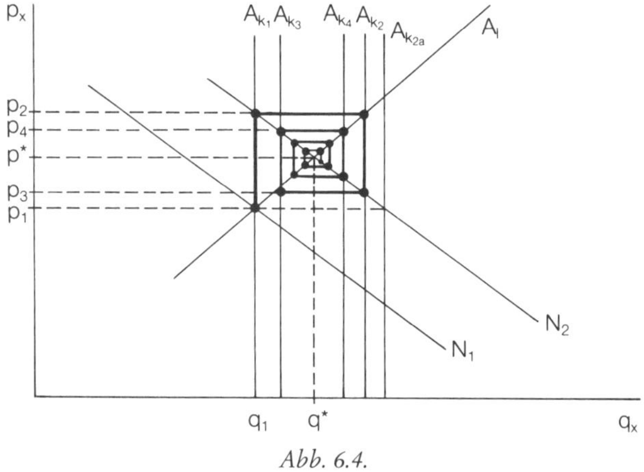

Abb. 6.4.

Steigt die Nachfrage von N_1 auf N_2, so ergibt sich wegen des zunächst völlig starren Angebots A_{k1} ein Preisanstieg auf p_2. Dieser Preisanstieg veranlasst die Anbieter zur Steigerung des Angebots auf A_{k2}, welches in der Folgeperiode wiederum völlig starr auf den Markt kommt, angesichts der Nachfragekurve N_2 aber nur zum Preis p_3 abgesetzt werden kann. Diese Preissenkung veranlasst die Anbieter zur Reduzierung des Angebotes auf A_{k3}, welches in der nächsten Periode völlig starr auf den Markt geworfen wird. Angesichts der Nachfragekurve N_2 steigt der Preis auf p_4, woraus in der nächsten Periode die Angebotskurve A_{k4} resultiert, die wiederum eine Preissenkung induziert usw.

Im Beispiel der Abb. 6.4. konvergiert der Marktprozess hin zu einem neuen Marktgleichgewicht mit dem Gleichgewichtspreis p^* und der Gleichgewichtsmenge q^*. Ein *konvergierender Prozess* ergibt sich aber nur dann, wenn die direkte Preiselastizität der Nachfrage ε_N größer ist als die direkte Preiselastizität des Angebots ε_A auf der langfristigen Angebotskurve. Ist $\varepsilon_N < \varepsilon_A$, so ergibt sich *ein explodierender Prozess*, ist $\varepsilon_N = \varepsilon_A$, so entsteht ein permanent *zyklisch schwankender Prozess.*

Gegen die verbreitete Darstellung verzögerter Anpassungsprozesse mit Hilfe des Spinnweb-Modells ist einzuwenden, dass der Verlauf der langfristigen Angebotskurve A_l, von dem die Entwicklung entscheidend abhängt, im Modell nicht näher bestimmt wird. Wenn die ursprüngliche Gleichgewichtssituation mit p_1 und q_1 ein Marktgleichgewicht mit Normalgewinn darstellte, so ist zu fragen, warum es in der nächsten und in den folgenden Perioden – bei Markttransparenz – nicht zum Angebot A_{k2a} kommt, das beim Preis p_1 zu einem Marktgleichgewicht mit Normalgewinn führen würde. Offensichtlich basiert das Modell nicht nur auf der Annahme zeitverzögerter Angebotsanpassung und kurzfristig starrer Angebotsmengen, sondern noch auf weiteren Störfaktoren, etwa *fehlender Markttransparenz* oder *gruppendynamischer Elemente* wie etwa *Mitläuferverhalten* der Anbieter. Darüber hinaus ist auch das unterstellte Ende des Prozesses mit p^* und q^* nicht einsichtig, da hier offenbar Extragewinne erzielt werden, die eigentlich neue Anbieter anlocken müssten. Andererseits zeigt das Modell aber recht gut, dass es auf Märkten, auf denen zeitverzögerte und starre Angebote vorkommen, erhebliche Störungen der Marktprozesse geben kann.

Störungen von Marktprozessen infolge mangelnder Angebotsflexibilität treten auch infolge verzögerter Produktionsanpassungen vorgelagerter Produktionsstufen auf. So führt eine gestiegene Biernachfrage an heißen Sommertagen zu steigenden Orders der Einzelhändler bei den Großhändlern, welche diese Bestellungen mit Zeitverzögerung an die Hersteller weitergeben. Wenn die Brauereien schließlich mit voll ausgelasteten Kapazitäten ihre Maximalmengen produzieren, ist die Endnachfrage schon wieder zurückgegangen. So führen mäßige Schwankungen der Endnachfrage nach Konsumgütern vielfach zu sehr viel stärkeren Produktions- und Angebotsschwankungen auf den Vorproduktstufen, zu sog. Peitschenschlag-Effekten. Derartige Stop-and-Go-Effekte treten trotz der verstärkten Versuche, sie durch Just-in-time-Produktion zu reduzieren, in vielen Bereichen der Wirtschaft auf.

Niedrige Angebotsflexibilität ist letztlich immer die Folge einer zu **geringen Flexibilität der Produktionsfaktoren.** Der in Abb. 6.1. dargestellte ungestörte Reallokationsprozess kann nur ablaufen, wenn die für die Expansion des Angebotes beim Gut X benötigten Produktionsfaktoren *im erforderlichen Umfang* von schrumpfenden Markt W freigesetzt werden und *ohne Zeitverzögerung* auf dem Markt X einsetzbar sind. Schrumpft die Nachfrage auf dem Markt W sehr stark, so ist es möglich, dass das Unterlassen von Ersatzinvestitionen nicht ausreicht, um den notwendigen Kapazitätsabbau herbeizuführen. Dies kann aber die Expansionsmöglichkeiten des Marktes X reduzieren. Darüber hinaus ist es denkbar, dass angesichts der *nicht beliebigen Teilbarkeit des Sachkapitals* der notwendige Umfang der Reallokation nicht realisiert werden kann. Da der Reallokationsprozess auch den *Faktor Arbeit* einschließt, ist mit Verzögerungen des Prozesses auch insoweit zu rechnen, als die Arbeitskräfte aus sachlichen bzw. räumlichen Gründen (Umschulungsprozesse, regionale Wanderung) nicht unmittelbar in der neuen Produktionsrichtung eingesetzt werden können.

3. Störungen durch Wettbewerbsbeschränkungen

Als entscheidende Bedingung für den störungsfreien Ablauf von Marktprozessen ist das Fehlen von Wettbewerbsbeschränkungen anzusehen. Bezüglich der **Anpassungsprozesse** ist dazu anzumerken, dass Wettbewerbsbeschränkungen sowohl den Kapazitätsabbau auf dem schrumpfenden Markt als auch die Kapazitätserweiterung auf dem expandierenden Markt verhindern können.

Auf dem **schrumpfenden Markt** können Anbieter versuchen, *politische Preis- und Mengengarantien* durchzusetzen. Sie können ferner *Absprachen* über die Höhe des Preises und über die abzusetzenden Mengen treffen. Sie können sogar einen so starken Kapazitätsabbau vereinbaren, dass neue Extragewinnsituationen resultieren. Schließlich können einzelne Anbieter versuchen, ihre Position auf dem schrumpfenden Markt durch Kreuzsubventionierung (cross-subsidizing) zu verbessern, indem sie Gewinne aus anderen Märkten verwenden, um Verluste auf dem schrumpfenden Markt auszugleichen. Mit gezielten *Niedrigpreisaktionen* werden dann andere, möglicherweise sogar produktivere Konkurrenten verdrängt.

Auf dem **expandierenden Markt** können die Anbieter durch Errichtung von (möglicherweise staatlich geduldeten bzw. vom Staat errichteten) *Eintrittsbarrieren* versuchen, den Marktzutritt neuer Anbieter und damit den Abbau des Extragewinns zu verhindern. Sie können sich schließlich untereinander darüber *verständigen* oder *absprechen,* dass keine Kapazitätserweiterungen vorgenommen werden.

Bezüglich der **Fortschrittsprozesse** ist zunächst festzustellen, dass in der „einfachen Theorie“ lediglich das letzte Glied einer Kette von Fortschrittsaktivitäten dargestellt wurde, nämlich die *Innovation* und die *Diffusion,* also die *Anwendung und Verbreitung neuen technischen Wissens* im Produktionsprozess bzw. auf dem Markt. Dieser letzte Schritt kann aber nur vollzogen werden, wenn zwei weitere Phasen des Fortschrittsprozesses vorausgehen, nämlich

- ein Prozess der Suche und Gewinnung neuer Erkenntnisse durch *Grundlagenforschung* und *angewandte Forschung,* welcher zu *wissenschaftlichem Fortschritt* führt,
- ein Prozess der Umsetzung neuen Wissens in anwendbare Technik, der zur *Erfindung* und damit zu *technologischem Fortschritt* führt.

Dieser Prozess der Forschung und Entwicklung einschließlich der Innovations- und Diffusionsphase ist in der Regel sehr *kostenintensiv* und zudem extrem *risikoreich. Es* liegt daher nahe, dass sich die Unternehmungen bemühen werden, diese Kosten und Risiken durch Beschränkungen des Wettbewerbs, beispielsweise *Absprachen,* zu vermeiden.

Daraus folgt, dass die Existenz von Wettbewerb bzw. das Fehlen von Wettbewerbsbeschränkungen eine notwendige Bedingung für das Funktionieren des Marktmechanismus darstellt. Unternehmungen werden Anpassungs- und Fortschrittsaktivitäten nur dann durchführen, wenn sie befürchten müssen, dass ihnen bei Unterlassung solcher Aktivitäten andere zuvorkommen, woraus die Gefahr des Verlustes von Marktanteilen bis hin zur Verdrängung aus dem Markt erwächst. Dies setzt voraus, dass der Wettbewerb nicht beschränkt ist.

4. Marktform und Wettbewerb

Angesichts der Erkenntnis, dass die Existenz von Wettbewerb eine notwendige Bedingung für das Funktionieren des Marktmechanismus ist, muss gefragt werden, ob der gewünschte Wettbewerb in der bislang unterstellten Marktform des *homogenen Polypols* gegeben ist. Wie zuvor bereits angedeutet, ist diese Frage in der älteren wettbewerbstheoretischen Literatur vielfach positiv beantwortet worden. Man ist sogar so weit gegangen, die Marktform des homogenen Polypols mit dem Etikett *vollständige Konkurrenz zu* versehen. Damit sollte ausgedrückt werden, dass ein intensiverer Wettbewerb als derjenige des homogenen Polypols nicht vorstellbar ist. Es sei noch einmal daran erinnert, dass der einzelne Anbieter im homogenen Polypol völlig machtlos ist und dass er gezwungen wird, im Betriebsoptimum mit minimalen Stückkosten zu produzieren. Überdies muss er sich mit dem landesüblichen Normalgewinn zufrieden geben. Dementsprechend ist gefolgert worden, dass auch der Anpassungs- und Fortschrittsdruck extrem hoch ist, da jede Unterlassung von Anpassungs- und Fortschrittsaktivitäten letztlich zum Ausscheiden aus dem Markt führt, wenn andere Anbieter Anpassungs- und Fortschrittsaktionen durchführen.

Im Gegensatz zu dieser Argumentation sind aber bereits bei der Kritik der Marktgleichgewichtstheorie verschiedene *Zweifel bezüglich der Optimalität der in homogenen Polypolen realisierten Marktergebnisse* formuliert worden. Insbesondere ist angezweifelt worden, dass in einer Marktform, in der alle Unternehmungen nur den landesüblichen Normalgewinn erzielen, die Fähigkeit zur Finanzierung von Forschungs- und Entwicklungsaktivitäten vorhanden ist.

Der Vorstellung einer „vollständigen Konkurrenz" in der Marktform des homogenen Polypols kann in der Tat entgegengehalten werden, dass mit ihr nur ein – wenn auch wichtiger – **erster Wettbewerbsaspekt** verbunden ist, nämlich *der Zwang zur Anpassung an exogene Datenänderungen* (Nachfrageänderungen, von anderen realisierte Erfindungen). Wettbewerb in der Marktform des homogenen Polypols dokumentiert sich insoweit ausschließlich als *Prozess des Abbaus zufällig entstandener Extragewinne* bzw. als Zustand des Fehlens von Extragewinnen und als Situation der Ohnmacht aller Marktteilnehmer. Für das Wachstum und für die Entwicklung der Wirtschaft ist es aber nicht nur wichtig, dass ein wettbewerblicher Anpassungsdruck auf den Marktteilnehmern lastet, sondern auch, dass die Marktteilnehmer zu vorstoßenden Aktivitäten bereit und in der Lage sind. Damit ist ein **zweiter Wettbewerbsaspekt** angesprochen, nämlich die *Fähigkeit* *und Bereitschaft zur Aufbrechung bestehender Gleichgewichtspositionen.* Gerade weil Forschung und Entwicklung als notwendige Bestandteile des Fortschrittsprozesses kostenintensiv und risikoreich sind, müssen die Möglichkeit und der Anreiz gegeben sein, die Aufwendungen zu tätigen und die Risiken einzugehen. Die Möglichkeit zu Forschung und Entwicklung ist aber nur dann gegeben, wenn gewisse Finanzierungsspielräume existieren. Diese sind in der Marktform des homogenen Polypols aber nicht vorhanden. Der Anreiz zum Eingehen von Risiken kann letztlich nur darin liegen, dass eine Chance besteht, temporäre Vorsprungspositionen zu erringen. Auch diese sind in der Marktform des homogenen Polypols ausgeschlossen, da ein unmittelbarer Abbau von Extragewinnen erfolgt.

In diesem Zusammenhang sind auch die zuvor genannten Erfordernisse der *Markttransparenz* und der *Angebotsflexibilität* neu zu betrachten. Ein gewisses Mindestmaß an Markttransparenz und Angebotsflexibilität dürfte für den Ablauf dynamischer wettbewerblicher Marktprozesse unabdingbar sein, während eine vollkommene Markttransparenz und eine vollkommene Angebotsflexibilität diesen Marktprozess sogar verhindern kann. Wenn jede Vorsprungsposition durch unmittelbare Imitation sofort wieder zerstört würde, bestünde für niemanden mehr ein Anreiz, vorstoßende Aktivitäten zu unternehmen.

Aus den vorgetragenen Überlegungen folgt, dass die in der einfachen Theorie der Marktprozesse enthaltene Bedingung eines homogenen Polypols als wettbewerbsintensivste Marktform in Frage zu stellen ist. *Die gewünschten Marktprozesse können auch in heterogenen Polypolen sowie in Oligopolen ablaufen,* möglicherweise laufen sie dort sogar effektiver ab. Darüber hinaus ist zu erkennen, dass *Wettbewerb als ein prozessuales Phänomen* zu begreifen ist, in welchem die *Marktform keineswegs konstant* bleiben muss. Da die Marktform im Prozessablauf wechseln kann und auch tatsächlich wechselt, stehen sogar temporäre Monopolstellungen nicht im Widerspruch zur Theorie der Marktprozesse. Temporäre Monopolstellungen sind möglicherweise sogar Bestandteil wettbewerblicher Marktprozesse. Auf den Ablauf solcher Prozesse und auf die Bedingung des Fehlens von Wettbewerbsbeschränkungen ist im Folgenden noch einzugehen.

II. Die Prozesstheorie als explikative Theorie

1. Der Erklärungswert der Marktprozesstheorie

Im vorigen Kapitel konnte einmal gezeigt werden, dass Marktprozesse dann nicht optimal ablaufen, wenn die von der Theorie unterstellten Bedingungen nicht erfüllt sind. Es ergeben sich dann andere, mehr oder weniger stark gestörte Prozesse in der Realität. Andererseits gab es diverse Hinweise darauf, dass die Marktprozesstheorie die Bedingungen für störungsfrei ablaufende Marktprozesse gar nicht korrekt formuliert. Wenn die Marktprozesstheorie aber bereits die Bedingungen für den störungsfreien Ablauf von Anpassungs- und Fortschrittsprozessen durch die Fixierung auf die Marktform des homogenen Polypols (einschließlich der Prämissen vollkommener Markttransparenz und Angebotsflexibilität) nicht zufriedenstellend formuliert, so könnte daraus gefolgert werden, dass sie auch ihrem Anspruch, reales Marktgeschehen zu erklären, nicht gerecht wird.

Einer derartigen Schlussfolgerung ist allerdings entgegenzuhalten, dass in der realen Marktwirtschaft permanent *Anpassungs- und Fortschrittsprozesse zu beobachten* sind, in denen sich die *Grundzüge der von der Theorie beschriebenen Vorgänge durchaus erkennen lassen.* So ist zu beobachten, dass insbesondere durch Nachfrageänderungen veränderte Knappheitssituationen entstehen, die sich in geänderten Güterpreisen niederschlagen. Die daraus entstehenden Gewinnanreize bewirken, dass permanent Produktionsfaktoren aus den weniger lukrativen Bereichen abgezogen und in die lukrativeren Bereiche gelenkt werden, dass also Reallokationsprozesse stattfinden. Entsprechend ist zu beobachten, dass neue Produkte eingeführt werden und dass Verfahrensfortschritt Preissenkungen für einzelne Güter nach sich zieht. Darüber hinaus lässt sich ebenfalls empirisch beobachten, dass Marktprozesse durch fehlende Markttransparenz, durch mangelnde Angebotsflexibilität und durch Wettbewerbsbeschränkungen gestört werden.

Die zentralen Elemente der in der Theorie dargestellten Abläufe sind in der Realität also durchaus beobachtbar. Der *Funktionsmechanismus der Marktwirtschaft wird von der Theorie zumindest in den Grundzügen richtig beschrieben und als Prozess der Reaktion auf Gewinnanreize auch prinzipiell richtig erklärt.* Die Details dieses Mechanismus sind aber noch weiter erklärungsbedürftig. Insbesondere dürfte derzeit noch nicht hinreichend deutlich sein, unter welchen Bedingungen (etwa welchem Grad an Markttransparenz bzw. an Angebotsflexibilität) die Prozesse gesamtwirtschaftlich optimal ablaufen. Voraussetzung für genauere Erklärungen ist zunächst eine genauere Beschreibung solcher Prozesse. Im Folgenden soll eine kurze Darstellung zweier derartiger Beschreibungs- und Erklärungsmuster erfolgen. Es handelt sich um die *Konzepte der Marktstruktur- und der Marktentwicklungsphasen.*

2. Marktstruktur- und Marktentwicklungsphasen

a) Marktstrukturphasen

Im Konzept der Marktstrukturphasen wird nicht auf die Verschiebungen von Marktnachfrage- und Marktangebotskurven zwischen verschiedenen Märkten abgestellt, sondern auf die Verschiebungen von Preis-Absatz-Kurven und individuellen Angebotskurven innerhalb eines Marktes. Sowohl Anpassungs- als auch Fortschrittsprozesse werden dabei als *zyklische Veränderungen der Marktstruktur,* also als *Marktstrukturschwankungen,* abgebildet, welche sich aus zwei gegensätzlichen Prozessphasen zusammensetzen (H. Arndt, J.M. Clark):

(1) Die **Vorstoßphase** des Prozesses besteht darin, dass einzelne Anbieter schneller als andere Anpassungen an Nachfrageänderungen vornehmen bzw. schneller als andere Produkt- oder Verfahrensfortschritt realisieren. Auf Grund derartiger *kreativer, bahnbrechender, initiatorischer und differenzierender Aktionen* werden möglicherweise sogar temporäre Monopolpositionen (Pioniermonopole), zumindest aber asymmetrische Marktkonstellationen im Sinne von Teilmonopolen oder Teiloligopolen geschaffen (in Abb. 6.5. als Aufwärtsbewegung im Sinne einer Differenzierung der Marktanteile dargestellt).

(2) Die **Verfolgungsphase** des Prozesses besteht darin, dass die zunächst zurückgebliebenen Anbieter die Anpassung nachholen bzw. die Fortschrittsaktionen

imitieren. Auf Grund derartiger *reaktiver, adaptiver, imitatorischer und nivellierender Aktionen* werden die Vorsprungspositionen der Initiatoren wieder abgebaut. Dabei wird die symmetrische Ausgangssituation auf dem Markt tendenziell wieder hergestellt (in Abb. 6.5. als möglicherweise langsamer ablaufende Abwärtsbewegung im Sinne einer Nivellierung der Marktanteile dargestellt).

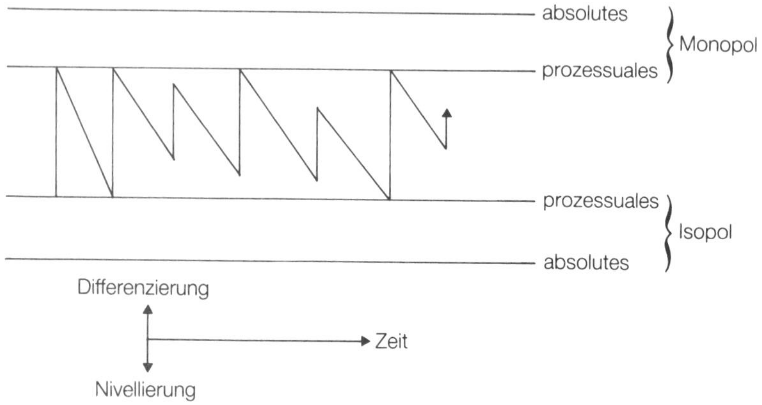

Abb. 6.5.

In diesem Prozess ist die Zahl der beteiligten Marktteilnehmer offen. Als temporäre Grenzfälle sind das *prozessuale Monopol* und das *prozessuale Isopol* (als Situation der Gleichheit aller Marktteilnehmer) anzusehen. Weitere Überlegungen gehen dahin, neben den kurzfristigen, prozessualen Konstellationen *absolute Monopolstellungen* und *absolute Isopole* (also homogene Polypole oder Oligopole) zu unterscheiden. Diese langfristigen Konstellationen sind in der Weise zu definieren, dass die Wahrscheinlichkeit des Auslösens neuer Prozesse deutlich geringer ist. So dürfte es einem schon längere Zeit agierenden Monopol gelingen, Imitatoren erfolgreich abzuwehren. Entsprechend dürften im absoluten Isopol die auf eine Marktveränderung gerichteten Kräfte angesichts zu geringer Finanzierungsmöglichkeiten, zu hoher Risikoaversion und einer Neigung zum Kollektivverhalten nur schwach sein. Damit deuten sich die Voraussetzungen für das Entstehen derartiger Marktstrukturschwankungen an. Es sind die zuvor genannten, nämlich ein ausreichendes (aber nicht zu hohes) Maß an Markttransparenz und Angebotsflexibilität sowie das Fehlen von Wettbewerbsbeschränkungen.

b) Marktentwicklungsphasen

Während das Konzept der Marktstrukturphasen die eher kurz- und mittelfristigen Marktstrukturverschiebungen innerhalb eines Marktes ins Zentrum rückt, werden im Konzept der Marktentwicklungsphasen die *längerfristigen Gesetzmäßigkeiten der Marktentwicklung* erörtert. Empirische Marktbeobachtungen haben gezeigt, dass Produktion und Umsatz von Gütern einem *S-förmigen Entwicklungsmuster* zu folgen scheinen. So steigen Produktion und Umsatz zunächst überproportional an, nehmen nach Überschreiten eines Wendepunktes nur noch degressiv zu und nähern sich anschließend einem Maximalwert oder fallen nach Erreichen des Maximalwertes wieder zurück (vgl. Abb. 6.6.). Auf Grund dieses

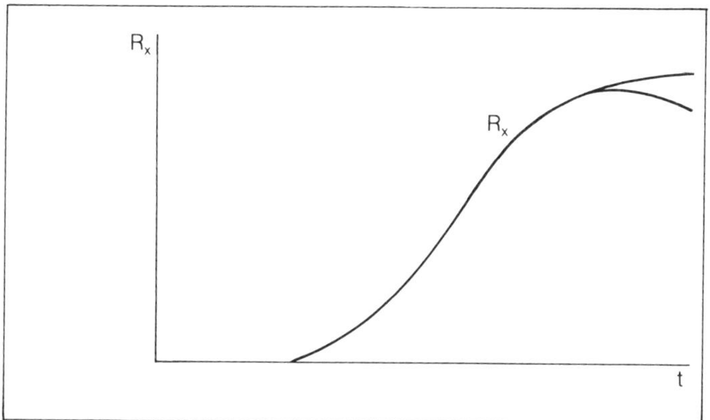

Marktentwicklungsphase		Experimentierung	Expansion	Ausreifung	Stagnation u. Rückbildung
Unternehmertypus		Pionier	spontan reagierend	unter Druck reagierend	immobil
Marktstrukturphase		Vorstoß		Verfolgung	
Fortschrittsphase	Forschung Entwicklung Erfindung	Innovation		Diffusion	

Abb. 6.6.

Verlaufsmusters lassen sich verschiedene Entwicklungsphasen unterscheiden, nach E. Heuß vier Phasen, (1) die Experimentierungsphase, (2) die Expansionsphase, (3) die Ausreifungsphase und (4) die Stagnations- und Rückbildungsphase.

Als Erklärung des S-förmigen Entwicklungsmusters kommen entsprechende Entwicklungsmuster auf Seiten der Nachfrage und des Angebots in Betracht. Danach werden neue Güter erst zögernd und dann immer stärker nachgefragt, bis sie auf Sättigungsgrenzen stoßen und schließlich ihrerseits von neuen Gütern verdrängt werden. Bezüglich der Produktionsbedingungen zeigt sich, dass nach ersten Anlaufschwierigkeiten Produkt- und Verfahrensfortschritte zunächst leichter und später immer schwerer realisierbar sind. Eine bedeutende Rolle kommt den die Marktprozesse auslösenden und vorantreibenden Unternehmern zu. Im Marktphasenkonzept von E. Heuß wird jeder der vier Marktentwicklungsphasen ein bestimmter *Unternehmertypus* zugeordnet. So agieren in den einzelnen Phasen (1) der Pionierunternehmer, (2) der spontan imitierende Unternehmer, (3) der unter Druck reagierende Unternehmer sowie (4) der immobile Unternehmer.

c) Verknüpfung der Konzepte

Für weitergehende Überlegungen dürfte es sinnvoll sein, eine Verknüpfung aller vorgetragener Marktprozessmuster vorzunehmen. So führt das Konzept der Marktentwicklungsphasen bereits zurück zur Unterscheidung in *expandierende und schrumpfende Märkte* und vertieft diese durch die Erörterung unterschiedlicher Veränderungsraten. Auch mit dem Konzept der *Marktstrukturphasen* ist eine Verknüpfung herzustellen, da vorstoßende Aktionen eher in den frühen und imitierende Aktionen eher in den späteren Marktphasen erfolgen. Was die *Zahl der Marktteilnehmer* betrifft, so dürften in der Experimentierphase nur wenige Anbieter am Markt agieren. Demgegenüber besteht in der Expansions- und Ausreifungsphase eher die Tendenz zum Marktzutritt und damit zur Ausweitung der Zahl der Marktteilnehmer. In der Stagnations- und Rückbildungsphase dürfte die Zahl der Marktteilnehmer wieder zurückgehen. Stellt man speziell auf *Fortschrittsprozesse* ab, so findet auch die beschriebene Fortschrittssequenz mit Forschung, Entwicklung, Erfindung, Innovation und Diffusion ihren Niederschlag. Dabei ist zu beachten, dass die frühen Phasen des Fortschrittsprozesses zum Teil deutlich vor der eigentlichen Produktionsphase und der Markteinführung liegen.

Trotz aller plausibel erscheinender Zusammenhänge ist mit zwei eher kritischen Anmerkungen zu schließen. Zunächst ist an die Überlegungen zur Marktabgrenzungsproblematik anzuknüpfen. Wo Marktgrenzen verschwimmen, ist zu fragen, ob nicht eher *einzelne Produktzyklen* zu unterscheiden sind und auf die *einzelne Unternehmung* abzustellen ist. Bei einer unternehmensbezogenen Betrachtung ist aber weitere Komplexität festzustellen. So lässt sich beobachten, dass

- in einer Marktphase *Unternehmungen unterschiedlicher Größe* bezüglich Produktionshöhe, Produktionstiefe und Breite des Produktionsprogramms sowie *divergierender Rechtsform, Eigentums- und Organisationsform* agieren bzw.
- eine Unternehmung sich bezüglich unterschiedlicher Produkte in *verschiedenen Marktformen, Marktstruktur- und Marktentwicklungsphasen* befindet.

Allzu einfache und zu stark stilisierte Marktprozessmuster werden dieser Komplexität nicht hinreichend gerecht.

Darüber hinaus ist vor einer Überinterpretation der stilisierten Prozessabläufe zu warnen. So sollte keineswegs der Versuch unternommen werden, *gesamtwirtschaftlich optimale Abläufe* definieren zu wollen. Der **Marktwirtschaft** als einem **offenen, evolutorischen System** sind enge, deterministische Ablaufmodelle nicht adäquat. Gesamtwirtschaftlich optimale Prozesse und die aus ihnen erwachsenden Marktergebnisse sind nicht ex ante bekannt. *Gute Marktergebnisse sind in nicht deterministischen, offenen Marktprozessen zu suchen und zu finden.* Zentrale Voraussetzung für offene Marktprozesse mit guten ökonomischen Ergebnissen ist aber wiederum das Fehlen von Wettbewerbsbeschränkungen.

III. Wettbewerbspolitische Folgerungen

Das Fehlen von Wettbewerbsbeschränkungen wurde verschiedentlich als zentrale Voraussetzung für das Funktionieren des Marktmechanismus bezeichnet. **Wettbewerb** ist das **systembegründende Prinzip der Marktwirtschaft.** Die vorangegangenen Überlegungen haben nun gezeigt, dass Wettbewerb nicht von vornherein mit einer bestimmten Marktstruktur bzw. Marktform (etwa dem homogenen Polypol) identifiziert werden kann. Wettbewerb kann auch nicht zu eng mit einem bestimmten Prozessablaufschema (etwa dem Vorstoß-Verfolgungs-Muster) identifiziert werden. Wettbewerb ist vielmehr die *Voraussetzung für das Ablaufen evolutorischer und wohlstandssteigernder Marktprozesse.* Wenn *Wettbewerb* aber nicht positiv durch die Existenz bestimmter Marktstrukturen bzw. den Ablauf bestimmter Marktprozesse definiert werden kann, so ist er – wie bereits geschehen – *negativ zu umschreiben durch das Fehlen von Wettbewerbsbeschränkungen.*

Fehlen von Wettbewerbsbeschränkungen bedeutet das *Einhalten der marktwirtschaftlichen Spielregeln. Zu* diesen Spielregeln gehört es unter anderem

- sich mit anderen Marktteilnehmern nicht ex ante über die Realisierung bestimmter Marktergebnisse *abzusprechen oder abzustimmen,*
- andere Marktteilnehmer nicht im Gebrauch ihrer marktlichen Aktionsparameter zu *binden,*
- andere Marktteilnehmer (aktuelle und potenzielle) nicht zu *behindern,* d.h. sie in ihrer wirtschaftlichen Handlungs- und Wahlfreiheit nicht unangemessenen einzuschränken.

Die Einhaltung dieser Spielregeln ist in der Marktwirtschaft keineswegs gewährleistet. Es ist im Gegenteil so, dass die Marktteilnehmer immer wieder *versuchen, sich dem Wettbewerb zu entziehen,* d.h. die Spielregeln durch Praktizieren von *Kollektivverhalten, Bindungen und Behinderungspraktiken zu* verletzen. Insoweit ist **Wettbewerbspolitik** zur Sicherung der Einhaltung der Spielregeln in der Marktwirtschaft notwendig. Die Wettbewerbspolitik umfasst im Wesentlichen das *Verbot und die Ahndung der* genannten Arten von *wettbewerbsbeschränkendem Marktverhalten* (mit der Möglichkeit der Formulierung genau definierter und wohlbegründeter Ausnahmen).

Die Wettbewerbspolitik hat ferner zu berücksichtigen, dass es *wettbewerbsgefährdende Marktstrukturen,* d.h. dass es marktstrukturelle Konstellationen gibt, welche die Anwendung wettbewerbsbeschränkenden Marktverhaltens besonders begünstigen. Wie sowohl die Marktgleichgewichtstheorie als auch die Marktprozesstheorie gezeigt haben, handelt es sich hierbei um Konstellationen mit *dauerhaft verfestigtem hohen Konzentrationsgrad* (dauerhafte Monopole, Teilmonopole, enge Oligopole und Teiloligopole). In diesen Marktkonstellationen sind Kollektivverhalten, Bindungen und Behinderungen leichter praktizierbar. Die Wettbewerbspolitik hat daher die Aufgabe, diesen Marktkonstellationen besondere Aufmerksamkeit zu widmen. Im Einzelnen kann das heißen, dass sie

- ihr Entstehen überwacht und bestimmte Arten ihres Entstehens besonders kontrolliert und gegebenenfalls verbietet *(Zusammenschlusskontrolle),*
- bei Bestehen derartiger Strukturen besondere Verhaltensauflagen und Verbote formuliert (*Missbrauchsverbot* und *besondere Behinderungsverbote*),
- den Abbau derartiger Strukturen durch Öffnung *(Deregulierung),* Offenhaltung und Erweiterung von Märkten *(europäischer Binnenmarkt)* begünstigt bzw. ihn durch *Entflechtung* von Unternehmungen direkt herbeiführt.

Die Wettbewerbspolitik in der Bundesrepublik Deutschland umfasst alle genannten Ansätze mit Ausnahme der Entflechtung von Unternehmungen.

Kontrollfragen zum 6. Teil

1. Nennen Sie prozessauslösende Faktoren für die Verschiebung von individuellen Nachfragekurven einzelner Nachfrager und von Marktnachfragekurven. Beschreiben Sie jeweils die Richtung der Kurvenverschiebung.
2. Nennen Sie prozessauslösende Faktoren für die Verschiebung von individuellen Angebotskurven einzelner Anbieter und von Marktangebotskurven. Beschreiben Sie jeweils die Richtung der Kurvenverschiebung.
3. Nennen Sie Ursachen für die Verschiebung individueller Preis-Absatz-Kurven von Anbietern und beschreiben Sie die Richtung der Kurvenverschiebung.
4. Was versteht man unter einem Anpassungsprozess? An welche Arten von Änderungen müssen sich Unternehmungen anpassen? Wann liegt ein reiner, d.h. ungestörter Anpassungsprozess vor?
5. Beschreiben Sie einen reinen Anpassungsprozess des Angebotes an eine Nachfrageänderung. Erläutern Sie einen Expansions- und einen Kontraktionsprozess und ihre Interdependenz.
6. Welche Funktionen haben die Preise in der Marktwirtschaft? Zeigen Sie auf, wie diese Preisfunktionen in einem ungestörten Anpassungsprozess erfüllt werden.
7. Inwiefern existiert eine totale Interdependenz aller Märkte in einer Marktwirtschaft? Wann liegt ein gesamtwirtschaftliches Mikrogleichgewicht vor?
8. Was versteht man unter Produktfortschritt? Beschreiben Sie einen Produktfortschrittsprozess und demonstrieren Sie ihn anhand möglichst vieler Beispiele.
9. Was versteht man unter Verfahrensfortschritt? Beschreiben Sie einen Verfahrensfortschrittsprozess und demonstrieren Sie ihn anhand möglichst vieler Beispiele.
10. Nennen Sie die wichtigsten Voraussetzungen für den störungsfreien Ablauf von Marktprozessen und damit für das Funktionieren des Marktmechanismus.
11. Zeigen Sie anhand eines Beispiels, wie ein Anpassungsprozess durch fehlende Markttransparenz von Nachfragern und Anbietern gestört werden kann. Was versteht man in diesem Zusammenhang unter einer self-fulfilling prophecy?
12. Inwieweit versagt der Marktmechanismus bei nicht reproduzierbaren Gütern? Nennen Sie Beispiele.
13. Warum kommt es auf Märkten für beschränkt reproduzierbare Güter immer wieder zu starken Preisschwankungen? Erläutern Sie in diesem Zusammenhang das sog. Spinnweb-Modell.
14. Inwiefern ist eine hohe Flexibilität bzw. Mobilität der Produktionsfaktoren für das Funktionieren des Marktmechanismus von großer Bedeutung? Nennen Sie möglichst viele Ursachen für Beschränkungen der Mobilität in der Realität.

15. Auf einem expandierenden Markt schaden alle Anbieter, die ihr Angebot ausweiten bzw. die den Markt betreten, sich letztlich selbst, da durch ihr Verhalten der Preis und der Gewinn fallen. Warum bzw. wann tun sie es trotzdem?
16. Nennen Sie Beispiele dafür, wie der Marktmechanismus durch politische Preis- und Mengengarantien außer Kraft gesetzt wird.
17. Nennen Sie Beispiele für staatlich errichtete bzw. geduldete Marktzutrittschranken. Durch welche Art von Verhalten können Monopolisten bzw. Oligopolisten und Polypolisten Marktzutrittschranken errichten?
18. Inwiefern wird der Marktmechanismus durch sog. Kreuzsubventionierung gestört?
19. Nennen Sie Beispiele dafür, dass der Prozess des technischen und wirtschaftlichen Fortschritts durch Wettbewerbsbeschränkungen gestört wird.
20. Welche Überlegungen sprechen dafür, das homogene Polypol als besonders wettbewerbsintensive Marktform anzusehen („vollständige Konkurrenz“)? Welche Überlegungen sprechen eher dagegen?
21. Inwiefern kann eine vollständige Markttransparenz und Anpassungsflexibilität den Marktmechanismus sogar stören?
22. Beschreiben Sie einen wettbewerblichen Vorstoß- und Verfolgungsprozess. Ist jeder Vorstoß- und Verfolgungsprozess per se wettbewerblich?
23. Was ist ein Pioniermonopol? Inwiefern dürfte sich ein Pioniermonopolist anders verhalten als ein vor Marktzutritt geschützter Dauermonopolist?
24. Nennen Sie die vier typischen Marktentwicklungsphasen und erörtern Sie, welche Art von Marktstruktur und Marktverhalten für die einzelnen Phasen typisch sein dürfte.
25. Warum muss eine Marktwirtschaft durch Wettbewerbspolitik gesichert werden? Nennen Sie einige Arten von wettbewerbsbeschränkendem Marktverhalten und die entsprechenden wettbewerbspolitischen Ansätze. Was versteht man unter wettbewerbsgefährdenden Marktstrukturen? Nennen Sie wettbewerbspolitische Maßnahmen gegen die Entstehung und Ausweitung wettbewerbsgefährdender Marktstrukturen.

Verzeichnis der Symbole

A	=	Angebotsmenge	a	=	Funktionsparameter
B	=	Boden	b	=	Funktionsparameter
C	=	Sachkapital (capital)	c	=	Reaktionskoeffizient
E	=	Einkommen			
F	=	Fahrstrahl	f	=	Funktion
G	=	Gewinn	g	=	Stückgewinn
H	=	Tangente			
I	=	Indifferenzkurve			
K	=	Kosten	k	=	Stückkosten
K'	=	Grenzkosten			
K_f	=	fixe Kosten			
K_v	=	variable Kosten	k_v	=	variable Stückkosten
L	=	Arbeit (labour)	l	=	Lohnsatz (Faktorpreis)
			m	=	Anzahl
N	=	Nachfragemenge	n	=	Anzahl
P	=	Produktion	p	=	Preis
Q	=	Erwartungen	q	=	Menge, Ertrag
R	=	Erlös (revenue)	r	=	Stückerlös; Homogenitätsparameter
R'	=	Grenzerlös			
T	=	Technisches Wissen	t	=	Zeiteinheit
U	=	Nutzen (utility)			
U'	=	Grenznutzen			
			v	=	Faktoreinsatzmengen
W	=	Gut W (Alternativgut)			
X	=	Gut X			
X'	=	Grenzproduktivität			
Y	=	Gut Y (Substitutionsgut)			
Z	=	Gut Z (Komplementärgut)	z	=	Reaktionselastizität

α	=	partielle Produktionselastizität von v_1
β	=	partielle Produktionselastizität von v_2
γ	=	Effizienzparameter
ε	=	Elastizität
λ	=	Prozessniveau; Lagrange-Multiplikator
σ	=	Substitutionselastizität
$\tan \alpha$	=	Grenzrate der (technischen) Substitution
$\tan \beta$	=	(Faktor-)preisverhältnis
$\tan \gamma$	=	Faktorintensität v_2/v_1

Literaturhinweise

A. Einführende Literatur zur Volkswirtschaftslehre

Altmann, J.: Volkswirtschaftslehre. Einführende Theorie mit praktischen Bezügen, 6. Aufl., Stuttgart 2003

Bartling, H., Luzius, F.: Grundzüge der Volkswirtschaftslehre, 16. Aufl., München 2008

Baßeler, U., Heinrich, J., Utecht, B.: Grundlagen und Probleme der Volkswirtschaft, 18. Aufl. Stuttgart 2006

Baumol, W.: Economic Theory and Operations Analysis, 4. ed, Englewood Cliffs, N.J. 1977

Bofinger, P.: Grundzüge der Volkswirtschaftslehre. Eine Einführung in die Wissenschaft von Märkten, 2. Aufl., München 2006

McConnell, C. R., Campbell, R.: Volkswirtschaftslehre: Eine problembezogene Grundlage, Bd. 1 und Bd. 2, Köln 1975

Cezanne, W.: Allgemeine Volkswirtschaftslehre, 6. Aufl., München-Wien 2005

Czada, P., Tolksdorf, M., Yenal, A.: Wirtschaftspolitik. Aktuelle Problemfelder, 2. Aufl., Opladen 1992

Eucken, W.: Die Grundlagen der Nationalökonomie, 9. Aufl., Berlin 1989

Eucken, W.: Grundsätze der Wirtschaftspolitik, 7. Aufl., Tübingen 2004

Fischbach, R., Wollenberg, K.: Volkswirtschaftslehre I. Einführung und Grundlagen, 13. Aufl., München 2007

Grass, R. D., Stützel, W.: Volkswirtschaftslehre. Eine Einführung für Fachfremde, 3. Aufl., München 1998

Gutmann, G.: Marktwirtschaft, in: Handwörterbuch der Wirtschaftswissenschaft, Bd. 5, Stuttgart u. a. 1980

Gutmann, G.: Volkswirtschaftslehre. Eine ordnungstheoretische Einführung, 5. Aufl., Stuttgart u. a. 1993

Gutmann, G.: Zentralgeleitete Wirtschaft, in: Handwörterbuch der Wirtschaftswissenschaft, Bd. 9, Stuttgart u. a. 1982

Hanusch, H., Kuhn, T, Cantner, Ü.: Einführung in die Volkswirtschaftslehre, 6. Aufl., Berlin u. a. 2002

Hardes, H. D., Uhly, A.: Grundzüge der Volkswirtschaftslehre, 9. Aufl., München-Wien 2007

Heertje, A., Wenzel, H. D.: Grundbegriffe der Volkswirtschaftslehre, 2. Aufl., Berlin u. a. 1975

Kolb, G.: Grundlagen der Volkswirtschaftslehre. Eine wissenschafts- und ordnungstheoretische Einführung, 2. Aufl., München 2004

Lachmann, W.: Volkswirtschaftslehre 1. Grundlagen, 5. Aufl., Berlin u. a. 2006

Lipsey, R. G.: An Introduction to Positive Economics, 8. Aufl., Oxford 1995. Deutsche Übersetzung: Einführung in die positive Ökonomie, Köln 1973

Luckenbach, H.: Grundlagen der Volkswirtschaftslehre, München 1994

Mankiw, N. G., Taylor, M. P.: Grundzüge der Volkswirtschaftslehre, 4. Aufl., Stuttgart 2008

Mussel, G.: Volkswirtschaftslehre. Eine Einführung, 3. Aufl., München 2002

Neubäumer, R., Hewel, B.: Volkswirtschaftslehre. Grundlagen der Volkswirtschaftstheorie und Volkswirtschaftspolitik, 4. Aufl., Wiesbaden 2005

Ott, A. E.: Wirtschaftstheorie. Eine erste Einführung, 2. Aufl., Göttingen 1992

Röpke, W.: Die Lehre von der Wirtschaft, 13. Aufl., Bern u. a. 1994

Samuelson, P. A., Nordhaus, W. D.: Economics, 18. Aufl., New York u. a. 2004. Deutsche Übersetzung: Volkswirtschaftslehre, 3. Aufl., Landsberg am Lech 2007

Siebert, H., Lorz, O.: Einführung in die Volkswirtschaftlehre, 15. Aufl., Stuttgart 2007
Stiglitz, J.: Volkswirtschaftslehre, 2. Aufl., München u. a. 1999
van Suntum, U.: Die unsichtbare Hand. Ökonomisches Denken gestern und heute, 3. Aufl., Berlin u. a. 2005
Tuchtfeldt, E.: Wirtschaftssysteme, in: Handwörterbuch der Wirtschaftswissenschaft, Bd. 9, Stuttgart u. a. 1982
Woll, A.: Allgemeine Volkswirtschaftslehre, 15. Aufl., München 2007

B. Einführende und vertiefende Darstellungen der Mikroökonomik

Abraham, G.: Einführung in die Theorie der Mikroökonomik, Stuttgart u.a. 1975
Attiyeh, R., Bach, G. L., Lumsden, K.: Mikroeconomics, A Programmed Book, Englewood Cliffs 1982. Deutsche Übersetzung: Programmierte Einführung in die Volkswirtschaftslehre Teil 1, Mikroökonomie, 3. Aufl., Frankfurt-Zürich 1973
Bergstrom, T. C., Miller, J. H.: Experiments with Economic Principles: Microeconomics, 2. ed., Boston 2000
Böcker, F. (Hrsg.): Preistheorie und Preisverhalten, München 1982
v. Böventer, E. u. a.: Einführung in die Mikroökonomie, 9. Aufl., München u. a. 1997, Nachdruck München 2003
v. Böventer, E., Illing, G., Koll, R.: Mikroökonomie: Studien- und Arbeitsbuch, 6. Aufl., München 2001
Boulding, K. E.: Economic Analysis, 4. ed., Vol. I: Microeconomics, New York u. a. 1966
Brandt, K. u. a.: Grundzüge der Mikroökonomie, 3. Aufl., Freiburg 1993
Breyer, F.: Mikroökonomik. Eine Einführung, 3. Aufl., Berlin 2007
Browning, E. K., Zupan, M. A.: Microeconomics. Theory and Applications, 9. ed., New York 2005
Burchardt, M.: Mikrotheorie. Eine kritische Einführung mit einem Kompendium mikrotheoretischer Fachbegriffe, Köln 1986
Case, K. E., Fair, R. C.: Principles of Microeconomics, 8. Aufl., Harlow 2001
Davies, H., Lam, P.-L.: Managerial Economics – An Analysis of Business Issues, Harlow 2001
Demmler, H.: Einführung in die Volkswirtschaftslehre. Elementare Preistheorie, 7. Aufl., München-Wien 2001
Endres, A.: Moderne Mikroökonomik – erklärt in einer einzigen Nacht, München u. a. 2000
Endres, A., Martiensen, J.: Mikroökonomik, Stuttgart 2007
Feess, E.: Mikroökonomie, 3. Aufl., München 2004
Feess-Dörr, E.: Mikroökonomie. Eine spieltheoretisch- und anwendungsorientierte Einführung, 3. Aufl., Marburg 2004
Fehl, U., Oberender, P.: Grundlagen der Mikroökonomie, 9. Aufl., München 2004
Ferguson, C. E., Gould, J. P.: Microeconomic Theory, 5. ed., Homewood (Illinois) 1980
Frambach, H.: Crash-Kurs Mikroökonomik, Konstanz 2008
Frank, R. H.: Microeconomics and Behavior, 7. ed., Boston 2007
Franke, J.: Grundzüge der Mikroökonomik, 8. Aufl., München 1996
Gwartney, J. D.: Microeconomics. Private and Public Choice, 12 ed., Mason 2008
Helmstädter, E.: Wirtschaftstheorie. Band 1: Mikroökonomische Theorie, 4. Aufl., München 1991
Henderson, J. M., Quandt, R. E.: Mikroökonomische Theorie, 5. Aufl., München 1983
Hens, T., Pamini, P.: Grundzüge der analytischen Mikroökonomie, Berlin u. a. 2008
Herberg, H.: Preistheorie. Eine Einführung in die Mikroökonomik. 3. Aufl., Stuttgart 1994
Herrmann, M.: Arbeitsbuch Grundzüge der Volkswirtschaftslehre, 3. Aufl., Stuttgart 2008
Hesse, H. (Hrsg.): Arbeitsbuch angewandte Mikroökonomik, Tübingen 1980
Hildmann, G., Drosse, V., Vossebein, U.: Intensivtraining Mikroökonomie, 2. Aufl., Wiesbaden 2005
Hirshleifer, J., Quandt, R. E.: Price Theory and Applications, 7. ed., Englewood-Cliffs, N. J. 2005

Hoyer, W., Rettig, R., Rothe, K.-D.: Grundlagen der Mikroökonomischen Theorie, 3. Aufl., Düsseldorf 1993
Hübl, L., Meyer, W., Rebeggiani, L.: Grundkurs Mikroökonomik, 5. Aufl., Berlin 2004
Hyman, D. N.: Modern Microeconomics. Analysis and Applications, 3. ed., Homewood-Boston 1993
Jehle, G. A., Reny, P. J.: Advanced Microeconomic Theory, 2. ed., Boston 2001
Katz, M. L., Rosen, H. S.: Microeconomics, 3. ed., Boston 1998
Kortmann, W.: Mikroökonomik. Anwendungsbezogene Grundlagen, 4. Aufl., Heidelberg 2006
Koutsoyiannis, A.: Modern Microeconomics, 2. ed., repr., London 1993
Krelle, W.: Preistheorie, I. Teil: Monopol- und Oligopoltheorie, 2. Aufl. Tübingen 1976, II. Teil: Theorie des Polypols, des bilateralen Monopols (Aushandlungstheorie), Theorie mehrstufiger Märkte, gesamtwirtschaftliche Optimalitätsbedingungen. Spieltheoretischer Anhang, 2. Aufl., Tübingen 1976
Krelle, W.: Produktionstheorie, Teil I der Preistheorie, 2. Aufl., Tübingen 1969
Kreps, D. M.: A Course in Microeconomic Theory, 6. ed., New York u. a. 1995. Deutsche Übersetzung: Mikroökonomische Theorie, Landsberg/Lech 1994
Krugman, P., Wells, R.: Microeconomics, 2. ed. New York 2008
Lancaster, K.: Moderne Mikroökonomie, 4. Aufl., Frankfurt-New York 1991
Layard, P. R. G., Walters, A. A.: Microeconomic Theory. 2 pr., New York u. a. 1988
Leftwich, R. H.: The Price System and Ressource Allocation. 10. ed., Fort Worth 1988, Deutsche Übersetzung: Lehrbuch der mikroökonomischen Theorie, Stuttgart 1972
LeRoy Miller, R., Meiners, R. E.: Intermediate Microeconomics. Theory, Issues, Applications, 3. ed., New York u. a. 1986
Linde, R.: Einführung in die Mikroökonomie. 3. Auf., Stuttgart-Berlin-Köln-Mainz 1996
Löchel, H.: Mikroökonomik. Haushalte, Unternehmen, Märkte, Wiesbaden 2003
Malinvaud, E.: Lectures on Microeconomic Theory, Rev. ed., 3. impr., Amsterdam 1990
Mankiw, N. G.: Principles of Microeconomics, 4. ed., Cincinnati 2006
Mansfield, E., Allen, W. B., Doherty, N., Weigelt, K.: Managerial Economics: Theory, Applications and Cases, 5. ed., New York 2005
Martiensen, J., Rundshagen, B.: Mikroökonomik – Übungsbuch, Stuttgart 2007
Meyer, U., Diekmann, J.: Arbeitsbuch zur Mikroökonomischen Theorie, 5. Aufl., Berlin u. a. 2000
Neumann, M.: Theoretische Volkswirtschaftslehre II: Produktion, Nachfrage und Allokation, 4. Aufl., München 1995
Nicholson, W. Snyder, Ch.: Microeconomic Theory. Basic Principles and Extensions, 10. ed., Fort Worth 2007
Oberender, P.: Grundbegriffe der Mikroökonomie, 7. Aufl., Bayreuth 1999
Ott, A. E.: Grundzüge der Preistheorie, 3. Aufl., Göttingen 1979, Neudruck 1997
Ott, A. E. (Hrsg.): Preistheorie, 3. Aufl., Darmstadt 1978
Parkin, M.: Principles of Microeconomics, 8. ed., Harlow 2008
Paulsen, A., Schilcher, R.: Allgemeine Volkswirtschaftslehre, Bd. 1: Grundlegung, Wirtschaftskreislauf, 10. Aufl., Berlin 1974, Bd. 2: Haushalte, Unternehmungen, Märkte, 10. Aufl., Berlin-New York 1977
Pindyck, R. S., Rubinfeld, D. L.: Microeconomics, 7. ed., Upper Saddle River, N.J. 2008, Deutsche Übersetzung: Mikroökonomie, 6. Aufl., München 2005
Png, J., Lehman, D.: Managerial Economics, 2. Aufl., Oxfort 2007
Reiß, W.: Mikroökonomische Theorie. Historisch fundierte Einführung, 6. Aufl., München 2007
Schnabl, H.: Repetitorium Mikroökonomik, 2. Aufl., München-Wien 1997
Schneider, H.: Mikroökonomie. Eine Einführung in die Preis-, Produktions- und Wohlfahrtstheorie, 5. Aufl, München 1995
Schöler, K.: Grundlagen der Mikroökonomik, 2. Aufl., München 2004
Schotter, A.: Microeconomics, 3. ed., Boston 2001
Schumann, J. u. a.: Grundzüge der mikroökonomischen Theorie, 8. Aufl., Berlin u. a. 2007
Stigler, G. J.: The Theory of Price, 4. ed., New York-London 1987
Stobbe, A.: Mikroökonomik, 2. Aufl., Berlin u. a. 1991

Varian, H. R.: Mikroökonomie, 3. Aufl., München 1994
Varian, H. R.: Intermediate Microeconomics. A Modern Approach, 6. ed., New York-London 2003. Deutsche Übersetzung: Grundzüge der Mikroökonomik, 7. Aufl., München 2007
Vogt, G.: Faszinierende Mikroökonomie: Erlebnisorientierte Einführung, München 2007
Weise, P. u. a.: Neue Mikroökonomie, 5. Aufl., Heidelberg 2004
Wied-Nebbeling, S., Schott, H.: Grundlagen der Mikroökonomik, 4. Aufl., Berlin u. a. 2007
Wiese, H.: Mikroökonomik. Eine Einführung in 376 Aufgaben, 4. Aufl., Berlin u. a. 2005
Witkowski, H.: Einführung in die Preistheorie, 2. Aufl., Rinteln 1984

C. Vertiefende Darstellungen zu Teilgebieten

1. Theorie der Nachfrage

Becker, K. O.: Die wirtschaftlichen Entscheidungen des Haushalts, Berlin 1967
Green, H. A.: Consumer Theory, 2. Aufl., London u. a. 1976
Krelle, W.: Präferenz- und Entscheidungstheorie, Tübingen 1968
Kuenne, R. E.: Microeconomic Theory of the Market Mechanism. A General Equilibrium Approach, New York-London 1968
Lancaster, K.: Consumer Demand. A New Approach, New York u. a. 1971
Luckenbach, H.: Theorie des Haushaltes, Göttingen 1975
Schnabl, H.: Verhaltenswissenschaftliche Konsumtheorie, Stuttgart u. a. 1979
Seel, B.: Grundlage haushaltsökonomischer Entscheidungen, Berlin 1975
Seel, B.: Ökonomik des privaten Haushalts, Stuttgart 1991
Streissler, E. u. M. (Hrsg.): Konsum und Nachfrage, Köln 1966
Streissler, M.: Theorie des Haushalts, Stuttgart 1974

2. Theorie des Angebotes

Bea, F. X., Dichtl, E., Schweitzer, M.: Allgemeine Betriebswirtschaftslehre. Band 3: Leistungsprozess, 9. Aufl., Stuttgart-New York 2006
Behrens, Chr.-U., Peren, F. W.: Grundzüge der gesamtwirtschaftlichen Produktionstheorie, München 1998
Bohr, K.: Zur Produktionstheorie der Mehrproduktunternehmung, Köln-Opladen 1967
Gutenberg, E.: Grundlagen der Betriebswirtschaftslehre, 3 Bände, 1. Bd.: Die Produktion, 24. Aufl., 1983
Herdzina, K.: Das klassische Ertragsgesetz. Das Wirtschaftsstudium, 22. Jg., 1993, S. 999
Klaus, J.: Produktions- und Kostentheorie, 3. Aufl., Stuttgart 1974
Lücke, W.: Produktions- und Kostentheorie, 3. Aufl., Würzburg 1976
Pohmer, D., Bea, F. X.: Produktion und Absatz, 3. Aufl., Göttingen 1994
Schierenbeck, H.: Grundzüge der Betriebswirtschaftslehre, 16. Aufl., München 2003
Schweitzer, M., Küpper, H.-U.: Produktions- und Kostentheorie, 2. Aufl., Wiesbaden 1997
Wöhe, G.: Einführung in die allgemeine Betriebswirtschaftslehre, 23. Aufl., München 2008

3. Marktgleichgewicht, Marktprozesse, Wettbewerb

Aberle, G.: Wettbewerbstheorie und Wettbewerbspolitik, 2. Aufl., Stuttgart u. a. 1992
Arndt, H.: Mikroökonomische Theorie, 1. Bd. Marktgleichgewicht, 2. Bd. Marktprozesse, Tübingen 1966. 2. Aufl., mit neuem Titel: 1. Bd. Markt und Macht, Tübingen 1973, 2. Bd. Kapitalismus, Sozialismus, Konzentration und Konkurrenz, Tübingen 1976
Bester, H.: Theorie der Industrieökonomik, 4. Aufl., Berlin u. a. 2007
Borchert, M., Grossekettler, H.: Preis- und Wettbewerbstheorie: Marktprozesse als analytisches Problem und ordnungspolitische Gestaltungsaufgabe, Stuttgart u. a. 1985
Borrmann, J., Finsinger, J.: Markt und Regulierung, München 1999
Cox, H., Jens, U., Markert K. (Hrsg.): Handbuch des Wettbewerbs. Wettbewerbstheorie, Wettbewerbspolitik, Wettbewerbsrecht, München 1981
Fritsch, M., Wein, T., Ewers, H.-J.: Marktversagen und Wirtschaftspolitik, 7. Aufl., München 2007
Hamker, J.: Pathologie der Marktprozesse, Lohmar 1998

Henze, A.: Marktforschung. Grundlage für Marketing und Marktpolitik, Stuttgart 1994
Herdzina, K.: Wettbewerbspolitik, 5. Aufl., Stuttgart-New York 1999
Herdzina, K. (Hrsg.): Wettbewerbstheorie, Köln 1975
Heuß, E.: Allgemeine Markttheorie, Tübingen-Zürich 1965
Jacquemin, A.: Industrieökonomik, Frankfurt-New York 1986
Kaufer, E.: Industrieökonomik. Eine Einführung in die Wettbewerbstheorie, München 1980
Knieps, G.: Wettbewerbsökonomie, 3. Aufl., Berlin u. a. 2008
Mantzavinos, C.: Wettbewerbstheorie. Eine kritische Auseinandersetzung, Berlin 1994
Martin, S.: Advanced Industrial Economics, 2. ed., Malden, Mass. 2002
Motta, M.: Competition Policy. Theory and Practice, Cambridge 2004
Müller, U.: Wettbewerbspolitik, in Handwörterbuch der Volkswirtschaft, *Glastetter, W., Mändle, E., Müller, U., Rettig, R.* (Hrsg.), 2. Aufl., Wiesbaden 1980
Oberender, P. (Hrsg.): Marktstruktur und Wettbewerb in der Bundesrepublik Deutschland. Branchenstudien zur deutschen Volkswirtschaft, München 1984
Oberender, P. (Hrsg.): Marktökonomie. Marktstruktur und Wettbewerb in ausgewählten Branchen der Bundesrepublik Deutschland, München 1989
Oberender, P., Daumann, F.: Industriepolitik, München 1995
Ott, A. E.: Marktform und Verhaltensweise, Stuttgart 1959
Pfähler, W., Wiese, H.: Unternehmensstrategien im Wettbewerb, Berlin u. a.1998
Salanié, B.: The Microeconomics of Market Failures, Cambridge, Mass. 2000
Scherer, F. M., Ross, D.: Industrial Market Structure and Economic Performance. 3. Aufl., Boston 1990
Schmidt, I.: Wettbewerbspolitik und Kartellrecht, 8. Aufl., Stuttgart 2005
Schulz, N.: Wettbewerbspolitik. Eine Einführung aus industrieökonomischer Perspektive, Tübingen 2003
Shephard, W. G.: The Economics of Industrial Organization, 4. ed., Upper Saddle River 1997
Tirole, J.: The Theory of Industrial Organization, 9. print, Cambridge/Mass. 1997, Deutsche Übersetzung. Industrieökonomik, 2. Aufl., München 1999
Tolksdorf, M.: Dynamischer Wettbewerb. Einführung in die Grundlagen der deutschen und internationalen Wettbewerbspolitik, Wiesbaden 1994
Wied-Nebbeling, S.: Preistheorie und Industrieökonomik, 4. Aufl., Berlin-Heidelberg 2004
Willeke, F. U.: Wettbewerbspolitik, Tübingen 1980

4. Kapital-, Arbeits- und Devisenmärkte

Blanchard, O., Illing, G.: Makroökonomie, 4. Aufl., München 2006
Borjas, G. J.: Labor Economics, 4. ed., Boston u. a. 2007
Burda, M., Wyplosz, M.: Makroökonomik: Eine europäische Perspektive, 2. Aufl., München 2003
Franz, W.: Arbeitsmarktökonomik, 6. Aufl., Berlin u. a. 2006
Koch, E.: Internationale Wirtschaftsbeziehungen, 3. Aufl., München 2006
Krugman, P., Obstfeld, M.: Internationale Wirtschaft: Theorie und Politik der Außenwirtschaft, 7. Aufl., München u. a.
Mankiw, N. G.: Makroökonomik, 5. Aufl., Stuttgart 2003
Rose, K., Sauernheimer, K.: Theorie der Außenwirtschaft, 14. Aufl., München 2006
Sesselmeier, W., Funk, L., Waas, B.: Arbeitsmarkttheorien – eine ökonomisch-juristische Einführung, 3. Aufl., Heidelberg u. a. 2009
Siebert, H., Lorz, O.: Außenwirtschaft, 8. Aufl., Stuttgart 2006
Wagner, T., Jahn, E.: Neue Arbeitsmarkttheorien, 2. Aufl., Stuttgart: 2004

Sachverzeichnis